La contadora a tu lado

presenta

QuickBooks®

para

Iglesias

y Otras Organizaciones Religiosas

Otros libros de Lisa London, CPA

The Accountant Beside You (La Contadora a Su Lado):

QuickBooks® for Churches and Other Religious Organizations

Using QuickBooks® for Nonprofit Organizations, Associations & Clubs

Lisa London, CPA

La contadora a tu lado

presenta

QuickBooks®

para

Iglesias

y Otras Organizaciones Religiosas

La contadora a tu lado: QuickBooks® para iglesias y otras organizaciones religiosas

ISBN 978-0-9911635-2-6

Publicado por Deep River Press, Inc. mayo 2014

Copyright 2014 Deep River Press, Inc.

Todos los derechos reservados. Ninguna parte del contenido de este libro puede ser reproducido en ninguna forma ni por ningún medio sin el permiso escrito del editor a menos que se indique de otra manera.

Los mejores esfuerzos se han hecho para asegurar que la información en este libro es confiable y completa. No se hacen ningunas representaciones ni garantías de la exactitud o la integridad de los contenidos de este libro. Cualquier responsabilidad por errores u omisiones es rechazada por el autor.

Este libro está hecho con el fin de proporcionar una guía en la utilización de QuickBooks ®. Ninguna información en este libro se debería percibir como asesoramiento jurídico ni fiscal.

QuickBooks® y todas las capturas de pantalla ® son marcas registradas de Intuit, Inc.

Microsoft Excel ® es una marca registrada de Microsoft Inc.

PayPal® es una marca registrada de PayPal, Inc.

Hábitat for Humanity® es una marca de servicio certificada de Hábitat for Humanity, International. Intuit Inc, Microsoft Inc., PayPal Inc., y Hábitat for Humanity International no están afiliadas con este libro.

DISEÑO DE PORTADA POR Greg Schultz y Lydell Jackson

Agradecimientos
Gracias a Manuel Colorado-Reyes
quien fue fundamental en la traducción de los términos contables.

Tabla de Contenidos

- **I. ¿Qué es la contabilidad para iglesias y cómo se maneja?** 3
  - A. Contabilidad de fondos 3
  - B. Reportando las diferencias 4
  - C. Diferencias en la terminología 5
  - D. La importancia de los controles contables internos 7
  - E. Consejos para el organismo rector y la administración de la iglesia 7
  - F. Consejos, pistas, y cuando dejar que alguien más lo haga. 8
- **II. Comenzando con QuickBooks** 10
  - A. Disposición del programa 10
  - B. *"Backup!"*: Creación de una copia del archivo. ¡Lo más importante de este proceso! 13
  - C. Restaurando los datos 19
- **III. Estableciendo el archivo de tu iglesia** 22
  - A. Información requerida 22
  - B. Comienzo rápido 22
  - C. Preferencias 26
- **IV. ¿Qué es el catálogo de cuentas y por qué es importante?** 37
  - A. Diseñando el catálogo de cuentas 37
  - B. Enumerando la estructura 39
  - C. Nombrando las cuentas 40
  - D. Menús del plan de cuentas 41
  - E. Añadiendo nuevas cuentas 41
  - F. Seguimiento de dinero en efectivo restringido 46
  - G. Ingresar plan de cuentas 47
  - H. Editando, eliminando y ocultando cuentas 48
  - I. Balances iniciales 53
- **V. ¿Cómo hago un seguimiento de mis becas y programas?** 55
  - A. Clases vs. trabajos 55
  - B. Registrando la entrada del balance inicial 60
- **VI. ¿Y qué pasa con los miembros y las personas a las que debo dinero?** 66
  - A. Estableciendo miembros y otros donantes 66
  - B. Campos personalizados 74
  - C. Entrada de trabajos específicos, becas o contratos 76
  - D. Otra información del miembro 77
  - E. Adjuntando archivos a la cuenta de tu miembro 80
  - F. Estableciendo los proveedores 82

VII. **Ingresando miembros y proveedores desde archivos 88**
    A. Ingresando miembros desde los contactos del correo electrónico 88
    B. Método de la hoja de cálculo: importando con entradas de listas múltiples 97

VIII. **Artículos— haciendo seguimiento a las transacciones 105**
    A. Tipos de servicios 105
    B. Estableciendo nuevos artículos 106
    C. Utilizar los artículos para asignar gastos 108
    D. Haciendo seguimiento de las horas de los voluntario a través de los artículos 109
    E. Lista de artículos de activo fijos 109

IX. **Dinero que ingresa — registrando donaciones e ingresos 111**
    A. Controles de contabilidad para recibos 111
    B. Ingreso de donaciones 115
    C. Ingreso de recibos de dinero en efectivo 121
    D. Ingreso de donaciones desde una base de donantes separada 122
    E. Promesas hechas y pagadas 124
    F. Recibo de fondos restringidos 127
    G. Recibos diversos 130
    H. Donaciones de paso 131
    I. Fondos no depositados 133
    J. Donaciones recurrentes desde tarjetas de crédito 138

X. **Dinero — ¿Cómo pago las facturas? 140**
    A. Método en efectivo vs método de acumulación 140
    B. Controles internos de contabilidad para pagar facturas. 141
    C. Controles para pagos electrónicos 143
    D. Ingreso de facturas 144
    E. Facturas recurrentes 147
    F. Edición y supresión de facturas 150
    G. Menú principal de ingreso de facturas 151
    H. Pago de facturas 152
    I. Pagos bancarios en línea 155
    J. Expedir cheques 156
    K. Cheques escritos a mano 159
    L. Giros bancarios 160
    M. Ingresando recibos de tarjeta de crédito 160
    N. Créditos recibidos por proveedores 163
    O. Entradas de la nómina 165
    P. Asignación automática de gastos 169

XI. Conciliaciones bancarias y otras cuestiones de reconciliación 173
    A Controles internos y conciliaciones bancarias 173
    B. Transferencias en efectivo 173
    C. Cheques devueltos..176
    D. Anular un cheque.. 178
    E. Conciliando la cuenta bancaria 181
    F. Conciliación de fondos para gastos menores (caja chica)188
    G. Otras conciliaciones... 189

XII. ¿Dónde estamos parados? Diseñando y haciendo reportes. 191
    A. Tipos de informes 191
    B. Navegando el Reports Center (Centro de Reportes)...... 192
    C. Definición de los parámetros.. 193
    D. La mayoría de los informes útiles.....................................202
    E. Exportación de reportes a una hoja de cálculo 206
    F. Otros reportes diversos... 212

XIII. ¿Estoy cumpliendo mis objetivos? Elaborando un presupuesto. 214
    A. El proceso de presupuesto 214
    B. Ingresando tu presupuesto..217
    C. Pronósticos..225
    D. Proyector del flujo de caja 227

XIV. Es final del año y/o final de mes — Qué debo hacer? 228
    A. Comprobación de final de *año y de mes 229
    B. Revisando tus transacciones...230
    C. Asignar balances de fondos 234
    D. Dinero efectivo restringido contra dinero efectivo sin restricción 236
    E. Entradas de ajustes del fin de año...................................238
    F. Informes al consejo..239
    G. Clausura de fin de año 239
    H. Reconocimientos del donante de final de año 241
    I. Otros requisitos de fin de año..245

XV. ¿Y que hay con...? 255
    A. ¿Cómo explico ...? 255
        1. Recaudadores de fondos 255
        2. Donaciones en especie 256
        3. Horas de voluntariado... 257
        4. Mostrar una cuenta de reserva en el estado de ingresos262

B. ¿Cómo puedo ...? 266
  1. Establecer múltiples usuarios y contraseñas............ 266
  2. Enviándole una copia al contador 270
  3. Enviar una nota de agradecimiento desde la pantalla de recibos 274
C. ¿Y que hay de...? 282
  1. Informes que necesito para una auditoría................ 282
  2. Materia fiscal.. 284

XVI. ¿Qué hay de nuevo para el 2014? 285
A. Nuevo rastreador de ingresos.. 285
B. Registrar cheques rebotados 285
C. Escalar el informe.. 287
D. Copiar/pegar objetos en las líneas 288

XVII. Apéndice 292
A. Lista de verificación para antes de comenzar 293
B. Plan de cuentas propuesto.. 294
C. Cómo cargar un archivo del plan de cuentas 298
D. Lista básica de artículos: donaciones, gastos, & voluntarios 301

Índice 302

Introducción

Administrar la contabilidad en una iglesia presenta a aquellos responsable por el sistema de contabilidad con una variedad de retos únicos. Primero, la terminología de contabilidad usada por iglesias es muy diferente a la terminología de contabilidad comercial.

Además, las iglesias tienen que llevar cuenta de una gran cantidad de actividades, y lamentablemente muchas iglesias no tienen los recursos para contratar a un contador profesional y no pueden contar con voluntarios por falta de experiencia y el alta rotación de voluntarios. Por lo tanto, la administración de la iglesia tiene que involucrarse en asuntos de contabilidad, un trabajo adicional que se suma a muchas otras responsabilidades y deberes.

Aun así, un reto no tiene que ser difícil ni confuso. Soy Lisa London y seré *tu contadora aliada. Estaré a tu lado* a través del proceso de establecer y mantener un proceso de contabilidad óptimo para tu iglesia.

Mi carrera en la contabilidad comenzó como auditora con Deloitte, una de las firmas de contabilidad más grandes del mundo, donde aprendí la importancia de los controles internos de contabilidad. Como contadora pública certificada, he ayudado a empresas pequeñas (PYMES), empresas de tamaño medio y empresas de nueva creación a establecer sistemas de contabilidad para agilizar los procesos de negocio. Durante mi carrera corporativa, también enseñé a muchos de mis clientes a usar sus nuevos sistemas de contabilidad, además de enseñar clases de contabilidad a jóvenes en bachillerato y al nivel universitario.

En mi tiempo libre, dedico tiempo como voluntaria en organizaciones en mi comunidad, algo que considero muy importante. Para mi, siempre ha sido difícil rechazar las solicitudes de ayuda de estos grupos. Pero, casi siempre que se da a conocer mi profesión como contable, solicitan mi ayuda con los sistemas de contabilidad. Por lo tanto, he formado parte de muchas juntas directivas y comités de finanzas donde he aportado mi ayuda y asesoría en el área de contabilidad.

www.accountantbesideyou.com

En base a estas experiencias, he aprendido que la mejor manera de implementar un sistema de contabilidad y los controles relacionados, es diseñando con simpleza.

Con este libro aprenderás la terminología específica de las iglesias y organizaciones sin fines de lucro que necesitas conocer. También, te mostraré las limitaciones de QuickBooks para manejar la contabilidad de tu iglesia.

Más adelante, te ayudaré a diseñar los controles de contabilidad internos. Luego, juntos estableceremos el sistema de contabilidad de tu iglesia, aprenderemos cómo pagar cuentas, registrar la nómina y cómo recibir dinero a través del sistema. También nos enfocaremos en los informes mensuales y los de fin de año, y finalmente revisaremos algunas transacciones, que aunque no frecuentes, debes de considerar.

Este libro está diseñado para que con rapidez y facilidad puedas manejar los procesos usados con frecuencia en la contablidad de una iglesia. Este libro no está destinado para leerse una vez, guardarlo y olvidarse.

Guárdalo cerca de tu computadora, úsalo cuando lo necesites y visita mi sitio web periódicamente, www.accountantbesideyou.com, para consejos adicionales e información.

Recuerda, estaré contigo en todo el proceso.

Vamos a empezar.

I. ¿Qué es la contabilidad para iglesias y cómo se maneja?

A.   Contabilidad de fondos

> Nota: Para el bien de la simplicidad, todas las organizaciones religiosas se mencionarán **como iglesias**; las congregaciones y feligreses o fieles, etc. serán denominados como **miembros**; QuickBooks® será **QuickBooks**, y los servicios religiosos serán llamados **servicios**.

Una iglesia recibirá donaciones de diferentes fuentes; apoyo general a la iglesia, un programa de extensión comunitaria, una campaña para recaudar fondos o simplemente una donación. Un poco del dinero donado, como la ofrenda dominical, se considera sin restricción. Se supone que la iglesia usará este dinero como sea necesario y el donante no solicita ningún uso particular para los fondos.

En otros casos, el dinero se recibirá para un objetivo muy específico — un programa de extensión o una campaña de captación — o por un tiempo específico — digamos que la promesa del próximo año. Entonces el dinero se considera temporalmente restringido. Esto significa que sólo se puede usar con el objetivo o en el período de tiempo que el donante ha especificado. Cuando la restricción se cumple, es decir el edificio se construye o un año nuevo ha comenzado, entonces se convierte en un activo sin restricción. Si se dona el terreno para la construcción de una nueva iglesia o comienza una donación en la que sólo las ganancias de la inversión se pueden gastar, se debe establecer un fondo permanentemente restringido.

En jerga de contabilidad, como organizaciones sin fines de lucro, se requiere que las iglesias guarden sus registros contables usando una forma modificada de la contabilidad del fondo. Un fondo se define como una entidad contable separada con su propio grupo de cuentas que debe equilibrar el dinero efectivo y otros activos contra las responsabilidades y reservas de la organización. Este es una forma de decir, que cada donación significativa (fondos recibidos con objetivos particulares) se debe rastrear por separado. Pero ya que la mayoría de las iglesias no tienen cuentas bancarias separadas para cada fondo, usarás un sistema mucho más sencillo llamado los Activos Netos para mantener vigilancia de los fondos.

Para efectos contables, estos fondos pueden ser consolidados de acuerdo a las restricciones establecidas sobre ellos y ser monitoreados. Los activos netos son los componentes de capital en la iglesia. Es lo que queda después de que las responsabilidades (lo que se debe) son restadas de los activos (lo que la iglesia posee). En el mundo de los negocios, esto sería la acumulada (utilidad) o pérdida acumulada de la compañía y se llamaría utilidades retenidas.

Los activos netos se dividen en tres categorías:
1. Activos netos totales sin restricción
2. Activos netos totales restringidos temporalmente
3. Activos netos totales restringidos permanentemente

Una de las limitaciones de QuickBooks es que ya que se diseñó para negocios, los cuales sólo tienen una cuenta de ganancias retenidas, QuickBooks no puede registrar automáticamente las ganancias netas (donaciones menos gastos) en cada uno de los tres tipos de cuentas de activos netos. Por lo tanto, tendrás que crear las cuentas patrimoniales de los activos netos y usar asientos contables para mover los balances de las utilidades retenidas. Te mostraré como hacer esto en el capítulo 14.

B. **Reportando las diferencias**

Los informes financieros para iglesias también tienen nombres diferentes a aquellos utilizados para un negocio. *El Estado de Ingresos o Declaración de Pérdidas y Ganancias* (Profit & Loss Statement) que rastrea los ingresos y gastos de los negocios se llama **la Declaración de Actividades** para las iglesias. Los activos, las responsabilidades y el capital son rastreados en las compañías por medio de un *Balance General*. Una iglesia usa una **Declaración de situación financiera.** Esto es importante ya que la mayor parte de las versiones de QuickBooks pondrán los informes en una lista usando la terminología comercial. Para este libro, me referiré a estos informes como *Profit& Loss Statement* (Declaración de Pérdidas y Ganancias) y *Balance Sheet* (Balance General), para que sea más fácil encontrar los menús del informe. QuickBooks tiene una edición no lucrativa que incluye informes estándar con los títulos para organizaciones sin fines de lucro y unas plantillas adicionales para donaciones, pero es básicamente el mismo programa que la primera edición. Aunque haya numerosas limitaciones en el reporte estándar que ofrece QuickBooks, relacionado con iglesias, el capítulo 12 entrará en detalle acerca de cómo trabajar alrededor de estas limitaciones cuando ya hayas establecido tus informes.

QuickBooks también se refiere a las personas de las cuales recibes dinero como "Clientes", por lo tanto debes recordar que los Clientes son los = Donantes, feligreses u organismos. Las subvenciones recibidas se denominarán como "Trabajos", y las sumas designadas y los programas se mencionarán como "Clases". Los trabajos y las clases son modos en los que el sistema etiqueta la información para que los informes se puedan realizar; reuniendo todos los datos relacionados. Esta terminología puede parecer extraña, pero la explicaré más detalladamente si es necesario.

Hay otros inconvenientes implicados en la utilización de QuickBooks. Los paquetes de contabilidad más caros permiten que tú establezcas asignaciones automáticas por lo tanto puedes cobrar gastos a través de todos tus programas en un paso. QuickBooks no ofrece esto, pero te mostraré cómo registrar más eficazmente la información. Otros paquetes también ofrecen un treceavo período de contabilización para que puedas registrar ajustes a fin del año y entradas separadas de las transacciones normales de la iglesia. Esto permite que tengas un período de tiempo sólo para las transacciones del final del año. Una manera de ver esto en QuickBooks es entrar todas tus transacciones de diciembre con fecha del 30 de diciembre o antes. Entonces usa la fecha 31 de diciembre como la fecha de tu adaptación del final del año. (Si tu año contable finaliza en un mes diferente, usa el día final de ese mes.)

C. Diferencias en la terminología

Aquí está una tabla mostrando las diferencias en la terminología. Mientras aprendes a usar QuickBooks, puedes hacer una copia de ésta tabla para tenerla en tu escritorio o marcarla para poder referenciarla fácilmente.

Descripción	Terminología de la iglesia	Terminología de QuickBooks
Tu organización religiosa	Iglesia, Parroquia, Sinagoga, Templo	Company (Compañía)
Personas u organizaciones de las que recibes dinero	Feligreses, miembros, donantes, etc.	Customers (Cliente)
Personas a las que pagas dinero	Proveedores o personas a las que reembolsas	Vendors (Proveedores)
Personas empleadas para trabajar en la iglesia	Empleados (Nómina)	Employees (Nómina)
Informe para mostrar el dinero que entra y sale (registro de ingresos y gastos)	Declaración de actividades	Income Statement or Profit Loss Statement (Declaración de ingresos o declaración de pérdidas y ganancias)
Informe para mostrar activos (dinero efectivo, propiedades, etc.) contra responsabilidades (cantidades debidas) para registrar la riqueza neta acumulada	Declaración de situación financiera	Balance Sheet (Balance general)
Riqueza/ganancia neta acumulada	Activos netos	Net Worth (Valor neto)
Subvenciones recibidas para tener los gastos registrados	Subvenciones	Jobs (Trabajos)

| Sumas recibidas por programas y rastreadas | Fondos o programas | Classes (Clases) |

D. La importancia de los controles contables internos

Sé que es fácil pensar, "¿Por qué preocuparse por el control de la contabilidad? Si sólo personas buenas trabajan en nuestra iglesia." Y por más que nos gustaría que ese fuera el caso, es bastante habitual que un miembro o empleado de una iglesia robe. Haz una búsqueda en Internet que diga: "Robo de dinero de una iglesia," y encontrarás 12,800,000 coincidencias. Algunos de éstos fueron perpetrados por forasteros, pero muchas de las noticias mencionan a secretarias, ministros juveniles, y hasta pastores culpables del robo.

Los controles internos no son sólo para proteger contra el fraude, sino también para impedir que ocurran errores o darse cuenta más fácilmente cuando se cometen. Un buen contador requerirá controles internos fuertes para mantenerse fuera de sospecha. Además, sabes que no robarías de la iglesia, pero tener controles internos te da la tranquilidad de que la persona que asume el cargo después de que te vayas tampoco robará. Entre más pequeña la organización, más difícil es tener separadas a las personas en sus posiciones requeridas para hacer controles rigurosos. Pero no te preocupes, este libro destacará opciones e ideas para ejecutarlos.

El principio más básico para establecer controles internos comienza al nivel del organismo rector (sea una sacristía, consejo o junta). Un organismo rector fuerte, con transparencia, capacidad de administración y responsabilidad marca las pautas y es la primera defensa contra el fraude.

E. Consejos para el organismo rector y la administración de la iglesia

Aquí están unos puntos de partida básicos para la consideración del consejo gobernante:

1. Los informes financieros deben ser examinados por el consejo sobre una base regular (mensualmente o cada tres meses).
2. Los presupuestos anuales deben estar preparados y las varianzas deben ser informadas sobre una base regular.
3. Debe haber un tesorero nombrado que NO sea el contador.

4. Una política de conflicto de intereses debe ser establecida. (Esto no significa que los miembros del consejo o la iglesia no pueden hacer negocios con la iglesia. Simplemente limita el nivel de transacciones relacionadas con el partido y determina pasos para hacer verídico que el precio más apropiado esté siendo pagado.)
5. Se debe realizar una auditoría anual. Si la iglesia no puede pagar un auditor externo, se debe designar un comité formado por miembros no asociados con la parte de la contabilidad de la iglesia.

Dentro de los capítulos de este libro, habrá recomendaciones para establecer los controles internos para cada proceso de transacción relacionado con las finanzas.

En mi sitio web, www.accountantbesideyou.com, ofrezco un libro de guía para asistirte en la organización de tus datos con áreas en las que puedas detallar tus procedimientos del control de la contabilidad. Si tienes un CPA a tu alcance, podrías querer pedirle consejos adicionales.

F. Consejos, pistas, y cuando dejar que alguien más lo haga

En todas partes de este libro, notarás símbolos con información adicional.

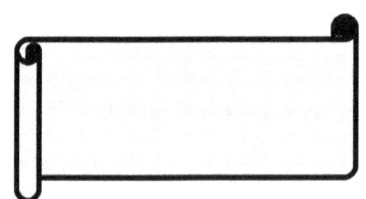

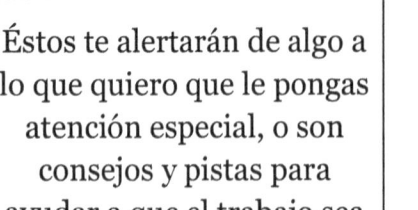

Éstos te alertarán de algo a lo que quiero que le pongas atención especial, o son consejos y pistas para ayudar a que el trabajo sea más fácil.

Si quisieras ahorrar tiempo, puedes ir a mi sitio web, www.accountantbesideyou.com, y descargar un archivo de QuickBooks con las preferencias y plan de cuentas que recomiendo en el libro. Luego puedes simplemente corregirlos para tu iglesia en particular y así no tendrás que comenzar desde cero. Este tiene un costo, pero esto te podría ahorrar horas de introducción de datos. Por favor lee el libro primero rápidamente, evalúa la cantidad de tiempo que tienes para establecer el sistema, y luego puedes decidir si tiene más sentido gastar unos dólares en el archivo o introducir la información tú mismo.

Para constancia, odio las promociones de ventas, pero hay áreas en las que ya he hecho la parte aburrida (como la introducción del plan de cuentas), me gustaría ahorrarte ese tiempo. Así que, visita mi sitio web periódicamente para ver que descargas o archivos ofrezco que te puedan servir para ahorrar tiempo y esfuerzo. El libro explicará cómo hacer estos procesos, por lo tanto la descarga es simplemente una opción.

II. Comenzando con QuickBooks

A. Disposición del programa

Antes de comenzar a entrar los datos para tu iglesia, recomiendo que pases algún tiempo viendo cómo funciona QuickBooks hasta que te muevas por el programa fácilmente. Por suerte, QuickBooks incluye organizaciones y compañías de muestra para que sólo tengas que hacer eso.

Cuando instales por primera vez QuickBooks, te preguntará si te gustaría abrir una compañía de muestra. Allí puedes seleccionar que tipo. La empresa no lucrativa de la muestra es la que más se acomoda a tu iglesia.

Si el sistema ya se ha establecido u otros usuarios ya lo han usado, verás una pantalla similar a ésta:

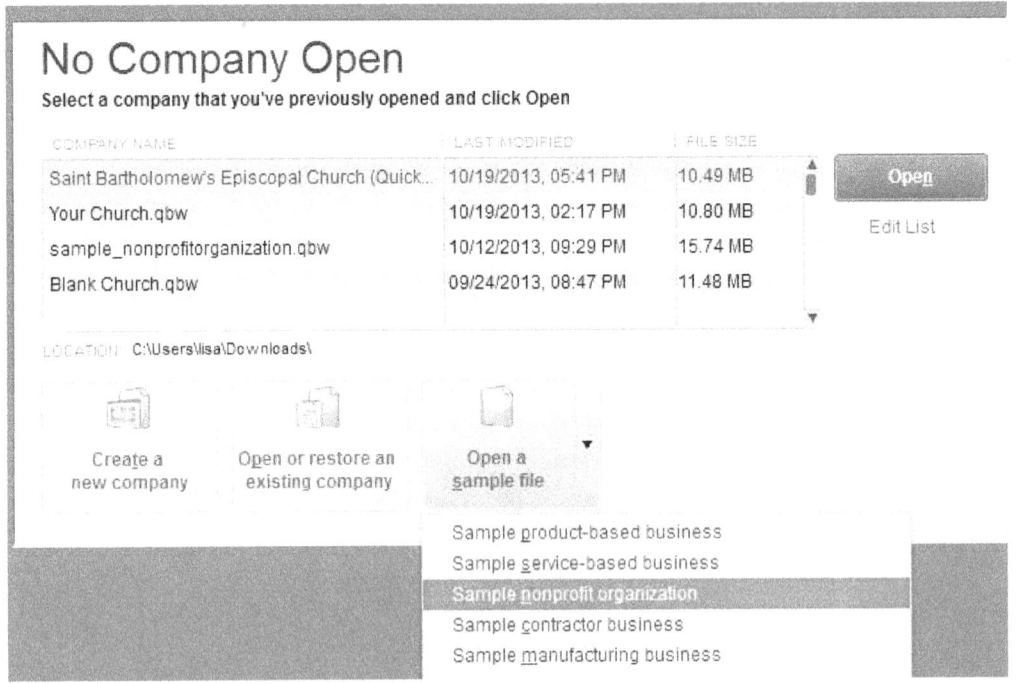

Haz clic en *Open a sample file* (Abrir un archivo de muestra) y te ofrecerán una lista de tipos de negocios diferentes. Elige *Sample nonprofit organization* (Muestra de Empresa no lucrativa) y presiona *Enter*.

Abajo hay una captura de pantalla de la muestra de la compañía no lucrativa. Según tu versión de QuickBooks, tendrás probablemente menos artículos en los menús.

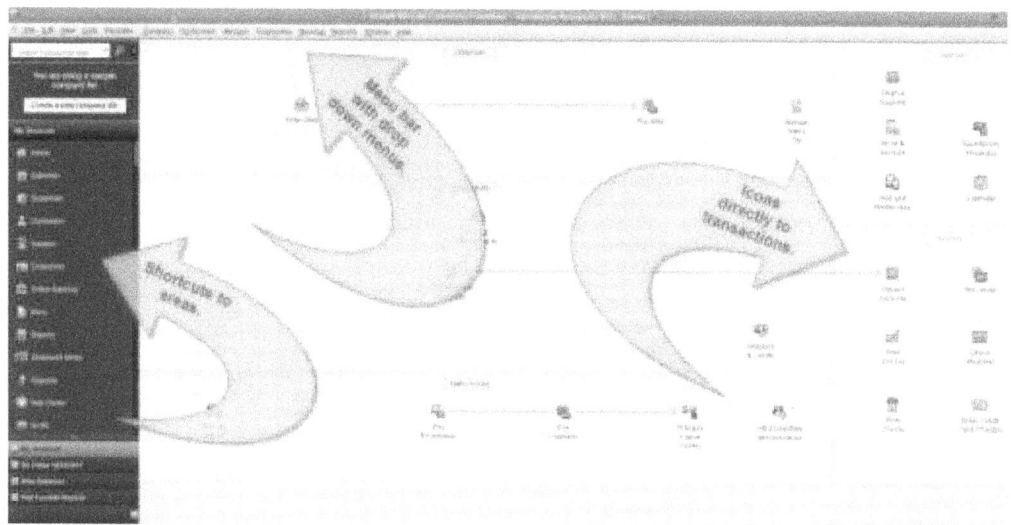

Atajos hacia las áreas.   *Barra de menú con menús desplegables.*   *Iconos directamente hacia las transacciones.*

Esta es la pantalla Principal (**Home**) con tres grupos de menús. En la parte superior está la Barra de Menú (***Menu Bar)***. A la izquierda de la pantalla los Atajos ***(Shortcuts),*** y la parte principal es un menú de iconos.

El **Menú Bar** tiene menús desplegables. Revisaremos éstos detalladamente cuando establezcamos cada área. *My Shortcuts* te lleva a una pantalla para cada una de las áreas. Vamos a mirar las opciones en la lista de atajos. El Calendario (**Calendar**) se puede establecer para que veas qué cuentas están por pagar o cuando deben realizarse los pagos de la nómina. Las tomas instantáneas (**Snapshots**) dan una descripción visual de tus cuentas, mostrando informes que te gustaría ver en una base regular.

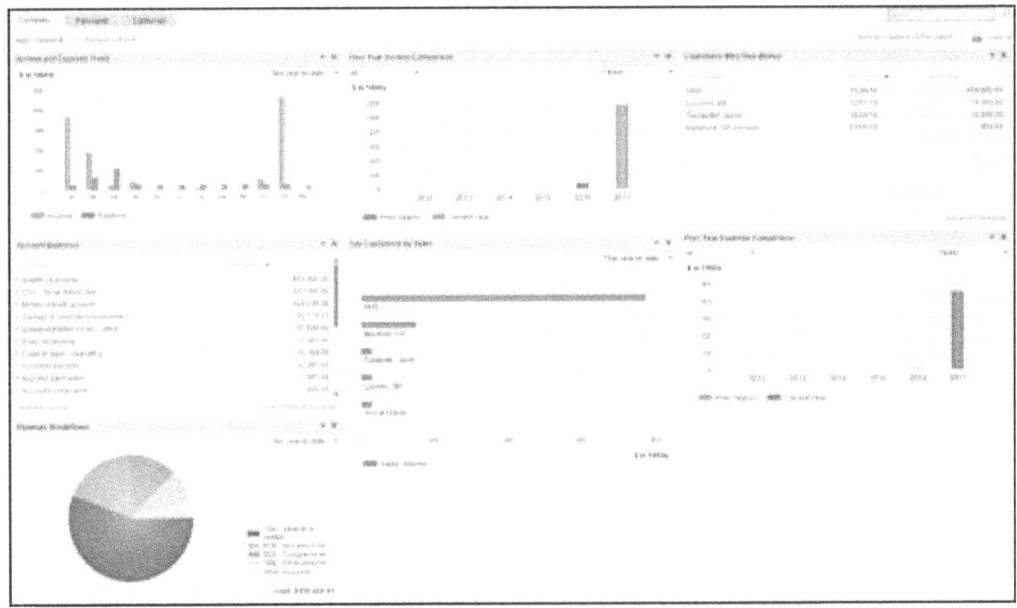

Puedes querer ver las donaciones por mes este año, los pagos recientemente hechos, o cualquier variación del presupuesto. Si haces clic en el ícono de Clientes (**Customers**), te lleva al Centro del Cliente (**Customer Center**), donde hay una lista de miembros/donantes y sus promesas excepcionales además de un historial de transacciones. El ícono de Proveedores (**Vendors**) hace lo mismo para los proveedores. La opción de Empleados (**Employees**) permite que tú entres y corrijas la información del empleado, y el Banco en Línea (**Online Banking**) es usado para manejar cualquier cuenta bancaria de la cual desees descargar transacciones.

> Si alguna vez te pierdes en el sistema, siempre puedes ir a la página principal haciendo clic en la Página Principal (**Home**) en la columna izquierda.

El área principal de la pantalla principal permite que hagas clic en la tarea que necesites e ir directamente al área correcta. Si quieres ingresar en cuentas, puedes hacer clic simplemente en el ícono **Enter Bills** (Ingresar Cuentas) y comenzar a hacerlo. También podrías ingresar las cuentas seleccionando Proveedores (**Vendors**) en el menú superior o el menú del lado. QuickBooks hace de la navegación en su sistema algo muy intuitivo, según cómo prefieras ver las cosas. Antes de que continuemos, tomemos unos minutos sólo para hacer clic en algunos iconos y explorar algunos menús desplegables y ver para ver dónde van. Revisaré el uso de la mayor parte de éstos detalladamente más tarde, pero me gustaría que tú te sintieras cómodo con la disposición del sistema. ¡Y usando la compañía de muestra, no le vas a hacer daño a nadie!

B. ***"Backup!"*:** **Creación de una copia del archivo . ¡Lo más importante de este proceso!**

A través este libro, sobre todo en la configuración del sistema, haré que dejes de trabajar y crees una copia del archivo de la iglesia. Haz caso a estas solicitudes. Haciendo una copia de los datos después de cada entrada significativa y etiquetando la copia apropiadamente, puedes cambiar la manera en que estableciste algo sin necesidad de tener que rehacer todo. Simplemente instala de nuevo la copia apropiada, y luego no tendrás que empezar desde el principio. Por ejemplo, has ingresado los datos de la compañía, el plan de cuentas, y un poco de la información de tus miembros. Entonces te das cuenta que prefieres que "el número del cliente de los miembros" sea una variación del apellido en vez del número de sobre. En vez de tener de cambiar todo lo que has hecho hasta ahora, puede ser más fácil instalar de nuevo la copia con los datos de la compañía y el plan de cuentas antes de que comenzarás a ingresar los datos del cliente.

Antes de hacer la copia de tu archivo, vamos a crear una nueva carpeta en el escritorio de tu ordenador. Me gusta establecer una carpeta separada sólo para las copias. En un área vacía de la pantalla principal de tu ordenador, haz clic con el botón derecho del ratón.

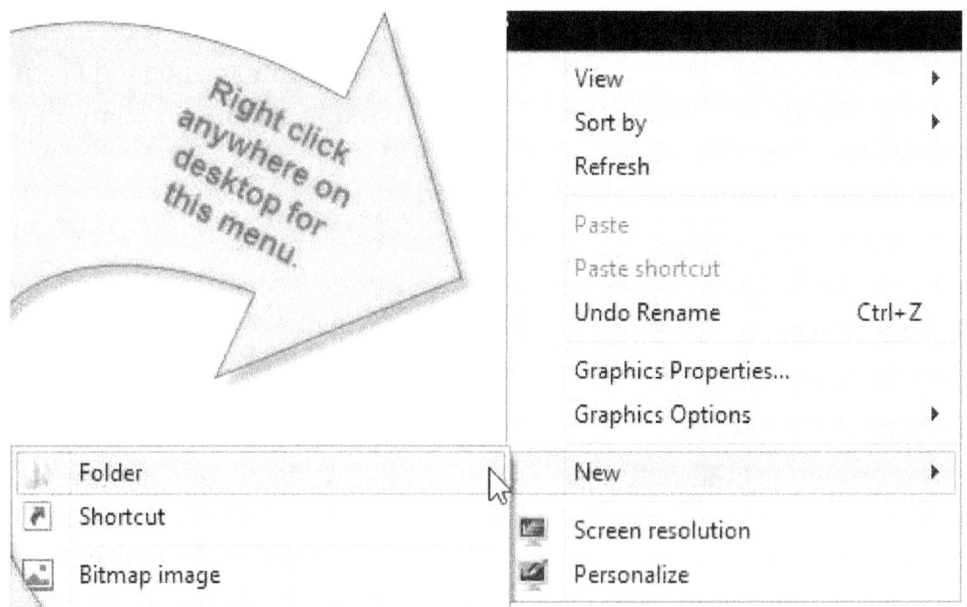

Haz clic con el botón derecho del ratón en cualquier parte del escritorio para ir a este menú.

Selecciona *New* (Nueva), *Folder* (Carpeta). Verás un pequeño ícono de una carpeta de manila. Si la etiqueta debajo de este aparece subrayada, escribe *Backup (Copia de Archivo)* en el espacio. Si no, haz clic con el botón derecho del ratón en la carpeta para ver el menú siguiente:

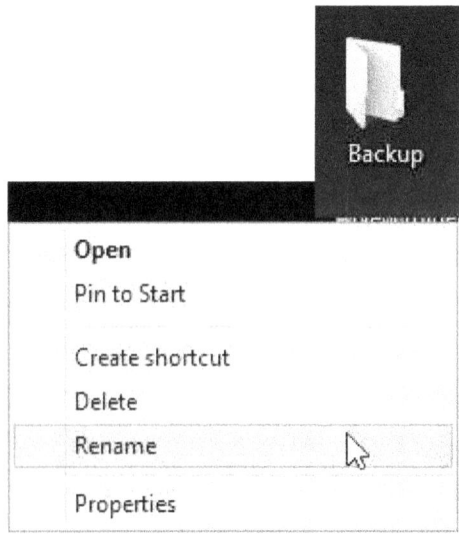

Selecciona *Rename* (Renombrar) y escribe *Backup*. Ahora tienes un archivo para almacenar tus copias de archivos de QuickBooks.

Para crear una copia de tus datos, primero ten presente que QuickBooks se refiere a tu iglesia como una Compañía, por lo tanto tendremos que guardar el Archivo de la Compañía. Selecciona *File, Backup Company, Create Local Backup*.

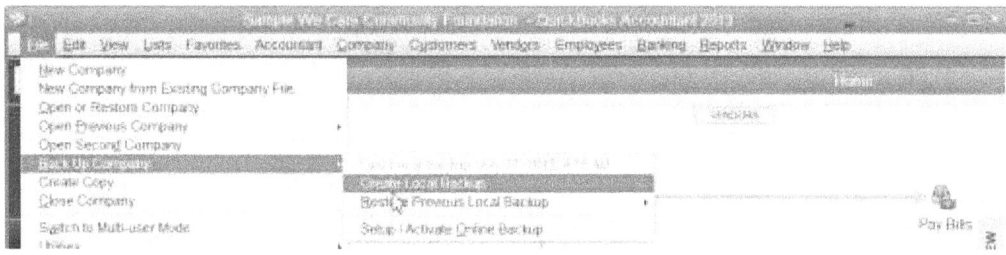

Después, designaremos una copia de seguridad local.

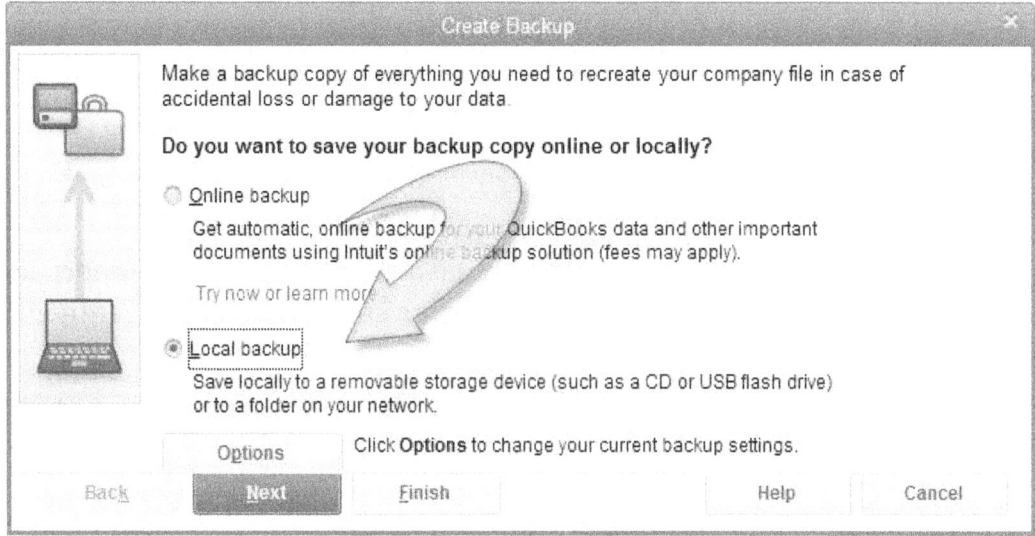

El término Local Backup (Copia de Seguridad Local) significa que está en tu ordenador o en un Flash Drive (Dispositivo de Almacenamiento), no en el almacenaje de Internet. No te preocupes de la opción en línea; te llevará a un sitio web de Intuit para registrarse para reservas en línea, las cuales están disponibles por una tarifa.

Selecciona *Options* (Opciones) y te preguntará donde te gustaría guardar la copia de seguridad (Backup).

¡Definitivamente!

Esta pantalla también predetermina la adición de la fecha y hora de la copia de seguridad y comienza a reescribir sobre los archivos antiguos después de tres copias de seguridad. Recomiendo definitivamente dejar la fecha y hora comprobada, pero mientras establecemos la iglesia, nos deja aumentar el número de copias a 10.

Selecciona *OK* y puedes ver la siguiente advertencia.

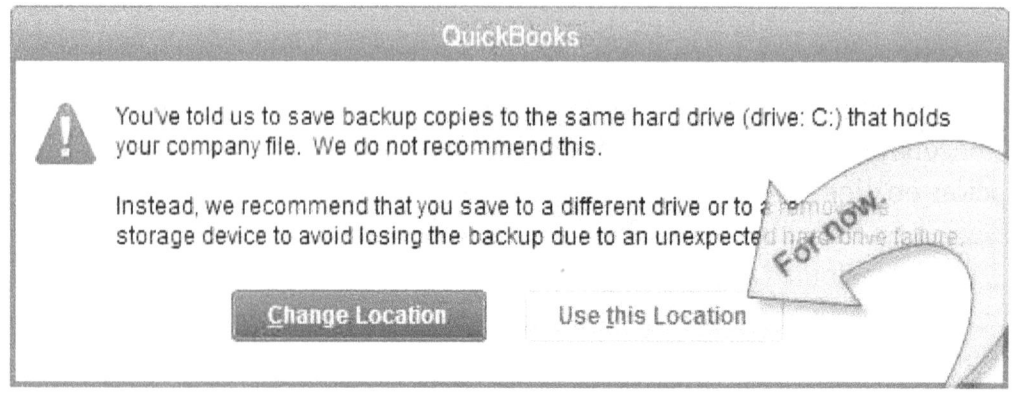

Por el momento.

Por el momento, usa esta ubicación. En el futuro, querrás guardar tus copias de seguridad en un dispositivo de almacenamiento o archivo externo puedes almacenar en otro lugar por si el disco duro del ordenador falla o la oficina llegará a incendiarse.

La siguiente pantalla permite que tú programes tus futuras copias de seguridad, así hay una cosa menos que hacer en tu lista de deberes.

Selecciona *Save it now and schedule future backups* (Guardar ahora y programar copias de seguridad futuras) y luego presiona *Next* (Siguiente).

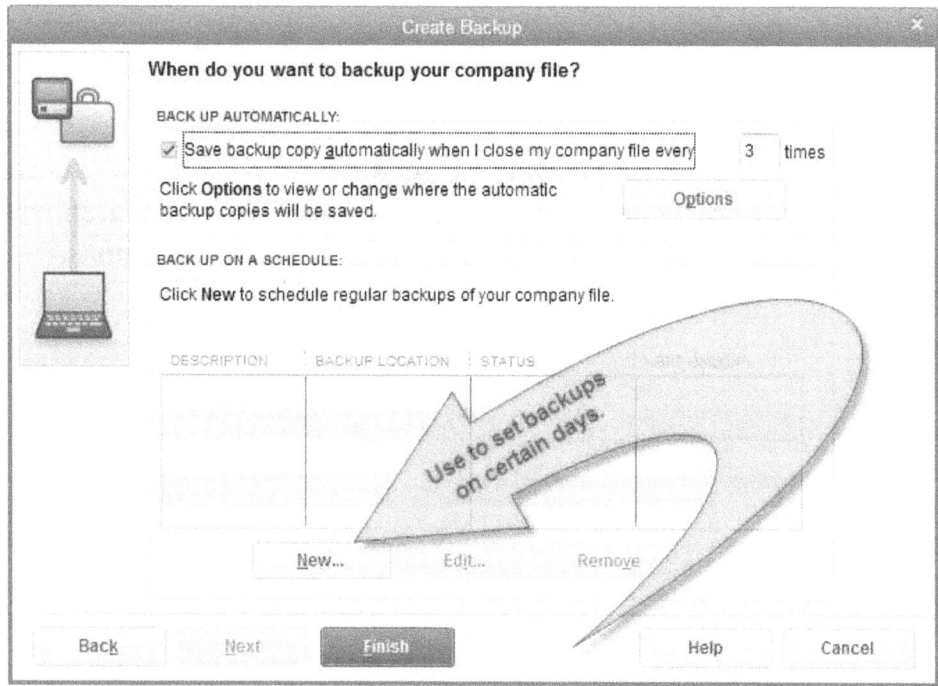

Se utiliza para definir copias de seguridad en determinados días.

El sistema hará las copias automáticamente cada tres veces que cierres tu sistema. Puedes hacer que las guarde más o con frecuencia cambiando simplemente el número de veces. Si prefieres que el sistema haga la copia de seguridad durante ciertos días y las ponga en ubicaciones diferentes, al seleccionar *New* (Nuevo) se abrirán otros cuadros de diálogo pidiendo las fechas y tu contraseña de Windows. Para mantener las cosas simples al configurar tu iglesia, vamos a dejarlo en copias de seguridad automáticas.

Una vez que seleccionas *Finish* (Finalizar), verás el sistema trabajando y posiblemente un cuadro de diálogo aparecer diciendo *No backups are currently scheduled* (No hay copias de seguridad programadas actualmente). Haz clic *en OK,* y una vez que la copia de seguridad se ha completado, verás:

El nombre de la copia variará según donde la hayas guardado. Después de esta primera vez, encontrarás que hacer copias del archivo sólo toma unos minutos y tiene el potencial de evitar muchos problemas.

> **¿Dónde guardar mis copias del archivo?**
>
> Si con regularidad almacenas tus copias del archivo en el mismo lugar que el programa, corres el riesgo de perder los datos si el ordenador muere o hay un incendio. Al guardarlas en un Archivo de Reserva Designado, puedes copiar la carpeta a un sistema de almacenaje basado en la nube. (Dropbox es un ejemplo manual; Carbonite es un ejemplo de un servicio automático.) Otra opción sin costo es guardar la carpeta de la copia de seguridad en un dispositivo de almacenamiento cada semana y ponerlo en una caja fuerte a prueba de fuego o en un lugar lejano.

C. **Restaurando los datos**

Si tienes que restaurar tus datos, no te preocupes, es muy fácil con QuickBooks. Hay dos opciones en el menú **File** (Archivo) para ayudarte a restaurar los datos. Cerca de la parte superior está **Open or Restore Company** (Abrir o Restaurar Compañía). Este es el que debes usar si has movido el programa a una nueva máquina y necesitas instalar de nuevo el archivo. La segunda opción es **Back Up Company** (Copia de Seguridad de la Compañía) y es la más fácil. Elige *File, Back Up Company, Restore Previous Local Backup,* y luego elige tu copia de seguridad más reciente.

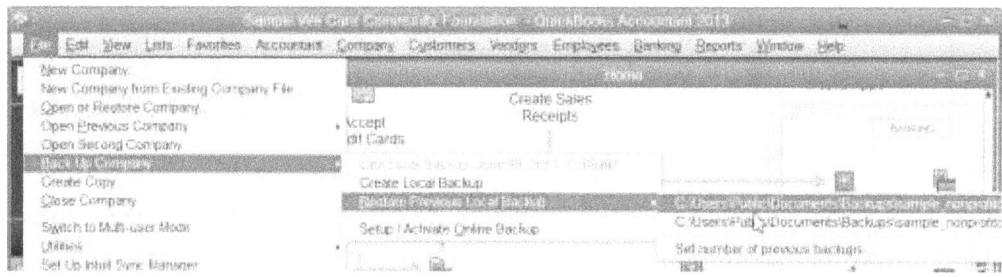

Una vez que has hecho doble clic en la copia de seguridad deseada, verás un cuadro de diálogo con advertencias.

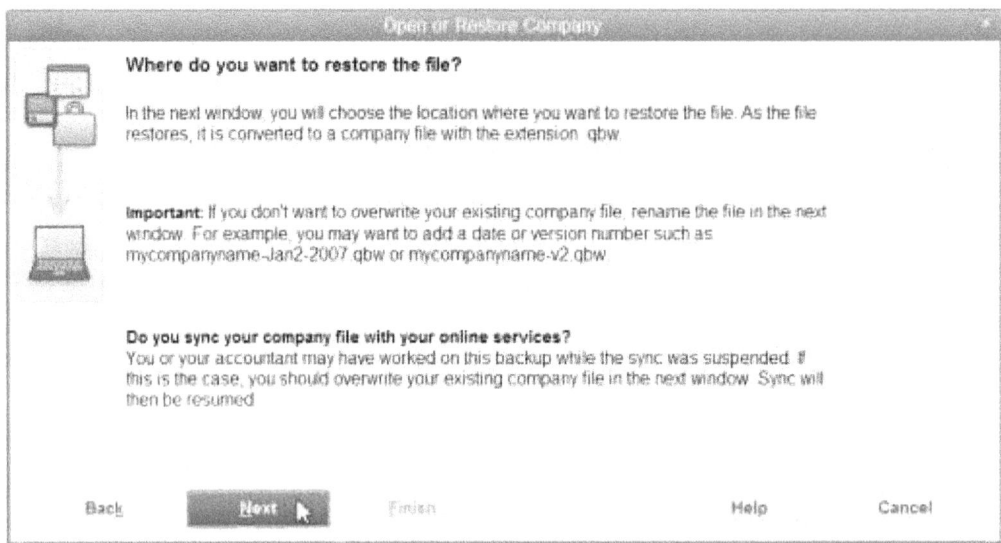

Selecciona *Next* y te darán una lista de nombres de la compañía en el archivo de QuickBooks. Selecciona tu iglesia y haz clic *en Save*.

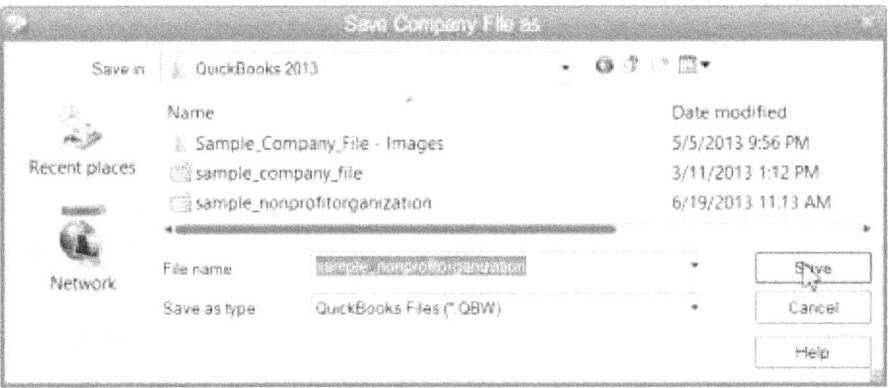

El sistema te premiará entonces con el mensaje siguiente.

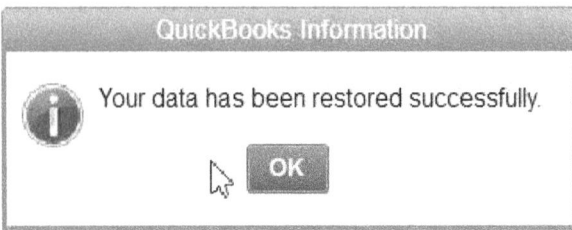

Considerando la facilidad para hacer copias de seguridad y restaurar las funciones con QuickBooks, no hay ninguna razón para hacer copias de archivos con frecuencia. Haz una copia de tu sistema entre cada capítulo, y tendrás la comodidad de saber que si algo le pasara a tu archivo, lo puedes restaurar fácilmente y no pierdes mucho trabajo.

En el capítulo 3, estableceremos los archivos de tu iglesia y las preferencias para hacer que QuickBooks trabaje más eficazmente para ti. ¡Ahora vamos a cerrar la compañía de muestra (de la barra del menú, selecciona **File, Close Company**) y comenzamos a establecer la verdadera!

III. Estableciendo el archivo de tu iglesia

A. Información requerida

Es tiempo de establecer tu iglesia con QuickBooks. (Nota: Si la iglesia ya está establecida, puedes saltar hasta el capítulo 5 para aprender a trabajar con transacciones, pero puedes examinar esta sección para ver si puedes mejorar tu sistema actual.) Para empezar, tendrás que reunir algunos datos. Abajo está lo que necesitamos para diseñar el archivo de datos. Una lista completa de la información requerida para establecer el sistema que está en el apéndice.

> Nombre oficial de la iglesia y dirección
> Número de identificación federal del empleador (EIN)
> Primer mes de ejercicio contable — por lo general Enero
> Nombre de la declaración de renta — si se hace
> Plan de cuentas — si te gusta el que usas.

B. Comienzo rápido

Para establecer el archivo de datos de tu iglesia, simplemente abre QuickBooks y selecciona *File, New Company* de la barra del menú superior. Esto abrirá la pantalla siguiente:

Voy a hacer que selecciones *Express Start*. Esto permitirá que introduzcas un poco de información sobre tu iglesia.

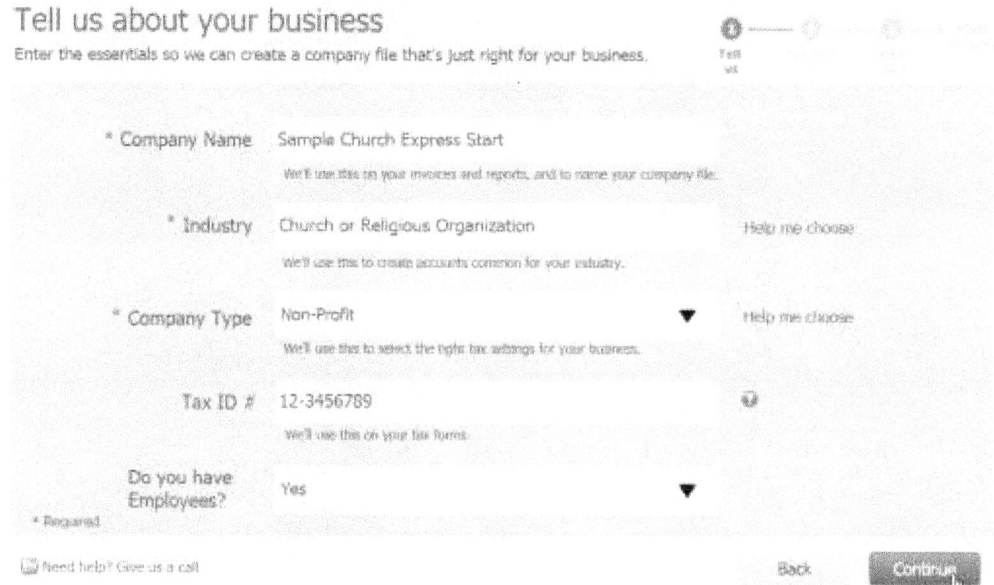

The **Company Name** (El Nombre de la Compañía) es el nombre que te gustaría en la correspondencia generada por el sistema (da declaraciones, datos financieros, etc.). Puede ser diferente del nombre oficial, pero eso está bien. Actualizaremos el nombre oficial más tarde si es necesario. Al seleccionar la iglesia (Church) como tu industria (**Industry**) y No lucrativo (Non-Profit) como tu tipo (**Type**), QuickBooks desarrolla un plan de cuentas estándar para ti. Éstos son nombres de cuentas, no números de cuenta, de los cuales hablaremos en grandes detalles en el siguiente capítulo. El Tax ID (Número de Identificación) es tu Número de Identificación Federal. Deberías poder encontrarlo en tus informes de nómina.

Una vez que haces clic en *Continue*, verás:

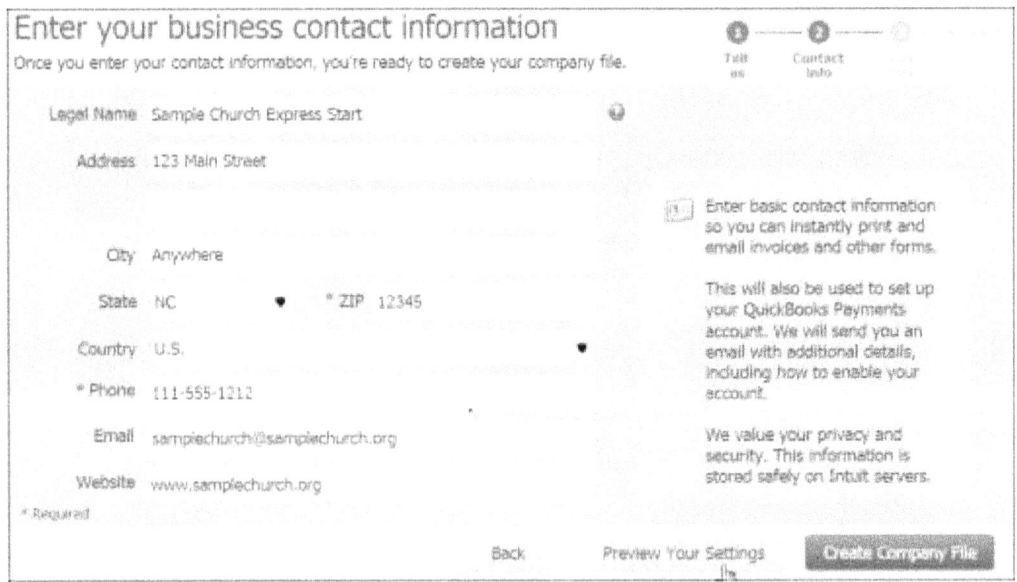

Después de ingresar tus datos, selecciona el botón *Preview Your Settings* al final. Esto mostrará las suposiciones que QuickBooks ha hecho por su parte.

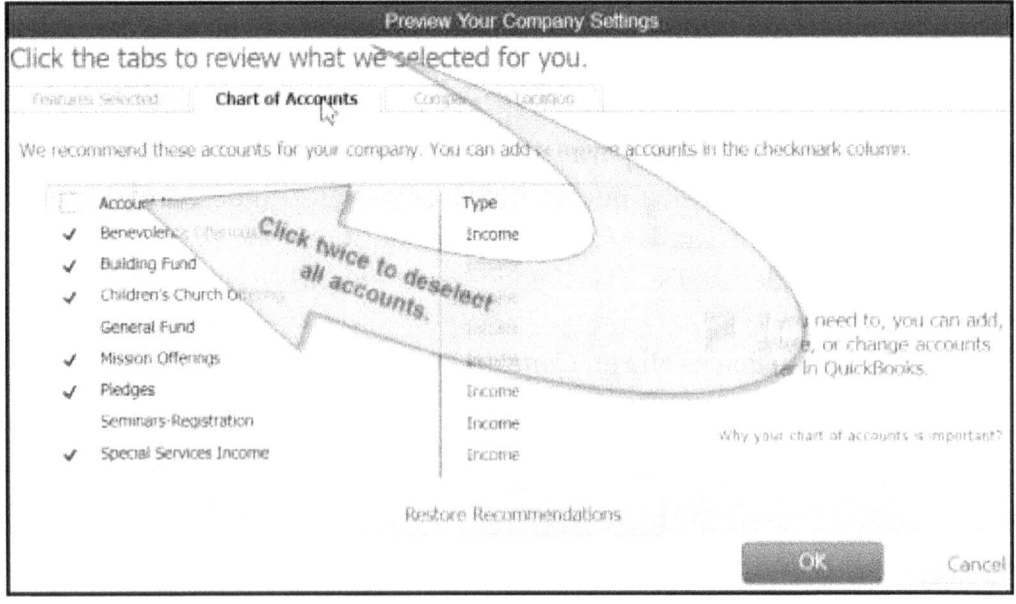

Haz clic dos veces para deseleccionar todas las cuentas.

No tienes que hacer nada con las **Features Selected** (Características Seleccionadas) ni **Company File Location** (Ubicación del Archivo de la Compañía). Por el momento, quieres concentrarte en las cuentas en la pestaña *Chart of Accounts* (Plan de Cuentas). Si compruebas la caja *Account Name (*Nombre de la Cuenta) dos veces, todos los nombres se deseleccionarán. Puedes bajar en la lista y seleccionar cualquier cuanta que prefieras. Pero voy a recomendarte dejar todas las cuentas sin seleccionar y usar el plan de cuentas básico que se detallará en el capítulo 4. Esto requerirá un poco más de introducción de datos, pero tendrás más flexibilidad en cuanto a los nombres de las cuentas, y podrás asignar números de cuenta para facilitar un reporte más detallado. Por otra parte, si usas actualmente un plan de cuentas que te gusta y es similar a esta lista, por supuesto úsala. Añadiremos los números manualmente en el capítulo 4.

Una vez que hayas seleccionado tus cuentas individuales, haz clic en *OK* y luego en *Create Company File.*

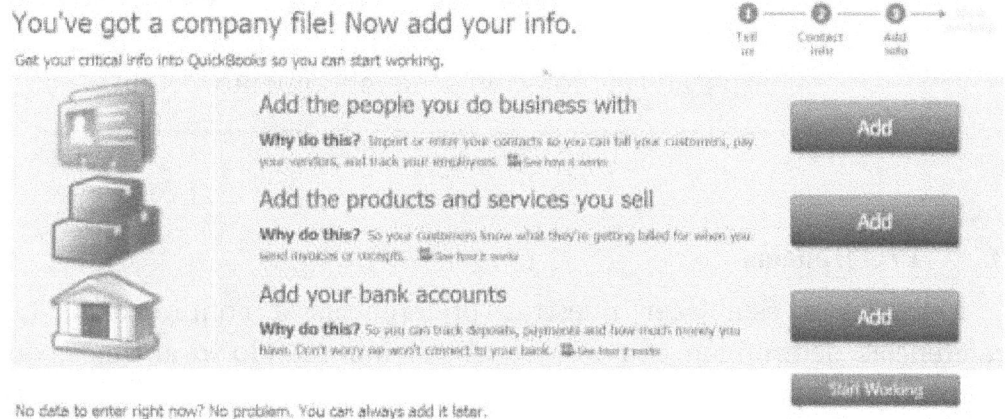

La primera opción permite que importes tus contactos de una lista de contactos del correo electrónico o una hoja de cálculo de Excel®. Si tienes tus miembros, proveedores y/o empleados en tu sistema de correo electrónico o en un programa que se puede exportar a Excel, esto puede ser gran ahorro de tiempo. Si no, está bien, porque también podemos ingresarlos manualmente. Pero primero tienes que entender la función del nombre en QuickBooks.

> **¡Importante!**
> Lee el capítulo 6 acerca de cómo se usan las funciones del nombre para miembros y proveedores en QuickBooks antes de hacer la asignación de los nombres arriba. Los nombres tienen que ser únicos y pueden ser numéricos. Debes considerar la facilidad de la introducción de los datos al establecerlos. Por el momento, simplemente selecciona **Start Working** (Comenzar a Trabajar) para ir al menú **Home** (Página Principal). En vez de asignar nombres en esta pantalla, los estableceremos más tarde después de que te haya explicado el protocolo de nombramiento.

C. **Preferencias**

Vamos a establecer nuestras preferencias a continuación. Las preferencias determinan cómo se ve el sistema cuando lo abrimos, que información se predeterminará en ciertas pantallas, y mucha flexibilidad sobre cómo usar el sistema. Pero debido a esa flexibilidad, es importante entender las opciones. Con el fin de tener acceso a la opción **Preference** (Preferencias), ve al artículo *Edit* (Editar) en el menú de la barra superior.

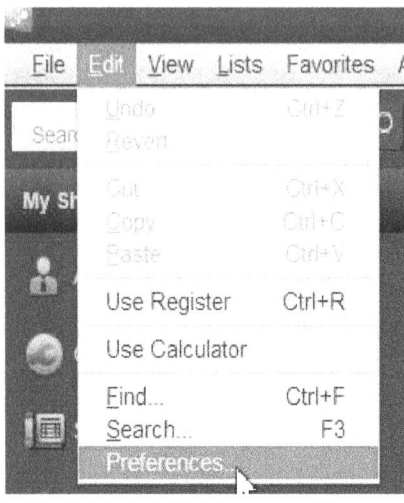

la caja *Account Name (*Nombre de la Cuenta) dos veces, todos los nombres se deseleccionarán. Puedes bajar en la lista y seleccionar cualquier cuanta que prefieras. Pero voy a recomendarte dejar todas las cuentas sin seleccionar y usar el plan de cuentas básico que se detallará en el capítulo 4. Esto requerirá un poco más de introducción de datos, pero tendrás más flexibilidad en cuanto a los nombres de las cuentas, y podrás asignar números de cuenta para facilitar un reporte más detallado. Por otra parte, si usas actualmente un plan de cuentas que te gusta y es similar a esta lista, por supuesto úsala. Añadiremos los números manualmente en el capítulo 4.

Una vez que hayas seleccionado tus cuentas individuales, haz clic en *OK* y luego en *Create Company File.*

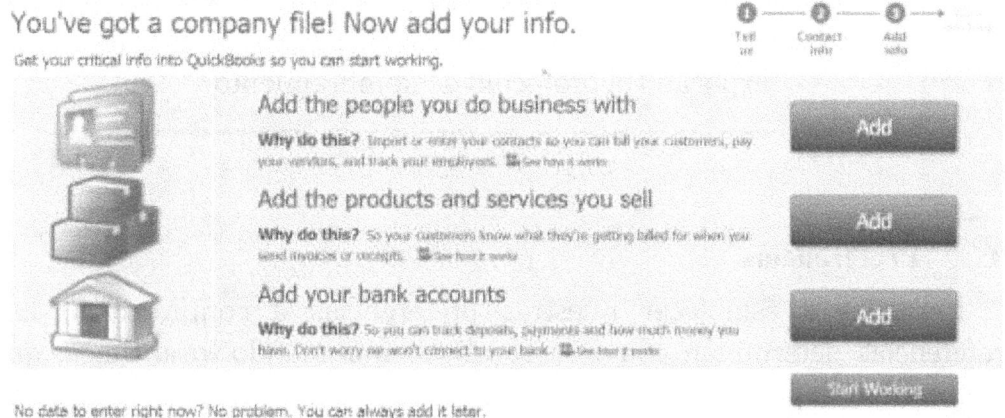

La primera opción permite que importes tus contactos de una lista de contactos del correo electrónico o una hoja de cálculo de Excel®. Si tienes tus miembros, proveedores y/o empleados en tu sistema de correo electrónico o en un programa que se puede exportar a Excel, esto puede ser gran ahorro de tiempo. Si no, está bien, porque también podemos ingresarlos manualmente. Pero primero tienes que entender la función del nombre en QuickBooks.

> **¡Importante!**
> Lee el capítulo 6 acerca de cómo se usan las funciones del nombre para miembros y proveedores en QuickBooks antes de hacer la asignación de los nombres arriba. Los nombres tienen que ser únicos y pueden ser numéricos. Debes considerar la facilidad de la introducción de los datos al establecerlos. Por el momento, simplemente selecciona **Start Working** (Comenzar a Trabajar) para ir al menú **Home** (Página Principal). En vez de asignar nombres en esta pantalla, los estableceremos más tarde después de que te haya explicado el protocolo de nombramiento.

C. **Preferencias**

Vamos a establecer nuestras preferencias a continuación. Las preferencias determinan cómo se ve el sistema cuando lo abrimos, que información se predeterminará en ciertas pantallas, y mucha flexibilidad sobre cómo usar el sistema. Pero debido a esa flexibilidad, es importante entender las opciones. Con el fin de tener acceso a la opción **Preference** (Preferencias), ve al artículo *Edit* (Editar) en el menú de la barra superior.

3. Preferencias del calendario

La siguiente opción está relacionada con el calendario. *My Preferences* controla cómo este se muestra.

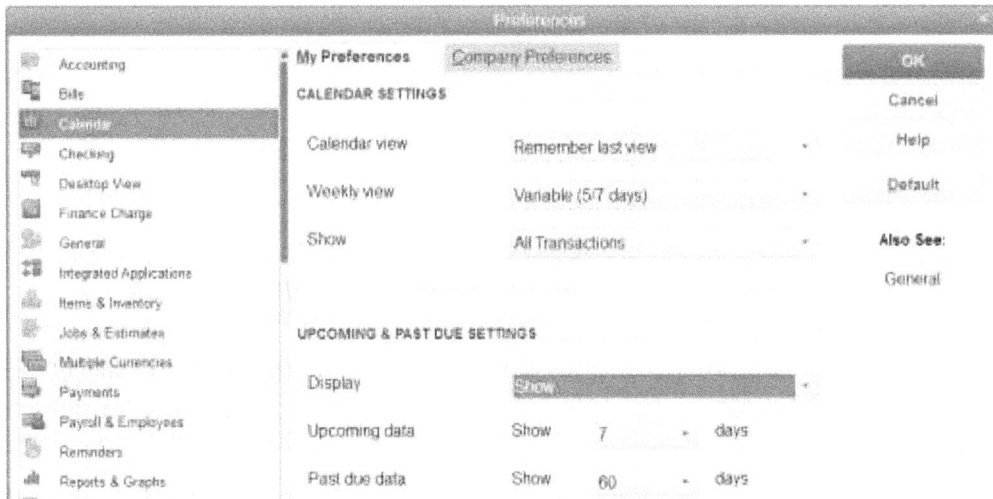

Calendar Settings (Ajustes del Calendario) permite establecer la vista a diario, cada semana, mensualmente, o que lo recuerde cómo lo dejaste la última vez que estuviste en el sistema. La vista semanal te deja ver el calendario como cinco días o siete días por semana.

Una característica útil es la capacidad de mostrar transacciones de la contabilidad en el calendario. El menú **Show** de abajo permite que veas el dinero recibido y depositado o las cuentas debidas o pagadas durante cada día. Esto es un área de preferencia personal, así que juega con ellas y mira que prefieres.

4. Preferencias de cheques

El artículo **Checking** (Cheques) tiene algunas opciones interesantes para las iglesias. Si depositas las donaciones en una cuenta con intereses, pero pagas las cuentas de una cuenta separada, permite que tú establezcas tus determinaciones correctamente en la pestaña **My Preferences**. Como no has terminado de establecer tu plan de cuentas aún, tus pantallas estarán probablemente vacías. De cualquier manera, deja tus preferencias predeterminadas o los espacios vacíos en esta página y volverás a esta pantalla después del capítulo 4.

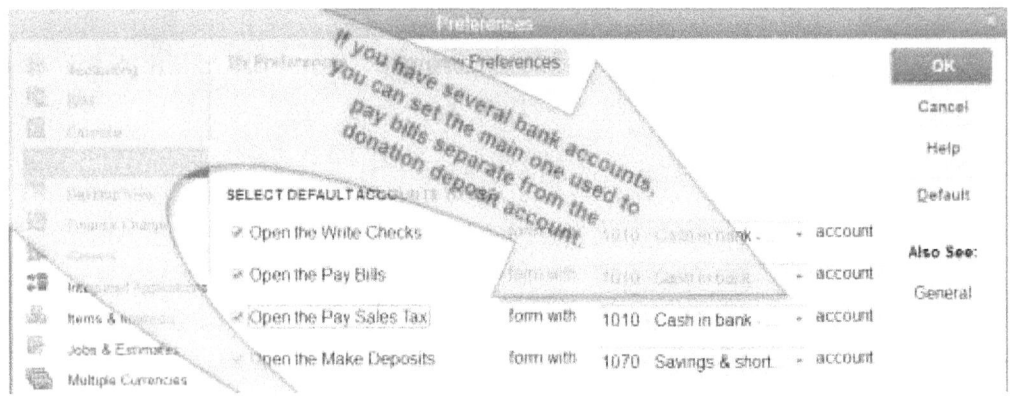

Si tienes varias cuentas bancarias, puedes destinar la principal para pagar cuentas separadas de la cuenta de ahorro de las donaciones.

Mis recomendaciones para **Company Preferences** (Preferencias de la Compañía) están abajo. (No te preocupes si no hay ningún número de cuenta en tu pantalla).

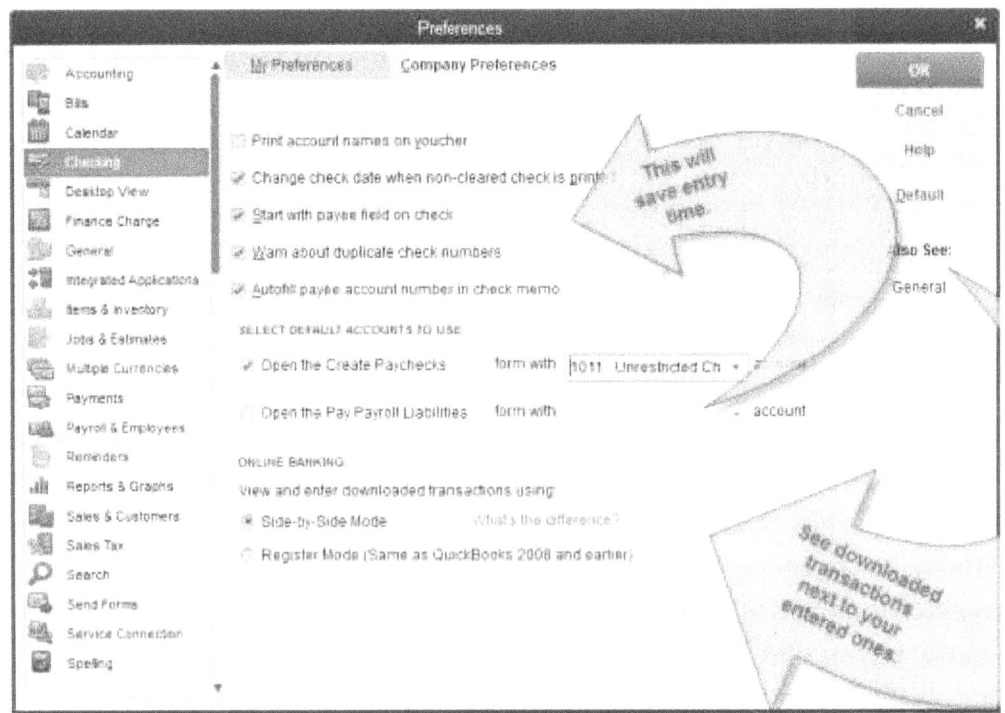

Esto ahorrará el tiempo de ingreso.   *Ver transacciones descargadas al lado de las ingresadas.*

El nombre de la cuenta es tu código de contabilidad para el proveedor, por tanto realmente no es necesario tener la chequera. Realmente vas a querer cambiar la fecha del cheque (**Change the check date**) si un cheque perdido se reedita. Si seleccionas el campo **Start with**

Payee (Comenzar con el Beneficiario) lo primero que vas a ingresar es el nombre del proveedor. Esto puede ahorrar mucho tiempo clave ya que no tendrás la necesidad de navegar a través de la pantalla. Las dos siguientes opciones son bastante explicativas de por si.

Puedes designar las cuentas preseleccionadas para las responsabilidades de nómina y pagos. Si usas un servicio exterior, no tendrás que preocuparte por esto. Si usas el banco en línea, el **Side by Side Mode** (Modo Lado A Lado) mostrará las transacciones descargadas al lado de las transacciones que ya has ingresado en el sistema. Mantén ésta opción señalada— es más fácil que utilizar el registro.

5. **Preferencias de vista del escritorio**

Ahora estamos en el **Desktop View** (Vista de Escritorio). Aquí puedes escoger la combinación de colores y desanclar la ventana de ayuda para que pueda ser trasladada como sea necesario. Pero más importante, hay dos cosas que quiero que tú notes en la pantalla *My Preferences*. Primero es la opción **View** (Ver). Escoge **Multiple Windows** (Ventanas Múltiples) y es mucho más fácil navegar entre ventanas. La segunda y más importante es **Desktop Options** (Opciones de Escritorio). Selecciona **Don't Save the Desktop (**No Guardar la Opción de Escritorio).

No selecciones **Save the current desktop** (Guardar el escritorio actual)**.** Si esta opción se selecciona y tu sales del sistema con informes abiertos, la próxima vez que abras QuickBooks, tratará de hacer de nuevo aquellos informes. Esto no sólo hace más lento el arranque, sino que también puede hacer que el sistema falle. Una vez falle, puede impedir que QuickBooks abra. Si esto pasa, cierra QuickBooks y luego vuélvelo a abrir con tu dedo en la tecla **ALT** hasta que haya entrado al sistema. Esto obliga al software a abrirse sin nada salvado en el escritorio.

6. Preferencias diversas

Mirando la columna de abajo en la izquierda de la pantalla, no te tienes que preocupar por las preferencias de gastos de Finanzas, Integración con otros sistemas, Elementos e Inventarios, Trabajos, Divisas Múltiples, Nómina, Informes, Ventas, Impuesto sobre las ventas, Enviar Formas, 1099, y Tiempos y Gastos. Según tu versión de QuickBooks, puedes no tener todos éstos o puedes tener muchos más. Muchas de estas preferencias no son comunes para las iglesias. Aquellos que si son importantes, serán discutidos con mayor detalle en capítulos posteriores. El siguiente artículo en la lista que exploraremos es el Artículo General.

7. Preferencias generales

My Preferences abajo tiene varias opciones prácticas para permitir que aligeres tu trabajo.

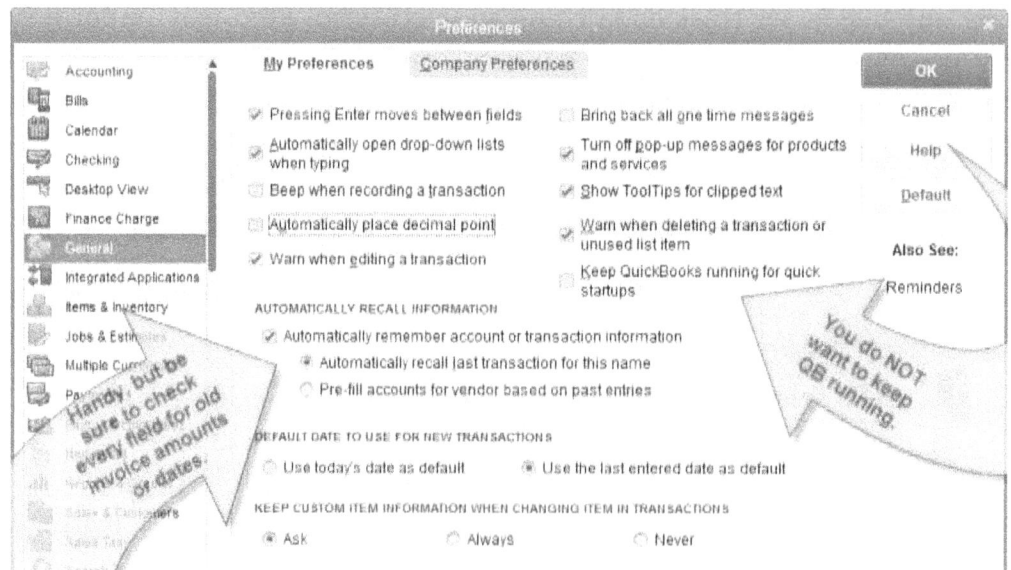

Útil, pero asegúrate de revisar cada casilla, cuentas de cobro antiguas o fecha.

Tu NO quieres mantener el QB funcionando.

Si no seleccionas la opción **Pressing Enter** (Presionando Enter) el sistema requiere que etiquetes el siguiente campo. Si por casualidad das clic en *Enter* en vez de *Tab*, el sistema guarda lo que estabas trabajando y va a una nueva pantalla en vez de un nuevo campo. Personalmente nunca me acuerdo de dar clic en *Tab* y me frustro muchísimo cuando al presionar *enter* detengo algo que había estado haciendo, por lo tanto me parece que permitir dar clic en **Pressing Enter** es un ahorrador del tiempo enorme.

Si estás acostumbrado a saltar automáticamente entre los campos, no querrás elegir ésta.

Si tienes permitida la opción **Automatically open drop-down lists when typing** (Abrir automáticamente las listas desplegables al escribir), QuickBooks tratará de encontrar al donante o proveedor automáticamente una vez que comienzas a escribir en un campo. Te llevará a la primera cuenta que corresponda a lo que has escrito. Si escribes un nombre incorrectamente, no aparece en la lista. Simplemente haz clic en la flecha de lista desplegable y puedes buscar el nombre manualmente.

Siempre deselecciono la opción **Beep when recording a transaction** (Sonar cuando se registre una transacción) ya que mi vida es bastante ruidosa. Y casi siempre selecciono las advertencias de modo que no cometa por casualidad un error. Pero esto es simplemente una cuestión de preferencia personal.

Otra cuestión de preferencia personal es la cifra decimal. Puedes seleccionar la opción **Automatically place decimal point** (Poner cifra decimal automáticamente) de modo que no tengas que tocar el punto cada vez que ingresas algo. Por ejemplo, si tienes que ingresar US$123,45, escribirías *12345*. Si tuvieras que entrar US$55,00, escribirías *5500*. Si ya tienes el hábito de escribir el decimal, querrás no reelegir esto.

Cuando comiences a usar QuickBooks, encontrarás que el sistema te ofrece toda clase de mensajes con la opción de hacer clic en **Never show me this again.** (Nunca mostrar esto otra vez). A veces después de que seleccionas esa opción, puedes pensar que es práctico recordar un par de ellas. Si seleccionas **Bring back all one time messages** (Devolver todos los mensajes de una vez), los restaurará para ti. Yo lo dejaría sin seleccionar hasta que creas que lo necesitas.

Seleccionaría sin embargo, el próximo, **Turn off pop-up messages for products and services** (Apagar mensajes emergentes para productos y servicios), a menos que te gusten los anuncios de los productos relacionados con QuickBooks que aparecen de manera regular. Esto se deshace de la mayor parte de ellos, pero no todos.

Show ToolTips (Mostrar Consejos de Herramientas) es una característica muy práctica. Si un campo tiene más datos de lo que puedes leer en la caja, simplemente mueve tu ratón a ese campo para ver la línea entera.

Fuertemente recomiendo que NO selecciones **Keep QuickBooks running for quick startups** (Mantén a QuickBooks funcionando para los arranques rápidos). De ser seleccionado, QuickBooks se abre cuando enciendes tu ordenador y se queda abierto todo el tiempo. Si trabajas en un ordenador más viejo (las iglesias con frecuencia tienen los de segunda) o tienes otros programas funcionando, la RAM suplementaria usada puede reducir la capacidad de tu ordenador dramáticamente.

Las opciones **Automatically Recall Information** (Recordar información automáticamente) pueden ser otro ahorrador del tiempo estupendo. El sistema te da dos opciones de determinar cómo rellenará automáticamente los campos. El primero se aplica a cualquier nombre (cliente o proveedor). Cuando escribes el nombre, llena los campos con lo que se guardó la última vez que usaste ese nombre. Esto incluiría cantidades, números de factura, números de cuenta, etc. Esto es muy práctico si por ejemplo John Smith siempre te paga US$50, porque sabes que se fijará a la misma cuenta. O si pagas la factura de electricidad, siempre se fijará a Utilidades. Si usas esta opción, revisa con seguridad cada campo para ver que necesita cambiarse, es decir el número de factura, la cantidad, etc.

La segunda opción limita esta opción sólo con proveedores. El sistema guarda la pista de los ingresos pasados de los proveedores y luego rellena la información basada en la historia.

Si sólo ingresas en transacciones eventualmente, puedes querer seleccionar la opción **Use the last entered date as default** (Usar la última fecha ingresada como predeterminado) en vez de la fecha de hoy. Esto es sobre todo práctico la primera semana del mes cuando estás ingresando cuentas que incurrieron el mes anterior. Cuando subes una pantalla de transacción, el área de la fecha se predeterminará a la última fecha en que la usaste. Puedes cambiar entonces esa fecha y seguirá quedándose igual hasta que la cambies otra vez. Y no te preocupes de la información del **Custom item** (Objeto personalizado).

8. **Preferencias de pagos**

La siguiente preferencia que querrás notar está bajo **Payments** (Pagos).

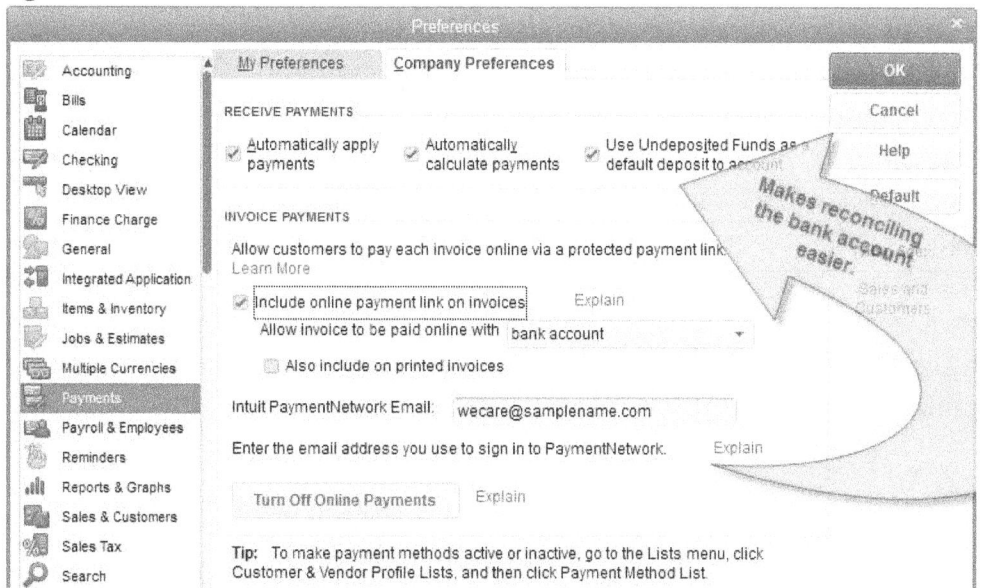

Hace la reconciliación de la cuenta bancaria más fácil.

Tus únicas opciones están bajo *Company Preferences* (Preferencias de la Compañía). Aquí, recomiendo que selecciones las tres opciones de **Receive Payment** (Recibir Pago). Esto permite que el sistema aplique automáticamente el monto en dólares que designas contra las facturas más viejas primero. Siempre lo puedes cambiar manualmente en la pantalla del pago si no estás de acuerdo con el sistema.

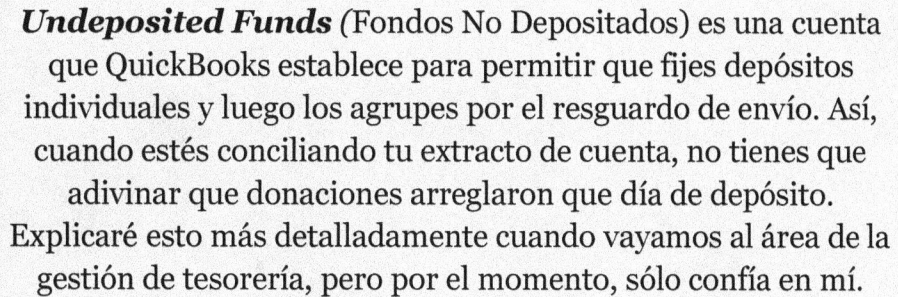

Undeposited Funds (Fondos No Depositados) es una cuenta que QuickBooks establece para permitir que fijes depósitos individuales y luego los agrupes por el resguardo de envío. Así, cuando estés conciliando tu extracto de cuenta, no tienes que adivinar que donaciones arreglaron que día de depósito. Explicaré esto más detalladamente cuando vayamos al área de la gestión de tesorería, pero por el momento, sólo confía en mí.

Hasta ahora he revisado las preferencias generales contigo, dejándote saber cómo me gusta trabajar con este sistema. Pero tienes que hacerlo trabajar para ti. Si no te gusta algo, sólo vuelve a las preferencias y cámbialo.

Antes de que nos escapemos completamente de esta área, me gustaría que te tomaras unos minutos y fueras a las preferencias de **Reminders** (Recordatorios), **Search** (Búsqueda), y **Spelling** (Ortografía). Éstas son áreas que no afectarán cómo se hace la contabilidad, sino simplemente lo que te gustaría ver en estas áreas. Sólo mira las pantallas y selecciona lo que piensas que funcionará mejor para ti. Entonces toma una muy merecido descanso y alístate para aprender cómo establecer un Plan de Cuentas que será útil para ti, tu pastor, los donantes y cualquier consejo directivo.

> Ahora tómate unos momentos y haz una copia de seguridad de tu sistema. Vuelve al capítulo 2 para instrucciones.

IV. ¿Qué es el catálogo de cuentas y por qué es importante?

A. Diseñando el catálogo de cuentas

Ahora es el momento de determinar nuestro plan de cuentas. Este es el listado de todas las cuentas en las cuales registrarás tus transacciones. Por el momento no vamos a preocuparnos por programas ni subvenciones; sólo queremos concentrarnos en las cuentas individuales donde fijaremos las transacciones.

Si actualmente usas un plan de cuentas que funciona para tu iglesia, puedes querer diseñar algo muy similar, pero primero, lee rápidamente este capítulo para entender cómo QuickBooks usa la información para las transacciones y los reportes. También recomendaría que tuvieras un contador o un miembro de la iglesia que conozca acerca de requisitos de contabilidad para que examine cualquier plan de cuentas que planees usar y puedas asegurarte de que funciona para tu organización.

También recomiendo especialmente que uses números de cuenta. QuickBooks no requiere números de cuenta, pero limitarás con severidad tus opciones de reportes si no los usas. Los números pueden ser cualquier cosa hasta siete dígitos, pero a menos que tengas un sistema muy complejo, recomiendo comenzar sólo con cuatro. Querrás que las cuentas similares estén agrupadas juntas, por lo tanto propongo la siguiente estructura básica:

1000 —Activos: cuentas bancarias, cuentas por cobrar, ordenadores, etc.

2000 —Responsabilidades: cuentas por pagar, deudas a otras organizaciones, nómina, préstamos, etc.

3000 — Activos netos: sin restricción, temporalmente, y permanentemente restringidos.

4000 — Ingresos operativos: promesas, donaciones, ventas de panfletos, etc.

5000 — Ingresos no operativos: ingresos que no están en el curso ordinario de los servicios de tu iglesia: legados, campañas para capital, atributos, venta de propiedades o equipos, etc.

6000 — Gastos operativos: instalaciones, sueldos, costos del programa, etc.

7000 — Gastos no operativos: reparaciones extraordinarias, depreciaciones, etc.

8000 — Preguntar a mi contador: un lugar para registrar las transacciones que no sabes donde poner. Esto luego es examinado y arreglado por tu contador.

B. Enumerando la estructura

Dentro de la susodicha estructura, recomiendo usar lo siguiente para las cuentas de los activos del balance general:

1101-1199	Dinero efectivo e inversiones
1201-1299	Sumas no depositadas (explicaré esto en el capítulo 9)
1301-1399	Cuentas por cobrar — cantidades que te deben
1401-1499	Activos pre-pagados—pueden ser el seguro, el franqueo, etc.
1501-1699	Disponible para categorías de activos corrientes en el futuro
1701-1799	Instalaciones de la iglesia, bienes inmuebles, equipo y su depreciación respectiva.
1801-1899	Disponible para categorías de activos a largo plazo en el futuro
1901-1999	Otros activos a largo plazo.

Como puedes ver, esto te da 99 cuentas bajo cada una de las categorías. El plan de cuentas en el apéndice hace lo mismo con las responsabilidades, capitales, ingresos y cuentas de gastos.

Dentro de estas variedades, también puedes tener sus variedades, sobre todo en las categorías de gastos. Por ejemplo, los gastos de las instalaciones pueden estar en 6000-6399, los gastos del personal en 6400-6599 y los gastos del programa de 6600-6999. A medida en que tengas que añadir cuentas dentro de una variedad, considera adicionarlas de a 10 para que tengas espacio entre las cuentas. Con el Programa de Gastos del Culto en 6610 y el Programa de Gastos Juveniles en 6620, tienes 10 cuentas para añadir entre aquellas dos.

> Un **activo corriente** o **deuda** es debido o usado dentro de un año. Un **activo a largo plazo** o **deuda** está disponible o debidos debe pagarse en más de un año. Por ejemplo, una promesa hecha para el próximo año es un activo corriente, pero una contribución a una campaña de capital debida en cinco años es un activo a largo plazo.

Te puedes preguntar por qué soy tan firme en cuanto al diseño de un sistema de enumeración específico con QuickBooks. QuickBooks automáticamente clasifica el plan de cuentas por el tipo de la cuenta y dirige informes usando esta clasificación.

Los activos se clasifican por:
- o Banco
- o Cuentas por cobrar
- o Otro activos corrientes
- o Activos fijos
- o Otros activos

Las responsabilidades se clasifican por:
- o Cuentas por pagar
- o Tarjeta de crédito
- o Otra responsabilidad corriente
- o Responsabilidad a largo plazo

Todas las otras cuentas son clasificadas por número. Por lo tanto, si tienes números fuera de la secuencia con el tipo, no puedes ver tu plan de cuentas en orden numérico. Esto se hará mucho más claro en el Capítulo XII acerca de los reportes.

C. Nombrando las cuentas

Ahora que has entendido tu sistema de enumeración, tienes que determinar cómo vas a nombrar las cuentas. Esto parece muy básico, pero si no tienes cuidado, puedes tener cuentas llamadas "Franqueo y Envío", "Franqueo", "Correo", etc., y deberían estar todas combinadas. Con el fin de mantener las cosas simples, ten una política en la que las palabras significativas se escriban sin signos de puntuación y el signo (&) se use en vez de la palabra "y". Si ya tienes un sistema de nombramiento, por supuesto úsalo.

> Por el momento no te preocupes por los programas individuales ni las subvenciones. Explicaré cómo establecer aquellos en el capítulo 5.

D. Menús del plan de cuentas

Es el momento de introducir tu plan de cuentas. Te mostraré cómo establecer las cuentas desde el principio, pero si te gusta la lista en el apéndice y quieres ahorrar tiempo de escritura, ve a www.accountantbesideyou.com y compra una descarga del archivo del catálogo de cuentas o un archivo de copia de seguridad que también incluye preferencias. Las instrucciones para cargar el archivo en QuickBooks están en el apéndice. Si comienzas a introducir manualmente tu plan de cuentas y decides que prefieres comprar la descarga, está bien. Simplemente debes restaurar la copia de seguridad que hiciste después del último capítulo y luego cargas el archivo. Mira el Apéndice para más detalles.

E. Añadiendo nuevas cuentas

En tu página principal, presiona el ícono *Chart of Accounts* (Plan de Cuentas) o selecciona de la opción *Lists* (Listas) en la barra del menú.

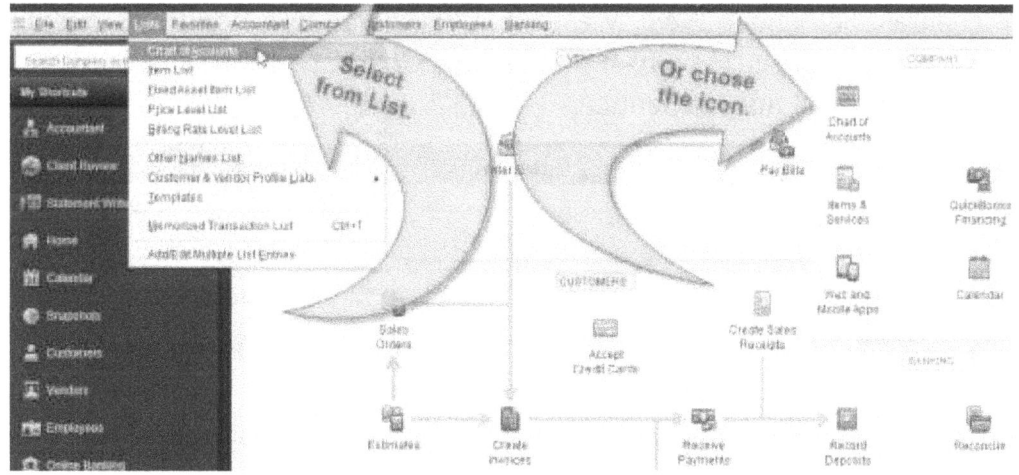

Selecciona de la lista.   *O escoge el ícono.*

Esto subirá una lista de cuentas que el sistema ha introducido si eligieras esa opción, o, si desactivas el plan de cuentas propuesto, el sistema establecerá automáticamente seis cuentas. Como seleccionaste **Use Account Numbers** (Usa Números de Cuenta) bajo las preferencias de contabilidad, el sistema automáticamente les asigna un código de cinco dígitos. No te preocupes por esto ya que los cambiaremos para encajarlos en nuestro plan de cuentas.

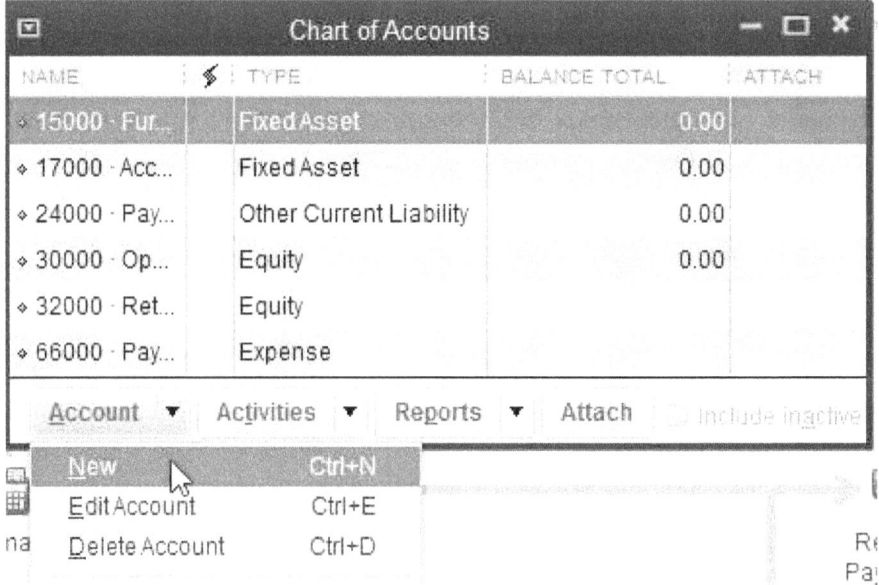

Si seleccionas la flecha desplegable al lado de *Account* (Cuenta), verás un cuadro que nos da la opción de adicionar, editar o eliminar el plan de cuentas. Selecciona *New,* y esto nos llevará al área donde las cuentas nuevas son añadidas. O bien, si presionaras *Ctrl N*, te llevaría directamente a la pantalla de la nueva cuenta.

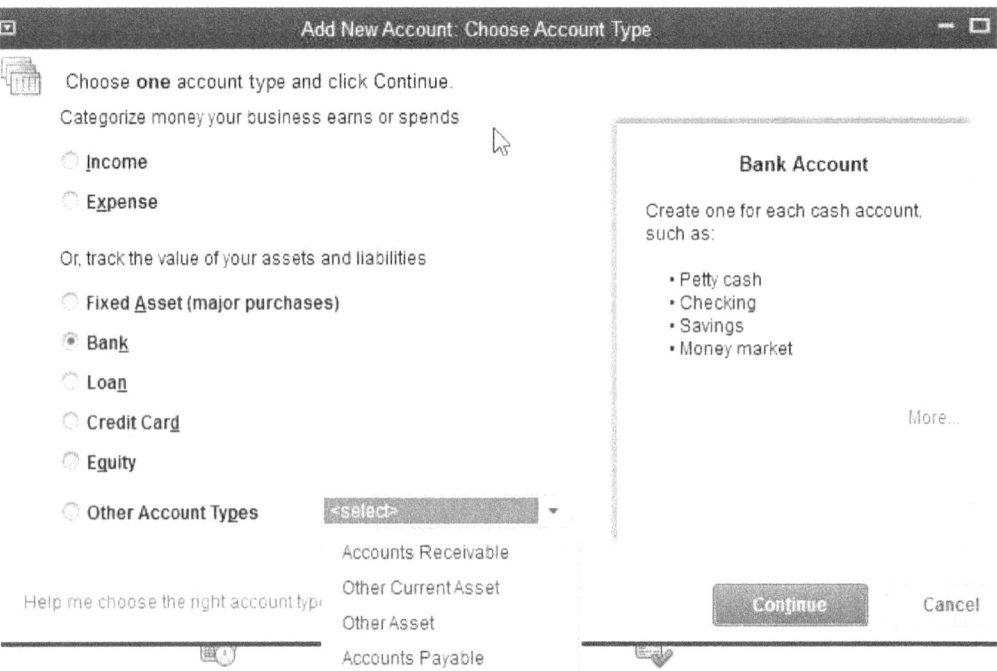

Lo primero que tienes que hacer es determinar el *Account Type* (Tipo de Cuenta). Como lo hablamos antes en el capítulo, QuickBooks necesita conocer el propósito de la cuenta con el fin de usarla correctamente. Si seleccionas el círculo al lado de una categoría, QuickBooks te dará una corta descripción en el cuadro a la derecha. La opción **More** (Más) te llevará a una pantalla de ayuda con descripciones detalladas. El menú desplegable en *Other Account Types* (Otros Tipos de Cuentas) te deja ver todas tus otras opciones. Si no estás seguro del tipo, usa el plan de cuentas propuesto en el Apéndice. Tiene los tipos de cuenta relacionados puestos en una lista y es una buena referencia. Además, puedes seleccionar *Help me choose the right account type* (Ayúdame a elegir el tipo de cuenta correcta) *en* azul en la parte inferior de la pantalla o llamar a tu contador.

Una vez que seleccionas *Continue* (Continuar), una pantalla de entrada aparecerá. Mostrará el tipo de cuenta que seleccionaste en la pantalla anterior. El siguiente cuadro es el *Number* (Número). Aquí es donde asignas tu número de cuenta elegido.

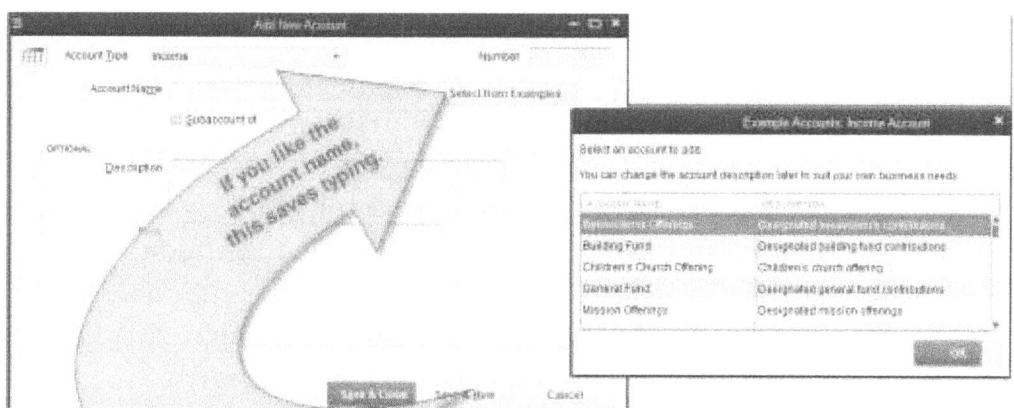

Si te gusta el nombre de la cuenta, esto ahorra tiempo de escritura.

El *Account Name* (Nombre de la Cuenta) puede ser escrito, o puedes elegir *Select from Examples* (Seleccionar de Ejemplos). Esto puede ser un gran ahorro de tiempo, ya que QuickBooks subirá una lista de organizaciones de tipo no lucrativo de la cual puedes escoger.

La casilla de *Subaccount* (Subcuenta) permite que tú asignes subcuentas a cualquiera de las cuentas. Por ejemplo, si vas a usar el plan de cuentas en el Apéndice, notarás que la mayoría de las categorías tienen una cuenta "Parent" (Matriz) con una o varias subcuentas. Algunas hasta tienen subcuentas en las subcuentas. Las subcuentas permiten que rastrees tus cuentas con más detalle y te dan más flexibilidad de informes.

Por ejemplo, si quisieras fácilmente manejar tus gastos de la electricidad separados de tus gastos de gasolina, puedes tener una cuenta matriz llamada **Utilidades** y unas subcuentas llamadas **Electricidad** y **Gasolina.** Podrías entonces dirigir informes que resuman todas las utilidades o un informe más detallado sobre cada una de las subcuentas. Con el fin de usar QuickBooks correctamente para la contabilidad de fondo, tenemos que usar subcuentas, como verás más adelante en este capítulo.

Vamos a establecer la cuenta para tus cheques. Primero necesitarás la matriz para todas tus cuentas de efectivo. El tipo será Banco y, si usas mi plan de cuentas propuesto, el número matriz será 1100. Lo he titulado *Cash* (Efectivo) *y Marketable Securities* (Valores Negociables). Bajo *Descripción* o *Nota*, puedes querer anotar que esta cuenta es usada para resumir las cuentas de efectivo. Selecciona *Save & New* (Guardar & Nueva) para seguir añadiendo cuentas.

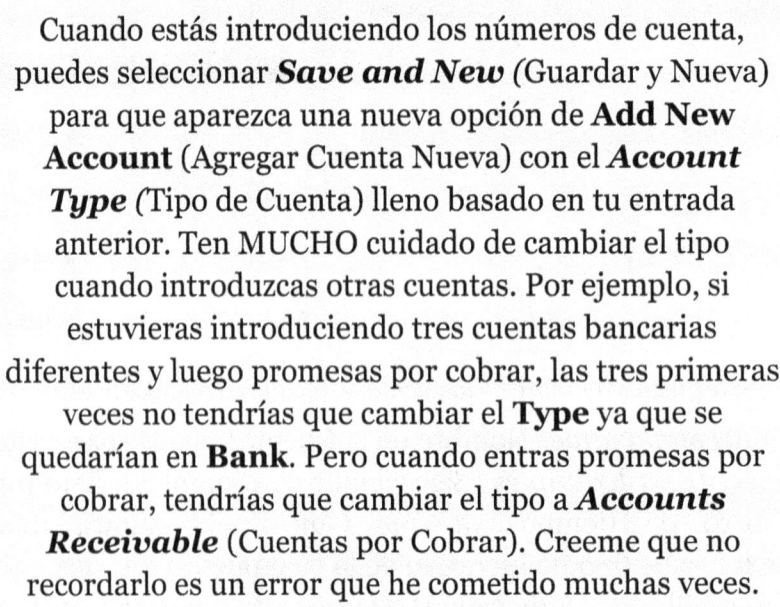

Cuando estás introduciendo los números de cuenta, puedes seleccionar *Save and New* (Guardar y Nueva) para que aparezca una nueva opción de **Add New Account** (Agregar Cuenta Nueva) con el *Account Type* (Tipo de Cuenta) lleno basado en tu entrada anterior. Ten MUCHO cuidado de cambiar el tipo cuando introduzcas otras cuentas. Por ejemplo, si estuvieras introduciendo tres cuentas bancarias diferentes y luego promesas por cobrar, las tres primeras veces no tendrías que cambiar el **Type** ya que se quedarían en **Bank**. Pero cuando entras promesas por cobrar, tendrías que cambiar el tipo a *Accounts Receivable* (Cuentas por Cobrar). Creeme que no recordarlo es un error que he cometido muchas veces.

Lo que sigue en el plan de cuentas es la cuenta de cheques. Recomendaría llamarlo por el nombre del banco y cheque, es decir Cheque de First Bank. Tendrá un número entre 1100 y 1199 de modo que se quede secuencialmente con su cuenta matriz. Tendrás que seleccionar *Subaccount of* (Subcuenta de). El menú desplegable te dará opciones de todas las cuentas que se han establecido ya en este tipo de cuenta.

Si tienes cuentas bancarias separadas para el dinero en efectivo restringido y sin restricción, y utilizarás la opción de descarga electrónica del banco, querrás ingresar tu cuenta bancaria y número de ruta aquí.

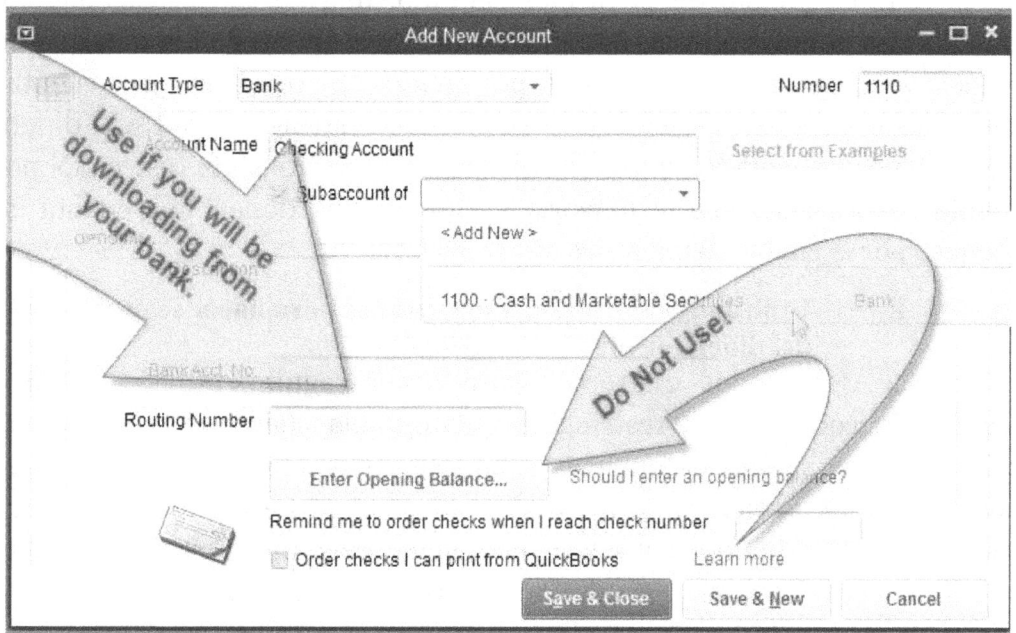

Úsala si vas a descargar de tu banco.   *¡No Usar!*

Hay una opción de *Enter Opening Balance* (Ingresar el Balance Inicial). **¡No uses esto!** Pondremos los saldos iniciales como un asiento contable. En la contabilidad, cada asiento contable debe tener balance. Utilizar un asiento contable para registrar tus balances iniciales es una manera importante de asegurar que tu sistema está correctamente equilibrado desde el principio.

Una vez que tienes los cheques que trabajarán con el sistema, tener un recordatorio para solicitar más es algo muy práctico. Siempre puedes añadir el número del cheque después. Si seleccionas *Order checks I can print from QuickBooks* (Ordenar cheques que puedo imprimir desde QuickBooks), te llevará a una pantalla para comprar cheques en línea o por teléfono. Intuit (la compañía que hace QuickBooks) hace un buen trabajo con respecto a los cheques, pero ya que QuickBooks es tan popular, casi cualquier compañía de impresión de cheques venderá cheques compatibles. Ahora selecciona *Save & New* para seguir ingresando cuentas bancarias o *Save & Close*.

Puedes ver un cuadro de diálogo pidiendo que establezcas las cuentas en línea. Selecciona *No*. Puedes volver a la cuenta y establecerla más tarde si quieres.

F. Seguimiento de dinero en efectivo restringido

Como se habló en el primer capítulo, una de las limitaciones de QuickBooks para las iglesias y organizaciones sin ánimo de lucro es que no maneja la contabilidad de fondos por fondos. Si tu iglesia usa cuentas bancarias separadas para el dinero en efectivo restringido contra el dinero efectivo no restringido, entonces el dinero efectivo será rastreado por cuentas bancarias. Pero la mayoría de las iglesias tienen una cuenta de cheques por la cual realizan todas sus transacciones.

1. Utilizando informes personalizados para hacer seguimiento del dinero en efectivo restringido

Hay dos modos diferentes para hacer seguimiento del efectivo restringido contra el no restringido en una sola cuenta de cheques. El primer y más rápido enfoque es establecer tu cuenta de cheques y de inversiones por cuenta bancaria y luego diseñar un informe para verificar los balances restringidos contra los no restringidos. Este enfoque funciona mientras uses las clases para tus programas y fondos. El capítulo 5 explicará el uso de las clases y en el capítulo 14, te llevaré a través del proceso de establecer el informe de efectivo restringido. El plan de cuentas listado en el Apéndice supone que vas a tomar esta opción.

2. Subcuentas múltiples para dinero en efectivo

En el segundo método, tendrás que establecer subcuentas para cualquier cuenta bancaria que tenga tanto efectivo restringido como sin restricción. Para este enfoque, establece tres subcuentas para cada una de tus cuentas, la de cheques y la de inversión: Sin restricción, Temporalmente Restringido, y Permanentemente Restringido. Cuando registras pagos o recibos, siempre usarás una de estas tres, no la cuenta matriz. La reconciliación se hará en la cuenta matriz, la cual tendrá todas las transacciones.

Una vez que has establecido las cuentas de dinero efectivo y mercado monetario, tu lista del plan de cuentas puede lucir un poco como esto (pero debes bajar a través de la pantalla):

NAME	TYPE	BALANCE TOTAL
1100 · Cash and Marketable Securities	Bank	0.00
1110 · First Bank Checking Account	Bank	0.00
1111 · Unrestricted Funds	Bank	0.00
1112 · Temporarily Restriced Funds	Bank	0.00
1113 · Permanently Restricted Funds	Bank	0.00
1120 · First Bank Money Market	Bank	0.00
1121 · Unrestricted	Bank	0.00
1122 · Temporarily Restricted	Bank	0.00
1123 · Permanently Restricted	Bank	0.00

Como ya has establecido tus preferencias de contabilidad para *Show lowest subaccount only* (Mostrar solamente la subcuenta más baja), no tienes que preocuparte de poner por casualidad artículos en las cuentas matrices. Esto es importante ya que cualquier dinero en efectivo fijado directamente en la cuenta matriz no se reflejará en el dinero efectivo restringido ni en el no restringido.

Este enfoque permite que veas los balances del dinero en efectivo sin restricción contra el dinero restringido en cualquier momento en que abras la lista de cuentas, pero requiere más atención a medida en que ingreses más transacciones. Cada vez que ingresas una cuenta, depositas dinero o transfieres efectivo, tendrás que asegurarte de que has seleccionado la subcuenta correcta.

G. Ingresar plan de cuentas

Ahora, toma tu lista del Plan de Cuentas y comienza a ingresar cada cuenta. Es el más fácil si bajas en la lista para ingresar primero las cuentas matrices que las subcuentas. También puedes notar un campo para trazar una línea fiscal. Déjalo en blanco. Si haces declaraciones de renta, imprime tu lista del plan de cuentas y llévaselo a tu contador para recibir la información que necesitas para el campo fiscal.

No te preocupes por estropear algo en tu plan de cuentas. Después de que has introducido todas las cuentas, voy a mostrarte cómo corregir, suprimir, y hasta esconder las cuentas.

> Planea una tarde entera para este proceso. Este es el paso más aburrido. No olvides hacer la copia de seguridad cuando termines. Lamentaría mucho que perdieras todo ese trabajo si el ordenador fallara.

H. Editando, eliminando y ocultando cuentas

1. Editando cuentas

Has ingresado con mucho cuidado tu plan de cuentas o has cargado el archivo de mi sitio web, y ahora tienes que revisar tu trabajo. La manera más fácil de corregir tu lista de cuentas es imprimiéndola.

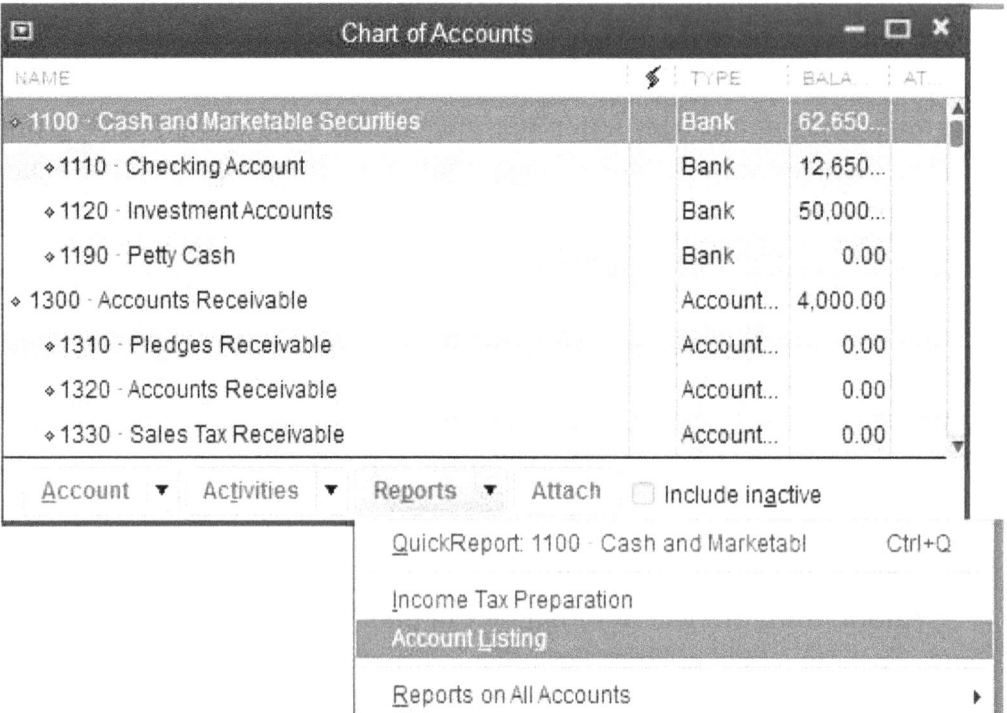

Abre tu pantalla de *Chart of Accounts* y busca una flecha al lado de **Reports** (Informes). Selecciona *Account Listing* (*Listado de Cuentas*) y tu plan de cuentas entero. Ahora verás un listado de todas las cuentas y sus tipos.

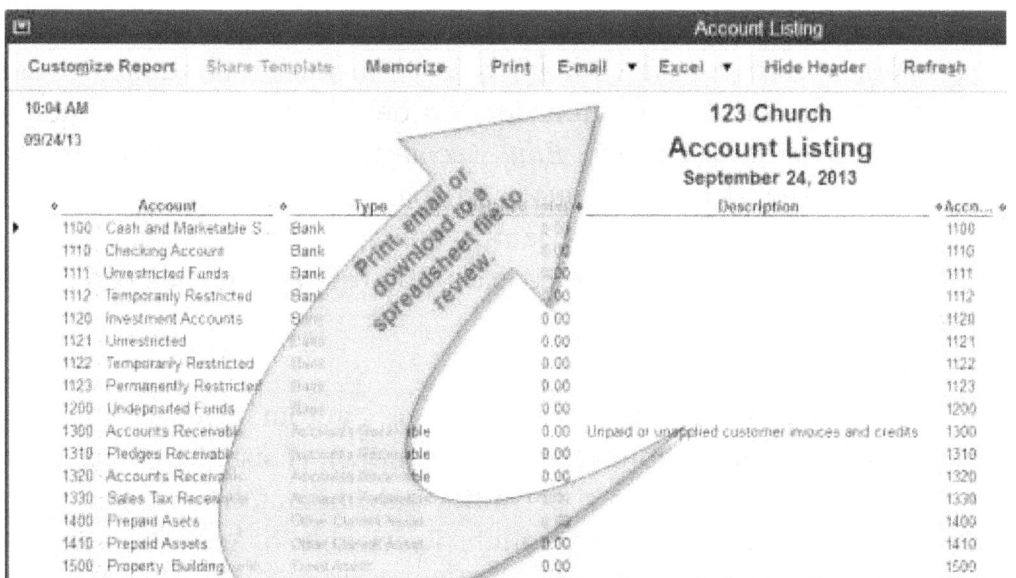

Imprimir, enviar por correo electrónico o descargar a una hoja de cálculo para examinar.

Si encuentras algo que te gustaría cambiar, **Editar** es muy fácil con QuickBooks.

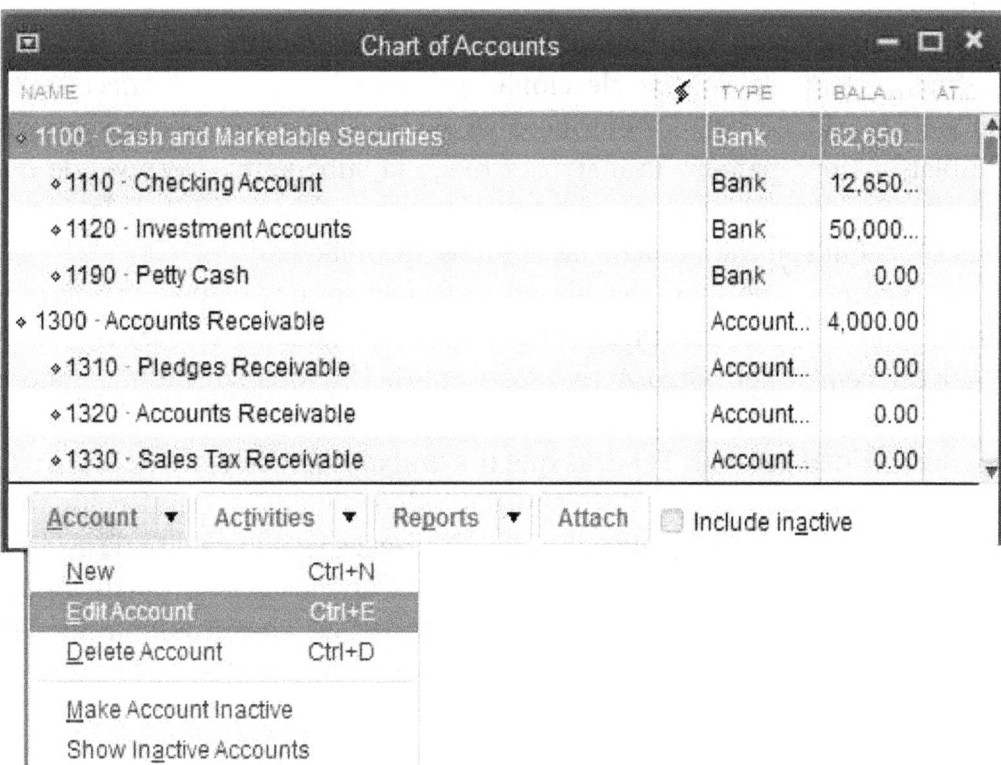

Ve a la lista del plan de cuentas, destaca la cuenta que estás corrigiendo, y escoge *Edit* (Editar) bajo el menú desplegable *Account* (Cuenta). O haz clic con el botón derecho del ratón en la cuenta que te gustaría cambiar y selecciona *Edit Account*. Esto hará aparecer una pantalla que se ve justo como la que usaste para establecer la cuenta.

Puedes elegir entonces el campo que tienes que corregir y luego hacer clic en *Save & Close*. La única excepción está relacionada con el tipo de cuenta.

2. **Cambiar el tipo de cuenta**

Si QuickBooks crea una cuenta automáticamente, como Responsabilidades de Nómina (Payroll Liabilities), el sistema no permitirá que el tipo se cambie. Tampoco permitirá que cuentas como Cuentas por Pagar o Cuentas por Cobrar (Accounts Receivable o Accounts Payable) cambien sus tipos. Si por casualidad cifraras una cuenta como Accounts Receivable o Payable, el sistema no te dejará cambiarlo. Tendrás que suprimir la cuenta e ingresarla de nuevo con el tipo correcto. No te sientas mal, sin embargo. Yo lo hago con mucha más frecuencia y no me importa confesarlo.

Si tienes que cambiar el tipo para una cuenta matriz con una subcuenta, tendrás que deseleccionar primero la opción *Subaccount of* (Subcuenta de). La cuenta entonces ya no será una subcuenta y puedes cambiar el tipo, primero la matriz, y luego la subcuenta. Después de que has cambiado todos los tipos, querrás entonces volver y sustituir la opción de la subcuenta en cada una de las cuentas apropiadas.

Digamos que por casualidad estableciste un seguro pre-pagado como *Other Current Liability* (Otra Responsabilidad Corriente) en vez de *Other Current Asset* (Otro Activo Corriente). Hay dos subcuentas bajo el seguro pre-pagado— una para el seguro de propiedad y una para la responsabilidad general. Tendrás que ir a ambas, la subcuenta de seguro de propiedad y la subcuenta de responsabilidad general y deseleccionar la opción **Subaccount of** (subcuenta de). Entonces ve a la cuenta de seguros pre-pagados y cambia el tipo a *Other Current Asset* (Otro Activo Corriente). Esto corrige la cuenta matriz. Devuelve el seguro de propiedad, cambia el tipo a *Other Current Asset,* y luego selecciona **Subaccount of**. Elige *Prepaid Insurance* (Seguro Pre-Pagado) y *Save*. Ahora haz esto para la otra subcuenta.

Este sería un buen momento para volver a las seis cuentas que QuickBooks estableció automáticamente y cambiar los números de cuenta para que correspondan a tu sistema de enumeración. Tu plan de cuentas será entonces consecuente y los informes serán más fáciles de diseñar.

3. **Eliminar una cuenta**

Eliminar una cuenta es aún más fácil. Haz clic con el botón derecho del ratón en la cuenta deseas suprimir y haz clic *en Delete Account* (Eliminar Cuenta) o usa los menús como es mostrado abajo.

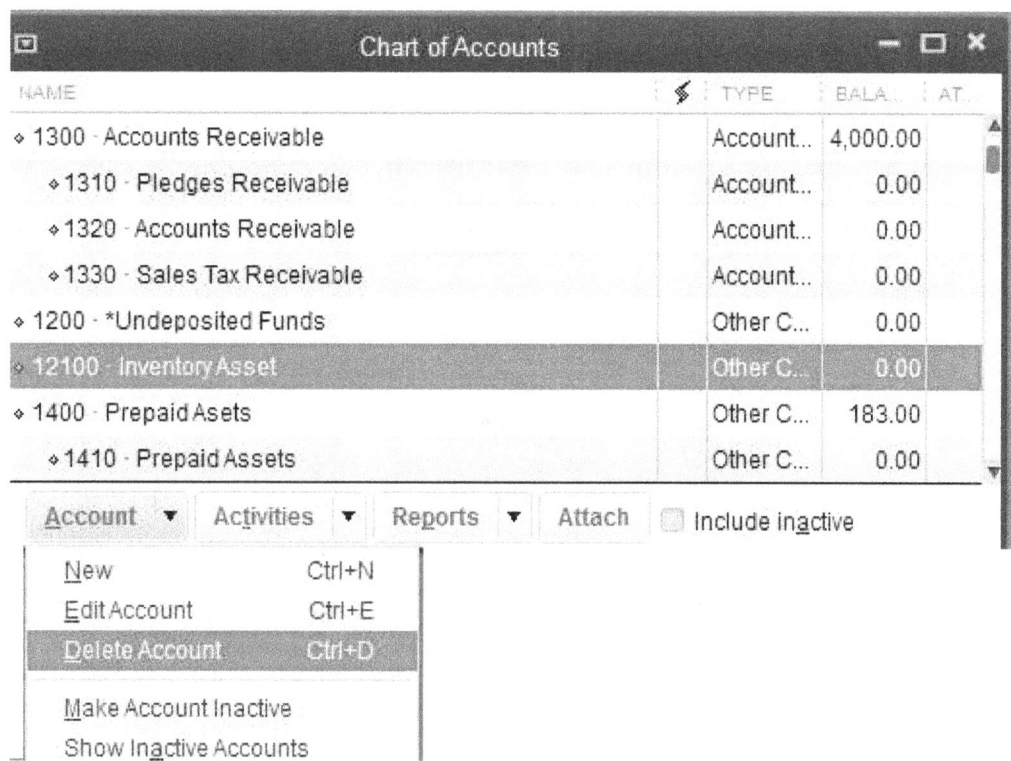

Te pedirán entonces que verifiques que realmente quieres hacer esto.

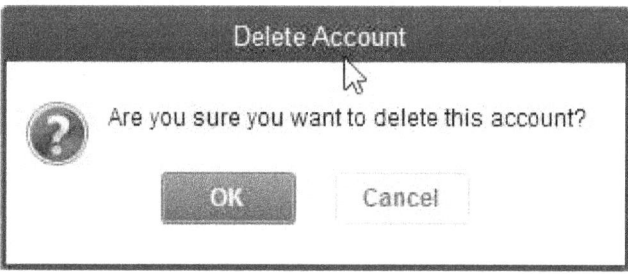

Si presionas **OK**, la cuenta se suprimirá a menos que haya tenido transacciones puestas en ella o sus subcuentas. Tendrás que suprimir cualquier subcuenta primero y luego la cuenta matriz. Una advertencia aparecerá si tratas de suprimir una cuenta que el sistema automáticamente generó. Te informa que el sistema añadirá esa cuenta si la necesita en el futuro.

4. Ocultando cuentas inactivas

Si hubo transacciones puestas, no puedes suprimir la cuenta. La puedes entonces marcar como **Inactiva.** La cuenta se puede esconder para impedir que alguien más la emplee. Haciendo clic con el botón derecho del ratón en la cuenta, conseguirás el mismo menú que hemos visto antes. Esta vez, escoge *Make Account Inactive* (Desactivar Cuenta).

Si cambias de opinión y te gustaría tener la cuenta activa otra vez, puedes hacer esto escogiendo la opción *Include inactive* (Incluir inactivas) en la esquina inferior derecha de la pantalla.

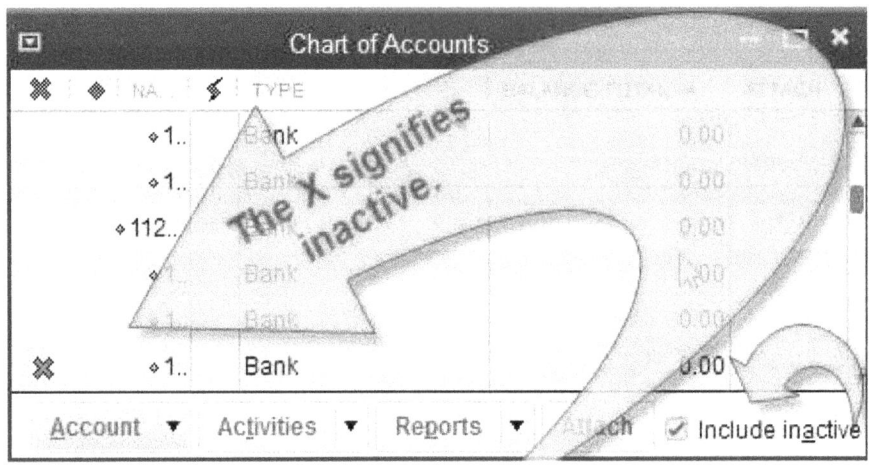

La X significa inactiva.

Esto mostrará la cuenta inactiva con una X en la columna extrema izquierda. Para activarla otra vez, sólo haz clic en la X. Si hay subcuentas relacionadas con esta cuenta, QuickBooks preguntará si quieres activarlas a todas.

Usando las opciones inactivas, puedes esconder cuentas para impedir que otros las empleen y volver a activar las cuentas más tarde si lo necesitas. Estas cuentas no aparecerán en la lista desplegable, pero puedes encontrarlas escribiendo su nombre manualmente.

I. **Balances iniciales**

Mira cuánto has logrado hacer. Has establecido el programa, definiste tus preferencias, y ahora mismo tienes un plan de cuentas funcionando. Ahora tienes que tomar los saldos iniciales para cada una de las cuentas del balance general y ponerlos en el sistema. Si tienes un contador, pídele esta lista. Si no, la tendrás que conseguir de tu sistema anterior o hacer un estimado de tus extractos de cuentas o algo por el estilo.

Los saldos iniciales se introducirán como un asiento contable. Los asientos contables son usados para ingresar datos financieros que no pasan por el banco, cuentas por cobrar o cuentas por pagar y deben tener un balance. Esto significa que todas las cantidades cifradas a activos tienen que igualar las cantidades cifradas a responsabilidades y capitales. Los contadores se refieren a débitos y créditos en los asientos contables.

Aquí está un ejemplo de un asiento contable de un balance inicial.

	Débito	**Crédito**
Comprobación	US$ 1.000	
Mercado de dinero	3.000	
Edificio	100.000	
Impuestos sobre la nómina pagaderos		1.000
Hipoteca pagadera		70.000
Capital—activo neto permanentemente restringido		30.000
Capital-Smith de los activos neto temporalmente restringido		1.000
Capital— activos neto sin restricción		2.000

Como puedes ver, los débitos y los créditos suman US$104.000. Esta es una entrada equilibrada.

Recomiendo usar el último día de tu ejercicio contable anterior como la fecha de esta entrada. Puedes comenzar a usar QuickBooks en cualquier momento a lo largo del año, pero tendrás que introducir los datos de este año para ponerte al corriente. Explicaré cómo hacer esto en los capítulos 9 y 10.

Déjame llevarte a través de la entrada. Las cantidades **Cuenta de ahorro con intereses** y **Cheques** deberían ser el balance conciliado

www.accountantbesideyou.com

desde la fecha de inicio. El **Edificio** está basado en el precio de compra o valor (pregunta a tu contador), y **la Hipoteca Pagadera** es la cantidad que debes al banco. Los **Impuestos Pagaderos sobre la Nómina** son cualquier dinero que todavía no ha sido pagado por impuestos o beneficios en la nómina.

Puedes tener **Cuentas por Pagar** o **Cuentas por Cobrar** como parte de tus balances iniciales. De ser así, los tendrás que introducir por separado por miembro o proveedor individual y factura, de la cual hablaremos en los capítulos 9 y 10. Si tratas de introducir éstos en la entrada del balance inicial, QuickBooks requerirá que la cantidad vaya a sólo un proveedor o un cliente. Además, QuickBooks no te dejará fijar un asiento contable tanto con A/R (C/P) como con A/P (C/C) en él.

Para registrar el asiento contable de tus balances iniciales, necesitarás otra información. Tu iglesia probablemente tiene varios fondos, subvenciones y programas con dinero designado en los balances iniciales. De este modo, en el siguiente capítulo, te mostraré cómo organizar aquellos y cómo registrar la entrada de los balances iniciales.

> Buen trabajo en la introducción de todo el plan de cuentas. Asegurate de hacer una copia de seguridad en un dispositivo de almacenamiento y ponerlo en un lugar seguro.

V. ¿Cómo hago un seguimiento de mis becas y programas?

A. Clases vs. trabajos

A lo largo de los años, tu iglesia puede haber recibido dinero de miembros con instrucciones específicas. Éstos se mencionan como fondos restringidos, y es importante hacer un seguimiento de cómo se están usando estos dólares. Como hablamos antes, QuickBooks no se diseña para manejar el rastreo de fondos ni programas individuales dentro de la iglesia, por lo tanto utilizarás clases. Usando clases, podrás limitar el número de cuentas en tu plan de cuentas y ampliar tus capacidades de reporte. Por ejemplo, la mayor parte de los programas de tu iglesia usan provisiones. Las clases permiten que tú cobres las provisiones en una cuenta usada para varios programas diferentes en vez de la necesidad de tener que establecer subcuentas para las provisiones de cada programa.

Mientras trabajas en el sistema, cada vez que veas las clases, piensa en programas o fondos. Antes de que establezcas tus clases, me gustaría mirar cualquier tipo de requisito de reporte que tengas. Si tienes una auditoría, un estudio de los años pasados. Si tienes un organismo rector que requiere un informe trimestral o anual, úsalo como una buena fuente buena para la clase de información que tendrías que rastrear. Examina los documentos para ver qué información se requiere. Las organizaciones sin ánimo de lucro que hacen declaración de renta deben designar qué dinero se gastó en programas, administración o recaudación de fondos. Tendrás que informar sobre dinero gastado en programas de extensión o servicios de culto. O, si tienes una guardería asociada con tu iglesia, querrás rastrear sus ingresos y gastos en un fondo separado.

Además, cualquier fondo para fines especiales o acontecimientos se tendrá que establecer como clases. Cada programa para el cual quieras destinar los gastos relacionados (es decir provisiones, franqueo, donaciones) se tendrá que establecer como una clase. Finalmente, todo el dinero restringido temporalmente o permanentemente debería ser designado a una clase.

Si te han dado dinero para una (subvención) beca con un objetivo específico y necesitas rastrear los gastos relacionados, querrás usar la opción de trabajos en cambio. Los trabajos (Jobs) están establecidos en el área del Cliente (Customer) –piénsalo como el Donante- y si están vinculados a sólo un donante. Esto es diferente a los programas, que con frecuencia tienen numerosos donantes y gastos relacionados.

Los trabajos también se unirán a una clase de fondo. En este capítulo, establecerás las clases de programa y clases de fondo. Las clases de fondo son necesarias para hacer seguimiento de los fondos restringidos contra los fondos sin restricción. Las clases de programa son hechos hacia el entendimiento de los gastos del programa.

Aquí hay algunas pautas de cómo determinar si deberías establecer una Class (Clase) o un Job (Trabajo).

Descripción	Clase de programa	Clase de fondo	Trabajo
¿Es un programa dentro de la iglesia?	X		
¿Hay allí numerosos donantes?	X		
¿Necesitas hacer un seguimiento de los gastos con el balance de fondo?	X	X	X
¿Hay un donante único?		X	X
¿Especificó el donante cómo se debe gastar el dinero?	X	X	X
¿Se requerirá que le dé al donante una contabilidad de los fondos?			X

Si contestas sí a las tres últimas preguntas, establece un trabajo bajo el nombre del donante en cuentas por cobrar. (Más sobre esto en el capítulo 6.) Si la respuesta es no, puedes incluir simplemente aquellas sumas con otros fondos en la clase de programa o fondo.

> Clases son usadas para controlar y todo el dinero recibido y gastado en programas específicos.

1. **Nombrando las clases**

QuickBooks permite tener subclases, pero no requiere que fijes la subclase más baja como tienes que hacer en el plan de cuentas. Por lo tanto, querrás ponerle un título a tus subclases para saber con qué cuenta está vinculada la subclase. Por ejemplo, si tu clase primaria es 100 Culto, puedes tener subclases para servicios diferentes o posiciones, es decir el 110 Culto-Domingo y 120 Culto-miércoles.

> QuickBooks muestra las clases utilizando un menu desplegable, poniendo los nombres en una lista alfanumérica. Recomiendo usar números delante de sus nombres de clase para mantener las clases de programa juntos y las clases del fondo juntos. Esto también te permite nombrar el programa que usarás la mayor parte del tiempo y ponerlo siempre arriba.
>
> Por ejemplo, tienes clases nombradas Administración, Educación, Social, y Culto, pero la mayor parte de tus gastos son relacionados con el Culto. Si fueras a nombrar las clases 100 Culto, 200 Admin., etc., entonces Culto siempre sería tu primera opción.

Antes de que comiences a ingresar la información de la clase, haz una lista de todos los programas que te gustaría rastrear. Fuertemente recomiendo no hacer esta lista demasiado larga. Por ejemplo, puedes tener un programa social con un grupo masculino y un grupo femenino. Si sólo te preocupa el costo de los programas adultos en total, usa sólo una clase, pero si personas diferentes son responsables de los gastos del grupo masculino o del grupo femenino, usa clases separadas o subclases bajo una clase de Programas Sociales. Entre más detalladas hagas las clases, más información entrarás cuando estés registrando las cuentas.

2. Ejemplo de lista de clase

Aquí está un ejemplo de una lista de clase

- 100 Administración
- 200 Adoración
- 300 Educación
- 310 Escuelas de verano
- 320 Educación de adultos
- 330 Pastor Educación
- 400 Sociales
- 410 Grupo de los hombres
- 420 Grupo de mujeres
- 430 Adolescencia
- 500 Comunidad
- 510 Guardería
- 520 Librería
- 530 Comedor popular
- 600 Recaudación de fondos
- 899 Pedir mi contador
- 910 Fondos sin restricción
- 920 Fondos temporalmente restringidos
- 930 Fondos permanentemente restringidos

Comienza con menos clases. Siempre puedes añadir más si es necesario.

3. **Ingresando listas de clase**

Ahora que has compilado tu lista, vamos a introducir tus clases en el sistema.

Encontrarás a *Class List* (Lista de Clase) bajo la opción *Lists* (Lista) en la barra del menú.

Si la lista de clases no aparece, ve a *Edit Preferences* (Editar Preferencias).

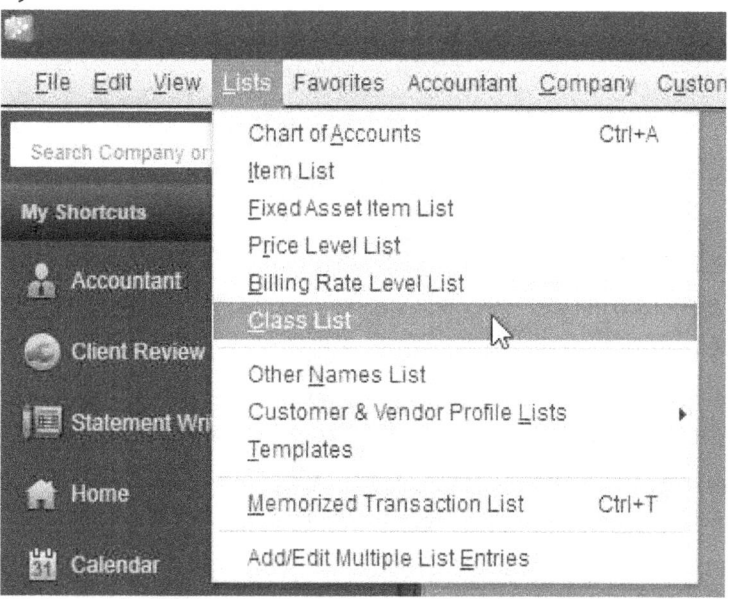

Una vez que has seleccionado *Class List* (Lista de Clase), selecciona *Class* and *New* (Clase y Nueva).

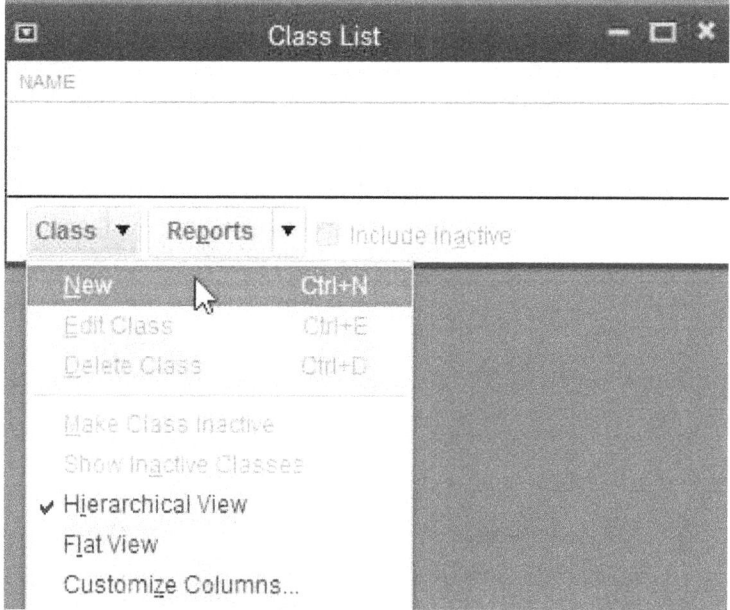

Como puedes ver, esto es similar a la pantalla para añadir una nueva cuenta. Escribe el nombre de la clase que deseas añadir.

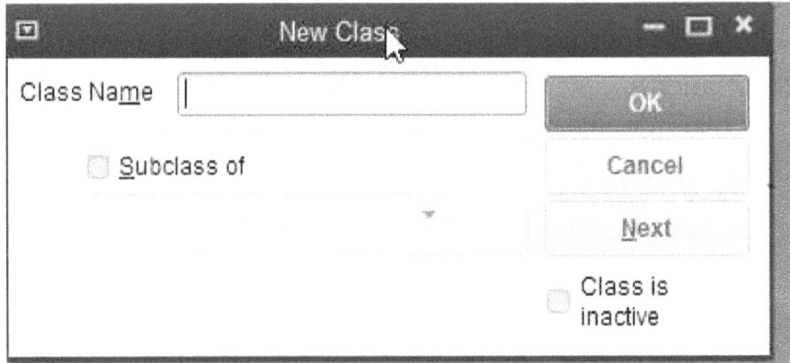

Si deseas establecer subclases, comprueba la opción *Subclass of* (Subclase de). La opción *Class is inactive* (La Clase está inactiva) es una manera de impedir que las personas registren entradas en una clase particular pero teniéndola disponible cuando la necesites.

4. Editando o eliminando clases

La edición o eliminación de las clases es muy simple. Saca el mismo menú de Class List (Lista de Clase) que usaste para añadir una nueva clase y presiona el botón derecho para seleccionar *Edit* o *Delete* (Editar o Eliminar) en cambio. La opción *Edit* te deja cambiar el nombre o subclase, volverla una clase matriz o marcarla como inactiva. La opción eliminar pedirá que verifiques que realmente quieres eliminar la clase.

> Una vez que has ingresado transacciones en las clases, el botón **Reports** en la parte inferior de **Class List** (Lista de Clase), subirá un **QuickReport** para la clase destacada que incluye todas las entradas para revisar o imprimir.

A propósito, no hace daño hacer tu copia de seguridad antes de que continúes.

B. Registrando la entrada del balance inicial

Ahora que todas tus clases se han establecido, vamos a preparar tu entrada para el balance inicial. Si recuerdas el final del último capítulo, mostré un ejemplo de la entrada del balance inicial. Para registrar el asiento contable, tendrás que ir a la barra del menú y seleccionar *Company* (Compañía) y luego *Make General Journal Entries* (Hacer Asientos Contables Generales).

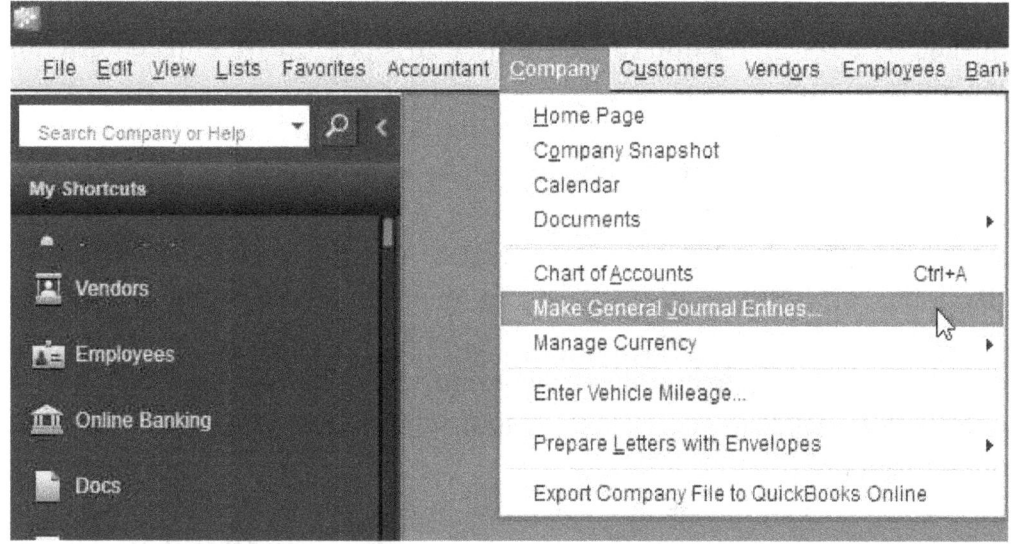

Esto te llevará a una pantalla de entrada con una advertencia en la que QuickBooks automáticamente enumera los asientos contables. Sólo selecciona OK para seguir. Verás entonces esta pantalla.

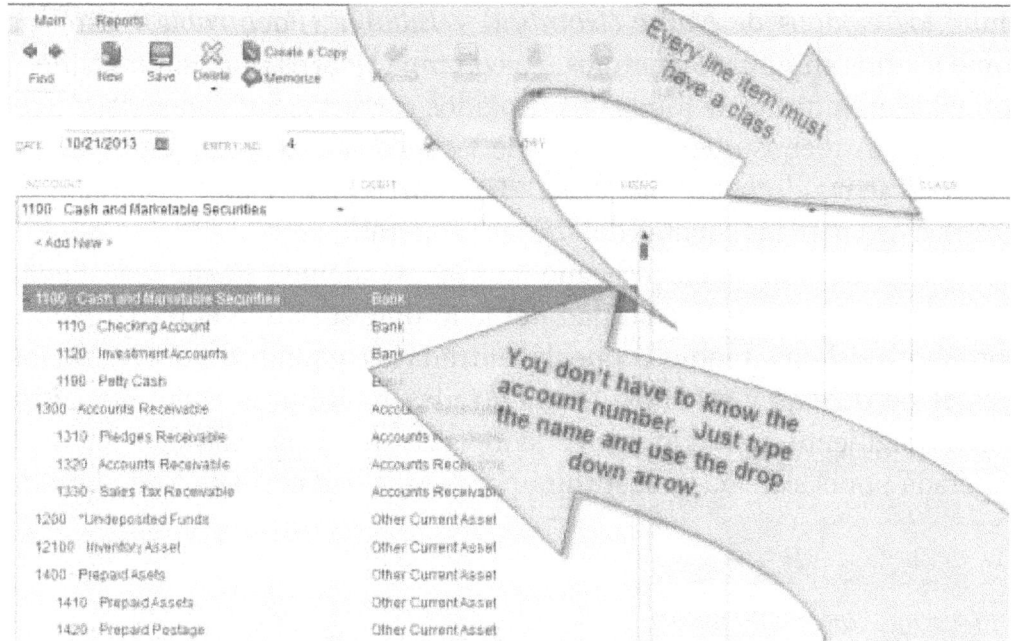

Cada artículo de la línea debe tener una clase.

No tienes que saber el número de cuenta. Sólo escribe el nombre y usa la flecha hacia abajo.

Por favor nota que la fecha se predeterminará a hoy, pero querrás cambiarla al último día de tu ejercicio contable anterior. Da clic en la opción siguiente a *Adjusting Entry* (Ajustando Entrada) para ingresar la entrada del balance inicial. Déjalo sin marcar para las entradas mensuales normales. Esto es para que tú y tu contador sepan que la entrada era algo fuera de lo común.

Comienza a ingresar el nombre de la cuenta para el artículo de la primera línea. El sistema "adivinará" lo que quieres y ofrecerá una suposición. Si es correcto, presiona *Enter* o ve al siguiente campo. Si no, usa el menú desplegable para encontrar la cuenta correcta. Una vez que seleccionas el nombre correcto de la cuenta, tendrás que ingresar la cantidad en el lado de *Debit* or *Credit* (Débito o Crédito). Para tu entrada de balance inicial, los activos deberían ser *débitos* (excepto los de depreciación acumulada), y las responsabilidades y los activos netos deberían ser *créditos*.

Después de que has introducido el monto en dólares, presiona *Enter* o tabulador hasta el campo *Memo* (Nota). Aquí es donde explicas por qué haces la entrada. He puesto "Balances Iniciales" en el ejemplo anterior. Esta nota se reproducirá en cada línea de esta entrada automáticamente, pero se puede cambiar como sea necesario en las otras líneas. Después, omite los campos de *Name (Nombre)* y *Billable (Facturable)*. Explicaré cómo usarlos en futuros capítulos. La columna final es *Clases*. Con el fin de compilar un informe de fondos restringidos correcto, cada línea debe tener una clase. A menos que el artículo de la línea sea expresamente para un fondo restringido, usa la clase **Unrestricted Fund** (Fondo Sin Restricción) para las cuentas del balance general.

Cuando el cursor llegue a la siguiente línea, se llenará automáticamente con la cantidad del lado opuesto de la entrada. Esto es porque el sistema requiere que la entrada se equilibre con cantidades iguales de débitos y créditos. Para entradas multilíneas como ésta, justo pon la siguiente cantidad en el lado correcto, y la cantidad siguiente generada por el sistema se sustituirá por la cantidad correcta y equilibrada.

Para el balance de banco, pon el balance del extracto bancario en una línea usando el número de cuenta de la cuenta de cheques e ingresa cualquier depósito excepcional en líneas separadas (todavía usando el número de la cuenta corriente) con las cantidades en lado *débito* de la entrada. Cualquier cheque excepcional se debería poner en una lista por separado con las cantidades en el lado crédito de la entrada. Esto permitirá que concilies tu cuenta bancaria cuando los depósitos excepcionales del año anterior y cheques estén claros.

Si tu iglesia tiene fondos específicos, quizás nombrados por donantes o con objetivos específicos, tendrás que entrar cada uno en una línea separada con una clase expresamente dedicada a esta. La siguiente ilustración te muestra un asiento contable que guardé como ejemplo basado en la información al final del capítulo 4.

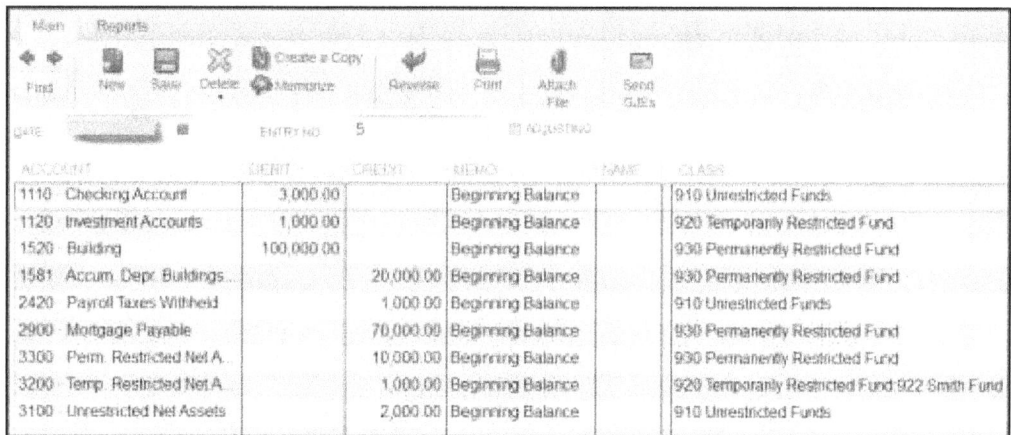

Para cada una de estas cuentas de activos netos, he elegido una clase o subclase para cobrarlos. Si hubiera varios fondos bajo **Temporarily Restricted Net Assets** (Activos Netos Temporalmente Restringidos), cada uno necesitaría su propia línea. La auditoría de tu año anterior o el contador deberían ser capaces de proveer estas cantidades.

www.accountantbesideyou.com

Unrestricted Net Assets (Activos Netos Sin Restricción) es el saldo de tus fondos, pero pueden no igualar al número de tu auditoría. La única diferencia debería ser el saldo de cualquier cuenta por cobrar o cuentas por pagar en la fecha del balance inicial. Recuerda que no podíamos entrar Cuentas por Cobrar ni Cuentas por Pagar en esta entrada. En los capítulos 9 y 10, introduciremos las facturas abiertas de los miembros y proveedores para que así estos datos se puedan registrar.

Después de ingresar tus balances y de haber cifrado todos los activos netos en las clases correctas, presionarás *Save and Close* (Guardar y Cerrar). Cuando lo haces, varios mensajes pueden aparecer con advertencias. Te doy un avance aquí para que sepas que hacer.

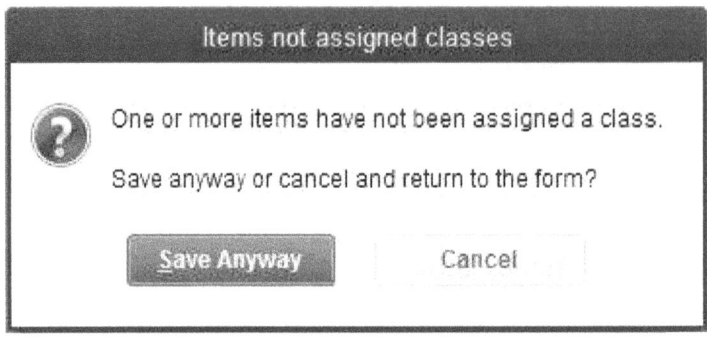

Este mensaje te advierte que no has asignado clases a cada uno de los artículos del balance general. Cuando veas este mensaje, presiona *Cancel* (Anular) para volver a tu transacción y asegurarte de que las clases están asignadas a cada línea.

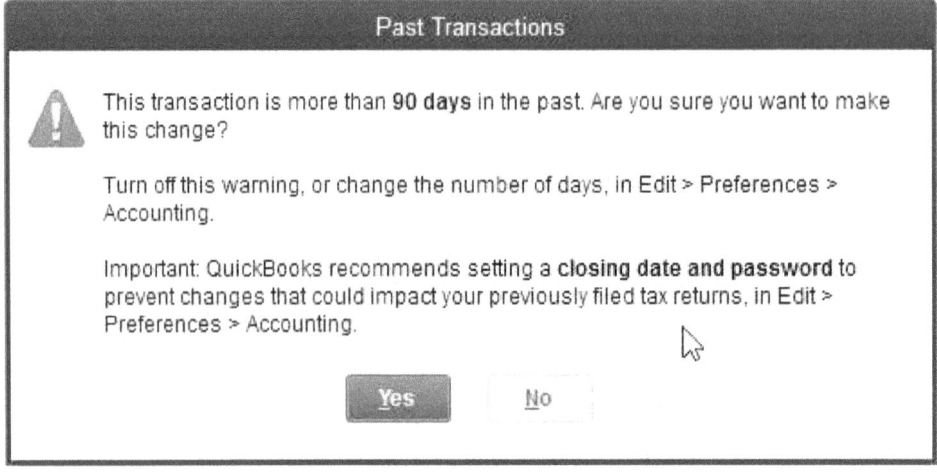

Esta es una advertencia que se estableció en preferencias. Como hice que pusieras esta fecha de entrada como el principio del año, puede ya haber pasado la ventana de 90 días. Esta vez, selecciona *Yes* (Sí), pero en el futuro, verifica tu transacción dos veces para asegurarte de que tienes la fecha correcta.

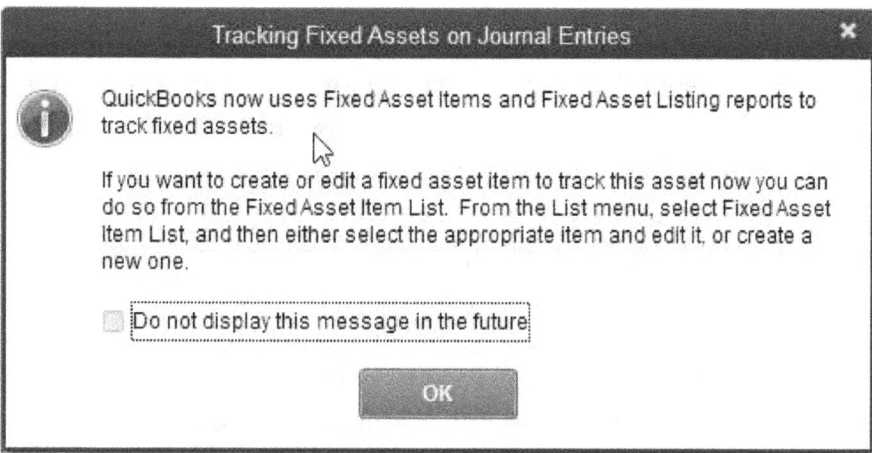

Algunas versiones de QuickBooks no rastrean los activos fijos, por lo tanto tendrás que registrarlos como un asiento contable. En el capítulo 8, explicaré los artículos netos fijos, y puedes decidir si te gustaría usarlos. Sólo selecciona OK para salir de esta pantalla.

Ahora has establecido la mayoría, si no todo, de tus balances iniciales. ¿Estás listo para establecer a tus miembros y tus proveedores? QuickBooks agrupa éstos en conjunto bajo **Lists** (Listas) que también puede ser usado para artículos de ventas, activos fijos y otras cosas. En el siguiente capítulo, pasaré por todas las opciones de la lista restantes que QuickBooks ofrece y te ayudaré a determinar cuáles debería usar tu iglesia y cuales puedes ignorar.

> Has terminado otro capítulo, pero antes de continuar, ¿Qué debes hacer?
>
> Pista: Ver la página 15.

VI. ¿Y qué pasa con los miembros y las personas a las que debo dinero?

A. Estableciendo miembros y otros donantes

Probablemente la función de contabilidad más importante para las iglesias es la capacidad de recibir donaciones y rastrearlas al donante correcto. QuickBooks hace esto estableciendo una *Customer Lists* (Lista de Clientes). Recuerda, QuickBooks está diseñado para negocios con clientes, por lo tanto cada vez que ves la palabra *Customer*, piensa en *el miembro de una iglesia* o *el donante*. Seguiré llamándolos miembros por simplicidad.

El proceso de establecer a tus miembros es fácil en QuickBooks, y si tienes una versión reciente, hay hasta la opción de importar tu lista de miembros de un archivo de Excel o de tu correo electrónico. Voy a llevarte a través de cómo establecerlos manualmente en este capítulo. Esto permite a aquellos que no tienen la característica para cargarlos, la posibilidad de ver que hacer y también te entrena en cómo añadir a nuevos miembros uno por uno.

Pero primero siempre hay un poco de planificación que hacer. QuickBooks requiere un **Customer Name** (Nombre del Cliente). Esto no es lo mismo que el nombre completo del miembro. Es realmente un código usado para identificar a cada miembro. No aparecerá en ninguna correspondencia; en cambio aparecerán los datos en el *Company Name* (Nombre de la Compañía).

Para determinar el *Customer Name*, piensa en tus miembros y en cómo ingresarás sus contribuciones. El sistema tratará de adivinar lo que tratas de escribir mientras ingresas las donaciones, así que vamos a usar esto en nuestro beneficio. A menos que hayas memorizado ya un código numérico para cada uno de tus miembros, recomendaría usar una variación del apellido. Así, cuando escribas *Smith*, el sistema automáticamente pone los nombres que comienzan con *S*. Si tienes varios *Smiths* en tus fieles, tendrás que desarrollar una manera de diferenciarlos. El enfoque más fácil es *LastNameFirstInitial* (Apellido/PrimerNombre/Inicial) o *LastNameFirstandMiddleInitial (Apellido/PrimerNombreySegundoNombreInicial)*. Nota que no puse espacios ni puntuación intencionalmente. Esto hace que el protocolo de nombramiento sea más fácil de recordar.

Así pues, ahora tienes *SmithH, JonesA, JonesAB,* etc. Después, tienes que decidir si introducirás a todos los miembros individualmente o como familias. QuickBooks te limita a 14,500 nombres para distribuirse entre clientes, proveedores, empleados y cualquier otra lista de nombres, con un límite de 10,000 en cualquiera de éstos. Por ejemplo, si tienes 10,000 miembros en el sistema, todavía tienes otros 4500 nombres disponibles para proveedores y empleados. Por lo tanto, a menos que tengas una cantidad de fieles sumamente grande, deberías tener mucho espacio.

La ventaja de introducirlos por familia consiste en que tendrás menos opciones de nombres de los cuales elegir al introducir las donaciones. Los campos especiales se pueden designar para detallar los nombres de los cónyuges si te gustaría tener los datos juntos. Si ya tienes una base de datos de contacto con tus miembros, no hay ninguna razón para incluir a cada persona.

1. **Tipos de Cliente**

Antes de que miremos la forma de entrada del donante, tienes que decidir si te gustaría usar otra opción que es ofrecida, **Customer Type** (Tipo de Cliente). En el mundo de los negocios, estos pueden ser clientes al por mayor o al por menor. Si necesitas datos de las donaciones de los miembros contra las fundaciones o becas de otras agencias, **en Customer Type** (Tipo de Cliente) es donde debes establecer esto. El sistema permite que grabes el archivo del cliente sin designar un tipo, pero es más fácil elegir uno ahora que tener que volver a todos los archivos de miembros más tarde. Recomendaría establecer al menos un tipo — **Miembros**. Siempre puedes incluir más a medida en que entres en nuevos donantes.

Para establecer los tipos de cliente, ve a *Lists* (Listas) en la barra del menú y selecciona *Customer & Vendor Profile Lists* (Listas de Perfiles de Clientes y Proveedores), *Customer Type List* (Lista de Tipo de Cliente).

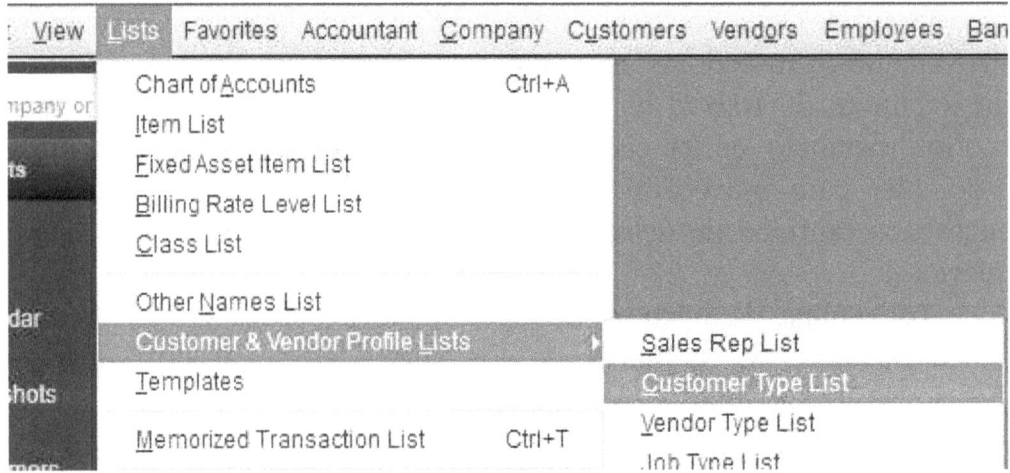

Esto probablemente comienza a parecer familiar ya que esta pantalla es muy similar a aquella en la que estableciste un nuevo número de cuenta.

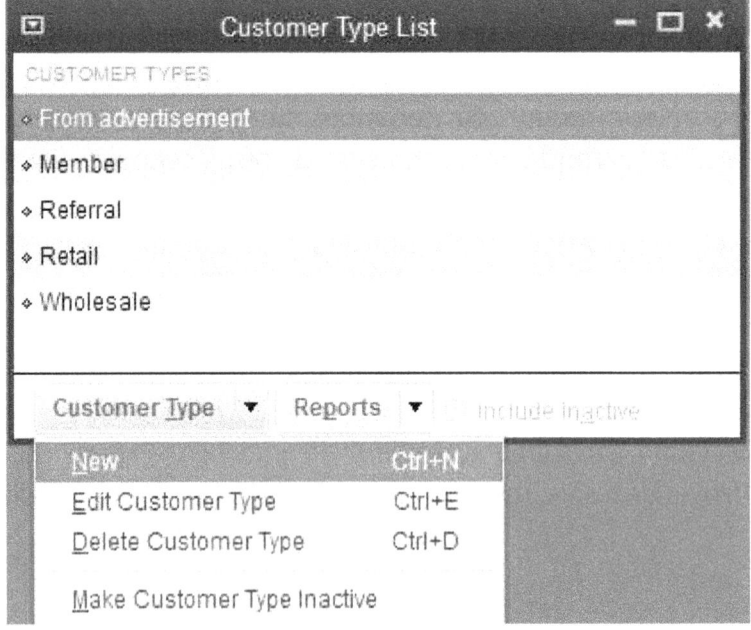

Selecciona *New* del botón *Customer Type* en el fondo de la pantalla.

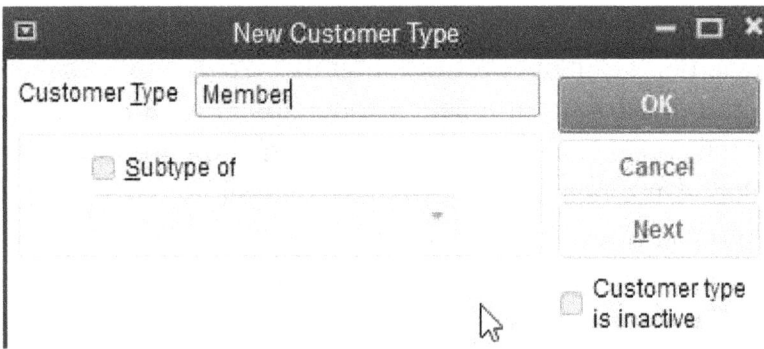

Como en el plan de cuentas, puedes establecer subtipos de cualquier *Customer Type* (Tipo de Cliente) que designes. Piensa en el tipo de información que necesitarás. Si querrás conocer las donaciones por miembros de manera separada de las donaciones por no miembros, podrías establecer dos tipos: Miembros y Otros.

> Si te gustaría hacer informes por tamaño y restricciones de las donaciones, los tipos pueden incluir a Gran Donante, Donante Regular y Donante Restringido. Éstos también podrían ser subtipos bajo tus miembros y Otros Tipos. Esto también puede simplificar los envíos.

2. **Agregando un nuevo miembro**

¿Estas muriendo por tener los nombres de aquellos miembros en el sistema? Comienza abriendo el *Customer Center* (Centro del Cliente) usando el menú del lado.

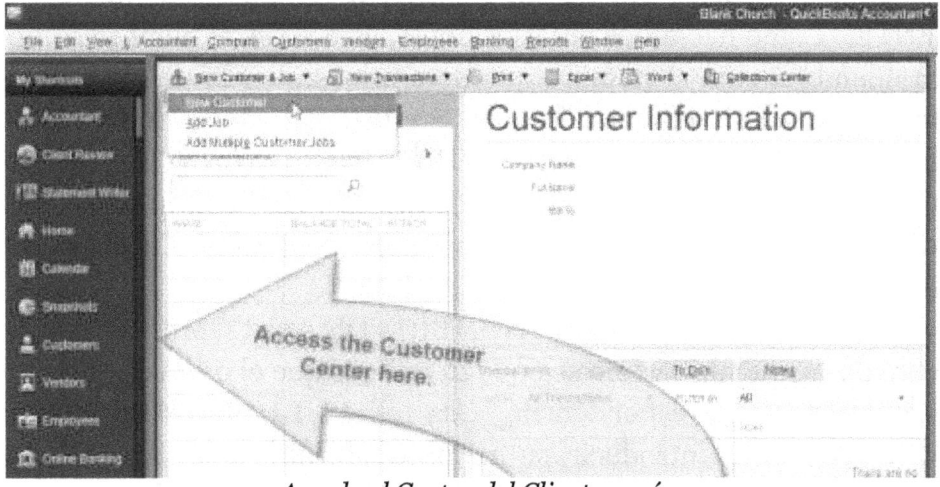

Accede al Centro del Cliente aquí.

www.accountantbesideyou.com

Una vez que tienes registrados los miembros y donaciones, esta pantalla se poblará con el último miembro en el que trabajaste. La sección de la mitad pondrá en una lista a todos los miembros y cualquier balance excepcional con el cual puedas conectarlo fácilmente.

Por el momento, sin embargo, selecciona *Add New Customers & Jobs*, (Agregar Nuevos Cliente & Trabajos) *New Customer (Nuevo Cliente)*. Esto hará aparecer una pantalla de entrada.

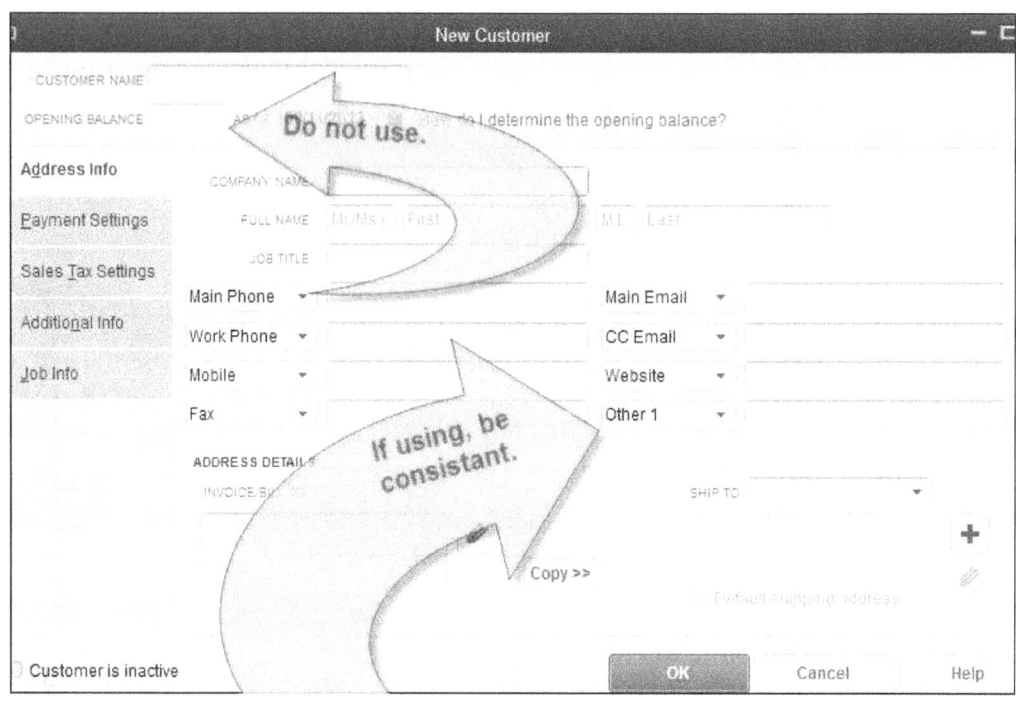

No usar.   *Si lo usas, se consistente.*

Comenzaremos con el **CUSTOMER NAME** (NOMBRE DEL CLIENTE). Como hablamos anteriormente, este no es el nombre completo de tu miembro, sino el nombre que determinaste en la utilización de un protocolo de nombramiento. Escribe *SmithH* o todo lo que vaya en el código de tu primer miembro. El **OPENING BALANCE** (BALANCE INICIAL) tiene que ser ignorado. Es demasiado fácil estropear el sistema añadiendo un balance inicial. Si el miembro debe dinero a la iglesia, te mostraré cómo registrar el cobro en el capítulo 9.

El **COMPANY NAME** (NOMBRE DE LA COMPAÑÍA) será el nombre de tu miembro como sea que tú quieras que él o ella sea nombrado en informes y correspondencia. Usa el **FULL NAME** (NOMBRE COMPLETO) para introducir su nombre oficial. En el fondo de esta pantalla, escribirás la dirección. Si la dirección está incompleta, un cuadro aparecerá pidiendo más información. Además, puedes añadir varias direcciones para cada miembro.

Los siguientes campos de entrada se explican por sí mismos. Cada una de las flechas desplegables permite que tú cambies el orden en el que estas aparecen o cambies las etiquetas.

Si seleccionas la flecha al lado de **FAX**, aparece una lista de otras etiquetas para ese cuadro.

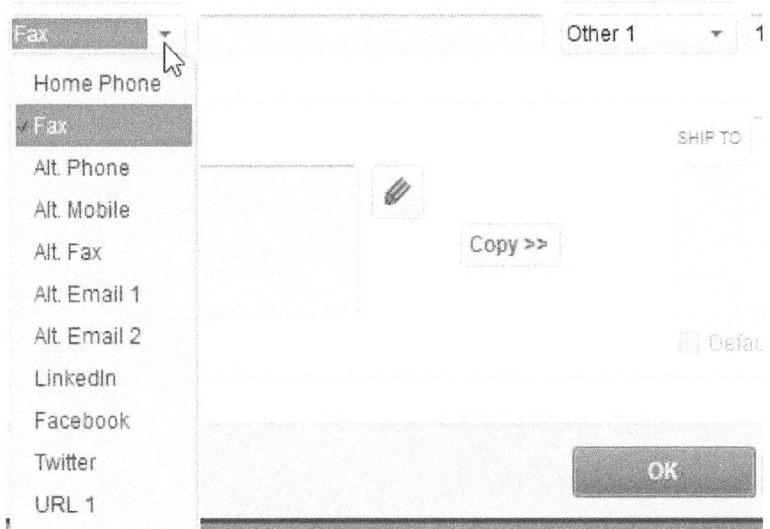

Esto se podría cambiar a Alt. *Email 1* or *CC Email* (Arriba no se muestra la lista entera) se podría usar como el correo electrónico de los cónyuges. *Other* (Otro) *1, 2 o 3* se puede usar para lo que tú quieras, pero tendrás que mantener la consistencia a través de todos los miembros. Algunas iglesias usan esta opción para etiquetar los números de sobre designados por miembros. Podrías poner el nombre del cónyuge en la pantalla o en los campos personalizados que establecerás más tarde. Prueba y mira lo que encaja más con tus necesidades. Selecciona OK para devolverte a la pantalla **New Customer** (Nuevo Cliente).

La siguiente pestaña abajo en la izquierda de la pantalla se titula *Payment Settings* (Ajustes del Pago).

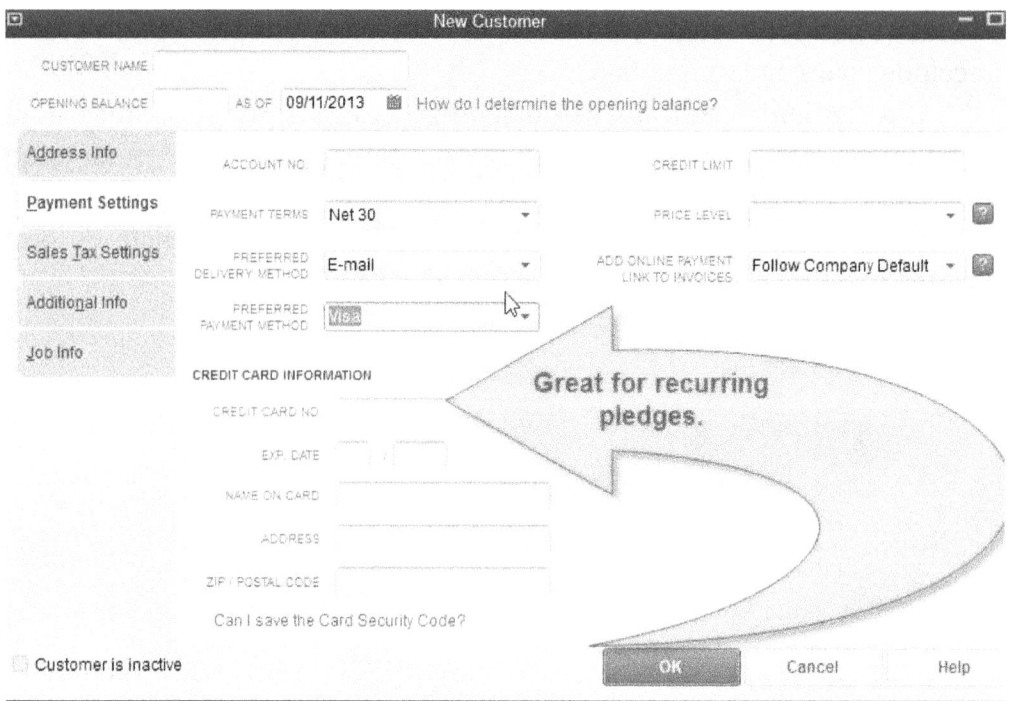

Genial para Promesas Repetidas.

Si envías recordatorios de promesas o tienes algún tipo de cuotas sociales, puedes querer usar los **PAYMENT TERMS** (TÉRMINOS DE PAGO). La flecha desplegable ofrece varias opciones, o puedes agregar las tuyas. La **PREFERRED DELIVERY METHOD** (FORMA DE ENTREGA PREFERIDA) permite que envíes estados de cuenta vía correo electrónico o impresos. Me estoy saltando **CREDIT LIMIT** (LÍMITE DE CREDITO) y **PRICE LEVEL** (NIVEL DE PRECIOS) ya que aquellos son raramente usados por las iglesias. Hablaremos de los pagos en línea en el siguiente capítulo, por lo tanto puedes dejarlo vacío por el momento.

Un rasgo muy práctico del sistema es la capacidad de tener la información de la tarjeta de crédito. Las iglesias tienen un aumento sustancial de recibos de promesas cuando sus miembros se registran para un cargo recurrente en una tarjeta de crédito. Asegúrate de preguntarle a tu procesador de tarjeta de crédito sobre cualquier ley o norma en cuanto a la retención de los números de tarjeta de crédito del cliente.

La mayoría de ustedes no necesitarán probablemente los *Sale Tax Settings* (Ajustes del Impuesto sobre las Ventas), por lo tanto no lo he incluido. Si facturas artículos de una librería, tendrías que usar esto. Revisa con tu contador para estar seguros.

La etiqueta *Additional Info* (Información Adicional) tiene varios rasgos útiles.

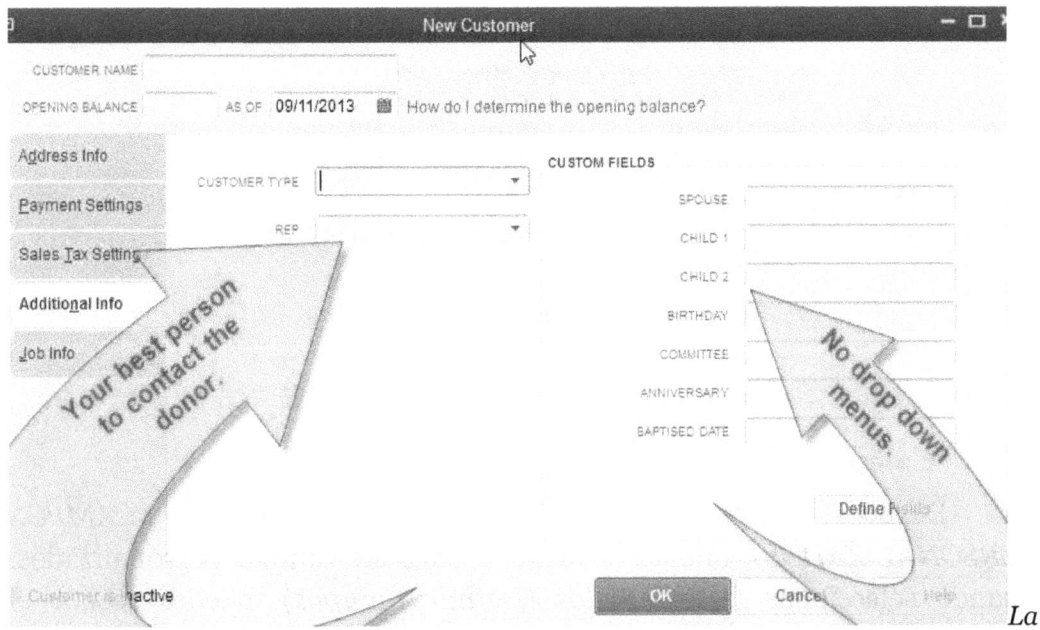

La persona más indicada para contactar el donante.   No hay menús desplegables.

El primer artículo es el **CUSTOMER TYPE** (TIPO DE CLIENTE) que establecimos antes de que comenzáramos a ingresar miembros. El siguiente cuadro etiquetado como **REP** (REPRESENTANTE) (véase abajo) permite que tú nombres a alguien en tu organización como la persona a contactar con este miembro o donante. Esto puede ser práctico para árboles telefónicos o hacer seguimientos de promesas anuales.

B. Campos personalizados

Después siguen los CUSTOM FIELDS (*CAMPOS PERSONALIZADOS*). Puedes designar hasta siete campos personalizados. Cuando seleccionas *Define Fields (Definir Campos)*, puedes recibir el mensaje siguiente.

Esto te debe recordar que puedes usar estos campos en correspondencia o informes. Selecciona OK y el sistema aparecerá la pantalla siguiente (vacío).

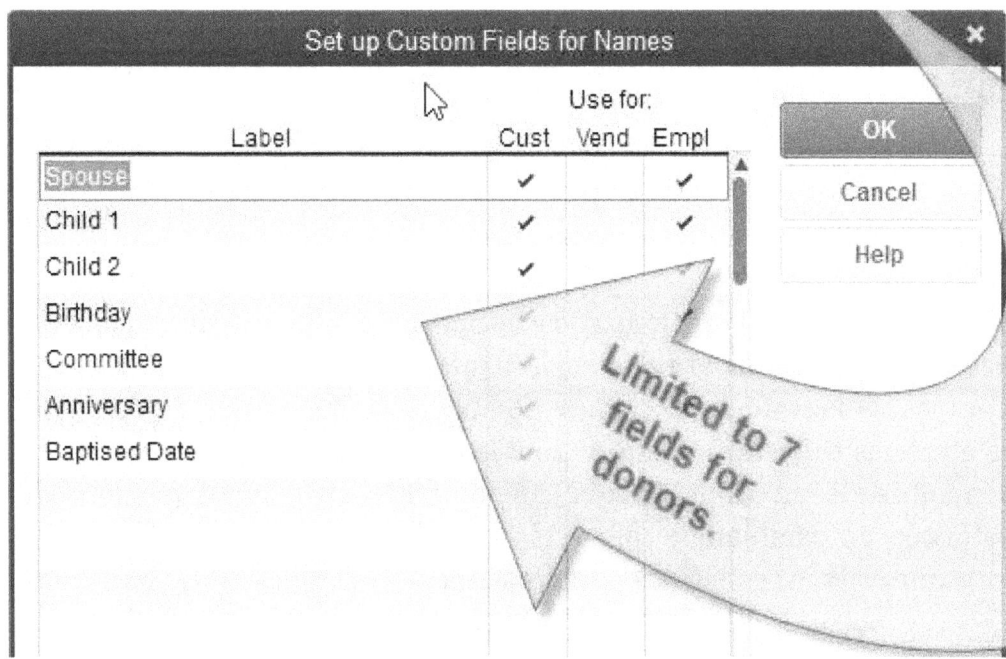

Limitado a 7 campos para donantes.

Puedes etiquetar estas ranuras de cualquier modo que elijas. Si quisieras información similar para tus empleados o proveedores, comprueba esas columnas. Ten presente que no habrá menús desplegables para éstas, por lo tanto tienes que ser consecuente en cómo introduces los datos. Por ejemplo, si una de las etiquetas pide una fecha, elige un formato de fecha y siempre úsalo de la misma manera. Los campos personalizados son buenos para guardar un registro de las asignaciones de los comités.

Si no quisieras usar uno de los artículos del contacto para el nombre del cónyuge, podrías designar una línea aquí. Poniéndolos en la pantalla de contacto hace que su información sea más accesible, por lo tanto puedes preferirlo allí. Las iglesias más grandes probablemente ya tienen una base de datos muy detallada de los miembros con niños, fechas de bodas y bautismos, etc., pero si tú no, podrías usar estos campos personalizados para aquellas cosas. Recuerda, este es un sistema de contabilidad, y querrás dar la prioridad a los artículos que están más relacionados con las finanzas de la iglesia.

> Más tarde en este capítulo cubriremos la pantalla **Customer Contact** (Contacto al Cliente). Esta es el área perfecta para poner en una lista a los cónyuges, niños y relaciones.

Los Campos Personalizados se pueden cambiar. Selecciona *Define Fields* (Definir Campos) para ver la pantalla **Set Up Fields for Names** (Campos de Personalización para Nombres). Quita las flechas del lado de las etiquetas te gustaría quitar y cambia el nombre si lo deseas. Si cambias el nombre de un campo actual, debes tener en cuenta que los datos históricos no cambiarán; sólo estás cambiando el nombre. Ninguno de estos campos son requeridos por el sistema.

C. **Entrada de trabajos específicos, becas o contratos**

Vamos a movernos a la etiqueta *Job Info*.

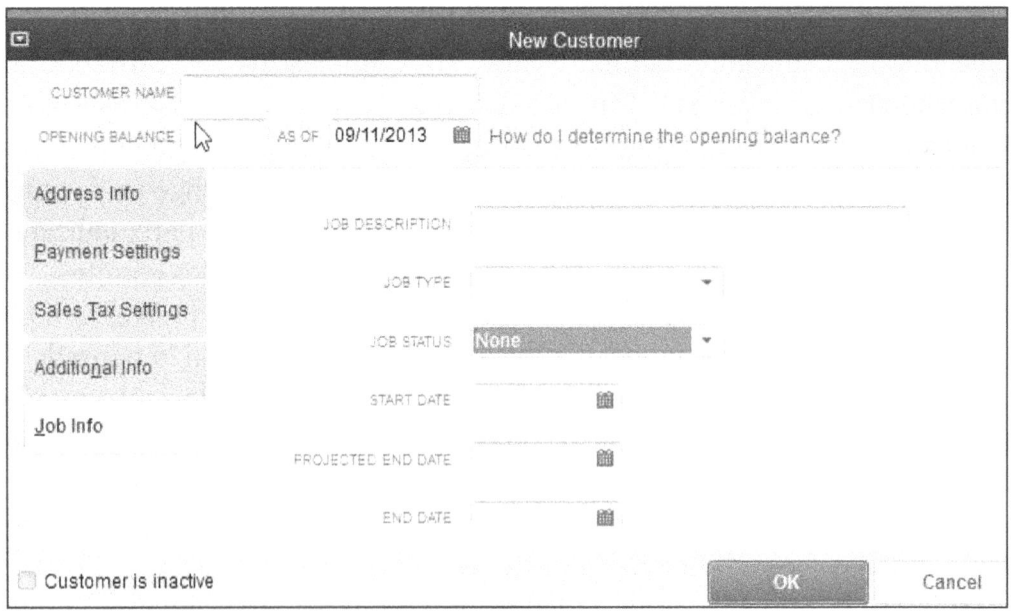

Aquí es donde rastrearás subvenciones específicas o contratos la persona o la organización que provee los fondos de financiación serán el cliente. En la caja de *JOB DESCRIPTION* (DESCRIPCIÓN DEL TRABAJO), se explica cuál es el proyecto. *JOB TYPE* (TIPO DE TRABAJO) no se requiere, pero los puedes establecer justo como en *CUSTOMER TYPE* (TIPO DE CLIENTE).

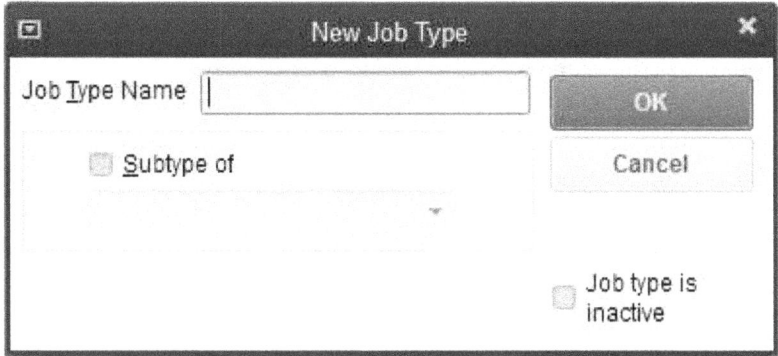

Las opciones para los *Job Types* (Tipos de Trabajo) incluyen subvención, contrato, o quizás transferencias (sumas recibidas de parte de otras instituciones benéficas). Si no tienes que dirigir informes sobre tipos diferentes de financiación, no te tienes que molestar con esto.

Termina la etiqueta *Job Info* ingresando las fechas apropiadas y selecciona OK para terminar con este cliente.

D. Otra información del miembro

¿Esto parecía como mucho para hacer, verdad? No te preocupes, la mayor parte de tus miembros no necesitarán los pagos, impuestos sobre las ventas ni etiquetas de ajustes de trabajo. Pero sigue siendo más que aburrido introducir a cada miembro uno por uno. Las versiones más recientes de QuickBooks han tratado de aerodinamizar esto. Si estás cómodo con la terminología del ordenador y trabajando con hojas de cálculo, te mostraré cómo importar a tus miembros desde una hoja de cálculo de Excel o de tus contactos del correo electrónico en el capítulo 7. Si no, no te preocupes por eso. Puedes ingresar todos los datos de tus miembros manualmente.

Vuelve a la pantalla de **Customer Center**.

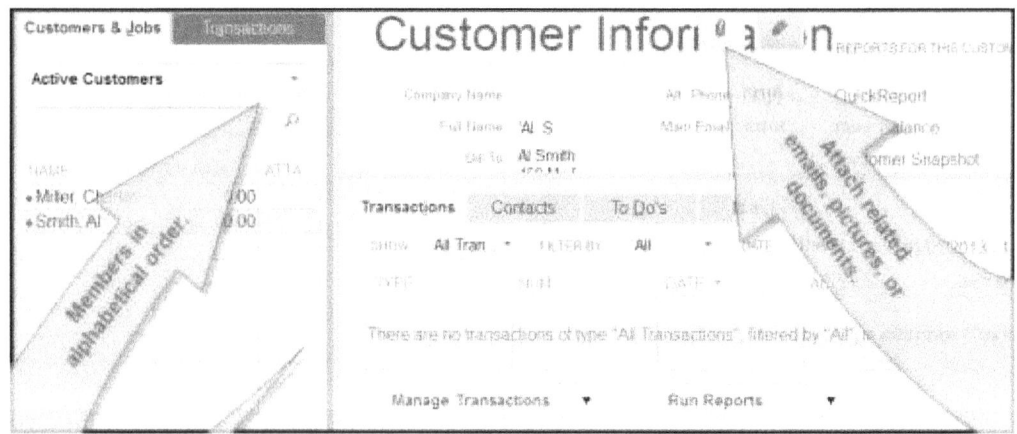

Miembros en orden alfabético. Ingresa correos electrónicos, fotos o documentos relacionados.

Todos los miembros que has añadido aparecerán en la columna izquierda bajo **Customers & Jobs** (Clientes & Trabajos). A la derecha aparecerá una pantalla de información con cuatro etiquetas: Transacciones, Contactos, Cosas para Hacer, y Notas. La versión de 2014 de QuickBooks ha añadido una etiqueta de dirección del correo electrónico. Ve al capítulo 16 para más detalles.

Pasaremos por la etiqueta **Transactions** (Transacciones) en el capítulo 9. Las otras tres etiquetas están allí para mantener la información tus miembros organizada y fácilmente accesible. La etiqueta **Contacts** (Contactos) permite que ingreses información numerosa de los contactos e información relacionada. Podrías usar esto para los nombres de los niños y fechas de nacimiento o con qué familias el miembro está relacionado.

La etiqueta **To Do** (Cosas para Hacer) es un rasgo muy práctico que permite que registres reuniones, llamadas o tareas bajo un miembro específico y registra las tareas en el calendario de QuickBooks, que entonces se puede programar para hacer recordatorios con el fin de que completes algo en la fecha apropiada. Las tareas pueden ser clasificadas por tipo, estado activo o fecha.

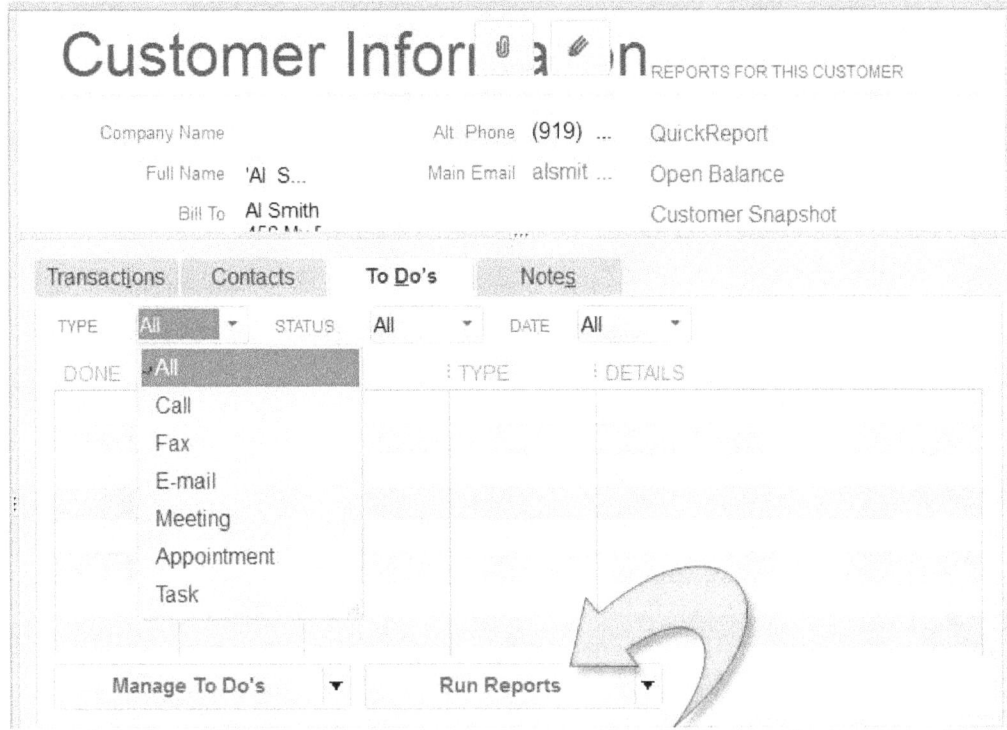

Puedes dirigir un informe enumerando todas las Cosas para Hacer de este miembro haciendo clic en la etiqueta apropiada en el fondo de la pantalla.

Para introducir una Cosa para Hacer, selecciona *Manage To Do's* (Gestionar Cosas para Hacer) en la esquina inferior izquierda. Selecciona *Create New* y verás una pantalla similar a ésta.

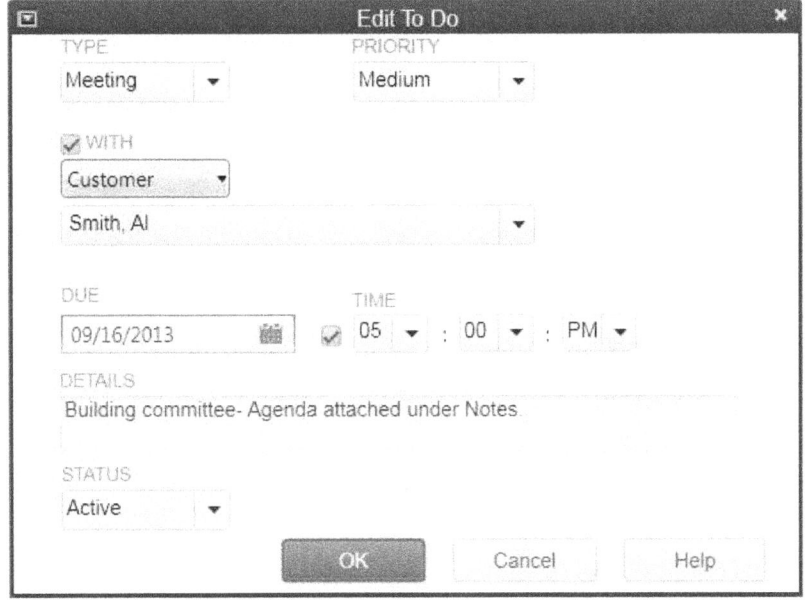

Selecciona el tipo, prioridad, con quién es (ten en cuenta que puedes escoger cliente, proveedor o empleado), y la fecha y hora. Introduce el nivel de detalle que te gustaría y el estado (activo, hecho o inactivo). Entonces selecciona OK.

Tu calendario de QuickBooks mostrará ahora el artículo de la Cosa para Hacer.

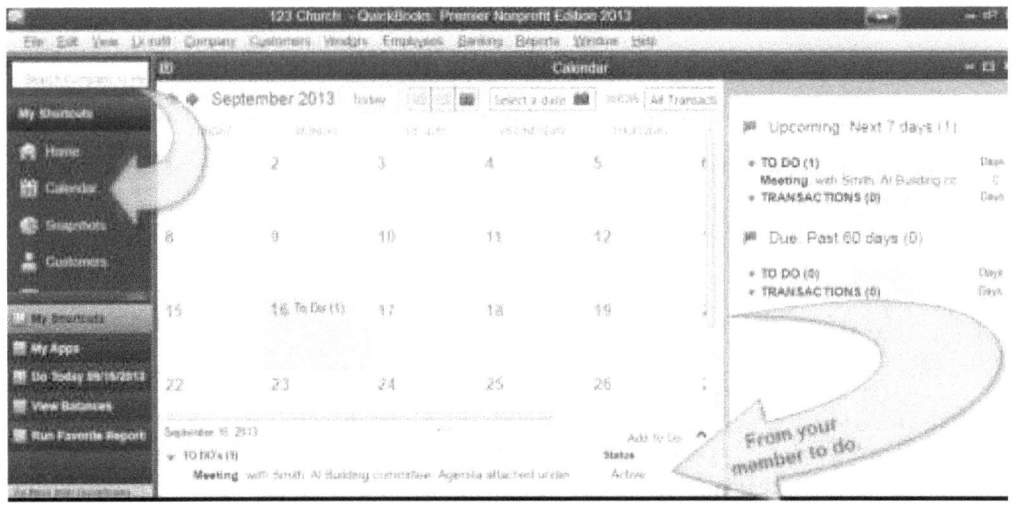

Cosa para Hacer de tu miembro.

E.   Adjuntando archivos a la cuenta de tu miembro

Si quisieras adjuntar un archivo, hay un icono en el sujetapapeles en el **Customer Information** Área (Área de Información del Cliente). El icono del lápiz es usado para editar archivos del miembro.

Usa esto para adjuntar archivos.   *Usa esto para editar el miembro.*

Una vez que seleccionas el sujetapapeles, verás:

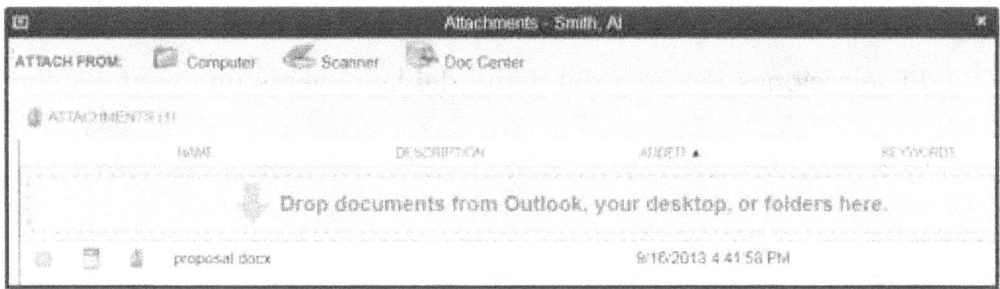

Si hubieras adjuntado antes algún documento para este miembro, se revelará aquí. Los iconos de arriba permiten que tú traigas un archivo de un ordenador, un scanner o el **Doc Center**. **El Doc Center** es un área para almacenar archivos que se pueden adjuntar después a miembros, proveedores o empleados. Selecciona *Computer* (Ordenador), y el sistema te llevará a los archivos de documentos de tu ordenador para que selecciones qué archivo te gustaría adjuntar. Una vez que esté adjunto, recibirás el mensaje siguiente:

La etiqueta **Notes** (Notas) es otra área donde puedes documentar la información sobre el miembro y clasificarla por la fecha.

Wow. Finalmente tenemos toda nuestra entrada de miembros con toda la información importante que nos gustaría ver. Ahora vamos a hacer lo mismo para los proveedores.

F. Estableciendo los proveedores

Si seleccionas *Vendors* del menú del lado, verás una pantalla como esta.

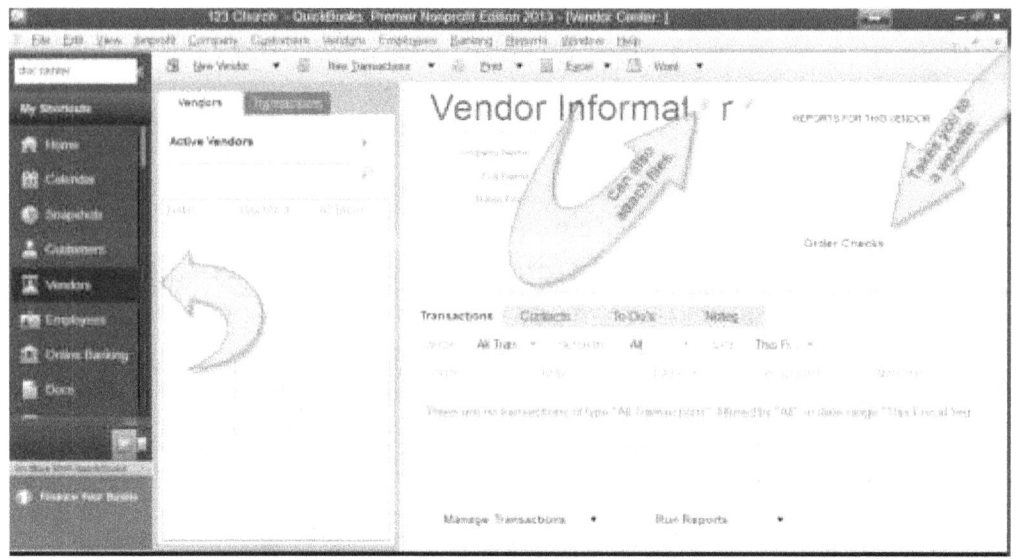

También puede adjuntar archivos.   *Te lleva a un sitio web.*

Nota las semejanzas entre la pantalla de Vendors (Proveedores) y la pantalla bajo Client (Cliente). Una vez que has introducido proveedores, los pondrá en una lista al lado. Cada proveedor tendrá un **Vendor Information** area (Área de Información del Proveedor) donde puedes adjuntar archivos, editar, añadir transacciones, contactos, cosas para hacer, y notas de manera similar a como lo hiciste con tus miembros. También hay un botón llamado **Order Checks** (Ordenar Cheques. Esto te lleva al sitio web de impresión de cheques de Intuit.

1. Agregando proveedores

Para ver la información, tendremos que introducir a nuestros proveedores. Selecciona *New Vendor* (Nuevo Proveedor) en la parte superior de la lista.

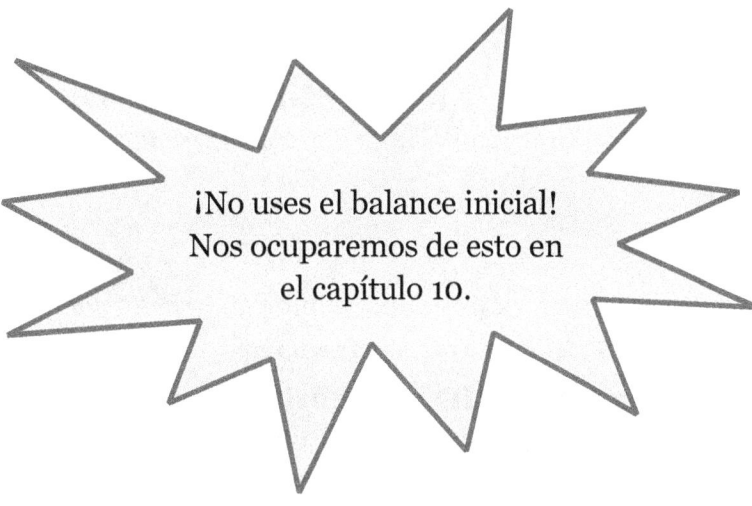

Esta pantalla es muy similar a la pantalla de nuevo miembro. Y justo como los nuevos miembros, tendrás que desarrollar un sistema para cifrar a tus proveedores. El **Vendor Name** (Nombre del Proveedor) no es el nombre en los cheques; es el modo en que buscarás tus proveedores en QuickBooks. Si tuvieras que realizar cheques separados a la misma compañía (quizás planes diferentes de seguro), querrás tener diferentes **Nombres del Proveedor**. 123 Seguro-Edificio y 123 Seguro-Responsabilidades son ejemplos posibles. Igual que en la pantalla de nuevos miembros, puedes cambiar los títulos de cualquiera de los cuadros con flechas desplegables.

¡No uses el balance inicial! Nos ocuparemos de esto en el capítulo 10.

Vamos a mirar la siguiente etiqueta en esta pantalla, **Payment Settings** (Ajustes de Pago).

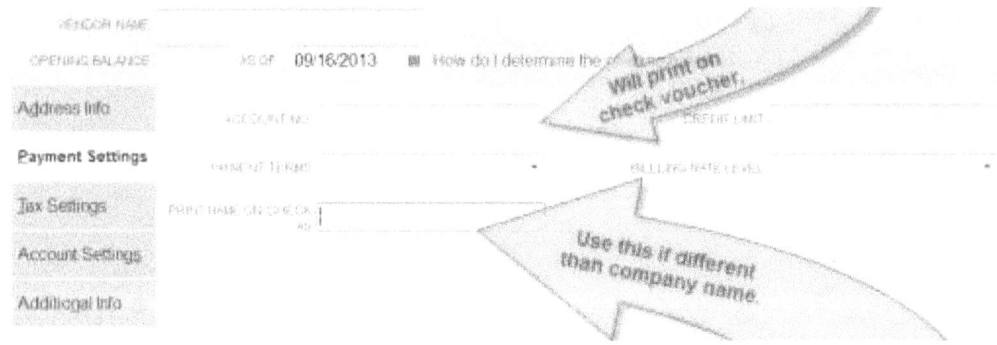

Se imprimirá en el vale del cheque.
Use esto si es diferente al nombre de la compañía.

Aquí es donde pondrás cualquier **número de cuenta que** el proveedor te dé. Más tarde, puedes establecer tus cheques para que este número de cuenta esté en una lista. **Los Payment Terms** (Términos de Pago) no son usados a menudo por las iglesias, pero hay opciones en el menú desplegable si los necesitas. El **Print Name on Check As** (Nombre Escrito en el Cheque Como) es práctico cuando el nombre de la compañía es diferente de la persona a quién les gustaría dirigir el cheque. Probablemente no te tienes que preocupar por el **Credit Limit** (Nivel de Crédito) **o Billing Rate Level** (Nivel de Precio de Facturación).

La siguiente etiqueta es **Tax Settings** (Ajustes Fiscales).

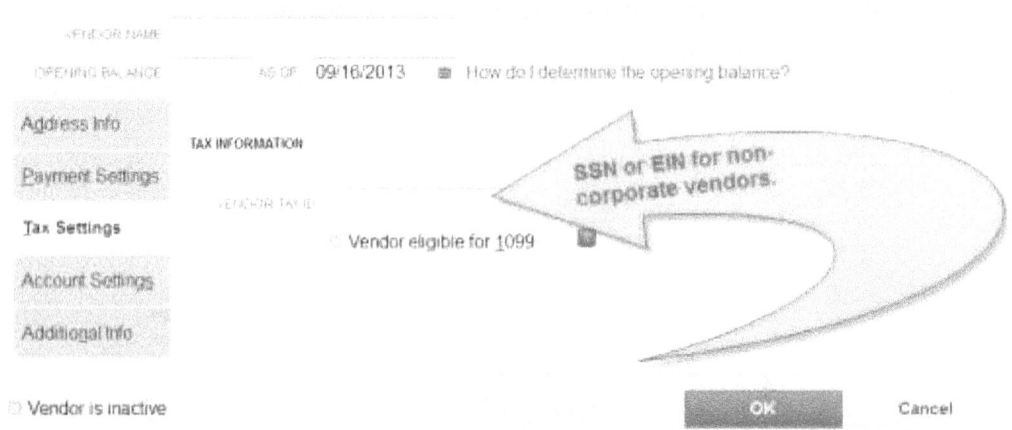

SSN o EIN para proveedores no corporativos.

La **Vendor Tax ID (Identificación Tributaria del Proveedor)** es donde almacenarás el Employer Identification Number (Número de Identificación del Empleador) (EIN) o Número de seguridad social para cualquier proveedor no corporativo en el que gastes más de US$600 por año. Explicaré esto más detalladamente en el capítulo 14 sobre procedimientos del fin del año.

Ahora ve a la etiqueta **Account Settings**.

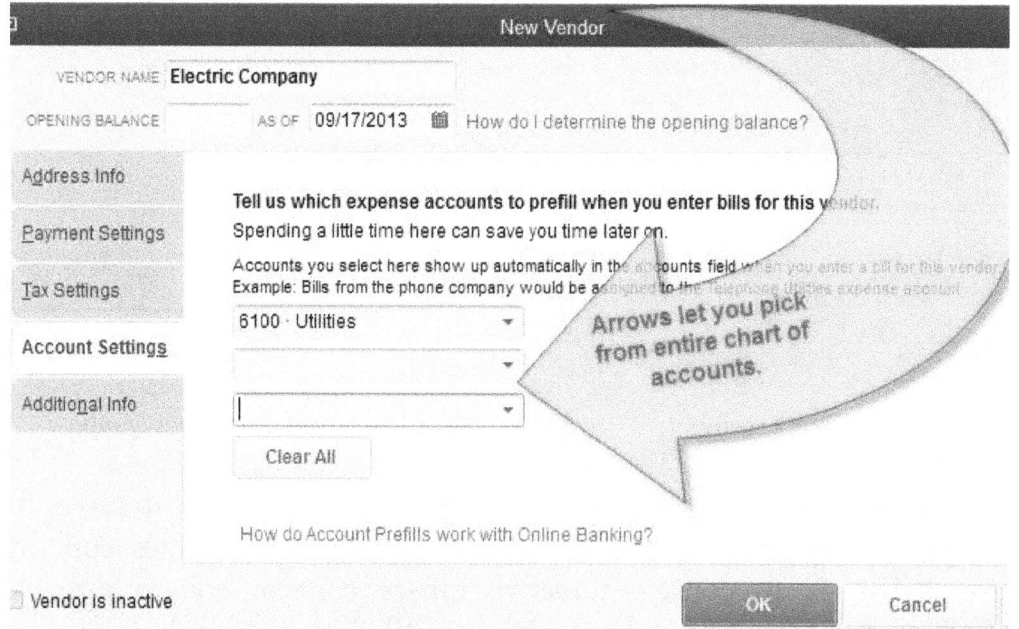

Las flechas te dejan escoger del plan de cuentas entero.

En vez de usar la pantalla de encima, usa la opción **Automatically Recall Information** (Recordar Información Automáticamente) bajo **General Preferences** (Preferencias Generales). Cuando escoges a ese proveedor en el área de pagos, el sistema mostrará automáticamente las últimas cuentas de gastos usadas. La etiqueta **Account Settings** (Opciones de Cuenta) siempre hará aparecer todos los artículos de la línea que designas aun si sólo necesitas a uno de ellos.

La última etiqueta es **Aditional Info** (Información Adicional). Notarás que se parece a la etiqueta de **Additional Info** en la pantalla **Add New Customer** (Agregar Nuevo Cliente).

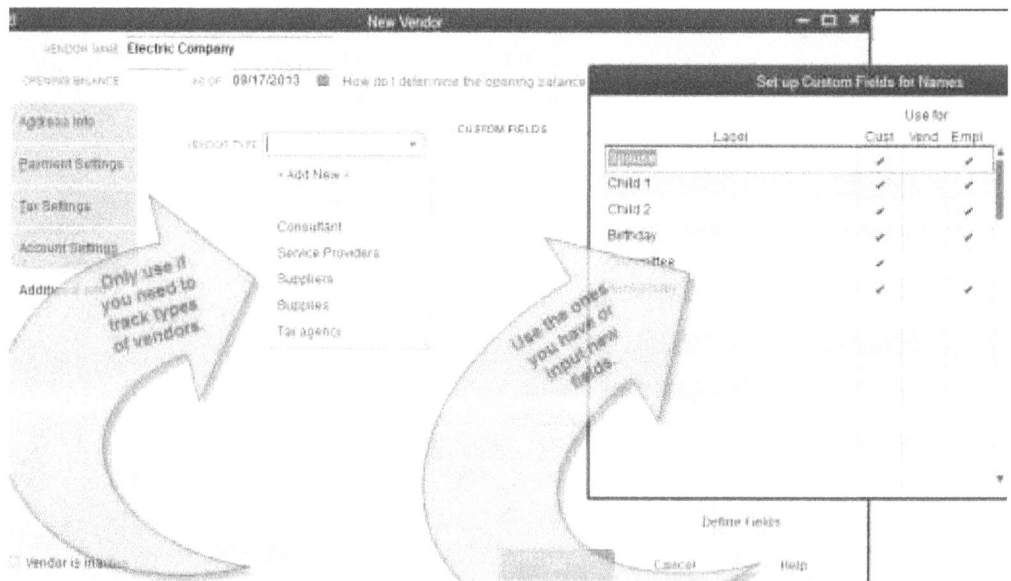

Sólo úsalo si necesitas rastrear tipos de proveedores.   *Salos si tienes que introducir nuevos campos.*

Puedes usar los tipos de proveedor predeterminados o establecer tus propios si crees que tendrás que dirigir alguna vez informes con esta información. Si tu consejo directivo quiere conocer cuánto se gasta anualmente en consultores, esto podría ser útil. Pero no te molestes en usar los **Vendor Types** (Tipos de Proveedores) si no tienes necesidad de ellos.

2. Campos personalizados de los proveedores

Los **Campos de Personalizados** mostrados son los mismos que estableciste en **New Client** (Nuevo Cliente). Si alguno de los campos es útil para proveedores, selecciónalo. También puedes añadir cualquier campo que sea provechoso para tu iglesia. Quizás quieres saber cuánto tiempo has estado haciendo negocios con un proveedor. Podrías tener un campo de *Vendor Since* (Proveedor Desde) para rastrear la primera vez adquiriste cosas de ellos. Igual que en la opción de cliente, puedes seleccionar hasta siete campos.

Selecciona OK y ya habrás guardado a tu primer proveedor. Después de que has introducido a tus proveedores, vuelve al **Vendor Center** (Centro del Proveedor), y verás la lista de proveedores y una pantalla similar a la de **Customer Center** (Centro del Cliente). Allí puedes adjuntar documentos, asignar tareas al calendario, etc. justo como lo hiciste con los miembros.

¡Espero que sientas que has logrado mucho!

El siguiente capítulo explica cómo importar nombres y direcciones de tu base de contactos del correo electrónico o de una hoja de cálculo. No dudes en saltarlo si es más simple para ti ingresar los datos con el método que hablamos en este capítulo.

VII. Ingresando miembros y proveedores desde archivos

A. Ingresando miembros desde los contactos del correo electrónico

QuickBooks ofrece un programa que sincronizará tu base de contactos del correo electrónico con tus clientes y proveedores dentro de QuickBooks. Cuando actualizas la información de un miembro en QuickBooks, también se actualizará al instante en la base de datos de los contactos del correo electrónico y viceversa. Puedes limitar la sincronización a sólo una dirección (QuickBooks al correo electrónico o el correo electrónico a QuickBooks).

Como en cualquier proceso de sincronización, hay inexactitudes cuando los contactos no se ingresan consistentemente. Por ejemplo, si ingreso una compañía como ABC, Inc. en QuickBooks, pero la tengo como ABC en la base de datos del correo electrónico, habrán problemas de sincronización. Intuit (el fabricante de QuickBooks) también recomienda limitar las direcciones a dos líneas en ambos sistemas.

Si quieres usar la función de sincronización para ingresar tus miembros y proveedores, esta importará los nombres e información de los contactos, pero aun así tendrás que corregir los archivos de los miembros en QuickBooks para la otra información como tipo y opciones. El **NOMBRE** de QuickBooks para el miembro será por omisión el nombre y el apellido. Si tienes un protocolo de nombramiento diferente, tendrás que corregir cada una de estas importaciones. Además, la otra información de no contacto como **Sales Rep.** (Representante de Ventas) o diseños de campos personalizados tendrán que ser ajustados manualmente. Decide si tu base de datos de contactos está cerca de los requisitos de QuickBooks para hacer que este proceso valga la pena.

Otra manera de mover tu información de los contactos a QuickBooks es exportando un archivo CSV (valor separado por comas) del programa de correo electrónico a una hoja de cálculo de Excel. Este enfoque tiene la ventaja de permitirte escribir los datos suplementarios por medio de columnas en una hoja de cálculo en vez de tener que editar individualmente los **Customers** (Clientes) en las pantallas de QuickBooks. Si eres competente con las hojas de cálculo, esta manera te gustará más. Si no, usa la sincronización del correo electrónico. Explicaré cómo se hace cada uno. Pero recuerda también, si trabajar con ordenadores te revuelve la cabeza o tienes pocos miembros, puedes elegir el ingreso manual descrito en el último capítulo.

1. **Ingresando contactos desde la sincronización**

Para ingresar miembros y proveedores desde la base de datos de los contactos de tu correo electrónico, selecciona *Utilities* (Utilidades) del menú *File* (Archivo), luego *Synchronize Contacts* (Sincronizar Contactos).

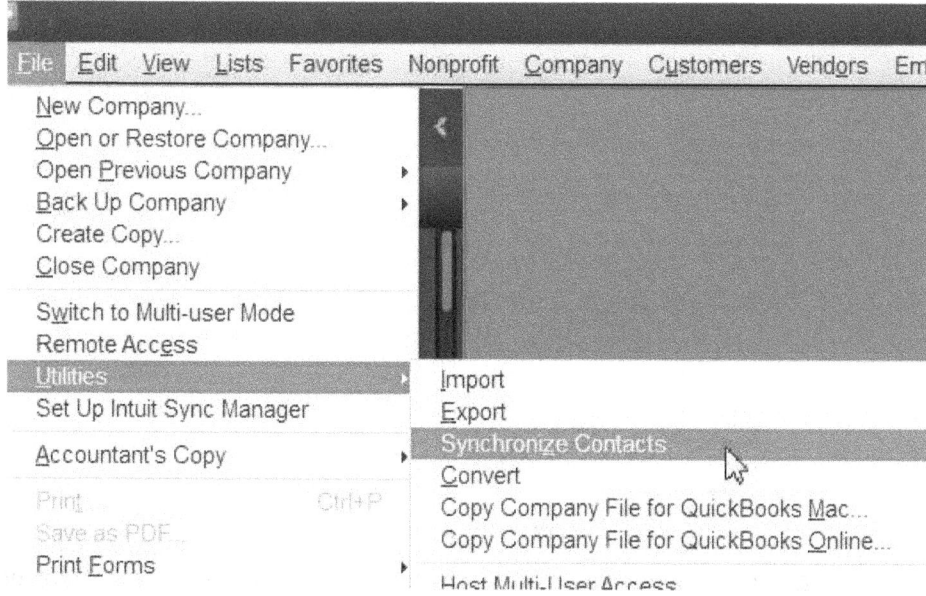

Una pantalla te preguntará si quieres tener *QuickBooks Contact Sync* (Sincronizador de Contactos de Quickbooks) en tu ordenador. Selecciona *OK* y se abrirá la ventana a seguir.

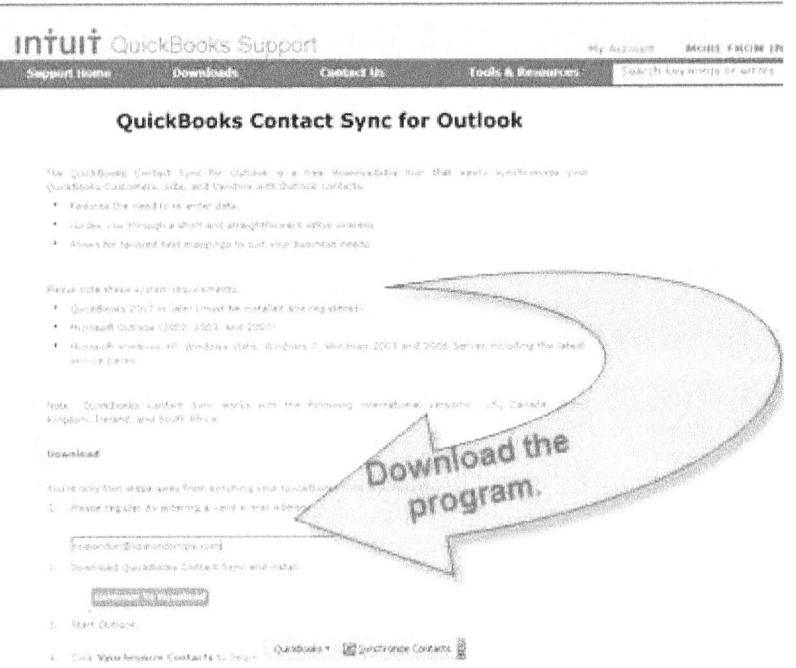

Descarga el programa.

Tendrás que ingresar una dirección de correo electrónico y seleccionar *Continue to Download* (Continuar para Descargar). Una advertencia debería aparecer; continúa y selecciona *Run* (Hacer). Un cuadro de diálogo mostrando el estado de la descarga aparecerá y posiblemente algunas pantallas de advertencia. Selecciona *Run* (Hacer) o *OK* como sea necesario. Selecciona *Next* (Siguiente) cuando veas la pantalla a seguir.

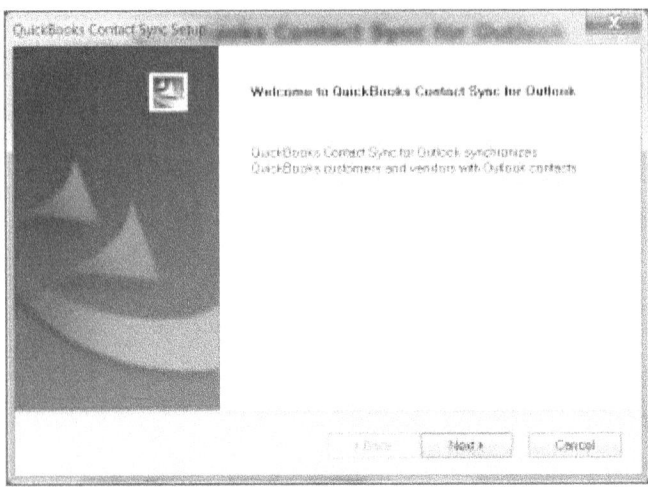

Habrá algunas pantallas introductoras y la licencia de acuerdo para ser aprobada. Sigue a través de estas pantallas hasta que veas ésta.

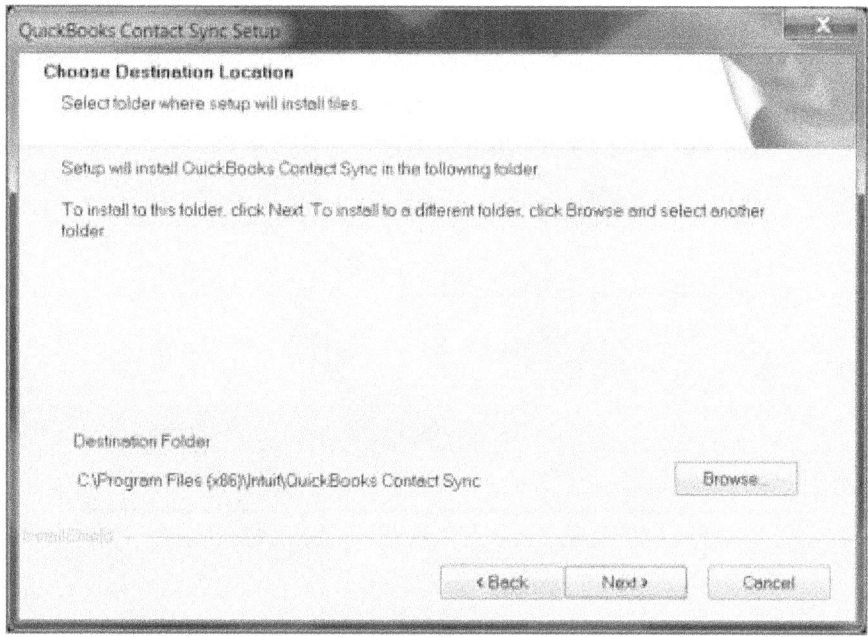

Esta pantalla muestra donde serán guardados los archivos. A menos que tengas una preferencia particular por otra carpeta, sólo selecciona *Next* (Siguiente). Un cuadro de estado aparecerá.

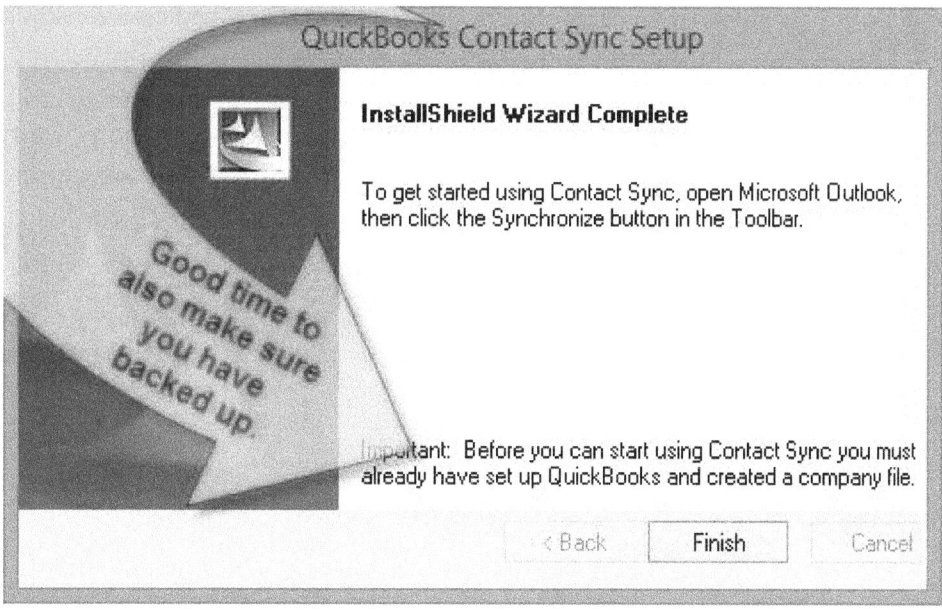

Buen momento para cerciorarse de que hayas hecho una copia de seguridad.

Haz clic *en Finish* (Finalizar) y no olvides hacer tu copia de seguridad del archivo de la iglesia antes de continuar.

2. Usando la sincronización de contactos

El programa se ha instalado. Si tienes una cuenta de Yahoo o Gmail, te llevará a su sitio web y solicitará que entres al sistema. Si estás usando Outlook, ábrelo y verás la pantalla a seguir:

Selecciona *Get Started* (Comenzar). Una *pantalla de inicio* aparecerá. Selecciona *Next* (Siguiente) y serás llevado a una pantalla para decidir que carpeta de Outlook usar. Selecciona la que tiene los contactos que quieres importar y pulsa *Next* (Siguiente). Ahora selecciona los tipos de contactos.

Desde allí, es hora de determinar cuáles de tus contactos pueden ser excluidos.

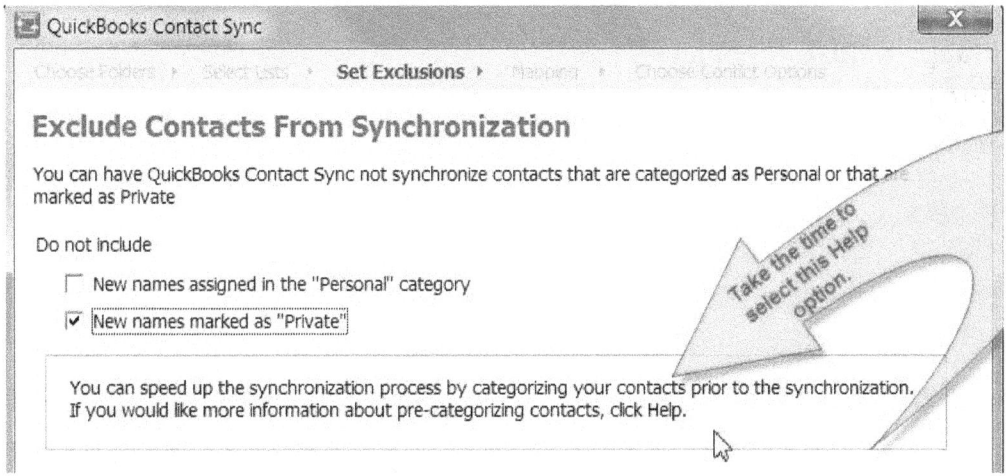

Tómate el tiempo de seleccionar esta opción de Ayuda.

Marca las opciones apropiadas mostradas anteriormente para que ninguno de tus contactos personales sean cargados al sistema. Si tienes más contactos personales en la base de datos que miembros y proveedores, puedes preferir el método manual descrito en el último capítulo. La opción *Help* (Ayuda) al fondo de la pantalla explicará cómo pre clasificar tus contactos. Recomiendo mucho leer esto para ahorrarte trabajo más adelante.

3. **Asignando campos de datos**

Ahora tenemos que asignar los campos de la base de datos del correo electrónico a los campos de QuickBooks, lo que significa simplemente decirle al software de transición, qué campos del correo electrónico van en los campos de QuickBooks.

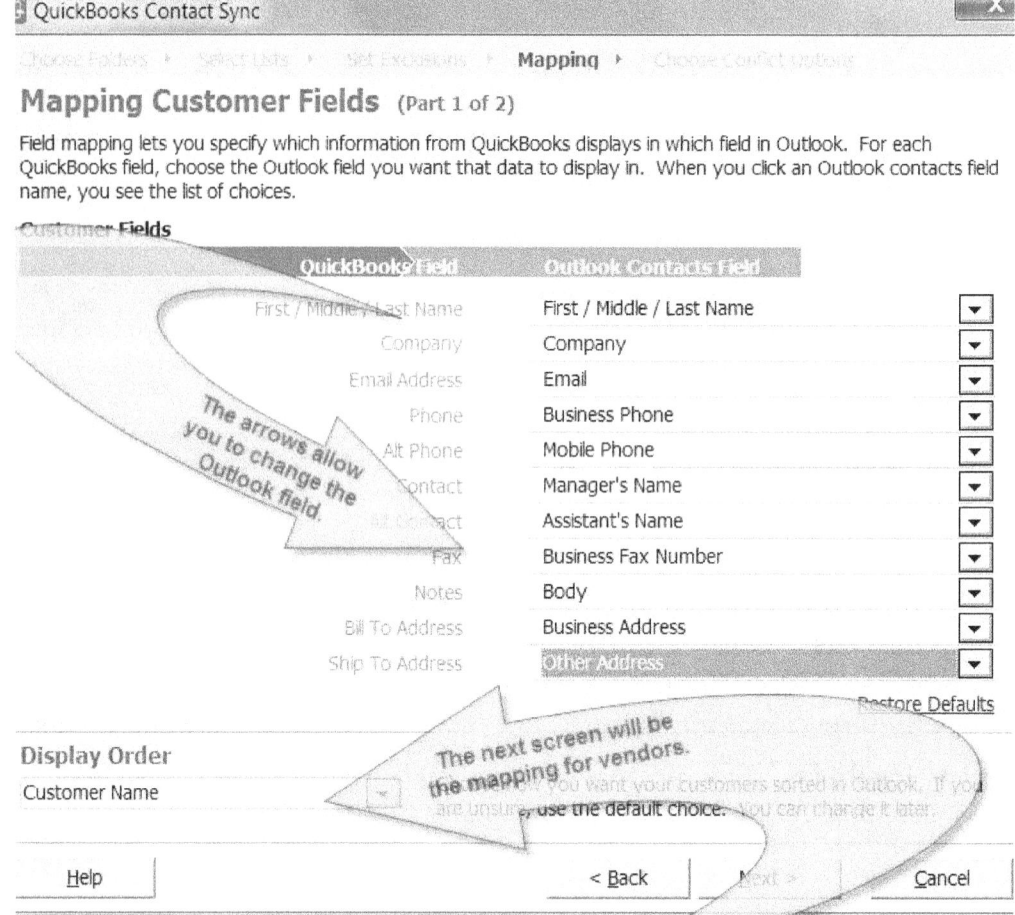

Las flechas te permiten cambiar el campo de Outlook.

La siguiente pantalla será para establecer los proveedores.

Mira las flechas desplegables en cada uno de los campos si quisieras cambiar la asignación. Por ejemplo, si te gustaría que el número de teléfono fuese el número de la casa del miembro, selecciona la flecha al lado al **Business Phone** (Teléfono Laboral) y selecciona **Home Phone** (Teléfono Residencial) en su lugar. Una vez que estés contento con los ajustes, selecciona *Next* (Siguiente).

4. **Resolviendo los conflictos de sincronización**
La pantalla a seguir te deja decidir cómo solucionar los conflictos.

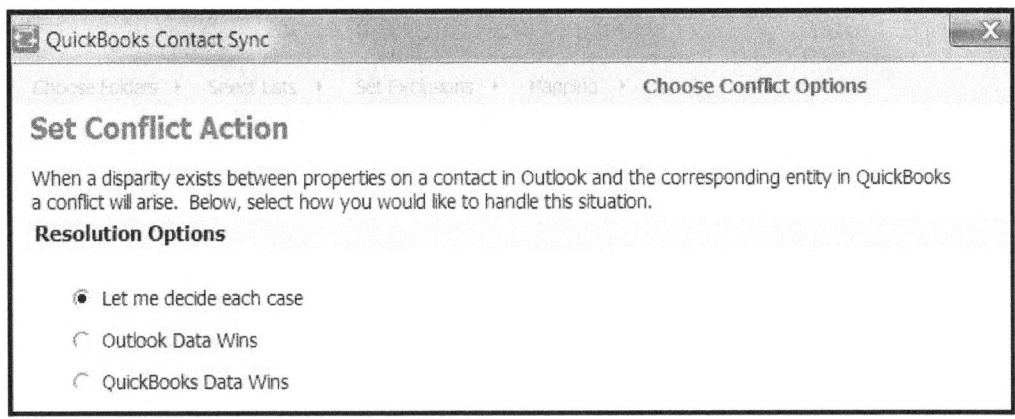

Recuerda que este sistema seguirá actualizando tus archivos de datos cada vez que se cambie un miembro o proveedor. Por ejemplo, si tienes a John Smith en QuickBooks con una dirección 123, pero Outlook dice que la dirección de John Smith es 122, tienes que designar cual es la correcta. Si aún no tienes datos en QuickBooks, selecciona Outlook *Data Wins* (Los Datos de Outlook Primero). De no ser así, selecciona *Let me decide each case* (Déjame decidir en cada caso).

Una vez has pasado por estas pantallas, aparecerán algunas pantallas informativas. Selecciona *Sync Now* (Sincronizar Ahora) cuando se ofrezca, y verás entonces un mensaje similar a éste:

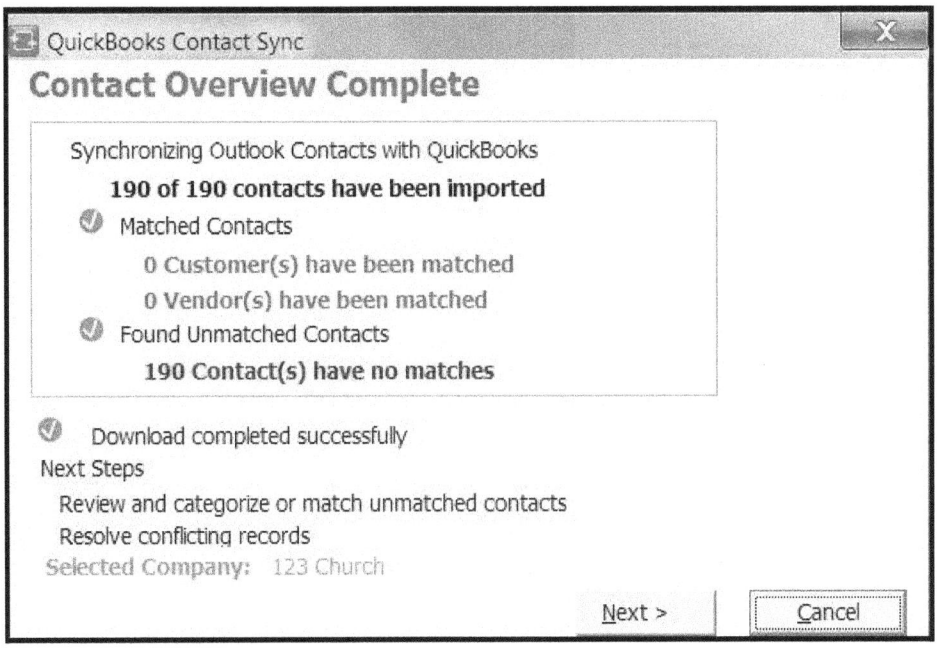

No dejes que los contactos sin pares te preocupen. Los contactos fueron importados, pero ya que no había nombres en el sistema, ninguno fue correspondido. La siguiente pantalla te permitirá categorizar los nombres como Customers (Miembros) o como Vendors (Proveedores).

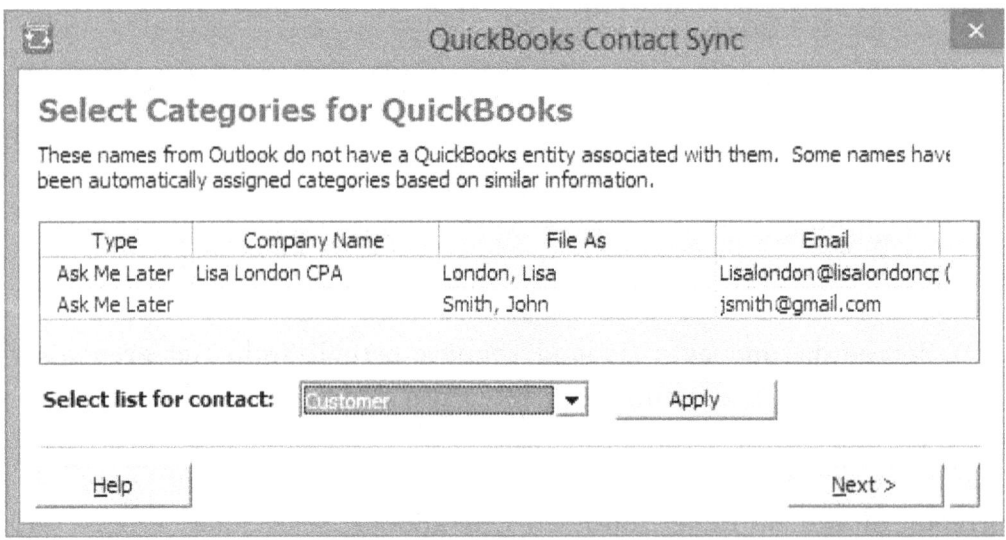

Si todas las líneas en la pantalla son miembros, resáltalas y pulsa Ap*ply* (Aplicar). Esto cambiará **Type** (Tipo) por *Customer* (Cliente) en vez de *Ask me Later* (Pregúntame Después). La flecha al lado de **Select list for contact** (Selecciona Lista para Contacto) permitirá que cambies el tipo a Vendor (Proveedor) o Ignore (Ignorar). Cada línea puede ser resaltada y cambiada individualmente o en grupos.

La pantalla a seguir pedirá que aceptes los cambios, y luego deberías recibir este mensaje:

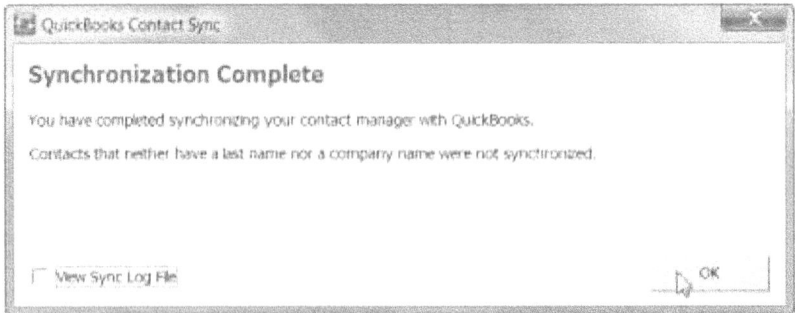

Aunque la sincronización esté completa, aún no has terminado. Para actualizar manualmente la información que no estaba en tu base de datos de contactos, ve a **Customer Center** (Centro del Cliente).

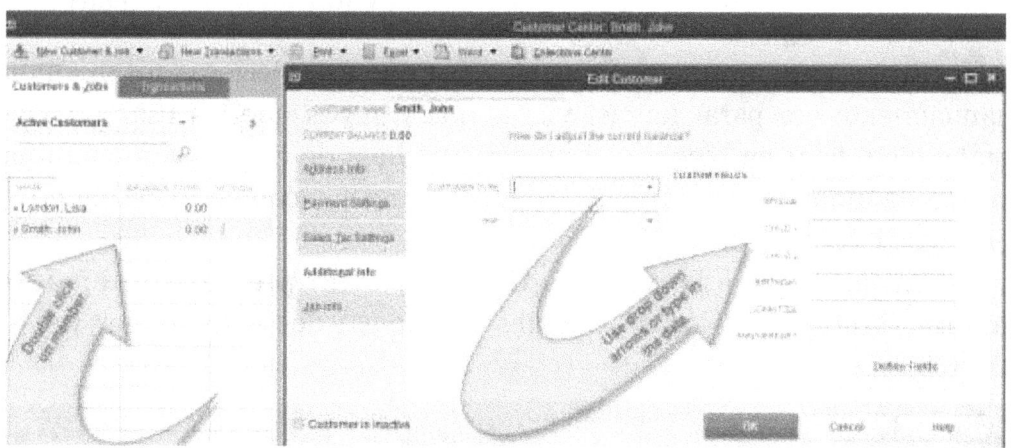

Doble clic en miembro.   Usa las flechas desplegables o escribe los datos.

Pulsa doble clic en el nombre de un miembro. Esto traerá las mismas pantallas que usaste al establecer manualmente a un miembro en el capítulo 6. Introduce los datos adicionales en los sitios apropiados y selecciona *OK*.

B.   Método de la hoja de cálculo: importando con entradas de listas múltiples

Puede ser más fácil ingresar los datos en **Multiple List Entries** (Entradas de Listas Múltiples). Primero tenemos que ver si tu versión de QuickBooks te permitirá hacer entradas de listas múltiples. Desde *Lists* (Listas) en la barra de menú, mira la última opción

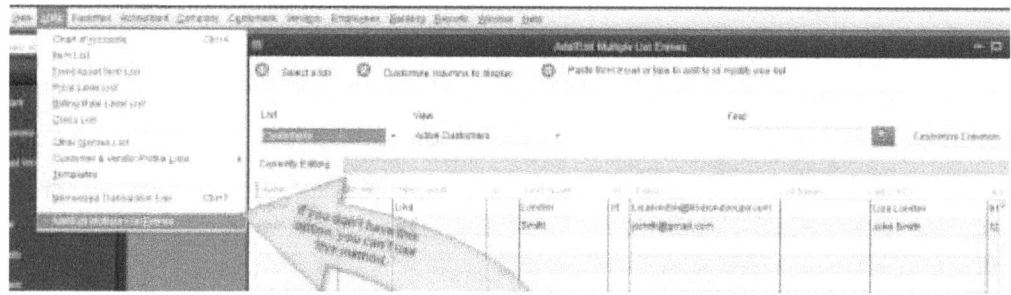

Si no tienes esta opción, no puedes usar este método.

Si ves *Add/Edit Multiple List Entries* (Agregar/Editar Entradas de Listas Múltiples), serás capaz de actualizar la información adicional por columnas. Si no, tendrás que ingresar manualmente algunos datos adicionales para el miembro.

1. **Editando e ingresando miembros utilizando una hoja de cálculo**

En parte la razón por la cual quise que establecieras un miembro manualmente era para que así vieras qué campos querías usar y cuáles estaba bien dejar en blanco. Diseñarás una hoja de cálculo con columnas para cada uno de los campos usados. Vamos a comenzar mirando el formulario de ingreso.

Puedes llegar a la pantalla **Add/Edit Multiple Customer Jobs** (Agregar/Editar Trabajos de Clientes Múltiples) desde Customer Center (Centro del Cliente).

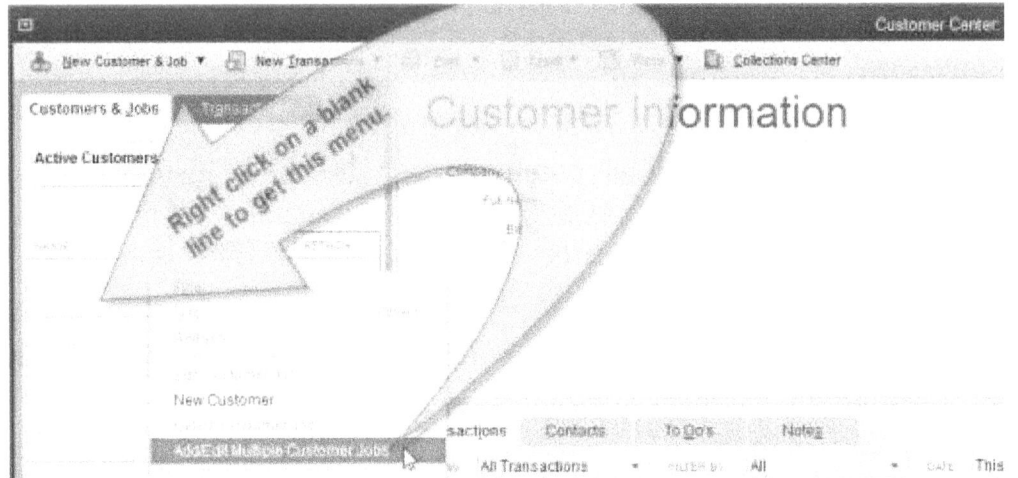

Clic derecho en una línea vacía para obtener este menú.

Ahora verás la pantalla *Add/Edit Multiple List Entries* (Agregar/Editar Entradas de Listas Múltiples).

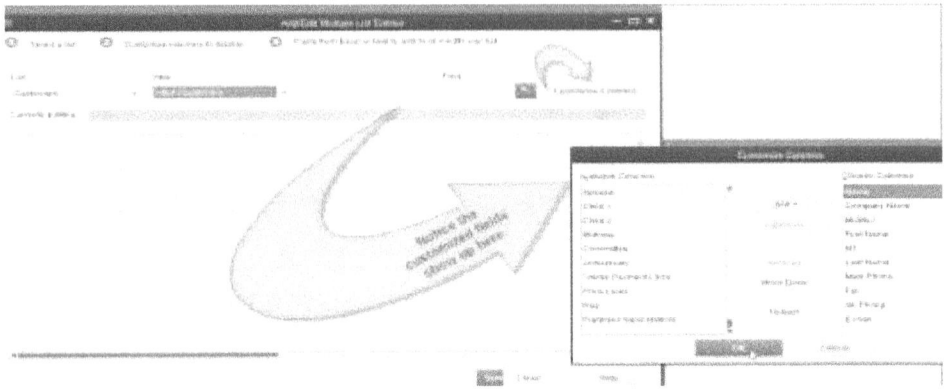

Mira los campos personalizados aquí arriba.

Empieza seleccionando *Customer* (Cliente) debajo de **List** (Lista). Los títulos de las columnas van a ir por omisión de lo que el sistema crea que tu querrás ingresar. Pulsa *Customize Columns* (Personalizar Columnas) y aparecerá un cuadro con todas las opciones. Ten en cuenta que las **Chosen Columns** (Columnas Elegidas) **a** la derecha son los títulos en el orden de lo que aparece en la pantalla **Add/Edit Multiple List Entries** (Agregar/Editar Entradas de Listas Múltiples). Al seleccionar y añadir los títulos desde **Available Columns** (Columnas Disponibles) a la izquierda, puedes cambiar lo que muestran las columnas. Si resaltas un título en **Chosen Column** (Columna Elegida), puedes mover el título hacia arriba o hacia abajo utilizando los botones **Move Up** (Subir) y **Move Down** (Bajar). Esto permite que reajustes la pantalla para que tus columnas importadas queden mejor.

Adiciona o elimina columnas para las cosas a las cuales quisieras hacerles seguimiento. Si antes hubieras establecido campos personalizados, estos estarían incluidos. Si tienes tu lista de miembros en un archivo de texto o una descarga de un programa en un ordenador diferente, mira el orden de las columnas y cópialas lo mejor que puedas.

Una vez que has decidido qué columnas quieres usar, presiona *Save Changes* (Guardar Cambios). Me gusta hacer esto antes de empezar a ingresar los datos ya que en caso de tener que salirme y regresar, no tengo que recordar qué columnas quería.

> Mueve tu cursor a la línea entre las columnas y se cambiará a un signo +. Esto permite que cambies el tamaño de la columna para que puedas acomodar más en la pantalla.

Ahora tienes tus columnas organizadas. Si ya has importado los nombres, direcciones y números de teléfonos desde tus contactos del correo electrónico, puedes ingresar la información adicional en esta pantalla. Algunas de las columnas tendrán una flecha desplegable que te dará opciones basadas en lo que ya has establecido. Por ejemplo, si habías establecido **Members** (Miembros) como un **Customer Type** (Tipo de Cliente), entonces la flecha del lado del **Customer Type** (Tipo de Cliente) te dará un menú que incluye **Members** (Miembros). Igualmente, si has establecido personas nombradas como **Reps** (Representantes) o tienes **Preferred Send Methods** (Métodos Preferidos de Envío), verás las flechas desplegables apropiadas. Éstos menús desplegables ahorran errores de ingreso.

> Si estás introduciendo los datos en QuickBooks directamente o a través de una hoja de cálculo, recuerda el nombramiento y los sistemas de fechas que diseñaste anteriormente. Con los campos personalizados, el sistema sabe que el 1/1/13 es lo mismo que 01-01-2013.

2. **Convirtiendo datos en una hoja de cálculo**

Si decidieras no importar tus contactos del correo electrónico, puedes copiar algunas o todas las columnas de una hoja de cálculo de Excel. Me he dado cuenta que un adolescente con conocimientos de informática sería muy útil ahora. Él probablemente puede descargar tu archivo de Word® o de cualquier otro software que tenga los nombres y direcciones de todos los miembros en un archivo CSV (que significa valores separados por comas). Excel puede entonces abrir el archivo CSV y poner los datos en columnas. Puedes o no tener toda la información para las columnas. Antes de poner los datos en QuickBooks, recomendaría buscar tanta información como fuese posible e ingresarla en la hoja de cálculo. Así habrá una cosa menos a la cual hacerle seguimiento más adelante.

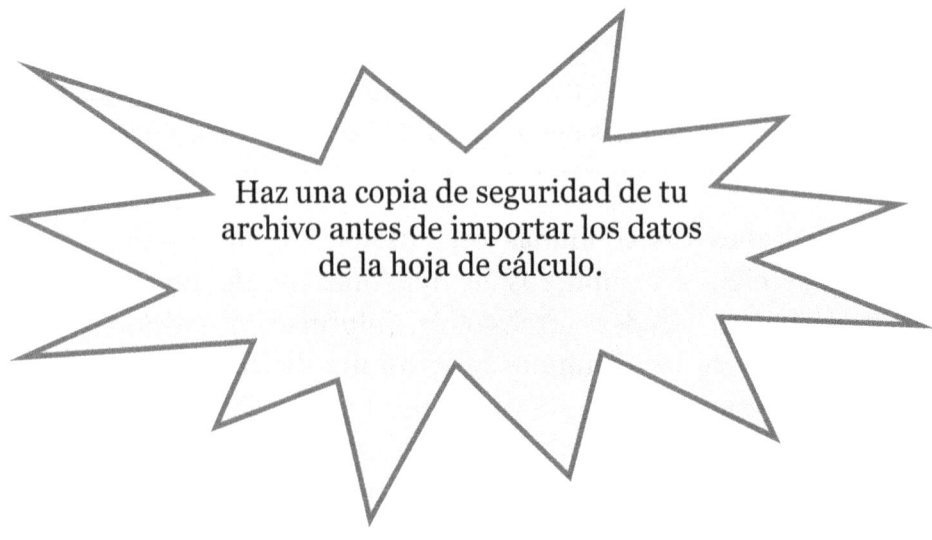

Haz una copia de seguridad de tu archivo antes de importar los datos de la hoja de cálculo.

Aquí está un ejemplo de una hoja de cálculo establecida para facilitar la copia en QuickBooks.

Asegúrate de que estas son iguales al formato/nombres en el sistema.

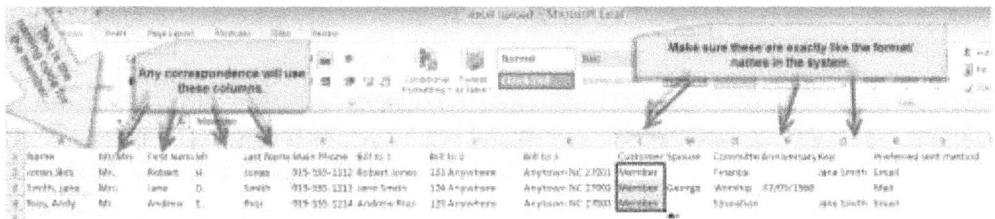

Código de nombramiento del miembro.
Cualquier correspondencia usará estas columnas.

Date cuenta que todas las columnas no se tienen que rellenar. Algunos miembros pueden no tener direcciones de correo electrónico ni cónyuges. Cualquier información en las columnas debe estar en el formato o con el protocolo de nombramiento establecido para el sistema.

Una vez que estés contento con los datos en tu hoja de cálculo, puedes copiarlos a QuickBooks en una columna a la vez.

> Es posible copiar todas las líneas en el sistema al mismo tiempo, pero si hay campos vacíos, estos serán rellenados con los datos de la columna anterior. Por lo tanto, es más seguro copiar una columna a la vez.

3. **Errores potenciales**

Copié la hoja de cálculo mostrada anteriormente con todas las columnas para mostrarte como pueden verse algunos errores.

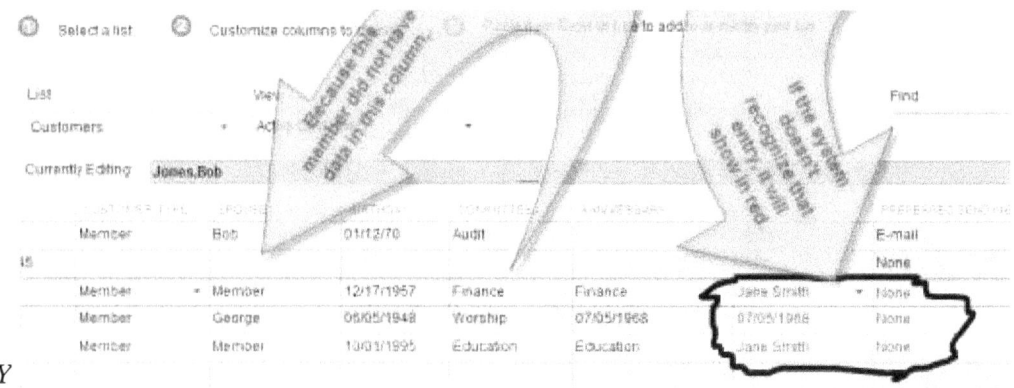

Si el sistema no reconoce la entrada, la mostrará en rojo.

Como puedes ver, en los lugares donde tenía un espacio en blanco en una columna, el sistema lo rellenó con los datos de la columna anterior. Esto no habría ocurrido si hubiera copiado columna por columna.

El área rodeada de negro se coloreó de rojo ya que el sistema no la reconoció. No tenía el tipo de **REP** (Representantes de ventas) establecido, por lo tanto Jane Smith no fue reconocida por el sistema. Además, había deletreado E-mail como de Email, por lo tanto el sistema no lo reconoció. Por suerte, puedo seleccionar *Close* (Cerrar) en vez de *Save Changes* (Guardar Cambios) y nada de esto se registrará en el sistema.

4. **Copiando columna por columna**

Si introdujeras tus datos por columnas, eliminarías el primero de los errores y harías más fácil corregir los otros errores a medida en que ocurran. Para introducir por columnas, copia la primera columna de tu hoja de cálculo (sin el título).

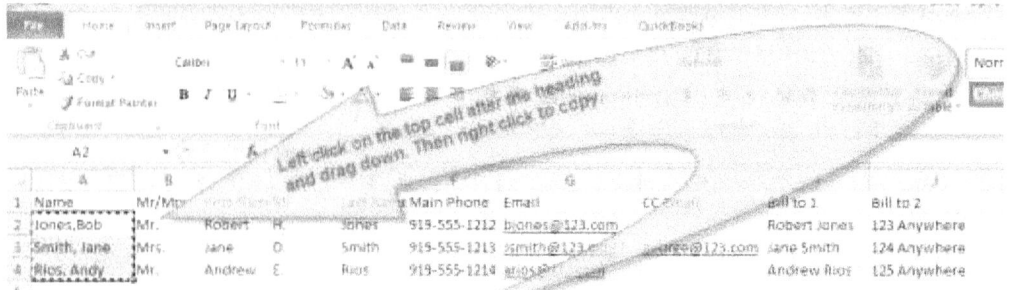

Clic izquierdo en la celda superior después del título y arrástralo hacia abajo, luego haz clic derecho para copiar.

Pulsa el botón izquierdo en la celda superior después del título y arrástralo hacia abajo para cubrir los datos en la columna. Haz clic con el botón derecho y selecciona *Copy* (Copiar).

Ahora irás a la pantalla **Edit Multiple List Entries** (Editar Entradas de Listas Múltiples) en QuickBooks y pegarás los datos en la primera columna. Selecciona una línea en blanco y pulsa el botón derecho. Selecciona *Paste* (Pegar).

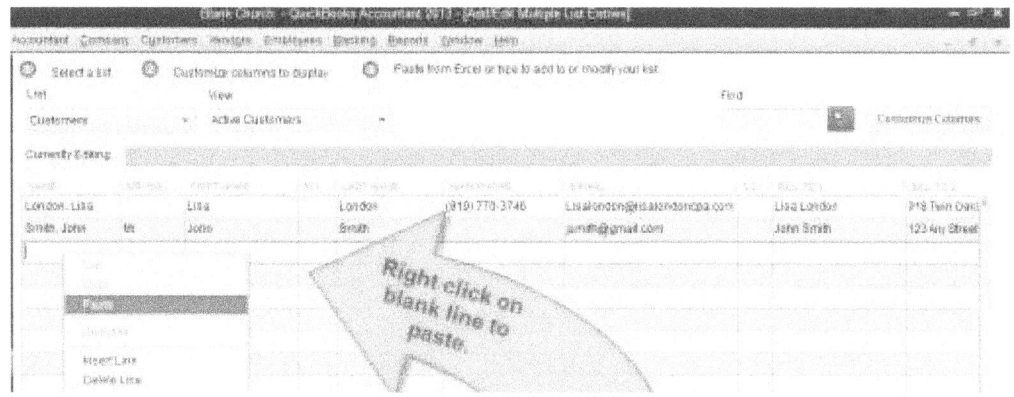

Clic derecho en una línea vacía para pegar.

Esto pegará los nombres resaltados de tu hoja de cálculo en la columna de nombres de la pantalla de ingreso.

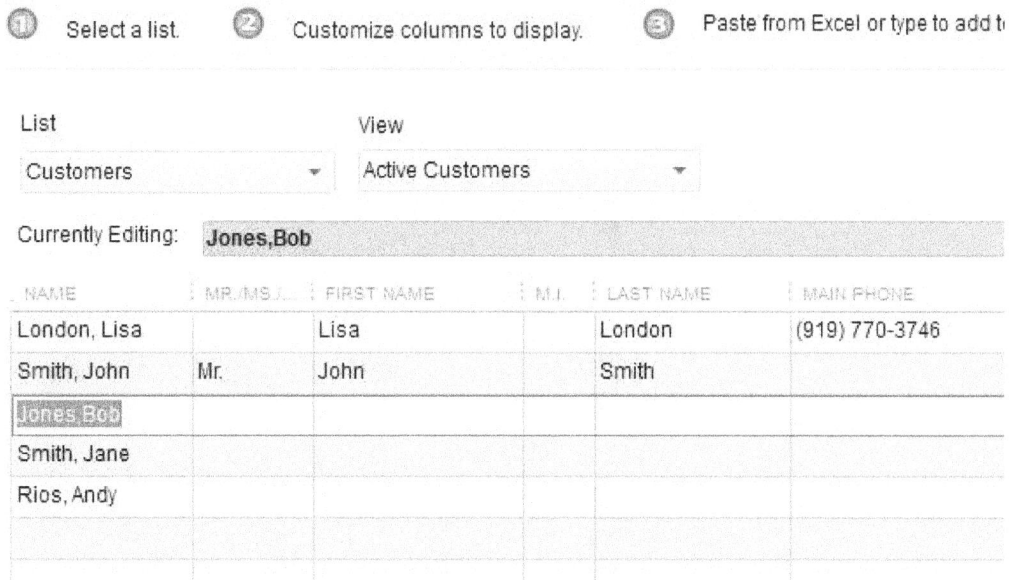

Continúa haciendo esto para cada una de las otras columnas. Me gusta ir a lo seguro y pulsar *Save Changes* (Guardar Cambios) luego de que cada columna se pega. Así, si estropeo una columna, puedo simplemente dejar la pantalla y volver para intentarlo de nuevo sin perder las columnas anteriores. Si las columnas con las flechas desplegables te dan algún problema, sólo haz clic en las flechas manualmente para cada miembro. Cuando termines, selecciona *Save Changes* (Guardar Cambios) y luego *Close* (Cerrar).

> Ahora que tienes a todos tus proveedores y miembros ingresados, asegúrate de hacer una copia de seguridad. ¡Estoy segura de que no vas a querer hacer nuevamente todo ese duro trabajo!

VIII. Artículos— haciendo seguimiento a las transacciones

Hemos casi terminado de establecer el sistema. La última cosa en la cual quiero que te concentres antes de ir a transacciones es la lista de **Items** (Artículos). Al usar artículos, QuickBooks hace la contabilidad para transacciones normales recurrentes sin que tu tengas que recordar los números de cuenta. En un negocio, los artículos serían los bienes o servicios que hay para vender o comprar. Para una iglesia, los artículos serían donaciones, subvenciones, programas designados, campañas de recaudación, etc. Así es cómo rastrearás el dinero que ingresa. También establecerás artículos para tus compras repetidas y para rastrear las horas de los voluntarios.

Hay varios tipos de artículos diferentes, cuya mayoría no tendrás que usar. Te daré un resumen rápido para que sepas lo que son antes de que nos concentremos en los más importantes para las iglesias.

1. **Servicio** — este es el tipo que usarás para la mayor parte de tus recibos incluso tus donaciones, subvenciones y fondos recogidos para otras organizaciones.
2. **Parte del inventario** — si vendes folletos o cosas que compras para revender, y tienes que rastrear la cantidad que tienes, usarías este tipo.
3. **Partes del no-inventario** — usa este tipo si vendes cosas que no tienes que inventariar.
4. **Otros cargos** — este se puede usar para multas o costos de servicios. Probablemente no lo usarás mucho.
5. **Grupo** — te mostraré cómo usar este para concesiones.
6. **Descuento & Subtotal** — probablemente no usarás éstos. Son utilizados por negocios para totalizar los artículos en una factura y luego aplicarle descuentos.
7. **Pagos** —registrar un pago recibido cuando preparas la factura.
8. **Artículos sobre impuesto de venta del artículo & Grupo de impuesto de ventas** — si vendes bienes en los cuales tu estado requiere que recolectes los impuestos sobre las ventas, necesitarás un artículo de impuesto sobre las ventas.

A. Tipos de servicios

Vamos a concentrarnos en artículos de **Servicio**. Como en el plan de cuentas, los artículos pueden tener subartículos. Si tenemos un artículo etiquetado como Donation (Donación), podríamos establecer subartículos como Promesas, Diezmos u Ofrendas Dominicales, EFT y Donaciones. He incluido una pequeña lista de artículos potenciales en el Apéndice. Usa éstos como un punto de partida. No te preocupes por ingresar todas las posibilidades. Es fácil añadir más artículos a medida en que ingresas transacciones.

> Debería haber un artículo establecido para cada artículo de la línea de ingresos en tu plan de cuentas. Si quisieras hacer seguimiento de detalles adicionales, utiliza **Sub-items** *(Sub-artículos)*.

B.   Estableciendo nuevos artículos

Vamos a establecer un artículo de servicio. En primer lugar, ve a *Lists* (Listas) en la barra del menú.

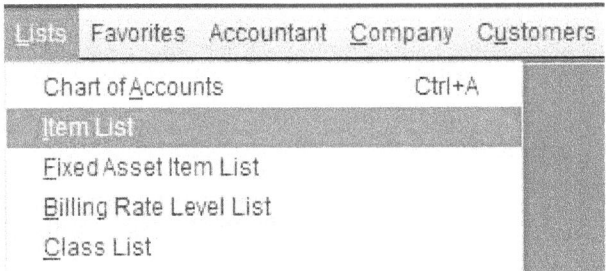

De *Item List* (Lista de Artículos), verás la lista de artículos en una pantalla como la que se muestra a continuación.

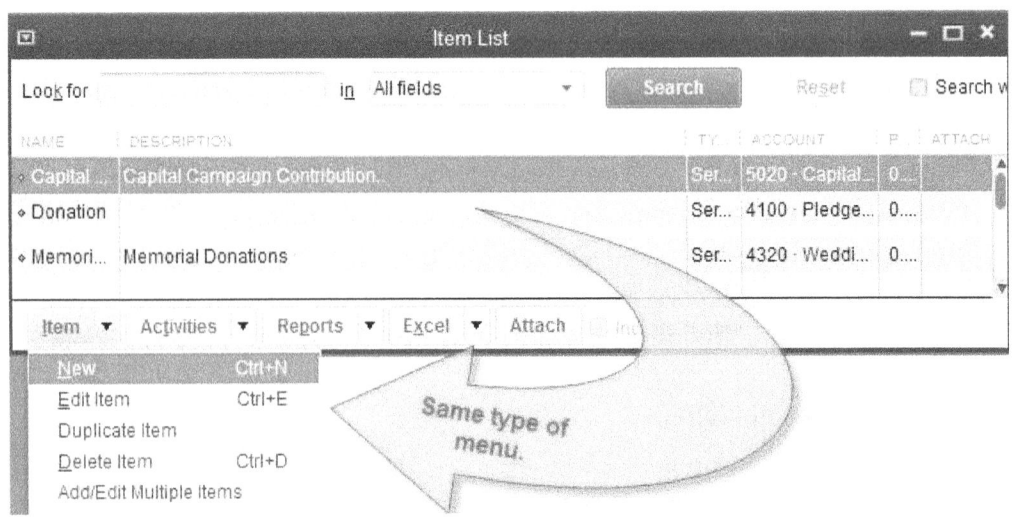

Mismo tipo de menú.

Haz clic en la flecha al lado de **Item.** Selecciona *New* (Nuevo) para mostrar la pantalla de ingreso.

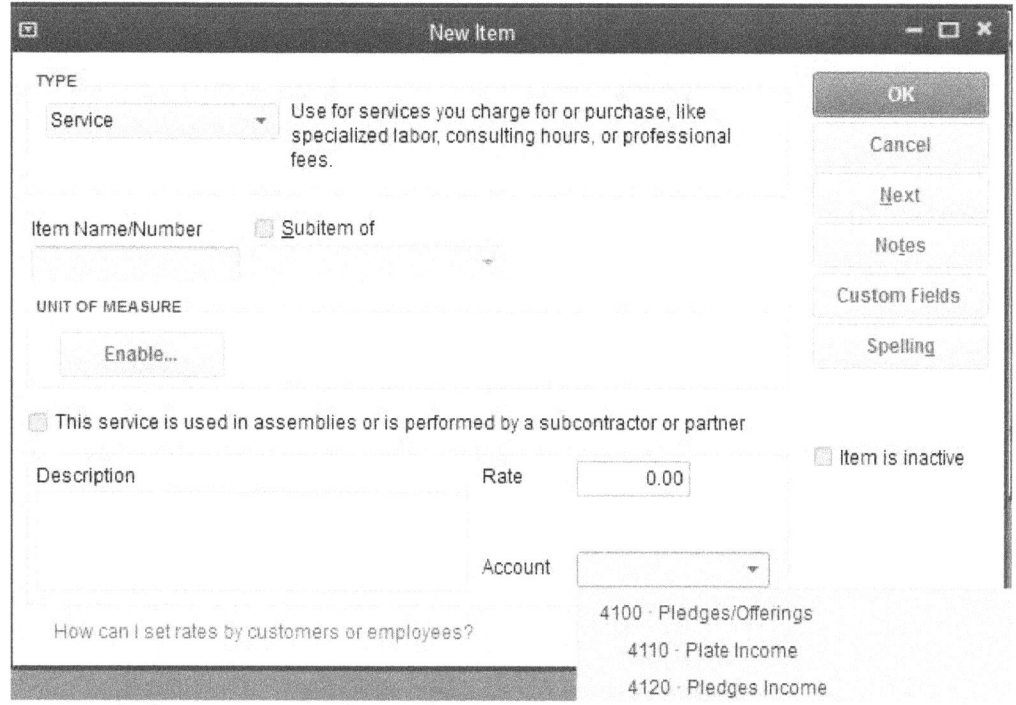

Comenzarás seleccionando el **Tipo** de artículo. Nuestro ejemplo será un artículo de servicio. Asigna un **Name** (Nombre) al artículo, y si es un **Subitem** (Subartículo), márcalo aquí. **Units of Measure** (Las unidades de medida) son usadas por los negocios, así que no te preocupes por estas. Items (Artículos) permite que designes un **Rate** (Precio) fijo, digamos que US$15 para las flores semanales o US$500 para la realización de una boda. Si el artículo que estás ingresando tiene una tarifa normal, introdúcelo aquí. La pantalla de facturas te permitirá anular esta cantidad para las excepciones. Cualquier cuenta matriz debería tener una tarifa de US$0. **Account** (Cuenta) es un menú desplegable que te muestra la tabla de cuentas. Selecciona el número de la cuenta de ingresos a la cual te gustaría enviar el recibo.

> Puedes haber notado una redundancia en los artículos y el plan de cuentas. Si no necesitas tus informes financieros para enlistar los tipos diferentes de donaciones, puedes establecer una cuenta para donaciones con muchos artículos que se registran en ella. Lee el capítulo 12 acerca de los Informes y pregunta a los miembros rectores sobre qué nivel de detalle les gustaría ver.

Los **Campos Personalizados** están disponibles para los artículos, pero no son necesarios. Para establecerlos, selecciona *Custom Fields* (Campos Personalizados). En el primer cajón, selecciona *Define Fields* (Definir Campos). Ahora introduce cualquier etiqueta que te gustaría y marca el espacio de *Use* (Usar) si quisieras usarla en este artículo.

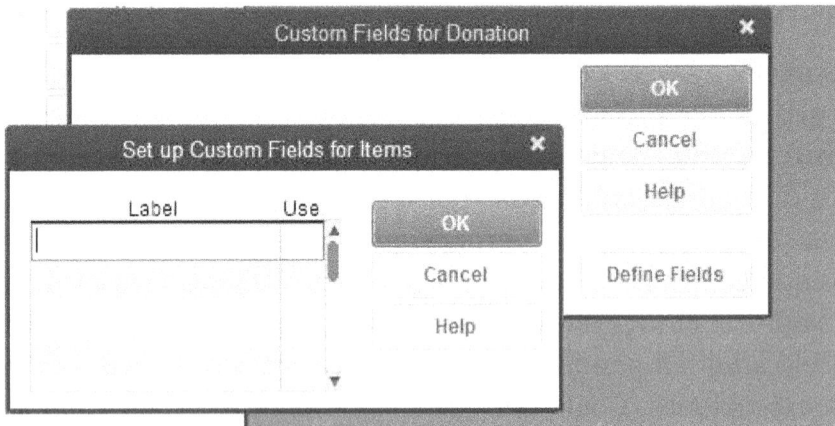

C. **Utilizar los artículos para asignar gastos**

Al pagar las cuentas, también puedes querer usar artículos. En el capítulo 10, explicaré cómo establecer los artículos para facilitar la asignación de gastos.

D. **Haciendo seguimiento de las horas de los voluntario a través de los artículos**

Los artículos también son un instrumento útil para rastrear las horas de los voluntarios por el tipo de ayuda. Al establecer los tipos de trabajo de los voluntarios (es enfermería, contabilidad, mantenimiento de terrenos) como artículos, puedes dirigir informes mostrando las horas de los voluntarios dadas por tus miembros. Ver el capítulo 15 para aprender cómo usar la función de timesheet (hoja de tiempo) con artículos para rastrear las horas de los voluntarios.

E. **Lista de artículos de activo fijos**

Hay una lista de artículos separada llamada **Fixed Asset Item List** (Lista de Artículos de Activos Fijos). Esta es usada para rastrear activos individuales, como equipos de cómputo, vehículos y arte. Accede a ella desde la barra del menú así como se muestra en la pantalla a seguir.

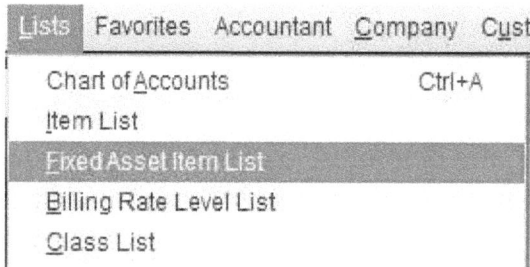

Una vez que haces clic en *Fixed Asset Item List* (Lista de Artículos de Activos Fijos), verás:

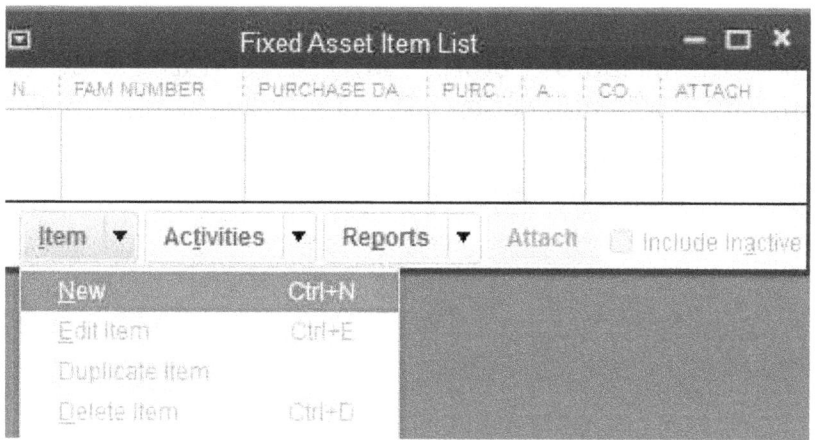

Selecciona New (Nuevo) para ver la pantalla de entrada.

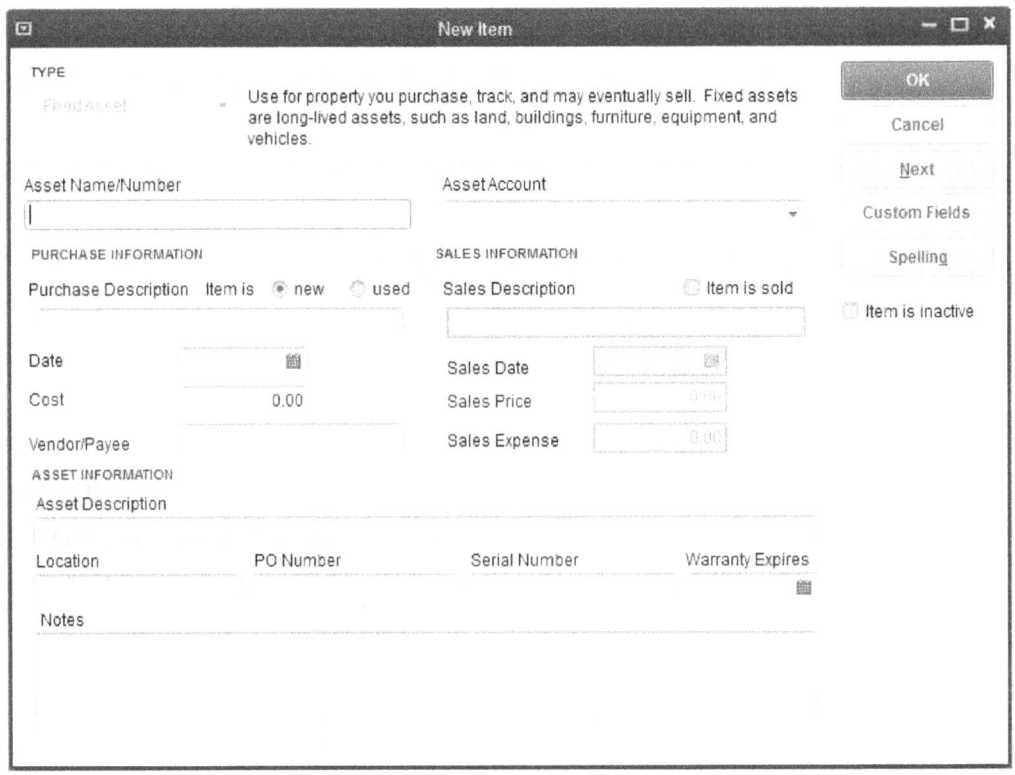

Hay campos para el nombre o número del activo, el número del plan de cuentas debe registrarse ahí también, como las descripciones y costos. Examina esta pantalla y compárala con lo que estás usando actualmente. Entonces, decide si te gustaría usar QuickBooks para hacer seguimiento de tus activos fijos.

> Todos tus miembros y proveedores están ahora en el sistema, junto con los artículos de servicio y el plan de cuentas. Estás listo para comenzar a rastrear de donde viene el dinero. Haz una pausa bien merecida y nos vemos en el capítulo 9.

IX. Dinero que ingresa — registrando donaciones e ingresos

Para que tu iglesia continúe haciendo sus buenos trabajos, el dinero tiene que llegar a su puerta. Como buen administrador de las donaciones de tus miembros, debes poner en práctica procedimientos de contabilidad y sistemas que te permitirán registrar y rastrear el dinero manteniéndolo seguro. Antes de que aprendas cómo ingresar el dinero recibido, te mostraré algunos controles internos básicos de la contabilidad.

A. Controles de contabilidad para recibos

Si tienes presente dos pautas básicas, la mayor parte de los controles que recomiendo tendrán sentido. En primer lugar, nadie debería tener acceso al dinero efectivo ni a los cheques sin que otra persona lo vigile. En segundo lugar, si una persona tiene acceso al sistema de contabilidad (en este caso, QuickBooks), no debería tener acceso al dinero. El tesorero DEBE ser una persona diferente al que lleva los libros de contabilidad (Contador). La mayoría de robos ocurren cuando la persona que maneja el dinero puede ajustar los libros para esconder este hecho. Recomiendo mucho regresar al capítulo 1 para releer el **Caso para los controles contables internos** y el **Consejo para el organismo rector de la iglesia.**

> No empieces a mover la cabeza diciendo, "Pero somos demasiado pequeños para tener esa clase de controles." Ninguna organización es demasiado pequeña para proteger tanto a sus voluntarios como empleados de la sospecha y mantener sus fondos alejados del mal manejo. Como iglesia, probablemente tienen un consejo directivo de voluntarios al cual apegarse así como los fieles.

Con el fin de diseñar controles para tu iglesia, piensa en el modo que el dinero se recibe. Una canasta de recolección pasa alrededor durante el servicio; los cheques se reciben por correo; los pagos electrónicos se hacen a través del sitio web; etc. Tómate un tiempo para evaluar cualquier escenario en el que se reciba dinero y diseña procedimientos que no entrarán en conflicto con las dos pautas dichas anteriormente. Aquí están algunos pasos básicos para los modos más comunes de recibir dinero.

1. **Dinero recibido durante los servicios**

La mayoría de las iglesias pasarán una bandeja o canasta para las donaciones durante sus servicios semanales. Este dinero a menudo se lleva al frente del santuario durante el resto del servicio o se lleva a otra área en la iglesia. Si se lleva al frente del santuario a plena vista de los fieles, tendrá que ser recolectado después del servicio por dos personas. Éstas son por lo general las personas que también serán los "colectores", es decir contarán el dinero y registrarán en un pedazo de papel o un recibo de depósito la cantidad recibida. Hasta que la cantidad de dinero sea registrada, debería haber dos personas vigilando el dinero. También recomiendo no permitir que parejas casadas o personas que vivan en la misma casa sean los contadores pues juntos hay más probabilidad de confabulación. La confabulación es el término que define a personas que trabajan juntas para robar.

> Me gusta que los miembros del consejo directivo roten, así como los contadores con otros voluntarios. Esto permite que los miembros del consejo vigilen el funcionamiento cotidiano de la iglesia.

Los colectores, de los cuales ninguno es el que lleva los libros de contabilidad, contarán el dinero efectivo y harán copias de los cheques o registrarán cada uno manualmente. Un formato de resumen debe ser llenado y firmado por los colectores. El depósito será conducido al banco y puesto en la caja de depósito nocturno. Una persona puede hacer esto ya que hay un registro de los recibos en la iglesia. Cuando el contador llega a trabajar en el transcurso de esa semana, tendrá un registro de lo que fue depositado para introducirlo en la cuenta de cada miembro.

Si el dinero fue puesto fuera de la vista de los fieles durante el servicio, siempre debe haber dos personas vigilándolo hasta que pueda ser contado.

2. **Escáner de imágenes remotas**

Si tu iglesia recibe un gran número de cheques, podrías querer preguntarle a tu banco acerca de un RID — Remote Imaging Device scanner (dispositivo de imágenes remotas). Esto permite que escanees rápidamente los cheques e imprimas un informe para tus archivos. El archivo escaneado es enviado automáticamente al banco, porque el depósito puede hacerse inmediatamente en vez de esperar que un voluntario lo lleve al banco más adelante en la semana. Una vez que el banco tiene la imagen escaneada, no necesita el cheque físico.

Los cheques originales pueden ser marcados con un resaltador para mostrar que fueron escaneados y archivados para una futura referencia. El escáner no te permitirá enviar el mismo cheque dos veces. Sé precavido. Si por casualidad tratas de depositar los cheques escaneados en el banco, se cobrarán unas tarifas de corrección del depósito.

Al escanear los cheques justo después del servicio, hay menos probabilidad de que alguien los tome y los deposite en su propia cuenta. El escáner también tiene menos probabilidades de cometer errores matemáticos.

> Los bancos por lo general cobran unos honorarios por los escáneres RID, pero el ahorro de tiempo y características de control valen el gasto adicional.

1. **Dinero recibido a través del correo**

A menudo los miembros u otros donantes prefieren enviar sus donaciones en vez de traerlas a la iglesia. Es una buena idea tener un apartado de correo. Esto impide que alguien robe los cheques de tu correo. No quieres que tu contador sea quien recoja tu correo. Teóricamente, podría robar algunos cheques, pero hacer que la cuenta del miembro parezca que la recibió. Delega a alguien sin acceso al sistema de contabilidad para ir al correo, y luego, en la iglesia, hazle abrir el correo delante de una segunda persona. Cada cheque debería entonces ser registrado junto con el resumen firmado por los dos observadores. Si tienes un escáner RID, escanea los cheques inmediatamente, y luego entrega el informe de depósito y los cheques marcados al contador.

2. **Pagos electrónicos recibidos a través del sitio web**

Ahora que se está haciendo tanto en la red, muchas iglesias han encontrado ventajoso añadir un botón de donación en su sitio web. Esto puede activarse a través de varios servicios diferentes.

Lo más importante que se debe hacer con los pagos electrónicos es salvaguardar el enlace a la cuenta bancaria. Muchos procesadores de tarjetas de crédito en línea requerirán resoluciones corporativas firmadas declarando que son una organización legítima y que los que firman los cheques han autorizado que los fondos vayan a esa cuenta. Otros, como PayPal®, simplemente usan una combinación del correo electrónico/contraseña. Este es un problema potencial pues la persona que tiene la contraseña podría redirigir la cuenta bancaria nombrada para el depósito a su número de cuenta personal.

> Un empleado de PayPal® me informó acerca de una mujer asociada con una pequeña organización no lucrativa que había establecido su cuenta de PayPal®. Tuvo un problema con la organización y no accedió a darles la contraseña para la recaudación del dinero.

Para impedir que esto ocurra con tu iglesia, recomendaría que la cuenta se relacione a una dirección de correo electrónico administrada por tu iglesia (xxx@yourchurch.org) y la asignaría a alguien que no tenga acceso a los archivos de los miembros. Esta persona tendría la autorización de cambiar la cuenta del depósito bancario y permitir transferencias desde la cuenta de PayPal® al banco.

PayPal® permite que haya un usuario secundario con derechos limitados que sólo puede ver informes, pero no cambiar las cuentas bancarias. Querrás que este sea tu contador pues puede conciliar los recibos que PayPal está reportando del dinero puesto en el banco. Cualquier discrepancia debería investigarse inmediatamente.

Hemos cubierto algunos pasos básicos para proteger a tus personas y tu dinero de los modos más comunes en que son recibidas las donaciones. Ahora haz una lista de todas las otras maneras en que el dinero es recibido y pregúntate — para cada caso, ¿cómo puedes llevarlo al banco y registrarlo en los informes financieros y al mismo tiempo proporcionar una buena administración del dinero, los voluntarios y empleados?

> Éstos son los pasos mínimos a seguir para salvaguardar los recibos. Si tu iglesia ya tiene procedimientos más completos, por favor síguelos.

B. Ingreso de donaciones

1. 1. Promesas, ofrenda y otras donaciones simples

La mayor parte de tus recibos serán donaciones simples. Por simple, quiero decir que el miembro no espera ser facturado ni tampoco espera un recibo. Esta es también la manera más fácil de ingresar recibos a QuickBooks.

Éstos son los pasos mínimos a seguir para salvaguardar los recibos. Si tu iglesia ya tiene procedimientos más completos, por favor síguelos.

Antes de ingresar cualquier recibo, ve a la barra del menú principal y selecciona *Edit* (Editar), *Preferences* (Preferencias), *Checking* (Cheques), *My Preferences* (Mis Preferencias).

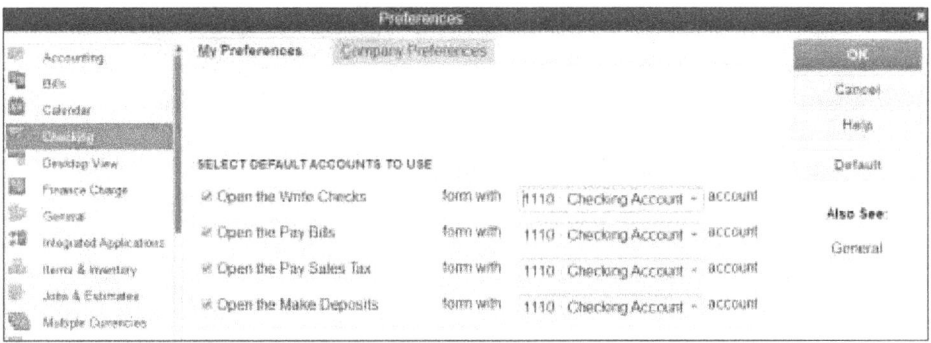

Usando las flechas desplegables, selecciona la cuenta bancaria correcta para cada una de estas categorías y pulsa *OK*. Para la mayoría de iglesias, esta será la cuenta corriente (cheques) básica.

Desde la pantalla **Home** de QuickBooks, verás un ícono etiquetado **Create Sales Receipts** (Crear Recibos de Ventas). Si tienes la versión no lucrativa más costosa, estará etiquetado como **Donations.**

www.accountantbesideyou.com

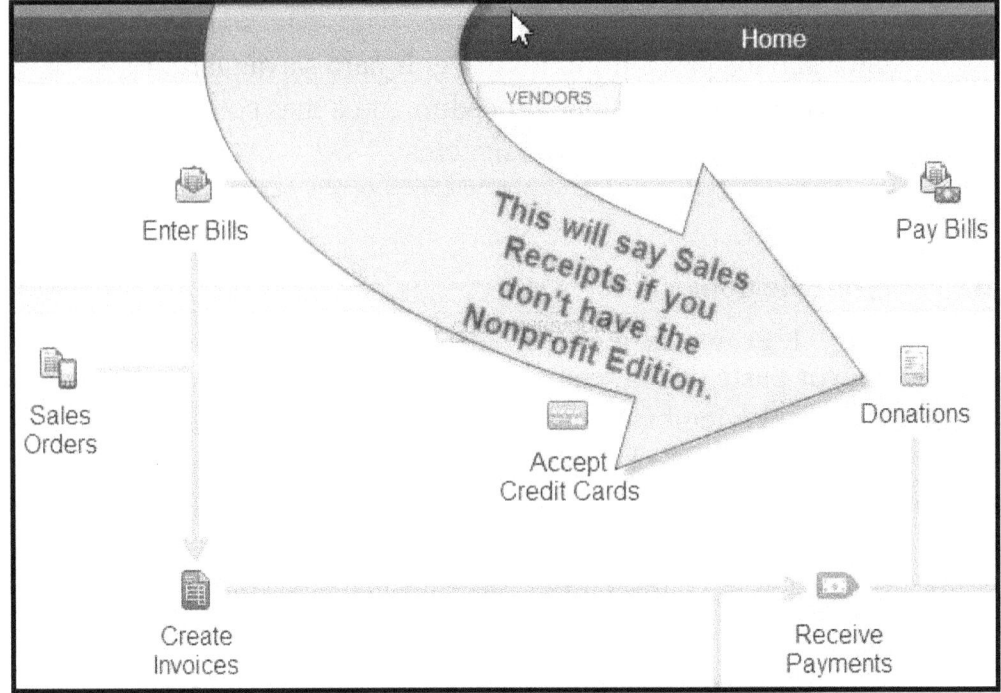

Esto dirá Recibos de Ventas si no tienes la Edición No Lucrativa.

Por otro lado, puedes seleccionar desde el menú superior.

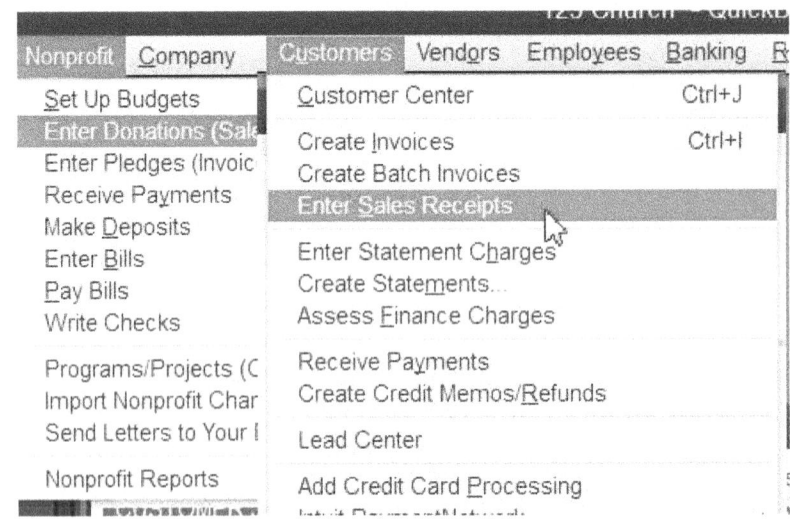

O a través de Customer Center (Centro del Cliente).

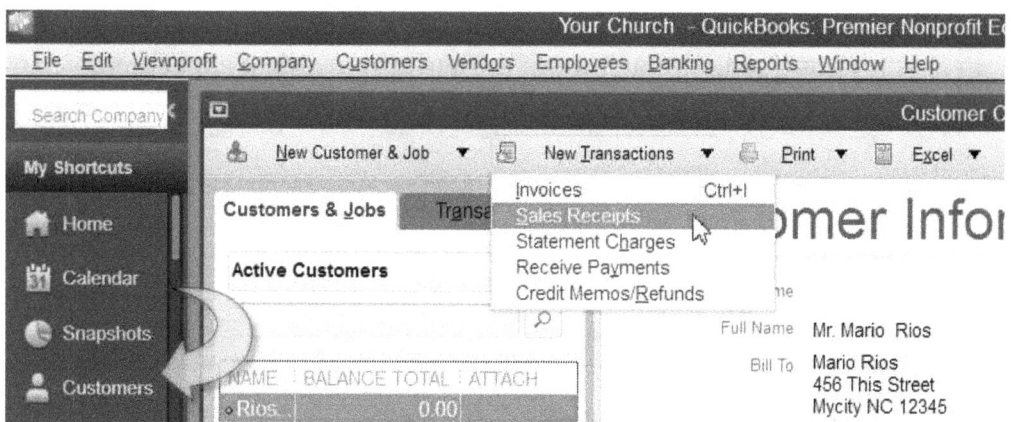

Aparecerá una pantalla titulada **Enter Sales Receipts** (Ingresar Recibos de Ventas) o **Donations** (Donaciones).

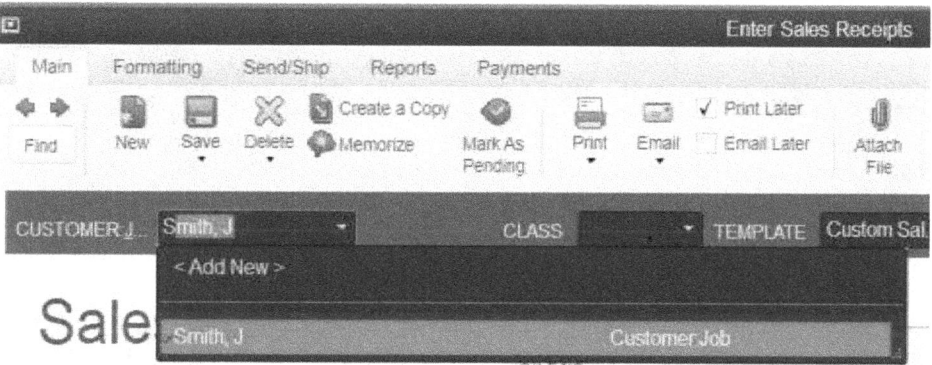

En el espacio marcado como **Customer**, debes escribir el nombre del miembro (o código, si no usaste apellidos), y el sistema tratará de adivinar qué nombre quieres. En este ejemplo, sólo había escrito una "s" y el sistema hizo aparecer todos los nombres que empezaban por "S". Si hubieras usado el Customer Center (Centro del Cliente) para llevarte a la pantalla de recibos de ventas, iría por omisión al nombre del primer miembro o alguno que hubieses resaltado en la lista.

2. **Ingresando cheques recibidos**

Ahora estás listo para ingresar el dinero recibido. En la parte superior está el nombre del miembro y la clase por omisión a la cual te gustaría que fuese el dinero. Esta clase se llenará automáticamente por los artículos de las líneas a seguir.

> A menos que la donación sea para un programa o específico, utiliza la clase de fondos sin restricción.

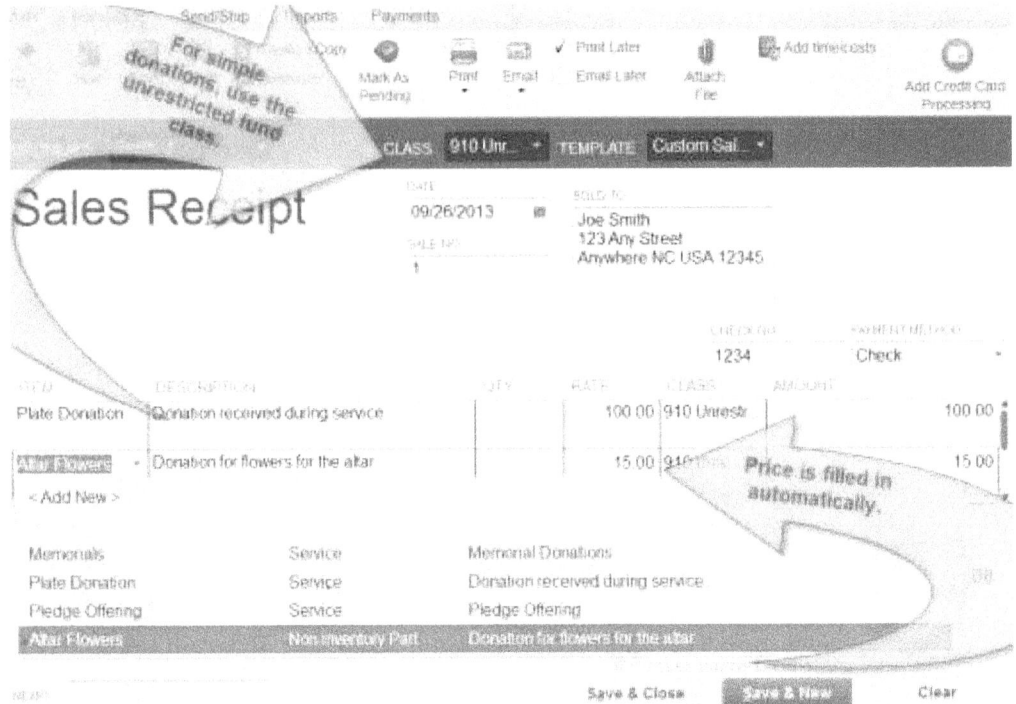

Para donaciones simples, usa la clase de fondos sin restricción.
El precio es ingresado automáticamente.

La fecha se fijará por omisión a hoy o a la última fecha ingresada, según las preferencias establecidas bajo Customers (Clientes). El **SALE NO** (NÚMERO DE VENTA) se genera automáticamente, y a menos que tengas una secuencia enumerada de donaciones que quisieras usar, ignóralo. Ingresa el tipo de recibo (cheque, dinero en efectivo, tarjeta de crédito, etc.) y el número del cheque si es aplicable.

En este ejemplo, tengo un cheque enumerado 1234 por US$115 proveniente de Joe Smith. Lo puso en la canasta de recolección con una nota diciendo que US$15 eran para comprar flores para el altar y el resto era su ofrecimiento semanal normal. En el capítulo 8, estableciste artículos para cada tipo de ingreso que esperas recibir. Éstos son los artículos a los cuales asignarás las donaciones. En la configuración del artículo, te dieron la opción de asignar un precio. Con la Donación de la Canasta, dejamos el precio en blanco porque la gente dona cantidades diferentes. En este ejemplo, había establecido Flores para el Altar con un precio de US$15 como precio estándar. Esto se puede cambiar por una transacción sencilla en la pantalla de recibo de ventas, pero se ahorran clics si este es el precio común.

Selecciona *Save & New* (Guardar y Nuevo) y aparecerá una pantalla en blanco de recibo de ventas o donación lista para añadir la siguiente donación.

3. Reconociendo la donación

QuickBooks tiene un rasgo conveniente que permite personalizar el recibo de ventas y lo envíes por correo electrónico directamente a tu donante. Te llevaré a través del proceso en el capítulo 15. Esto no es necesario para las donaciones semanales, pero es útil para las donaciones que necesitan un reconocimiento inmediato. En el capítulo 12 te mostraré cómo enviar informes de las donaciones anuales o trimestrales para regalos regulares.

Después de ingresar la donación, selecciona el ícono *Email*.

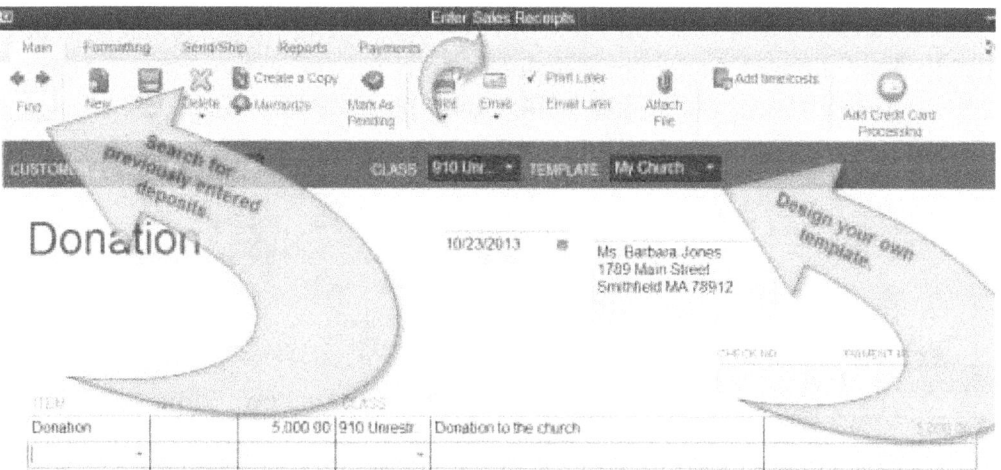

Busca depósitos ingresados anteriormente.   *Diseña tu propia plantilla.*

Si no tienes Outlook en tu ordenador, puedes recibir una pantalla pidiéndote establecer y usar el correo electrónico de QuickBooks. De ser así, sigue los pasos en los cuadros de diálogo para hacerlo.

Si quieres enviar todos los correos electrónicos de una sola vez, selecciona *Email Later* (Enviar Correo Electrónico Más Tarde), de no ser así, déjalo en blanco. El correo electrónico por omisión es muy genérico y tendrá que cambiarse. Para hacer esto, ve al menú principal bajo *Edit*

(Editar), *Preferences* (Preferencias), y selecciona *Send Forms* (Enviar Formularios), *Company Preferences* (Preferencias de la Compañía).

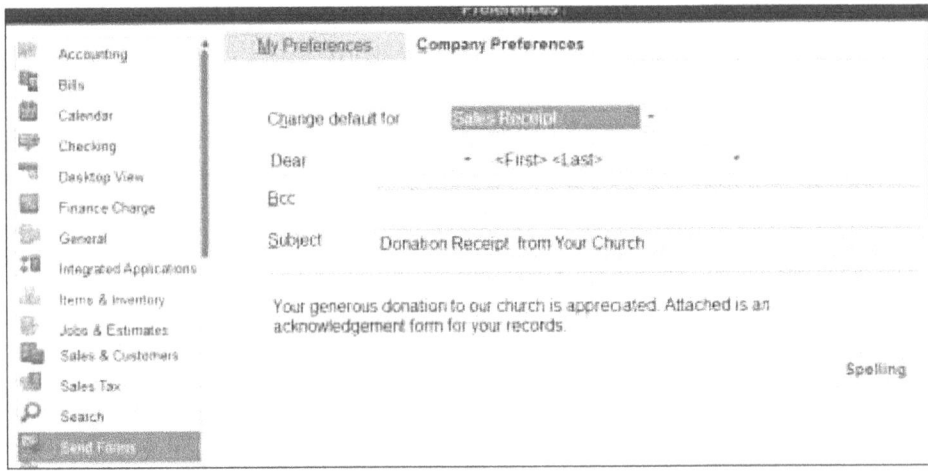

Cambia el menú **Change Default** (Cambiar Predeterminado) por *Sales Receipt* (Recibo de Ventas). Verás un mensaje muy genérico "Tu recibo de ventas está adjunto". Borra este mensaje y escribe lo que te gustaría que el mensaje básico dijera a tus donantes. Si estás enviando un correo electrónico a la vez, también puedes corregir el mensaje del donante individual en la pantalla del correo electrónico antes de enviarlo.

Presiona *Email* y aparecerá una pantalla similar a ésta.

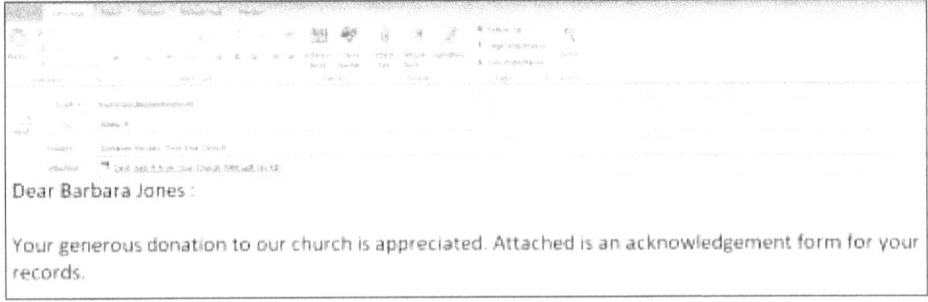

El correo electrónico adjuntará el formato de recibo de ventas básico a menos que diseñes algo diferente.

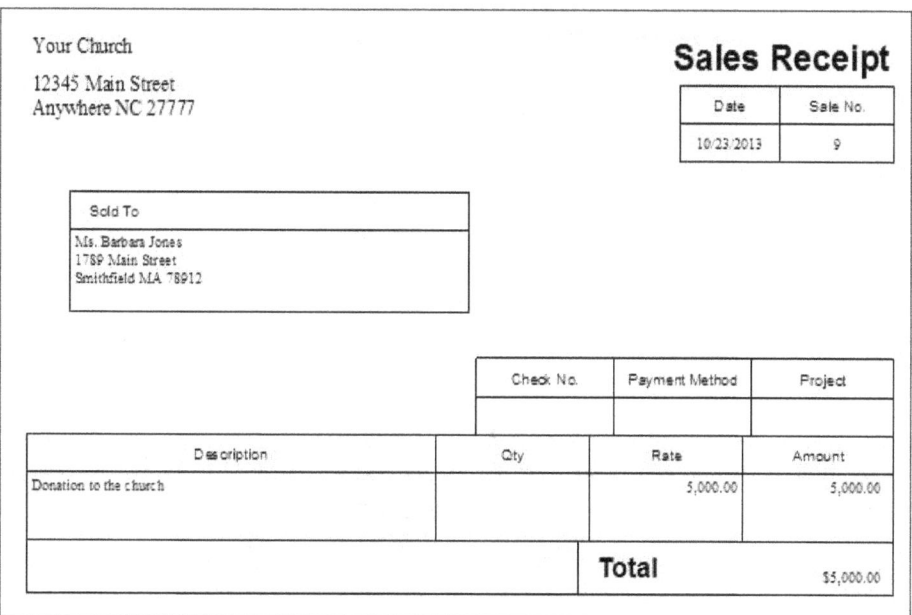

Hablaré de cómo personalizar formatos e informes en el capítulo 15.

C. Ingreso de recibos de dinero en efectivo

Vamos a establecer un miembro llamado **Cash** (Efectivo). Puedes añadir a nuevos miembros desde la pantalla de recibos de ventas. Selecciona el menú desplegable y luego resalta *Add New* (Agregar Nuevo).

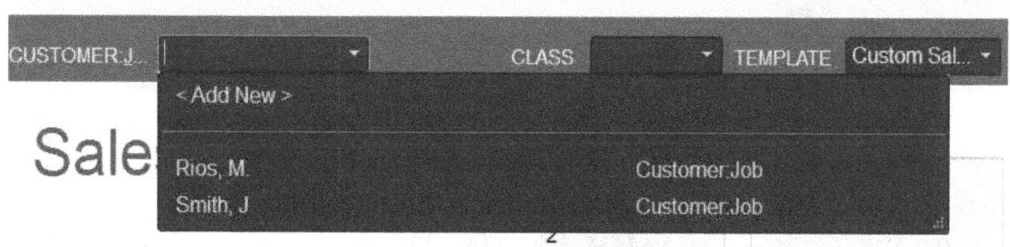

Ahora haz que el **CUSTOMER NAME** (NOMBRE DEL CLIENTE) sea *Cash (Efectivo)*. No tienes que introducir ninguna dirección, pero bajo **Additional Info** (Información Adicional) puedes seleccionar el **CUSTOMER TYPE** (TIPO DE CLIENTE) a *Miembro* si quieres.

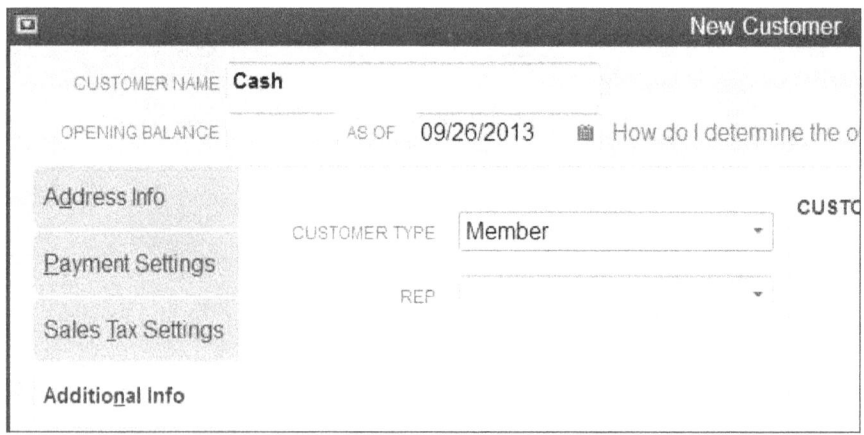

Después de guardar al miembro Cash, estarás de vuelta a la pantalla Sales Receipt (Recibo de Ventas) con Cash en el cuadro del cliente.

Selecciona **Class** para que sea *Unrestricted* (Sin Restricciones), el **Payment Method** (Método de Pago) que sea *Cash* (Efectivo) y el **Item** (Artículo) sea *Plate Donation* (Donación de Ofrenda). Entra la cantidad bajo **RATE** (PRECIO) o **AMOUNT** (CANTIDAD) y luego seleccione *Save* (Guardar).

D. **Ingreso de donaciones desde una base de donantes separada**

No tienes que rastrear a tus miembros a través de QuickBooks. Muchas organizaciones usan sistemas de registro del donante por medio del Internet. Estas bases de datos ofrecen más flexibilidad en el análisis y en la correspondencia con los donantes. Algunos ofrecen un archivo de descarga que se puede entonces importar a QuickBooks. Otros requerirán que hagas el ingreso manualmente.

Sin saber qué base de datos estás usando, no puedo llevarte a través de ese paso, pero la compañía de la base de datos tendrá instrucciones para ti. Sin embargo puedo mostrarte cómo entrar manualmente. Empieza por establecer un nuevo miembro llamado Donor Database (Base de Datos del Donante).

Después dirigirás un informe de tu base de datos del donante que totaliza las donaciones. Necesitarás estas donaciones agrupadas para corresponder a las donaciones depositadas. Por ejemplo, si recibiste 10 donaciones a lo largo de la semana y fuiste al banco a depositarlas en dos ocasiones diferentes, necesitarás el informe para enlistar las donaciones basadas durante el día depositado. Esto es importante ya que necesitas la cantidad de las donaciones para corresponder al depósito diario relacionado.

Ve a la pantalla **Sales Receipt** (Recibo de Ventas) (Donación).

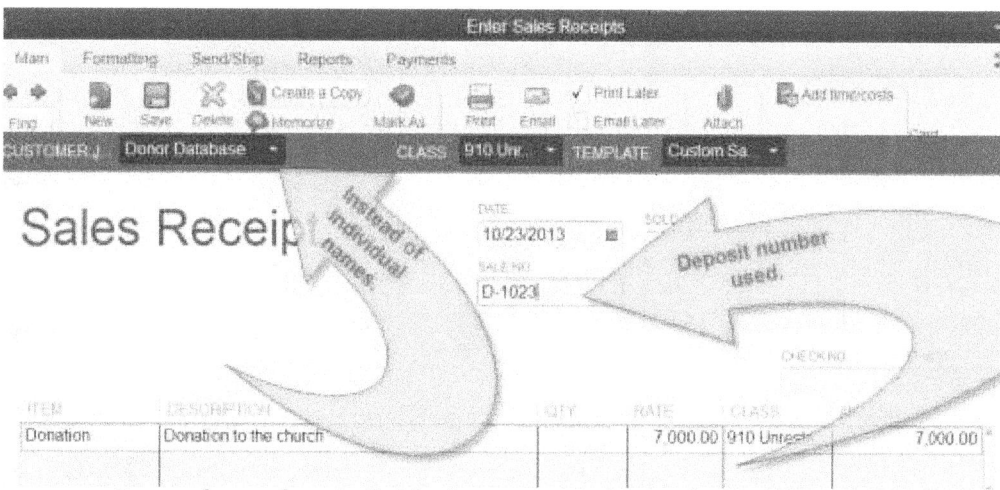

En vez de nombres individuales.   *Número de depósito usado.*

Selecciona el **Donor Database** (Base de Datos del Donante) del cliente y elige la clase correcta (sin restricción para donaciones regulares). Introduce el día que estas donaciones se depositaron en el espacio **DATE** (FECHA).

El **SALE NO.** (Nº DE VENTA) debería ser el número del depósito. No tendrás que introducir el método de pago ni un número de cheque. Designa los artículos y la cantidad de uno de los depósitos diarios del informe de la base de datos del donante y luego selecciona *Save &New (Guardar y Nuevo)*. Sigue ingresando las cantidades de los depósitos del informe.

E. Promesas hechas y pagadas

1. Registrando Promesas Como Cuentas por Cobrar

Si tu iglesia le pide a los miembros que hagan promesas anualmente o para un proyecto, QuickBooks te puede ayudar a rastrearlos. Cuando el sistema usa la palabra **Invoice** (Factura) ya que se relaciona con los **Customers** (Clientes), quiero que pienses en cambio en **Pledges** (Promesas) de los **Members** (Miembros).

La pantalla principal (Home) tiene un ícono llamado **Create Invoices** (Crear Facturas). La misma frase se usa bajo el menú del Cliente a lo largo de la barra superior. Desde Customer Center (Centro del Cliente), lo encontrarás bajo **New Transactions** (Nuevas Transacciones).

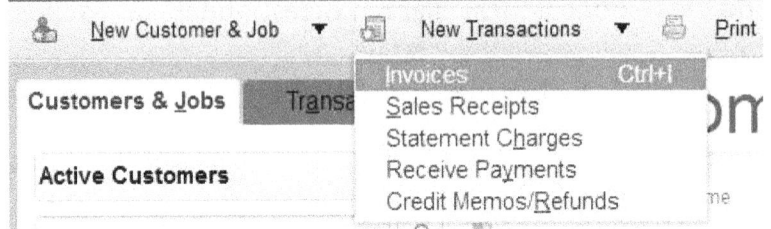

Entonces se muestra la pantalla de facturas.

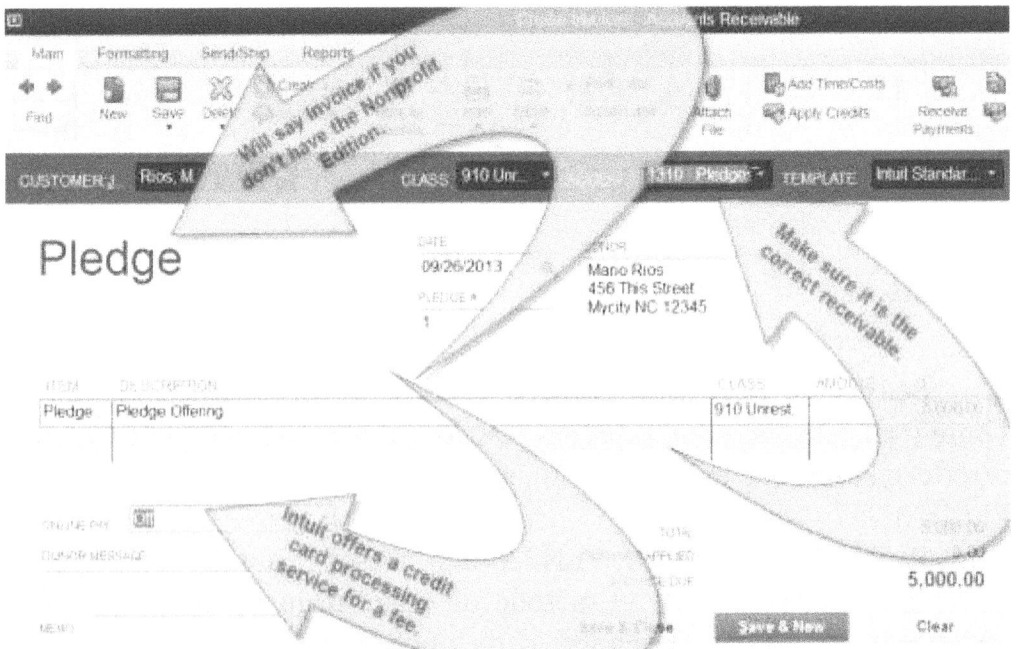

Dirá invoice (factura) si no tienes la Edición No Lucrativa.
Asegúrate de que sea la cuenta por cobrar correcta.
Intuit ofrece un servicio de procesamiento de tarjetas de crédito por una tarifa.

Ingresa el nombre del miembro, y, ya que esta será una promesa para el funcionamiento normal, selecciona el fondo sin restricción bajo

Class (Clase). La siguiente opción es **ACCOUNT** (CUENTA). Esta tendrá un menú con todas las opciones. Selecciona *Pledges Receivable* (Promesas por Cobrar).

TEMPLATE (PLANTILLA) es la siguiente opción. Si tienes la edición no lucrativa, aparecerá una plantilla etiquetada **Intuit Standard Pledge** (Promesa Standard de Intuit). De otro modo, vendrá etiquetada **Invoice** (Factura). A menos que planees enviar una copia de esta factura de la promesa al miembro, no te preocupes por las etiquetas. Diseñaremos una declaración de la promesa para enviar más adelante en este capítulo.

Al final de la pantalla está la opción **ONLINE PAY** (PAGO EN LÍNEA). Se debería seleccionar si decides usar el procesamiento de Intuit. No cubriré esto en este libro ya que los profesionales de Intuit tendrán que ayudarte con este servicio. La opción **DONOR (CUSTOMER) MESSAGE** (MENSAJE AL CLIENTE (DONANTE)) se usaría sólo si debieras enviar la factura de la promesa al donante.

Una vez selecciones *Save & New* (Guardar y Nuevo), serás dirigido a la pantalla de la factura vacía. Sigue ingresando las promesas y cierra. Si estas ingresando promesas a recibir el año siguiente, ponles fecha del 1 de enero del próximo año, de no ser así mantén la fecha de hoy. Puedes recibir la siguiente advertencia pero esto está bien.

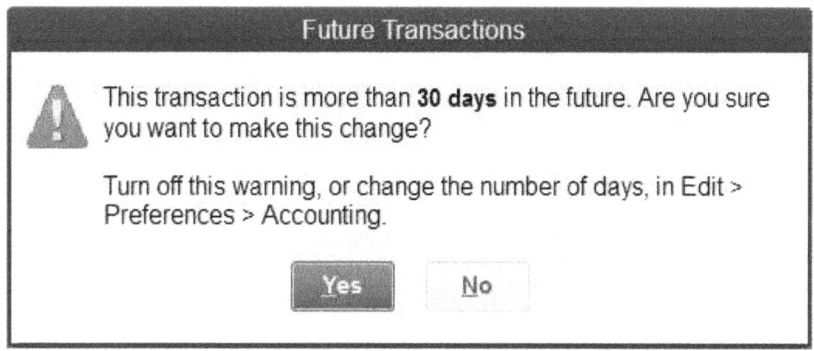

2. Ingresando saldos de cuentas por cobrar iniciales

Si tu iglesia tuviera cuentas por cobrar abiertas desde la fecha de inicio, tendrías que ingresarlas como facturas con fecha del año contable anterior. Por ejemplo, supón que tuvieras tres miembros con promesas de US$1000 cada uno desde el 31 de diciembre del 2013, y estás estableciendo QuickBooks con una fecha de inicio del 1 de enero del 2014. Para cada miembro, ingresa una factura con fecha del 2013 por US$1000. Esto hará que tus balances iniciales desde el 1 de enero sean correctos y te dará facturas para aplicar pagos cuando las promesas sean recibidas en el 2014.

3. Recibo de pagos de promesas

QuickBooks hace que recibir los pagos de promesas sea fácil de registrar. Nuevamente, ve a *New Transactions* (Nuevas Transacciones) desde el Customer Center (Centro del Cliente), y luego *Receive Payments* (Recibir Pagos).

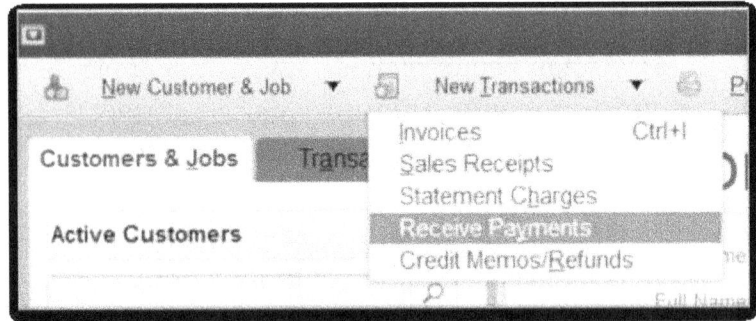

Esto te llevará a la pantalla **Customer Payment** (Pagos del Cliente).

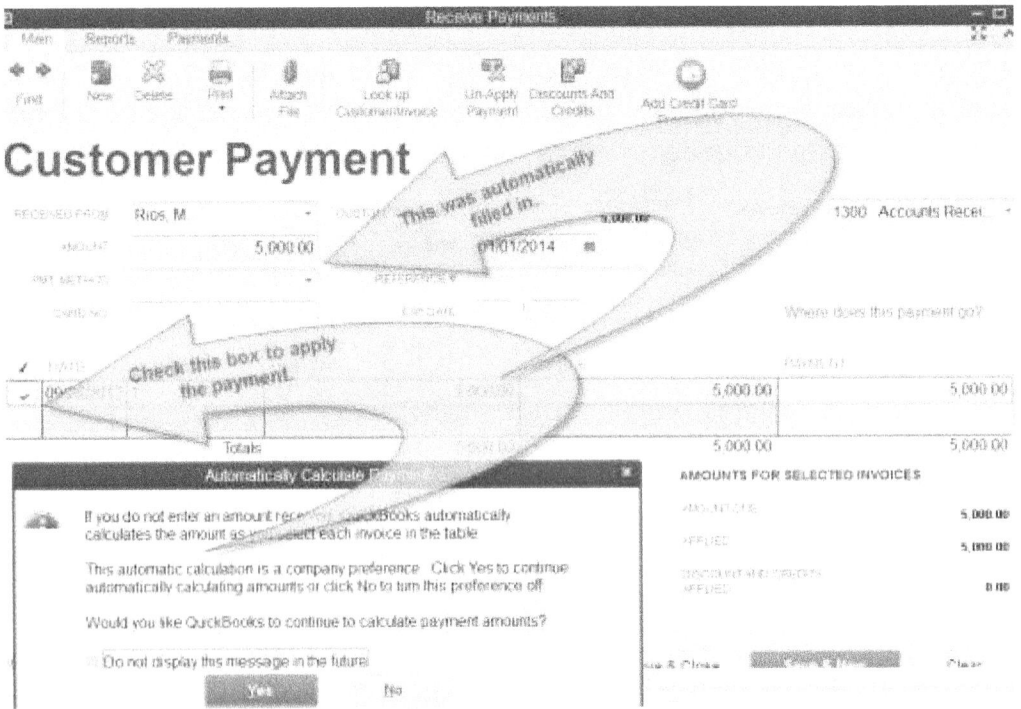

Clic en esta casilla para aplicar el pago.   Esto se llenó automáticamente.

Cuando ingresas el nombre del miembro, cualquier balance excepcional aparecerá. Sólo haz clic en el pequeño cajón a la izquierda de **DATE** (FECHA), y el sistema automáticamente supondrá que todo el balance está siendo pagado. Una pantalla de advertencia aparecerá para asegurarse que querías hacer esto.

Si un pago parcial a la promesa se hiciera, llena el espacio en **AMOUNT** (CANTIDAD) antes de seleccionar el cajón cerca de **DATE** (FECHA). Esto aplicará la cantidad contra el balance.

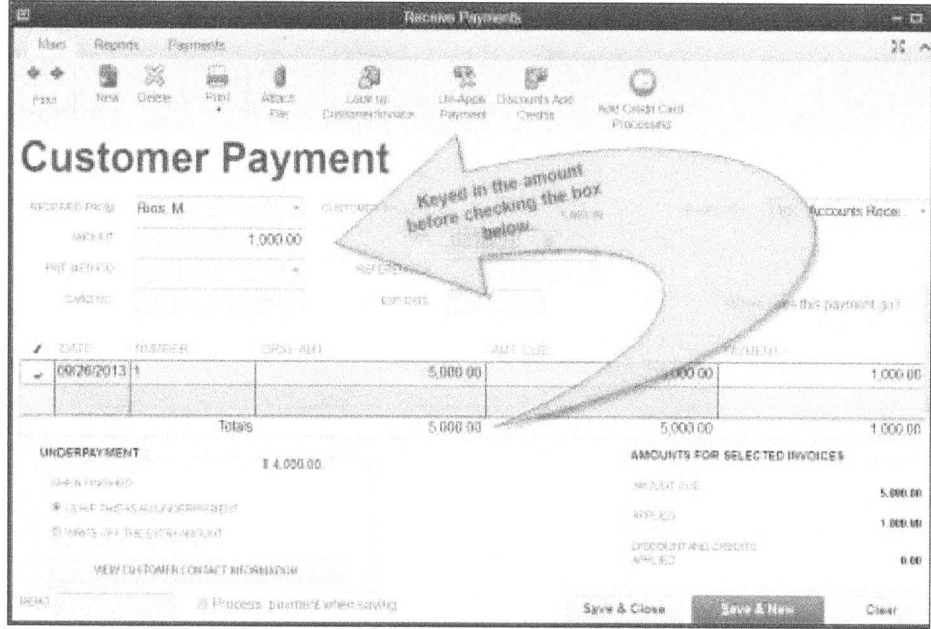

Encajar la cantidad antes de dar clic en la casilla de abajo.

F. **Recibo de fondos restringidos**

Cuando recibes dinero que ha sido restringido por el donante, debes designarlo en la **Temporarily Restricted Class** (Clase Temporalmente Restringida) o la **Permanently Restricted Class** (Clase Permanentemente Restringida). Vuelve al recibo de las ventas o a la pantalla de donación.

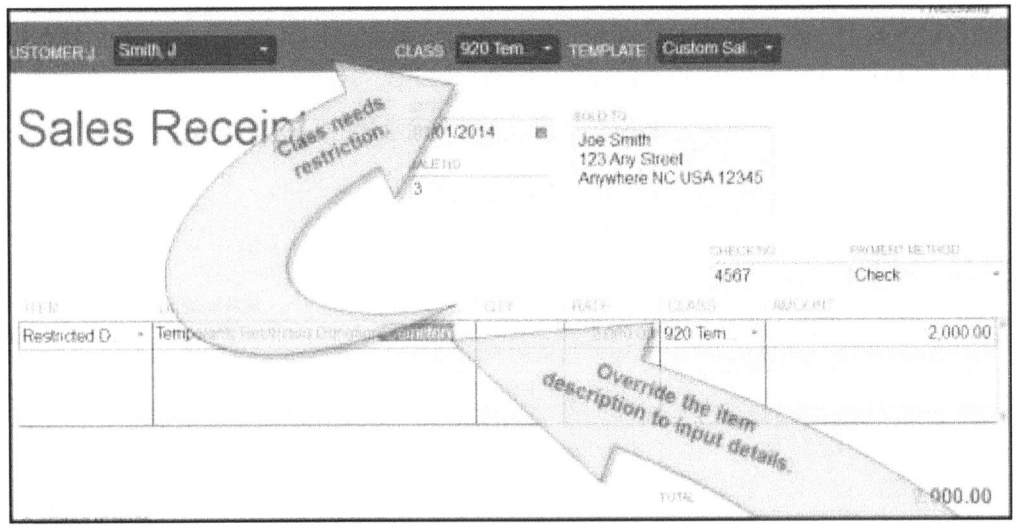

Esa clase necesita restricción.   *Anular la descripción del artículo para ingresar detalles.*

Selecciona **CLASS** para *Temporarily or Permanently Restricted* (Temporalmente o Permanentemente Restringido). Si es una subvención o un contrato donde tendrás que reportar los gastos relacionados, se establecerá como un Job (Trabajo). Primero supongamos que no tienes que hacerle un informe al donante.

Las descripciones por omisión de los artículos se pueden cambiar escribiendo sobre ellos. Mientras más detallado esté aquí, más fácil será buscar la información más adelante. Recuerda, puedes adjuntar documentos que detallen las restricciones a la cuenta del miembro a través del Customer Center (Centro del Cliente). Si esto fuera un atributo u otra donación permanentemente restringida, seleccionarías el **Permanently Restricted Fund** (Fondo Permanentemente Restringido) como la clase.

Quizás tu iglesia ha recibido una subvención o contrato que requiere pasos específicos y contabilidad. Por ejemplo, un miembro ha decidido donar US$50.000 a la iglesia para ayudar a entrenar a los benefactores de asistencia social en las habilidades que se requieren para ser contratados. A ella le gustaría que el dinero fuese destinado en materiales de formación para los voluntarios, en jardines infantiles y vestuario para los asistentes. La iglesia tendrá que presentar un informe después de un año detallando los gastos y el éxito o el fracaso del programa.

Primero tendrás que añadir un Job (Trabajo) al archivo del donante. Desde el Customer Center (Centro del Cliente), selecciona *New Customer & Job* (Nuevo Cliente & Trabajo), *Add Job* (Agregar Trabajo).

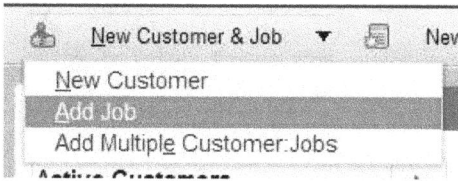

La pantalla del **New Job** (Nuevo Trabajo) se abrirá.

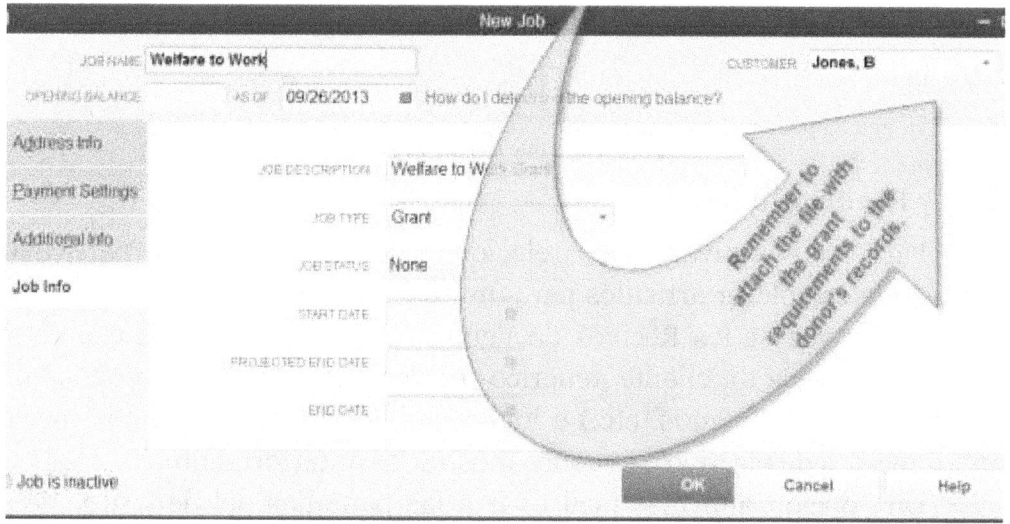

Recuerda adjuntar el archivo con los requisitos de la subvención a los registros del donante.

Bajo la etiqueta **Job Info** (Información del Trabajo), asigna un nombre a la subvención o contrato y selecciona al miembro que dona el dinero bajo **Customer** (Cliente). Llena la descripción, designa un tipo de trabajo y el principio y fin de las fechas en caso de que se desee.

Selecciona *OK* y te llevará de regreso a Customer Center (Centro del Cliente) con este trabajo resaltado. Usa el botón de adjuntar archivos en la esquina superior derecha para guardar los documentos relacionados con la subvención.

Ahora regresa a *Sales Receipts* (Recibos de Ventas) bajo *New Transactions* (Nuevas Transacciones) e ingresa el cheque.

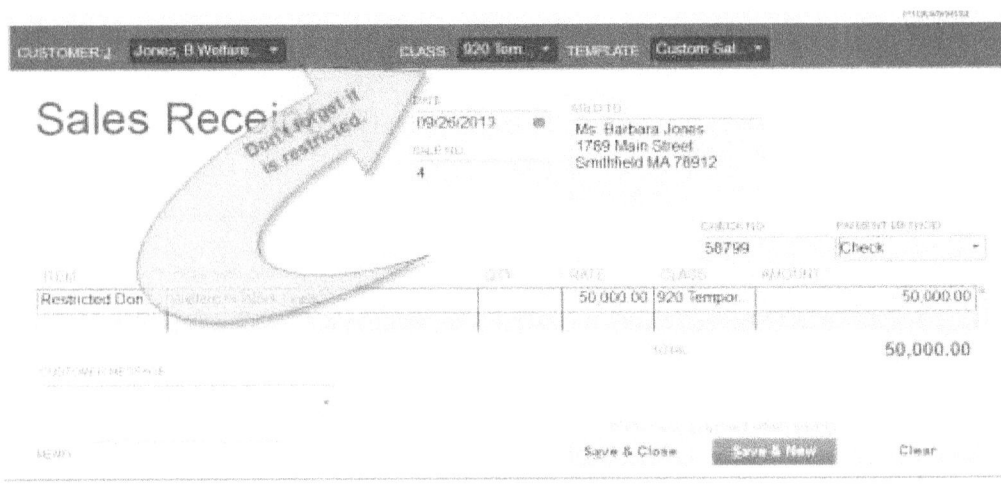

No olvides que es restringido.

G. Recibos diversos

Para recibos diversos no relacionados con un donante particular, tendrás que establecer artículos para unirlos al plan de cuentas. Se pueden ingresar a través de los Recibos de Ventas. Deja el espacio del cliente en blanco o establece un cliente genérico (es decir recaudador de fondos del festival, ventas de folletos, etc.) e ingrésalos del mismo modo que hiciste con los recibos de efectivo o cheques mostrados anteriormente.

Una opción aún más fácil es ir a las pantallas del depósito. Ve al icono **Record Deposit** (Registrar Depósito) en la página de inicio o la opción *Make Deposits* (Hacer Depósitos) desde el menú *Banking* (Banco) encontrado en la parte superior.

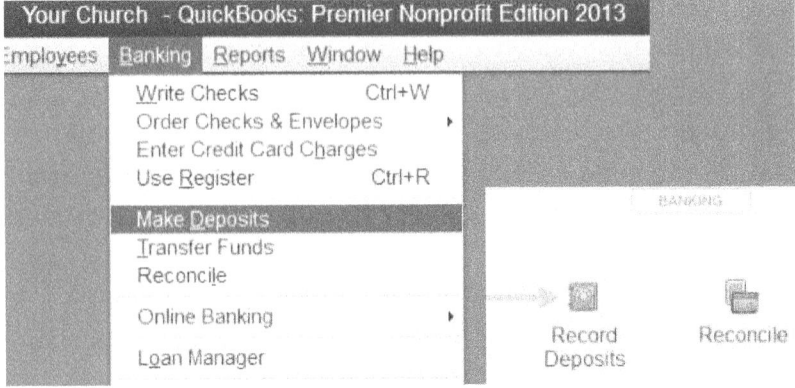

Si hay depósitos excepcionales para hacer, una pantalla de **Payments to Deposit** (Pagos a Depositar) aparecerá. De ser así, selecciona *Cancel* (Cancelar) para ver la pantalla siguiente, **Make Deposits** (Hacer Depósitos).

En la pantalla **Make Deposits** (Hacer Depósitos), puedes entrar el ingreso relacionado con el no donante sin establecer a los clientes.

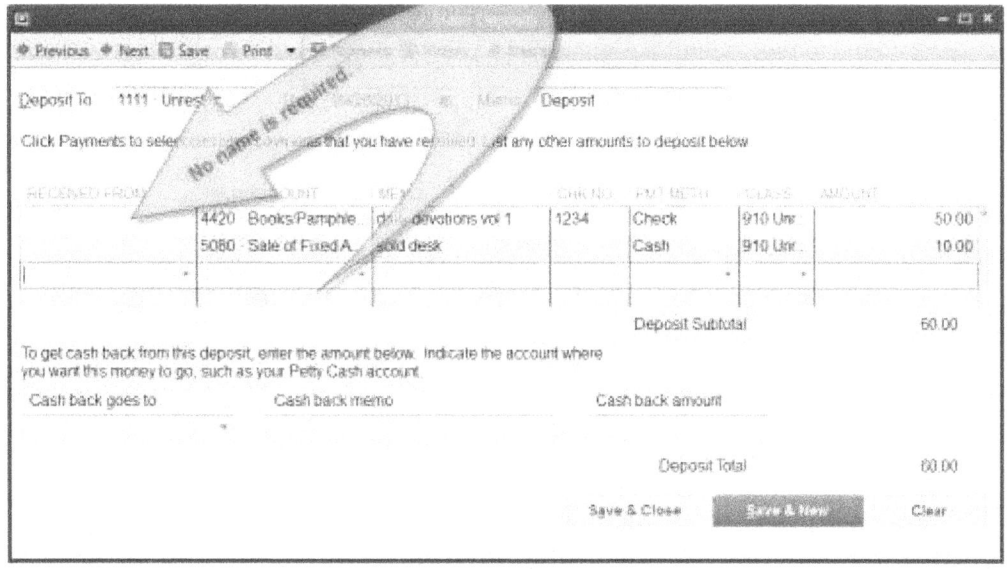

No se requiere un nombre.

NO ingreses información individual del donante en esta pantalla. Las donaciones deben ser ingresadas a través de las facturas o recibos de ventas o no podrás generar informes exactos del donante.

H. Donaciones de paso

Tu iglesia puede hacer recolecciones para otras organizaciones, como un banco de comida local o Hábitat for Humanity®. Se enviará un cheque a la organización por la cantidad de las donaciones, por lo tanto tendrás que registrarlos de manera un poco diferente.

Tendrás que configurar unas cosas primero. La organización para la cual van las donaciones necesita establecerse tanto como donante como proveedor. Un artículo de servicio para donaciones de paso (transferencia) debe ser establecido, y el plan de cuentas tiene que incluir un tipo de cuenta de **Other Income** (Otros Ingresos) para las donaciones de paso y un tipo de cuenta de **Other Expense** (Otros Gastos) para los pagos en transferencia. Las listas de artículos y el plan de cuentas propuesto en el Apéndice incluyen ejemplos de éstos.

Cuando el dinero se recibe, selecciona **Sales Receipt** (o Donations) (Recibo de Ventas (o Donaciones).

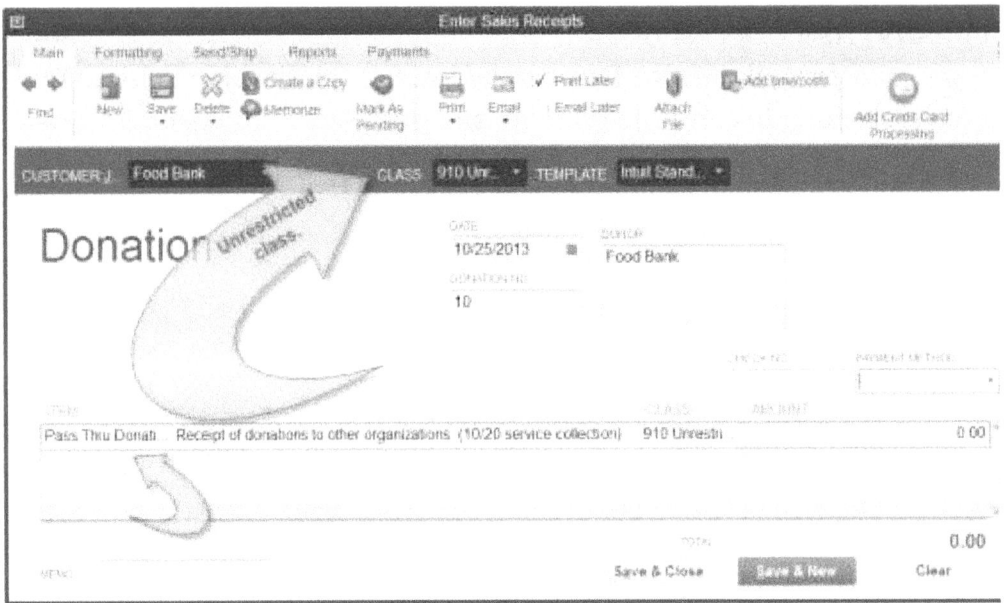

Clase Sin Restricción.

Customer es la organización que debería recibir las donaciones. La clase es sin restricción ya que el pago se hará a la organización en una base oportuna.

Selecciona *Pass-Thru Donation* (Donación de Paso) como el **Item** (Artículo). Si tienes una descripción en el artículo, aparecerá. Puedes suprimirlo o añadir cualquier información adicional bajo la línea **Description** (Descripción). Ingresa la *Amount* (Cantidad) y selecciona *Save & Close* (Guardar y Cerrar).

Este método rastrea las donaciones de paso asumiendo por lo general que tienes sólo una organización para recolectar a la vez. Si tienes varias organizaciones a las que les recolectas dinero simultáneamente, quisieras establecer una clase separada llamada *Pass-Thru Donations* (Donaciones de Paso) y luego tener subclases para cada organización.

Si estás usando un escáner RID, escanea todos los cheques de las donaciones de paso juntos para una sola organización como un depósito, y luego regístralo como un solo ingreso en vez de cheques individuales. Esto hace más fácil mantener los fondos separados.

El total debido a la otra organización se debe establecer ahora como una cuenta por pagar. Te llevaré a través de ese proceso en el capítulo a seguir.

I. Fondos no depositados

Una vez estás de vuelta en el Customer Center (Centro del Cliente), la columna del medio pondrá en una lista a los miembros y la cantidad de promesas excepcionales.

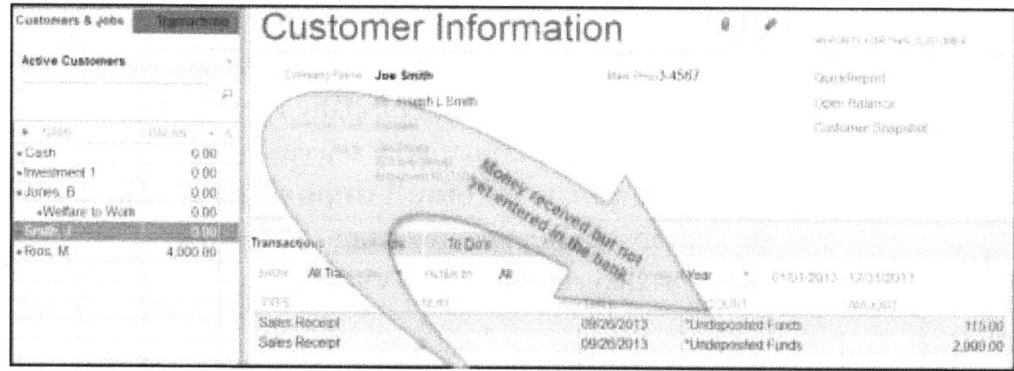

Dinero recibido pero sin ingresar aún al banco.

Si resaltas a un miembro, verás la lista de transacciones relacionadas. El recibo de ventas de mi ejemplo mostrado anteriormente para Joe Smith aparece, pero se muestra como **Undeposited Fund** (Fondo no Depositado) en vez de dinero en la cuenta corriente (cheques).

Lamento hablar como una contadora, pero tengo que explicar lo que QuickBooks hace tras bastidores. QuickBooks registra el dinero que entra como ingresos basados en los números de cuenta que asignaste a los artículos. En el mundo de la contabilidad, debe haber dos lados para cada entrada, por lo tanto en vez de registrar el dinero directamente en tu cuenta corriente designada en el plan de cuentas, se pone en *Undeposited Funds* (Fondos no Depositados). El sistema supone que luego de registrar el dinero que ingresa, lo pusiste en una caja fuerte o en una bolsa de banco junto con otros cheques para ser depositados. Piensa en los *Undeposited Funds* (Fondos no Depositados) como la pila de cheques y dinero en efectivo que tienes en esa bolsa de banco.

> Si no ves **Undeposited Funds** (Fondos no Depositados) en las transacciones de recibos de ventas, no tienes tus preferencias establecidas correctamente. Ve al menú superior, selecciona Edit (Editar), luego Preferences (Preferencias). Baja hacia Payments (Pagos), Company Preferences (Preferencias de la Compañía) y selecciona **Use Undeposited Funds as a default deposit to account** (Usar Fondos no Depositados como el depósito predeterminado de la cuenta.)

Cuando estás listo para depositar el dinero o registrar el depósito que se hizo luego de los servicios dominicales, incluyendo aquellos a través de un escáner RID, ve a la pantalla *Make Deposits* (Hacer Depósitos) desde el menú superior o desde el ícono de depósitos. Verás dos pantallas como éstas.

Todo el dinero en efectivo y los cheques registrados son registrados en una lista. Asumiendo que la iglesia está rastreando su cuenta corriente (cheques) con las tres sub-cuentas (sin restricción, temporalmente restringida, y permanentemente restringida), el contador tendrá que registrar tres depósitos diferentes. Para este ejemplo, la iglesia va a depositar todo el dinero no restringido en la parte sin restricción de la cuenta corriente, la subvención en una cuenta de inversión y el regalo de restringido del Sr. Smith de US$2000 en la parte restringida de la cuenta. Si estás depositando todo el dinero en tu cuenta corriente (cheques) sin las sub-cuentas, sólo tendrás que hacer un depósito. Te llevaré a través de los pasos para el enfoque de la sub-cuenta más complicada ya que incluye un método de cuenta más dos pasos adicionales.

El primer depósito es para los regalos sin restricción.

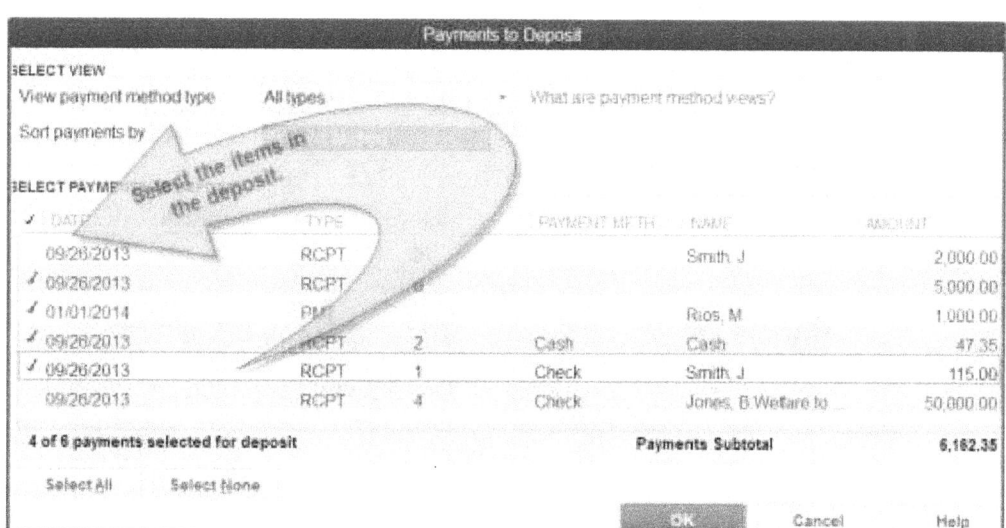

Selecciona los artículos en el depósito.

Selecciona los artículos que se depositarán juntos en el banco. Si usaste un escáner RID, selecciona todos los que fueron transmitidos juntos. Presiona *OK* y esto te llevará a la pantalla **Make Deposit** (Hacer Depósito).

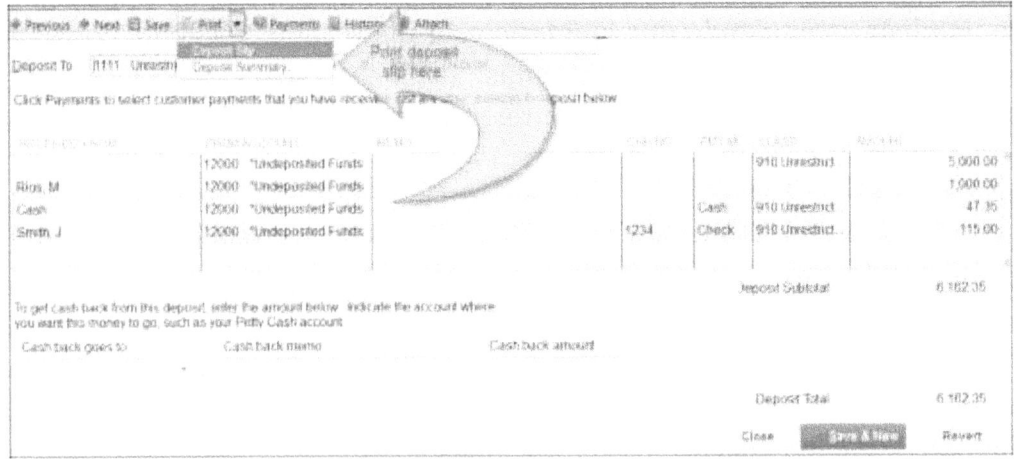

Imprimir registro del depósito aquí.

El **Total del Depósito** debería ser el total del depósito hecho del dinero sin restricción. Si no hubieras hecho el depósito diverso comentado anteriormente, aquellos artículos se podrían añadir a este depósito.

Selecciona el botón *Print* (Imprimir) para imprimir un registro y resumen del depósito. Cuando hice eso, recibí el mensaje de error siguiente:

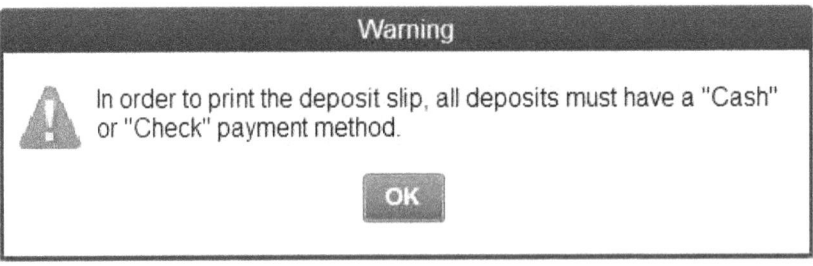

Esta es la manera en que QuickBooks me avisa que olvidé ingresar algunos datos. Si regresas a la pantalla de depósito, notarás que olvidé identificar si el dinero era efectivo o en cheque en dos de las líneas. También noté que faltaba una clase. Ahora puedo regresar a esa pantalla, fijarla con las flechas desplegables, y luego imprimir mi resumen del depósito.

Sin embargo, aún tengo el dinero para depositar. El siguiente depósito tiene que ser hecho en una de las cuentas de inversiones. Selecciona la subvención restringida desde la pantalla **Payments to Deposit** (Pagos a Depósitos) y haz clic en *OK*.

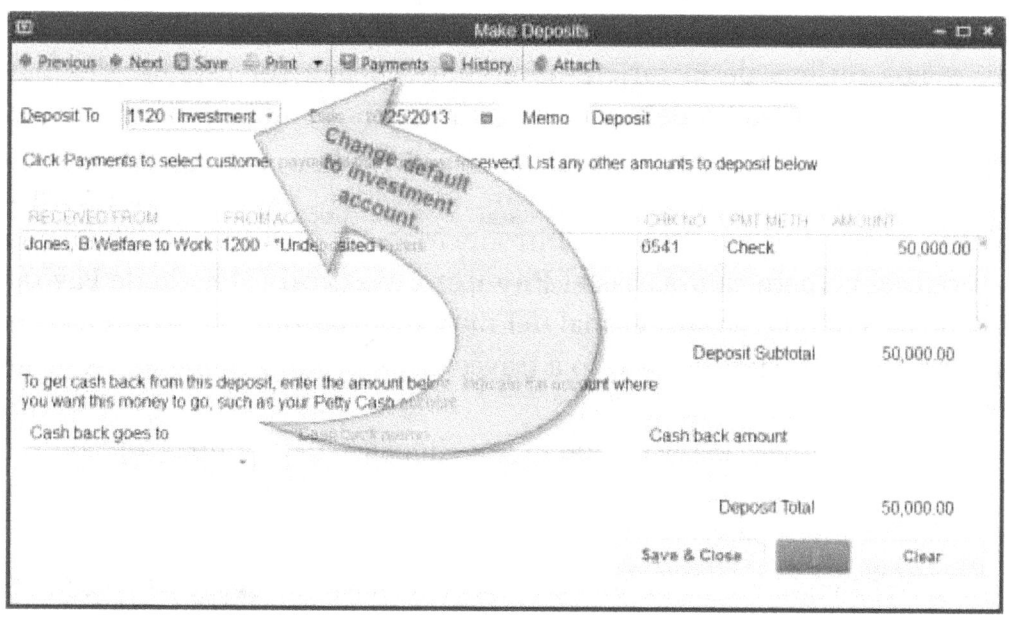

Cambiar predeterminado a cuenta de inversiones.

El depósito se hará directamente en la cuenta de inversiones. Señala la casilla **Deposit to** (Depositar a) y luego a *Investment Account* (Cuenta de Inversión) y selecciona *Save & Close* (Guardar y Cerrar).

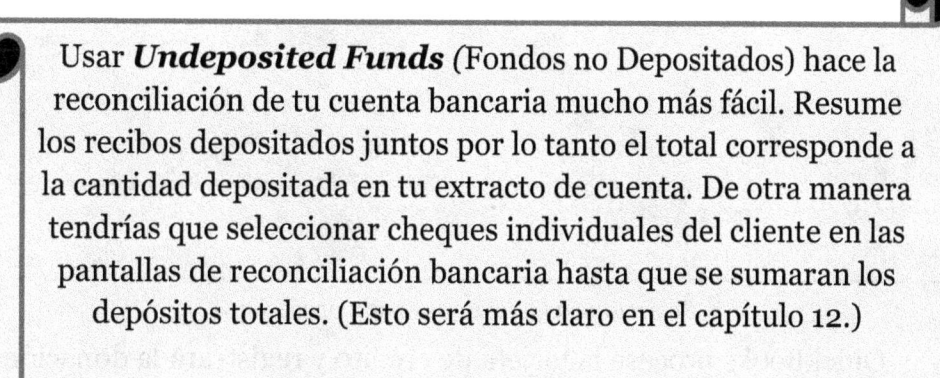

Usar **Undeposited Funds** (Fondos no Depositados) hace la reconciliación de tu cuenta bancaria mucho más fácil. Resume los recibos depositados juntos por lo tanto el total corresponde a la cantidad depositada en tu extracto de cuenta. De otra manera tendrías que seleccionar cheques individuales del cliente en las pantallas de reconciliación bancaria hasta que se sumaran los depósitos totales. (Esto será más claro en el capítulo 12.)

J. Donaciones recurrentes desde tarjetas de crédito

Las iglesias alientan cada vez más a sus miembros a usar tarjetas de crédito para pagar sus promesas mensuales. Esto le da a la iglesia un mejor manejo del flujo de fondos y permite que el miembro pague su promesa completa aun si no va a la iglesia.

Los recibos de la tarjeta de crédito pueden ser establecidos para pagos en línea a través de un tercero o a través de un servicio dentro de QuickBooks por una tarifa. Tendrás que investigar la estructura de los honorarios y reportes disponibles para determinar cuál es mejor para tu iglesia. Si usas a un tercero, introducirías el recibo como hablamos anteriormente pero cambiarías el **Payment Method** (Método de Pago) al tipo de tarjeta de crédito. Al final del mes, tendrías que registrar entonces los gastos de la tarjeta de crédito a través de un asiento contable. Explicaré cómo hacer esto en el capítulo 11.

Si usas el servicio de QuickBooks, tiene una opción de sincronización que permite que ingreses la donación como una factura, recibo de ventas o pago.

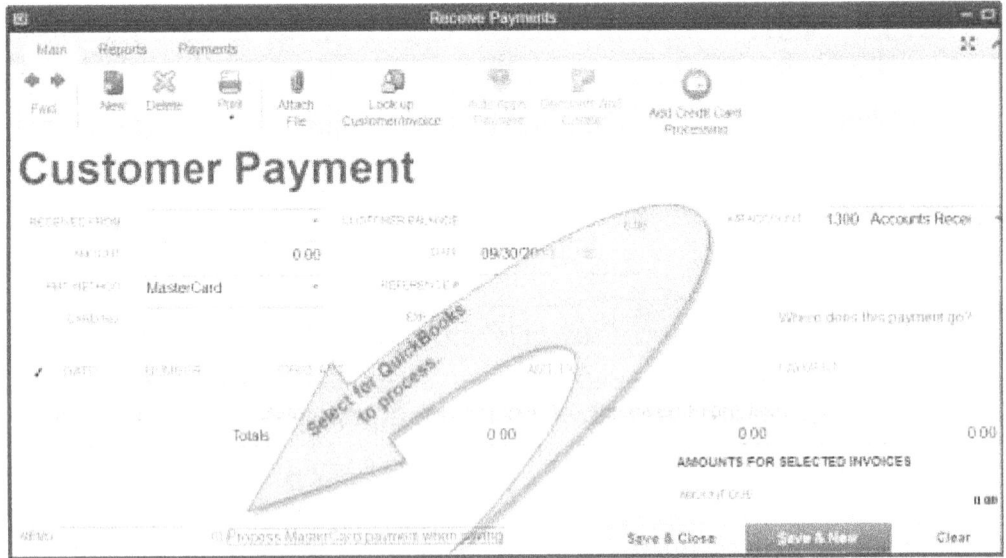

Seleccione a QuickBooks para procesar.

QuickBooks procesa la tarjeta de crédito y registrará la donación y el recibo en tus archivos. El proceso de sincronización hace mucho más fácil conciliar el dinero depositado en el banco con la cantidad registrada en QuickBooks.

> Las iglesias que animan a sus miembros a matricularse en un programa de donación automática recurrente, han visto un aumento significativo en la cantidad de promesas recibidas y su consistencia. Por ejemplo, si el Sr. Smith promete US$100 por mes, pero sale de la ciudad en el verano y olvida de hacer sus pagos, la iglesia sólo recibirá US$900 en vez de los US$1200 esperados. Por lo general, el costo adicional del procesamiento de las transacciones de la tarjeta de crédito son más que compensadas por los ingresos aumentados.

¿Aún estás conmigo? En este punto, uno de mis lectores dijo, "¡Me doy cuenta que se más de contabilidad de lo que creía!" Espero que te sientas igual. ¿Por qué no haces una copia de seguridad de tu archivo?, y en el siguiente capítulo aprenderemos cómo registrar el dinero que sale.

X. Dinero — ¿Cómo pago las facturas?

A. Método en efectivo vs método de acumulación

Ahora que sabes cómo registrar el dinero entrante, es momento de trabajar con el dinero que sale. Antes de que empecemos, me temo que tengo que introducir una pequeña terminología de contabilidad para ti.

Existen dos métodos para contabilizar los gastos e ingresos en el mundo de la contabilidad — Método efectivo y Método de acumulación. El método en efectivo es el más simple. El dinero efectivo se registra en los informes financieros cuando se recibe físicamente y cuando los cheques se expiden. El método de acumulación requiere el reporte de la transacción cuando los ingresos se ganaron (es decir cuando la subvención se concedió) o cuando se gastaron, no cuando el dinero cambia de manos o cuando el cheque se expidió.

Para negocios u organizaciones que pagan impuestos o entidades públicas, la diferencia es significativa. Las iglesias pueden usar cualquiera según sus consejos directivos y otros requisitos. Afortunadamente, QuickBooks te permite que reportes la información de cualquier manera. Supón que recibes una factura de un contratista que hizo reparaciones en la iglesia con fecha del 31 de julio, pero no escribiste un cheque para él hasta el 15 de agosto. Si ingresas la factura con una fecha del 31 de julio, puedes ejecutar informes financieros para julio mostrando el gasto seleccionando el método del acumulación. Si debieras dirigir el informe usando el método en efectivo, el gasto no aparecerá en las declaraciones de julio.

En caso de que te preguntes por qué te digo esto, voy a hacerte introducir tus cuentas en el método de acumulación por tanto tienes ambas opciones para la presentación de reportes.

> El **método de acumulación** te da el cuadro financiero más exacto de tu iglesia; mostrándote el dinero que ha ganado y gastos en los cuales ha incurrido. La **base de caja** te da una mejor idea de cuando el dinero ha entrado o ha salido. Permitiéndote dirigir los informes el uno o el otro camino, QuickBooks te da lo mejor de ambos mundos.

B.   Controles internos de contabilidad para pagar facturas

El fraude, el robo y los errores son tanto una preocupación con el dinero que sale como con el dinero que entra. Los procedimientos y los controles tienen que estar en su lugar para evitar a empleados fantasmas o pagos de facturas falsas. Para asegurar una buena administración sobre el dinero de tu iglesia, necesitarás controles fuertes de contabilidad en relación con el dinero gastado.

> Recuerda la regla básica. Si alguien tiene el acceso al dinero, no debería tener el acceso a los archivos financieros.

El contador no debe ser una persona que firma cheques. Sé que esto parece casi imposible para una pequeña iglesia, pero, aquí otra vez, tendrías que utilizar a los miembros del consejo administrativo u otros voluntarios.

Las facturas no se deben ingresar al sistema sin la documentación y aprobación de alguien que no sea el contador. Esto podría ser el pastor o tesorero. A veces la documentación es tan simple como la factura de la empresa de servicios públicos o una nota escrita a mano pidiendo que se pague US$100 al organista. Si el gasto se debe cargar a más de un programa, el aprobador también deberá notar esto. Pero lo más importantemente, todas las facturas a pagar deben ser aprobadas. Los gastos menores se abordarán más adelante en este capítulo.

El contador ingresará y codificará las cuentas en las categorías correctas de gasto y programas o subvenciones. Luego imprimirá los cheques, los comparará con la documentación aprobada y se los dará a un signatario autorizado. El signatario debe asegurarse de que el beneficiario, la dirección y las cantidades estén acorde con la documentación aprobada y luego debe firmar los cheques. Luego los cheques se pueden enviar por correo y la documentación se puede archivar o escanear. Te recomiendo que uses un cheque del estilo del vale. Éste permite un espacio para que el beneficiario vea qué factura se pagó.

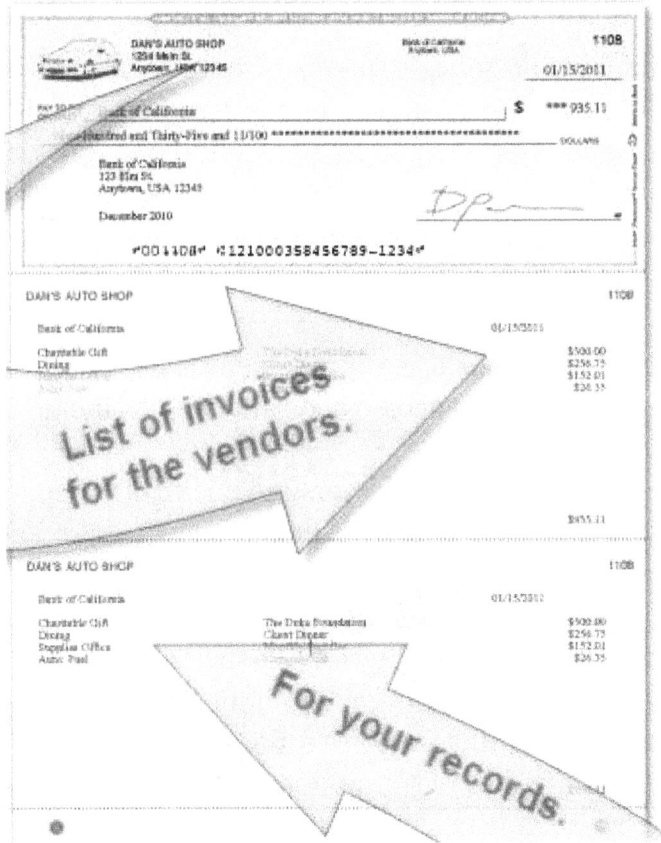

Lista de facturas de los proveedores.   *Para tus archivos.*

Tu parte del vale deberá ser adjunta a la factura aprobada y archivada bajo el nombre del proveedor. La persona que firma los cheques nunca deberá firmar un cheque bajo su nombre. Se requiere la firma de una persona diferente para esto.

> En el menú File (Archivo), selecciona **Print Forms** y **Labels** (Imprimir Formularios y Etiquetas) para hacer automáticamente las etiquetas de carpeta de archivo para cada uno de tus proveedores y donantes. También puedes imprimir etiquetas de envío. ¡Juega con las opciones y organízate!

Querrás al menos dos signatarios autorizados. Además de no permitir a un signatario firmar su propio cheque, un signatario puede no estar disponible y la iglesia todavía necesitará pagar sus cuentas. Requerir dos firmas sobre cierto monto en dólares es otro control, pero ten cuidado, con el escaneo electrónico, los bancos ya no comprueban dos firmas en los cheques.

No te olvides de los cheques físicos. Se deben guardar en un cajón cerrado con llave, no sólo en una oficina cerrada con llave. Un miembro de un equipo de limpieza una vez robó algunos cheques de un cliente y los forjó.

C.   **Controles para pagos electrónicos**

El pago de cuentas en línea es un proceso muy conveniente. No más rastreo de sobres y sellos y carreras al correo. Sin embargo, los controles son necesarios implementar cheques para asegurar que todos los pagos se registren en los informes financieros de una manera oportuna y no se hagan pagos sin autorización.

> El contador deberá ingresar los pagos en línea en QuickBooks antes de que el usuario autorizado de la iglesia presente los pagos a través de la cuenta bancaria o sitio web. El contador podrá dar entonces la lista de pagos a presentar al signatario autorizado. Esto es un paso especialmente importante para asegurar que el dinero de caja es suficiente para los pagos.

Puedes procesar pagos electrónicamente a través de QuickBooks. Esto significa que una persona puede inscribir a un proveedor, entrar en la transacción y enviar el pago electrónicamente. Si bien esto es conveniente, no separa a la persona que hace el ingreso de la persona que envía el dinero. Los usuarios separados con acceso limitado se tendrán que inscribir en el sistema. Te explicaré cómo hacer esto en el capítulo 15.

Tu banco puede ofrecer el pago de facturas a través de su sitio web. De ser así, tendrás que inscribir contraseñas y entradas separadas al sistema para el área del pago de facturas y para el área de reportes y descargas. Esto es porque quieres permitir al contador que vea las transacciones y los descargues, sin tener acceso al dinero. Además, no quieres que persona que autoriza los pagos sea capaz de manipular los informes financieros. Como cada banco o servicio es diferente, tendrás que trabajar con sus profesionales para establecer tus entradas al sistema y contraseñas.

Si los pagos se pueden hacer directamente a través del sitio web de un proveedor, la entrada al sistema y la contraseña de acceso no deben ser conocidas por el contador. El contador registrará el pago en QuickBooks, pero un signatario autorizado deberá tener la contraseña de acceso al sistema.

D. Ingreso de facturas

Es tiempo de pagar algunas facturas. El correo se ha abierto, las facturas han sido aprobadas y codificadas, y estás listo ahora para comenzar a ingresar. Como habrás notado en las otras áreas, hay varios modos de acceder al área de pago de facturas.

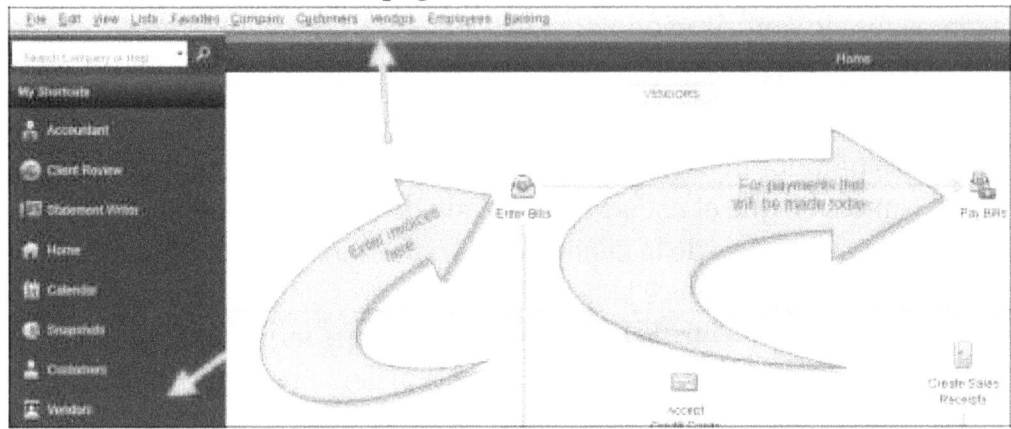

Ingresa en facturas aquí.   *Para pagos que se harán hoy.*

El ícono de **Enter Bills** (Ingresar Facturas) te llevará directamente a una pantalla para comenzar a ingresar tus facturas. Ambos menús, los de la parte superior y de los lados, te llevarán al **Vendor Center** (Centro del Proveedor). El Vendor Center tiene una apariencia similar a la lista de donantes en el Customer Center (Centro del Cliente). Todos los proveedores ingresados anteriormente están a lo largo de la izquierda y puedes ingresar transacciones a través del menú **New Transactions** (Nuevas Transacciones).

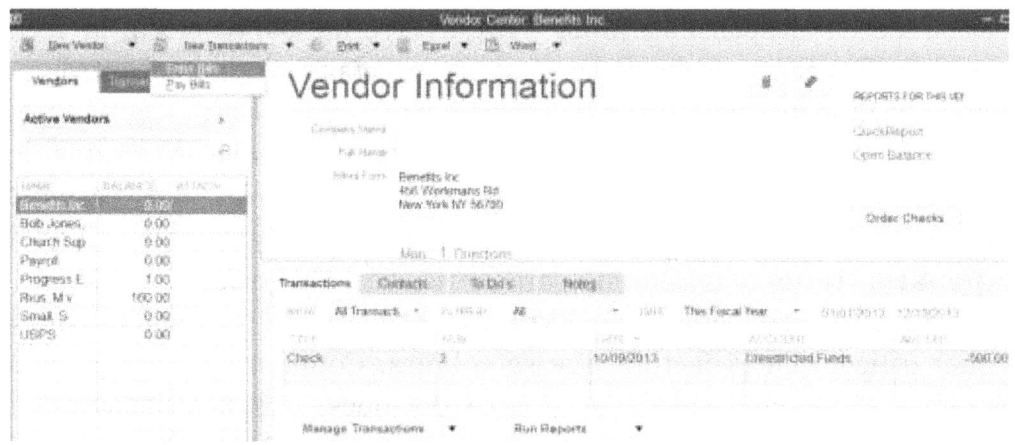

Una ventana de entrada para **Bills** (Facturas) aparecerá si pasas por el ícono en la página de inicio o en Enter Bills (Ingresar Facturas) bajo *New transactions* (Nuevas transacciones) en el Vendor Center (Centro del Proveedor). Si destacas a un proveedor del Vendor Center, este nombre aparecerá en la pantalla de entrada.

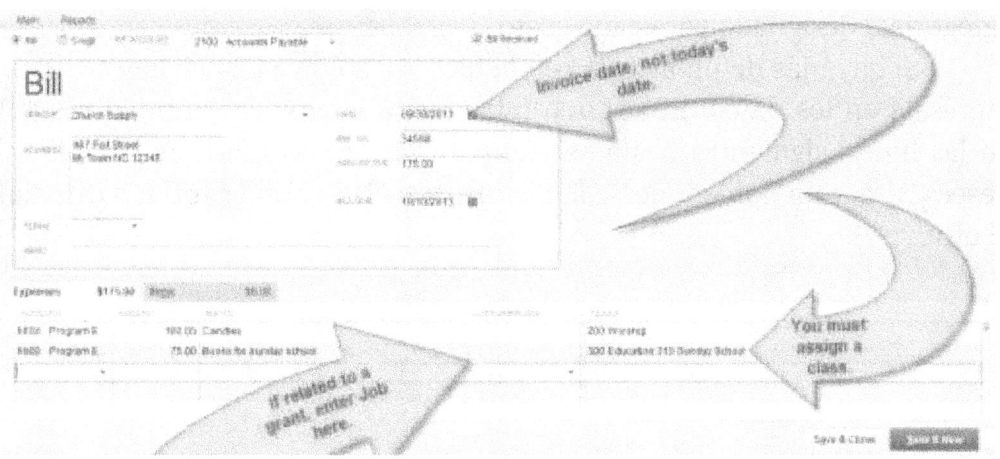

Si está relacionado con una subvención, ingresa el trabajo aquí.

Fecha de la factura, no fecha de hoy.   *Debes asignar una clase.*

Una vez que hayas seleccionado al **VENDOR** (Proveedor), la dirección aparecerá automáticamente. Introduce la **DATE** (Fecha) de la factura después. Esto es importante a fin de dirigir informes sobre una base del acumulado. El REF NO deberá ser el número de factura. Si no hay ningún número de factura, me gusta usar la fecha. **El AMOUNT DUE** (Monto de deuda) es el valor total de la factura. Si asignaste **TERMS** (Términos) cuando inscribiste al proveedor, QuickBooks calculará el **vencimiento de la factura** automáticamente. Si no lo hiciste, puedes usar la flecha desplegable junto TERMS (Términos) y elegir la fecha apropiada. Tener una fecha de vencimiento exacta te ayudará a controlar el manejo de flujo de caja.

En La mitad inferior de la pantalla es donde ingresarás los elementos individuales de la línea de la factura. Hay dos pestañas: **Expenses** (Gastos) y **Items** (Artículos). Usarás principalmente el lado de **Expenses. Items** es más usado para fabricación y negocio.

En la primera línea bajo **Expenses,** selecciona una cuenta para el primer artículo en la factura que se cobrará. Comienza a escribir en la palabra y el menú desplegable te dará opciones. Después, introduce el monto en dólares de esa compra y en escribe en **MEMO** (NOTA) la descripción del artículo. Si lo compraste para una subvención o un contrato que debe ser seguido, selecciona **CUSTOMER:JOB** (Cliente: trabajo) del menú desplegable. La opción **BILLABLE** (Facturable) sólo es necesaria si hay gastos reembolsables que se pueden facturar de nuevo a un donante. La última columna es la **CLASS** (Clase). Debe haber una clase (piensa en categorías) designada para cada gasto.

Si hay más de un artículo en la factura, sólo ve a la siguiente línea e ingrésala en los datos. El sistema introducirá cualquier cantidad restante en las líneas siguientes hasta se cumpla la cantidad total. Es posible que desees cargar un porcentaje de la factura una clase y una cantidad diferente al otra.

> Puedes usar QuickBooks como tu calculadora. Destaca el campo de la cantidad y y escribe tu cálculo. El sistema hará entonces las matemáticas. Por ejemplo, si quisieras cobrar el 75% de US$75 para libros (De la ventana anterior) a la educación de adultos y dejar el 25% en la escuela de verano, destacas US$75 y escribes *.25.
>
>
>
> Una vez que pulses enter, el sistema colocará US$18,75 donde estaban los US$75,00. Cuando bajes a la siguiente línea, US$56,25 restantes aparecerán.

Ahora, ve al Espacio **CLASS** (Clase) y entra en Adult Education *(Educación de adultos)*. Si tienes más facturas, Selecciona SAVE (Guardar) y NEW (Nuevo) y conseguirás una nueva pantalla de **Enter Bills** (Ingresar Facturas). Si no, selecciona *SAVE AND CLOSE* (Guardar y Cerrar).

Si tu iglesia ha usado el método de la acumulación, puedes tener un equilibrio en tus cuentas por pagar desde tu fecha de inicio. De ser así, cada una de las facturas del proveedor debe ser ingresada en el sistema con una fecha de la factura del año anterior. Por ejemplo, si tu equilibrio inicial incluye una factura de US$200 de una compañía de imprenta desde diciembre del año anterior, ingresa con una fecha de diciembre. Esto permitirá que tu equilibrio del principio refleje la cantidad correcta en cuentas por pagar.

E. **Facturas recurrentes**

Tu iglesia probablemente tiene algunas facturas que debe pagarse cada mes, como alquiler, utilidades, etc. QuickBooks permite que tú establezcas cuentas recurrentes, y te recuerda que las debes pagar. Ingresa a la ventana de **ENTER BILLS** (Ingresar Facturas).

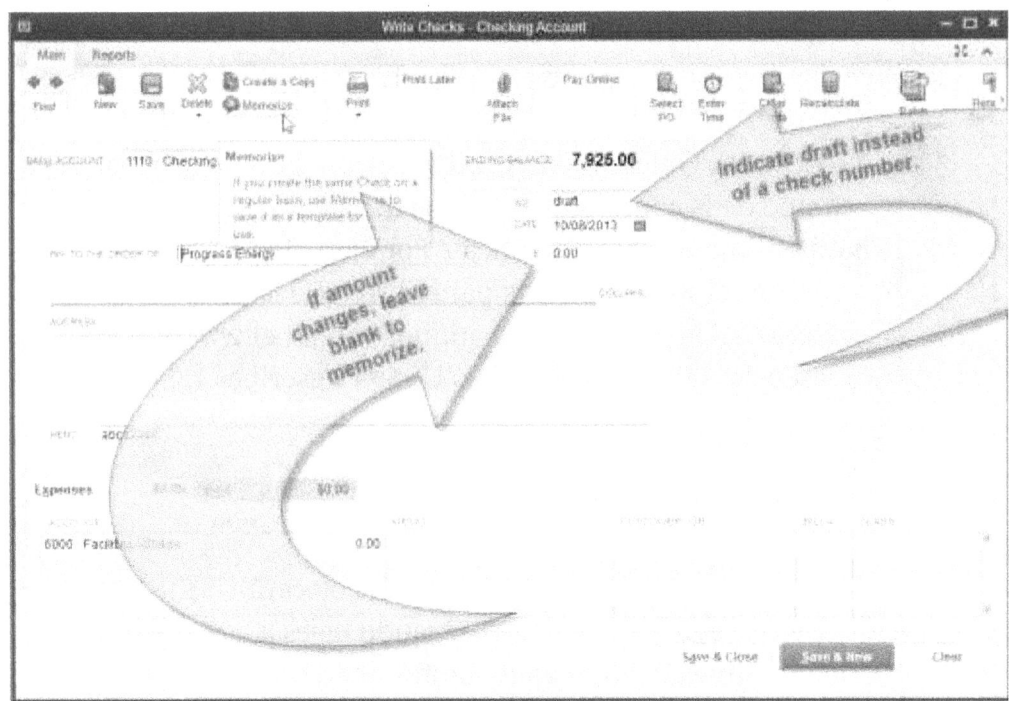

Si la cantidad cambia, déjala en blanco para memorizar.
Escribe PROYECTO en vez de un número de cheque.

Introduce el nombre del proveedor, pero no incluyas una cantidad a menos que sea la misma cada mes. Si pagas el mismo alquiler cada mes, entonces sigue adelante e introduces la cantidad de alquiler. Pero para facturas que varían (agua o electricidad, por ejemplo), deja la cantidad en blanco. Ingresa el artículo para la cuenta de gasto y la clase.

Cerca de la parte superior de la ventana hay un botón azul que dice **Memorize .** Selecciónalo para ver la pantalla siguiente.

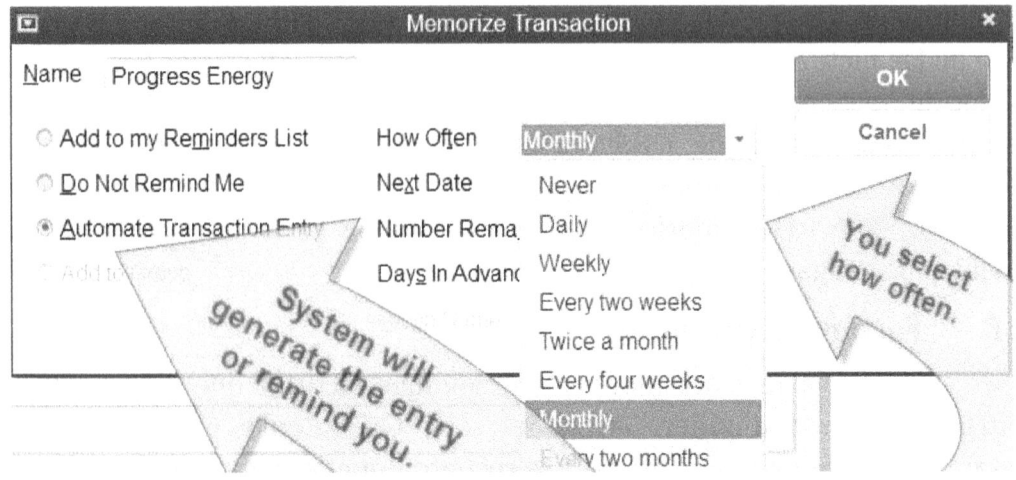

El sistema generará la entrada o te recordará.   Selecciona con qué frecuencia.

El nombre del proveedor estará encima. Hay tres opciones que se relacionan con recordatorios. El primero lo añadirá a una lista de recordatorios que aparecerá cuando abras el programa. La segunda opción permite que tú establezcas la transacción memorizada, pero no te recuerda. Esto se usa para artículos sin un horario programado. La tercera opción es la más práctica. La factura entrará tus cuentas para pagar.

Como nuestro ejemplo es para una factura de servicios, he seleccionado *Monthly* (Mensualmente).

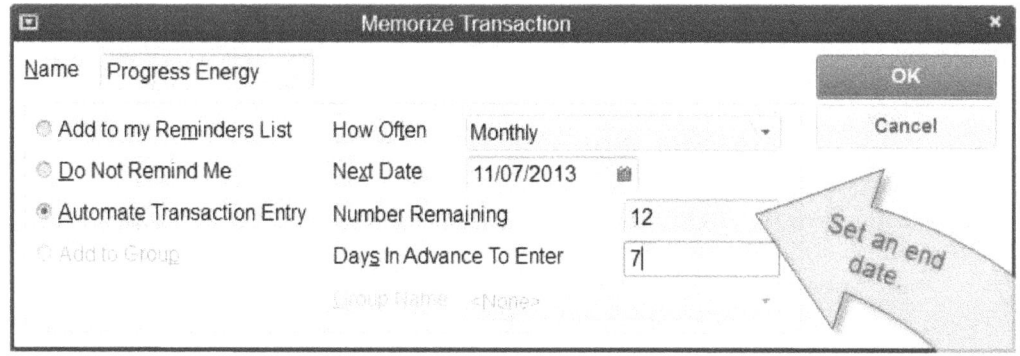

Pon una fecha de finalización.

Ahora le tengo que dejar saber al sistema la fecha de la siguiente factura, cuantas veces quiero que se genere esta factura, y cuantos días de anticipación para ponerlo en el sistema. Seleccionando 12 debajo de **Number Remaining** (Número Restante), Le estoy diciendo al sistema que siga generando estas facturas mensualmente hasta el 10/1/2014. También puedo dejar este espacio en blanco, y seguirá generando las facturas mensuales hasta que le diga que pare. Los **Days in Advance to Enter** (Días de Anticipación para Entrar) se deben determinar de acuerdo a con qué frecuencia pagas facturas. Si tu iglesia paga cada semana, siete días deberían ser suficientes.

Las transacciones memorizadas no se reconocerán hasta que QuickBooks se haya cerrado y se haya vuelto a abrir. Si cierras el sistema cada día, esto no será un problema, pero regularmente mantienes el sistema abierto, lo tendrás que cerrar y volverte a abrir.

Después de seleccionar *OK*, estarás de vuelta en la pantalla Enter Bills lista para introducir la factura de servicios de este mes. Ingresa la cantidad y selecciona *Save & Close*. Esto te devuelve de nuevo al Vendor Center (Centro del Proveedor). Todos los proveedores con sus balances abiertos se enlistan. Destacando a un proveedor, puedes ver sus transacciones.

F. Edición y supresión de facturas

Cuando destaqué Progress Energy , noté que había reservado la factura de electricidad de octubre dos veces.

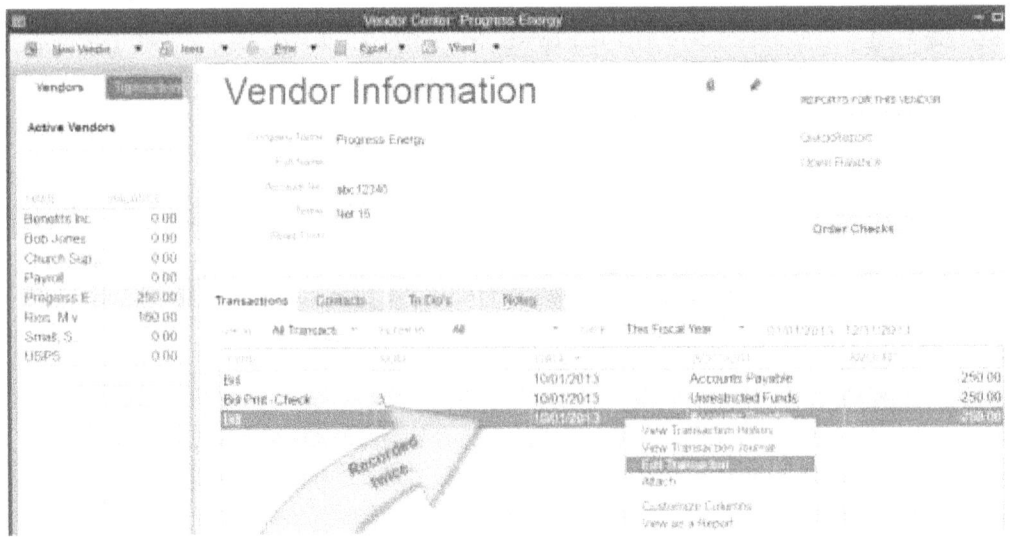

Registrado dos veces.

Para remediar esta situación, tengo que destacar la entrada de la factura en el error y presionar el botón derecho. Esto mostrará un menú desplegable que me permite corregir la transacción si selecciono *Edit Transaction* (Editar la Transacción)

La factura aparecerá como se ingresó. Puedo corregir ahora las cantidades, cuentas de gastos o clases, pero como esto era un duplicado, lo tengo que suprimir. En lo alto de la ventana hay una X azul, marco **Delete** (Borrar).

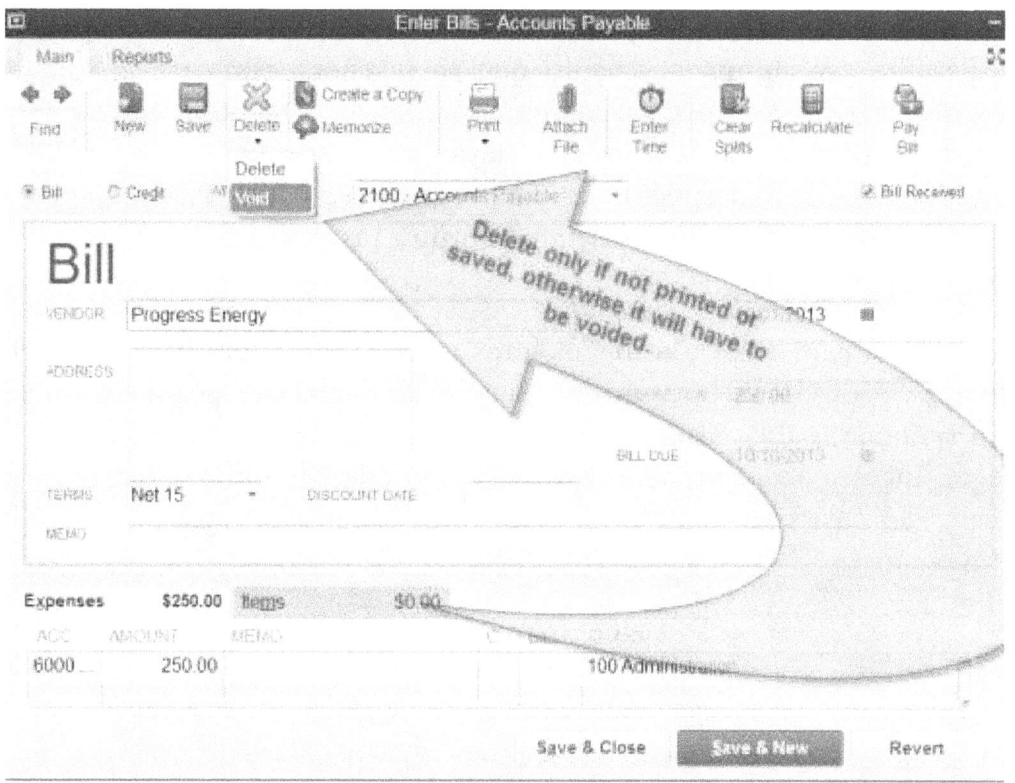

Sólo suprime si no has impreso o guardado, sino se tendrá que vaciar.

La factura ahora puede ser borrada o vaciada. Como un duplicado que no se ha guardado ni se ha impreso, la puedo borrar. Si necesitas un registro de la factura, selecciona *Void* (Vaciaranular). Aparecerá una ventana de advertencia que preguntará si estás seguro. Si lo estás, selecciona *Yes (Sí)* y estarás de vuelta en la pantalla de cuentas.

G.   Menú principal de ingreso de facturas

Me gustaría revisar el menú superior de la ventana de facturas contigo.

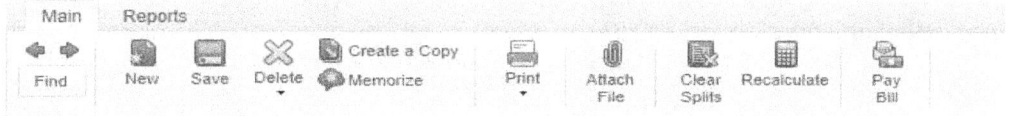

Las flechas **de Find** (Encontrar) se deslizan a través de tus facturas ingresadas por fecha. **New** (Nuevo) te llevará a una ventana de **Enter Bills** (Ingresar Facturas) vacía. Selecciona **Save** (Guardar) para asegurarte de que cualquier cambio en la factura se registre. **Delete** (Borrar) y **Memorize** (Memorizar) ya fueron revisados anteriormente. **Create a Copy** (Crear una copia) duplica una factura pero no ofrece recordatorios.

Print (Imprimir) se explica por sí mismo. **Attach File** (Adjuntar Archivo) te permite cargar un documento que se relaciona con esta factura. Si escaneas tus facturas, podrías adjuntar el archivo aquí. **Clear splits** borra todos los artículos de la línea que hayas registrado para esta factura si cambias de opinión después de asignar el gasto. **Pay Bill** (Pagar factura) te llevará a una ventana que te permite imprimir los cheques.

H. Pago de facturas

Has ingresado todas las facturas y estás listo ahora para cortar los cheques. Todas las facturas no son pagadas al mismo tiempo, por tanto irás a la ventana de **Pay Bills** (Pagar Facturas) para seleccionar las que vas a pagar. Ingresa a la ventana a través del ícono de Pay Bills en la página de inicio, del botón en el menú de ingreso de facturas, o de los menús del proveedor.

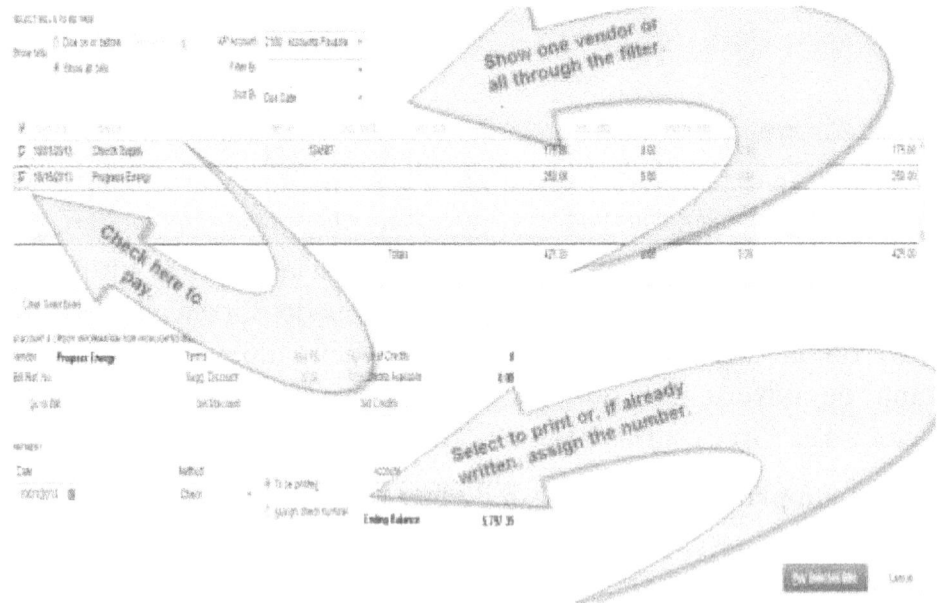

Muestra a un proveedor o hasta el final del filtro.
Comprueba aquí para pagar.
Selecciona para imprimir o, si ya está, asignar el número.

Esta pantalla pondrá en una lista todas las facturas por fecha específica o, si prefieres, todas las facturas. Hay una cuenta por defecto de facturas por pagar que no tendría que cambiarse. La opción de **Filter By** (Filtrar Por) te puede mostrar a todos los proveedores o sólo uno. La opción **Sort By** (Ordenar Por) te da la opción de ver los listados por nombre del proveedor, monto, o vencimiento.

Selecciona las facturas por pagar haciendo click en la pequeña ventana al lado de la factura. Hacia la parte inferior de la ventana, elegirás la fecha de pago, y señalarás si el cheque debe ser impreso o no. Elige el número de cheque asignar (*Assign check number*) si has expedido ya el cheque a mano y tienes que ingresarlo en el sistema. La cuenta por defecto es la que designaste en las preferencias del pago establecidas al principio. Esto se puede anular usando la flecha de lista desplegable.

Si has comprado este artículo de la factura usando una tarjeta de crédito, selecciona *Credit card* (Tarjeta de crédito) debajo de Method (Método). La cuenta tendrá relacionarse entonces a una tarjeta de crédito en el plan de cuentas. Más tarde en el capítulo, te explicaré las diferentes maneras de gastos de la tarjeta de crédito.

Una vez que hayas seleccionado las facturas que te gustaría pagar, haz clic en *Pay Selected Bills* (Pagar Facturas Seleccionadas) y aparecerá un cuadro de diálogo que resume las selecciones. Selecciona *Print Checks* (Imprimir Cheques) y verás la siguiente ventana.

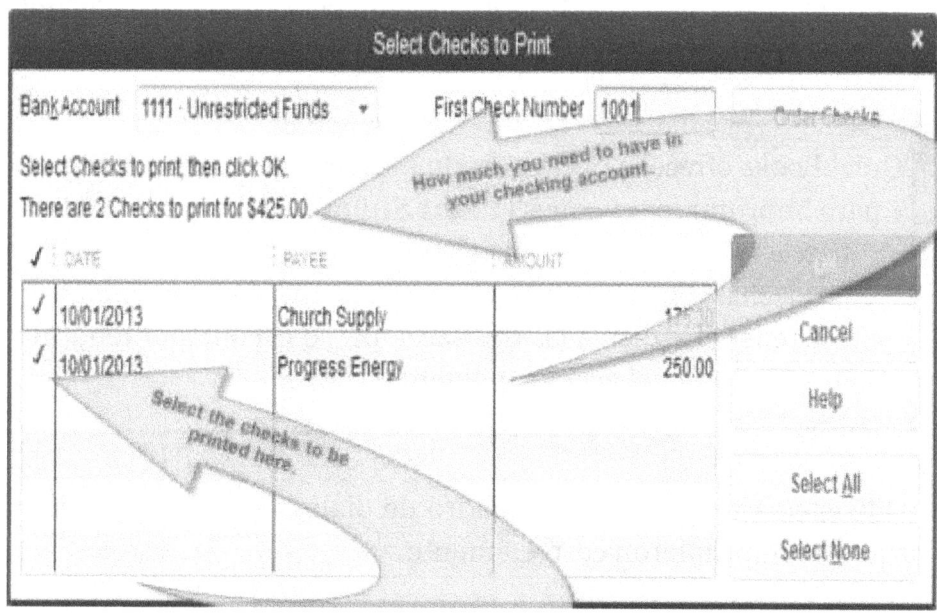

Selecciona aquí los cheques para imprimir.
Cuánto tienes que tener en tu cuenta corriente.

El sistema te dirá cuánto dinero se requerirá. Puedes seleccionar algunas facturas o todas para pagar. El **First Check Number** (Primer Número de Cheque) será por defecto la siguiente revisión de la serie de las impresiones previas. Una vez que estés satisfecho con las selecciones, pulsa OK.

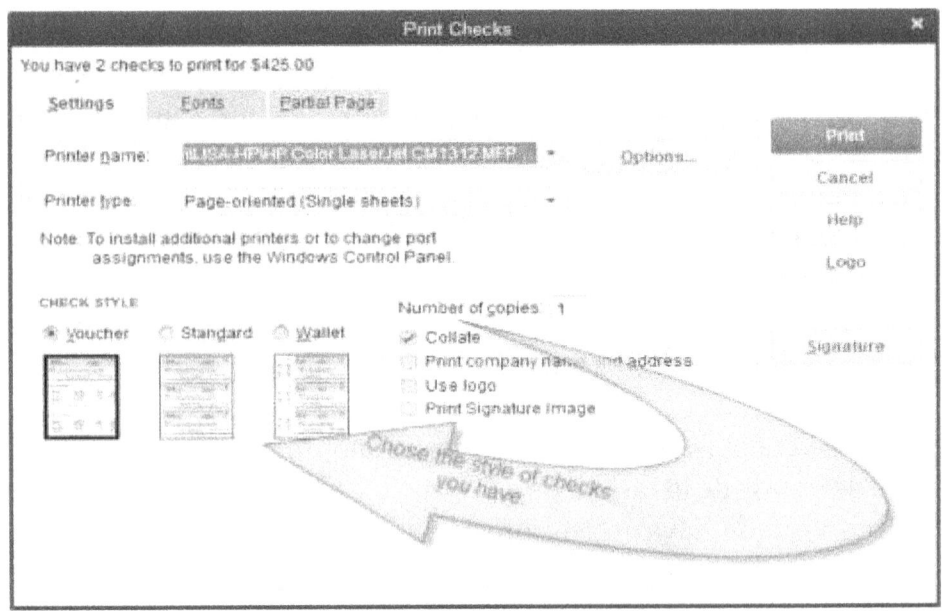

Elige el estilo de los cheques que tienes.

Seleccionarás qué impresora y el estilo de tus cheques y seleccionarás *Print*.

> QuickBooks ofrece la opción de almacenar una firma electrónica para imprimir los cheques (**Print Signature Image**). No la uses a menos que tenga un sistema de multiusuarios con contraseñas; por otra parte el signatario del cheque también podría tener el acceso a las transacciones, o el contador tendría el acceso al dinero efectivo.

El sistema te mostrará un cuadro de diálogo que pide verificar que los cheques se imprimieron correctamente.

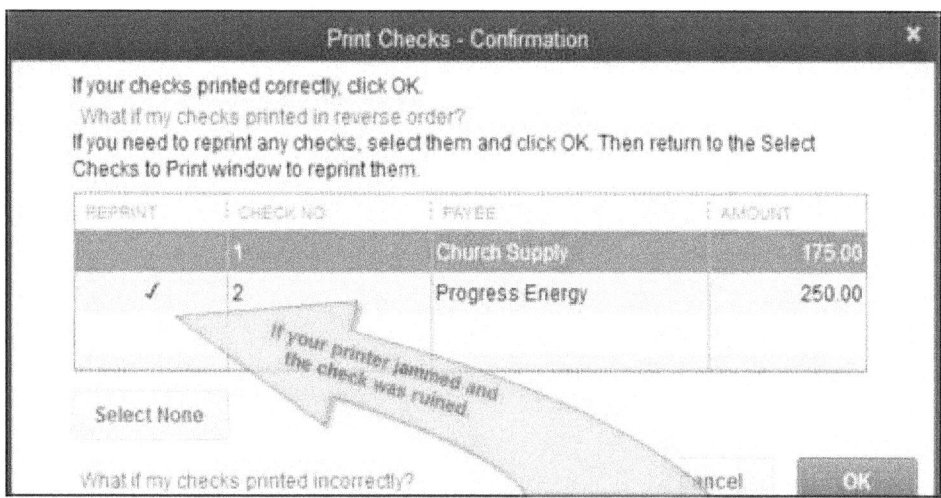

Si tu impresora se atasca y el cheque se arruinó.

Si todos los cheques se imprimieron correctamente, no compruebes ninguno de los artículos y selecciona OK. Si la impresora se atasca y el último cheque es ilegible, QuickBooks te facilita reimprimir cheque. Simplemente selecciona el cheque que se tiene que reimprimir y presiona OK. Puedes volver entonces a la ventana **Select Checks to Print** a través del icono **Print Checks** (Imprimir Cheques) en la página de inicio y reimprimir.

I. **Pagos bancarios en línea**

Si utilizas la banca en línea a través del sitio web de tu banco, todavía ingresarás y seleccionarás facturas para pagar como he mencionado anteriormente. Pero en la parte inferior de la ventana de **Pay Bills**, tendrás que seleccionar *Assign check number* (Asignar número de cheque). Una vez selecciones *Pay Selected Bills,* aparecerá la siguiente ventana.

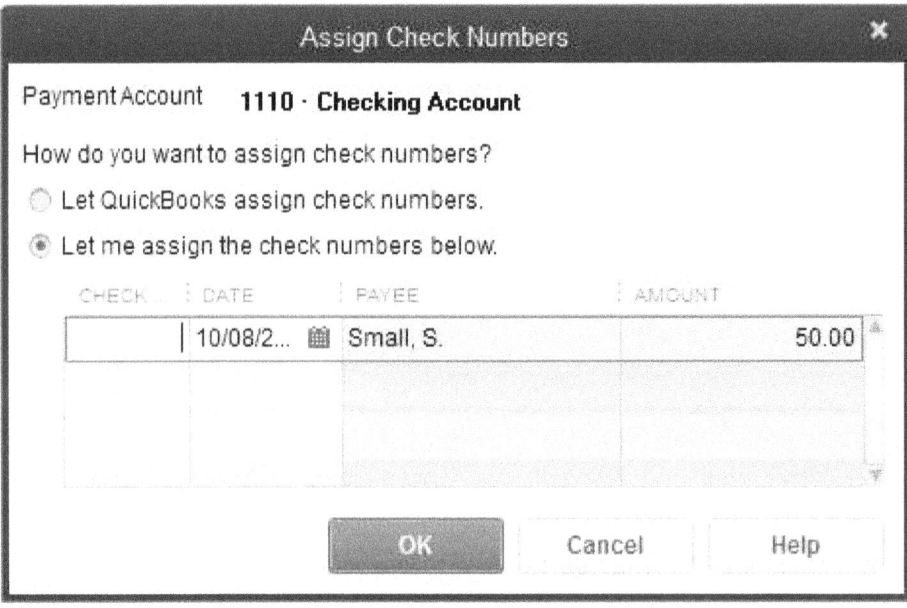

Ingresa un número que te diga que es un retiro bancario en línea (quizás X01, X02, etc.) y presiona OK.

J. Expedir cheques

Todas tus facturas se han pagado. Pero tu organista sólo se detuvo brevemente y necesita un reembolso de algunas partituras. En lugar de ingresar esto como una factura que luego debe ser pagada, puedes ir directamente a la opción **Write checks** (Expedir cheques) de la página de inicio o debajo de **Banking**.

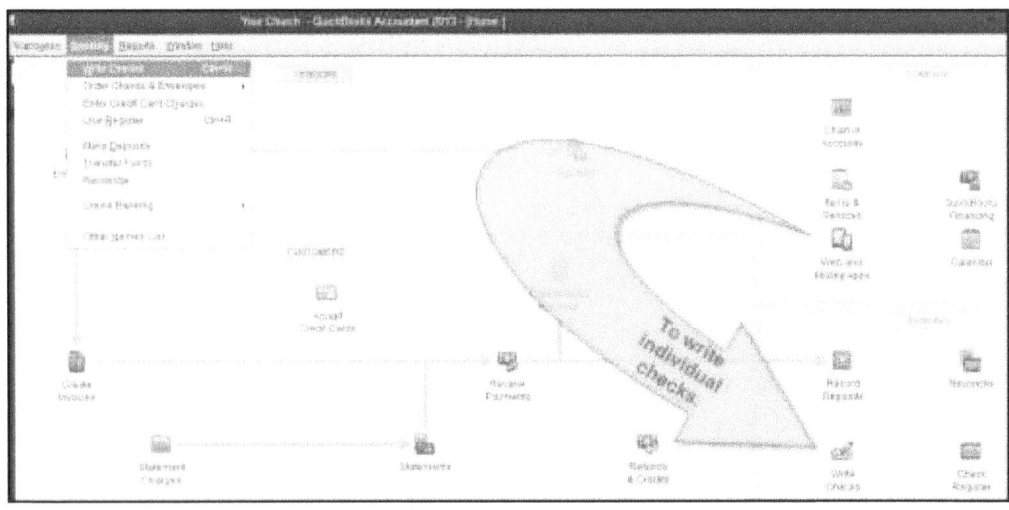

Para expedir cheques individuales.

Aparecerá una pantalla que parece un cheque

Usa esto si no tienes que introducir la dirección.
Usa esto para ingresar información detallada.

La fecha de hoy aparecerá por defecto, y habrá una ventana para pagar al pedido (**Pay To Order Of**). Las opciones debajo de este botón se despliegan en lista a todos los proveedores, clientes y empleados que se han establecido. (Debajo de **Bills**, sólo se ponen en lista los proveedores). Cuando introduje el parque Gertrude, una ventana de advertencia aparece que no está todavía en el sistema.

Hay dos opciones disponibles para establecer a Gertrude en el sistema. La primera es **Quick Add** (Adición Rápida). Ésta pone su nombre en el sistema y si gustas puedes añadir otra información más tarde. Usa esta opción de ingresar para poner nombres rápidamente y así no requieres toda la información adicional que se rastrea para proveedores o miembros.

La opción **Set Up** (Organizar) te lleva al menú de entrada para un nuevo proveedor, donante o empleado y te permite determinar toda la información relacionada. Si el cheque se enviará por correo, tienes que usar la opción *Set UP* (Organizar).

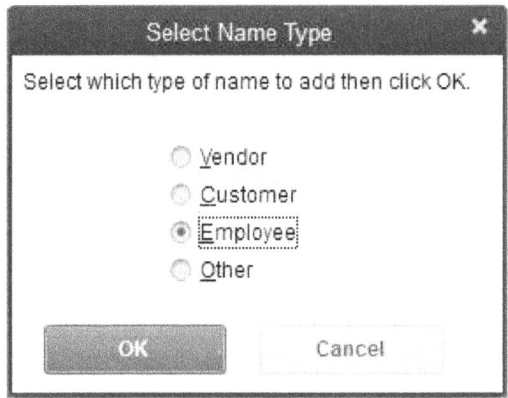

Una vez decides qué sistema usar, la ventana aparecerá. Si usas la opción Set Up, el sistema te llevará entonces a la ventana de entrada relacionada, o, si eligieras Quick Add, atrás al control (cheque).

Una vez de vuelta a la ventana de *Write Checks* (Expedir Cheques), ingresa la cantidad y los artículos de la línea.

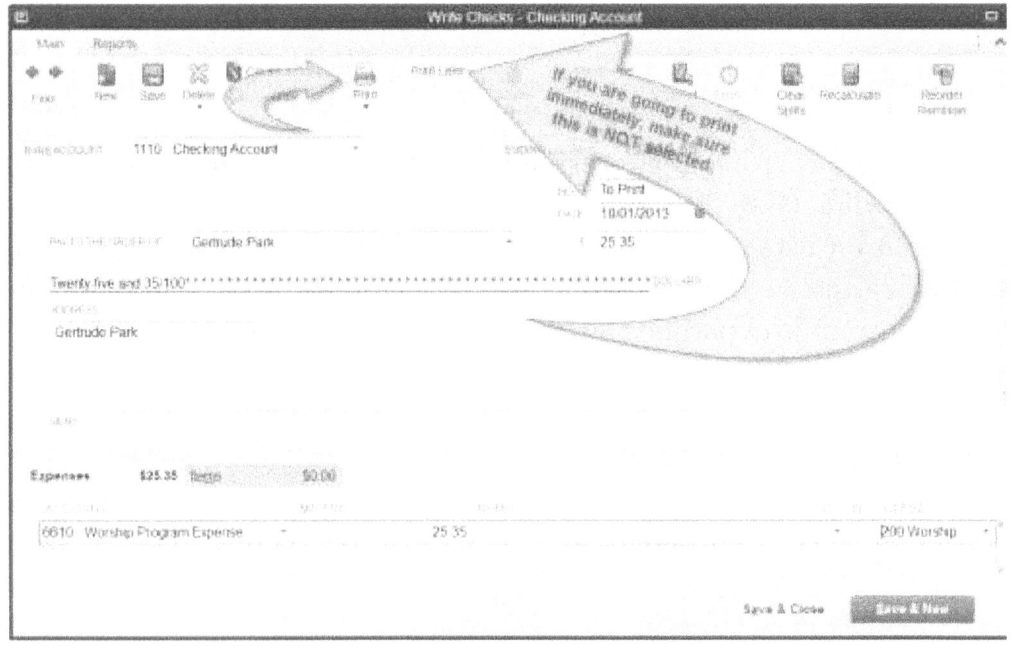

Si vas a imprimir inmediatamente, asegúrate de que esto no esté seleccionado.

Notarás que la ventana se parece a la ventana de Enter Bills. Para imprimir cheque inmediatamente, asegúrate de que la opción **Print Later** (Imprimir más Tarde) no esté seleccionada.

Selecciona el ícono *Print* (Imprimir) y un cuadro de diálogo pedirá el siguiente número de cheque. Pon el cheque en la impresora, escribe en el espacio de número de cheque y selecciona *OK*. El resto de las ventanas siguen la misma secuencia que antes para imprimir cheques.

> Si prefieres entrar en reembolsos del usuario y del empleado a través de la ventana Enter Bills, tendrá que establecer cuentas del proveedor. Si intentas usar el mismo nombre que en la cuenta del donante, recibirá un error. Una opción es poner una pequeña "v" después del nombre para distinguir (es decir **Smith, J** es el donante y **Smith, J v** es la cuenta del proveedor).

K. Cheques escritos a mano

A veces tendrás que expedir un cheque a mano e ingresarlo en el sistema más tarde. Puedes hacer esto a través de la opción **Write Checks** (Expedir Cheques). La diferencia entre lo que acabamos de cubrir y un cheque que estaba escrito es el ingreso a número de cheques escritos a mano.

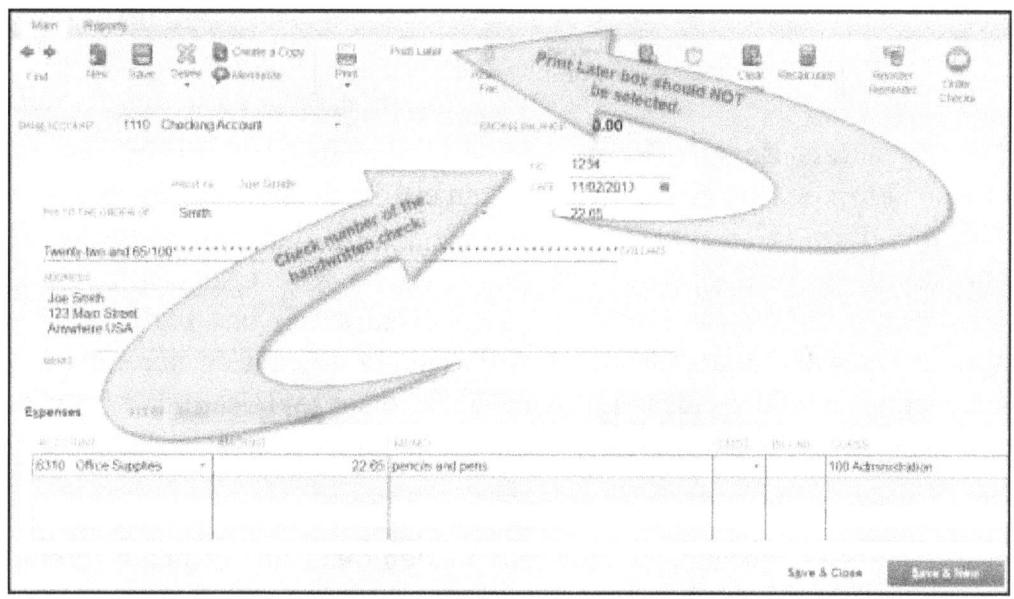

La opción Print Later no debe estar seleccionada

Número de cheque del cheque escrito a mano.

No reelijas la casilla Print Later e introduce el número de cheque escrito a mano. El resto de la información se entra como antes. Luego Guarda & Cierra y el cheque se registrará.

L. **Giros bancarios**

Si tienes giros bancarios regulares es más fácil de memorizarlos a través de la opción **Write Checks** (Escribir Cheques). En la ventana de inicio selecciona el ícono de Write Checks.

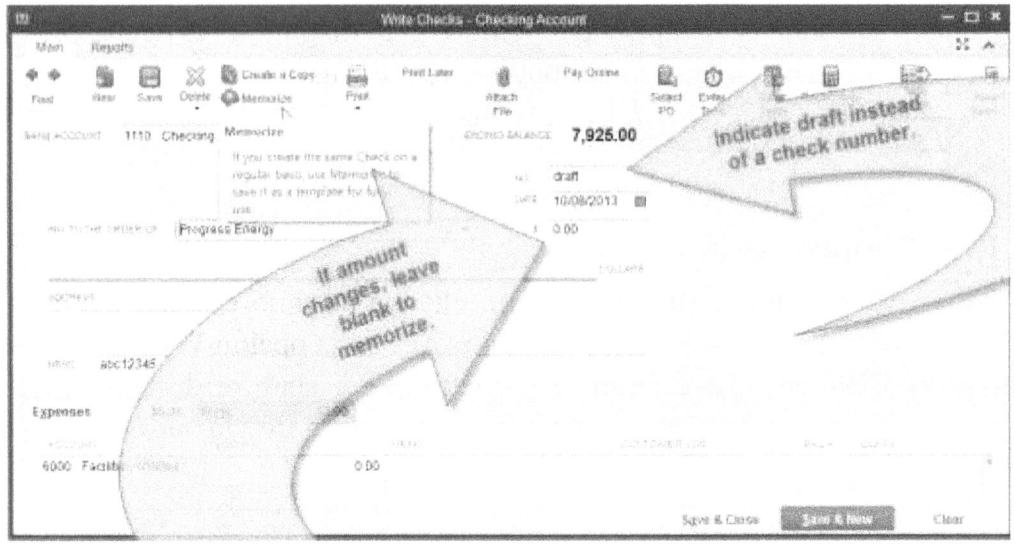

Si la cantidad cambia, deja el espacio blanco para memorizar.

Escribe proyecto en vez de un número de cheque.

Asegúrate de que **Print Later** (Imprimir más Tarde) no esté seleccionado y escribe *Proyecto* (Draft) en el área del número de cheque. Si la cantidad es la misma mensualmente, sigue adelante e ingrese la cantidad. Si no, deja el espacio en blanco. Llena el resto del formulario y luego memorízalo como hiciste para las facturas. Si has ingresado una cantidad, el sistema la descontará de la cuenta de caja. Si no, corregirás este cheque cuando recibas el estado bancario sobre la cantidad cobrada. Para finalizar seleccionando *Save & Close* (Guardar y Cerrar).

M. **Ingresando recibos de tarjeta de crédito**

Algunos empleados de la iglesia pueden tener una tarjeta de crédito a nombre de la iglesia. Los gastos tienen que ser respaldados con recibos, entrados al sistema y la factura de la tarjeta de crédito de pago. Hay dos enfoques básicos para manejar los gastos de la tarjeta de crédito.

La primera opción es la de entregar al empleado una copia de la factura cuando llega y requiere que ellos llenen un informe de gastos detallando para qué fueron los gastos. Los recibos deberán adjuntarse al informe de gastos para ser aprobados por un supervisor. El informe de gastos aprobados se introduce entonces como una factura.

La segunda opción pedir y aprobar la firma del empleado en los recibos que impliquen el uso de la tarjeta de crédito. El tesorero sabrá entonces cuánto dinero efectivo será necesario para pagar la factura cuando llegue.

En QuickBooks, los cargos de la tarjeta de crédito se manejan un poco diferentes de otras facturas. En vez de ingresar los gastos a través del Vendor Center (Centro del proveedor), ve a la barra del menú y selecciona *Banking, luego selecciona Enter Credit Card Charges* (Ingresar Gastos de Tarjeta de Crédito).

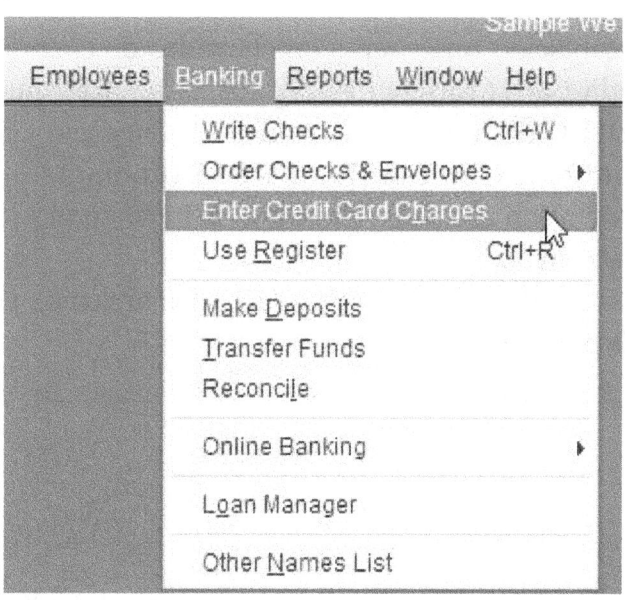

Se abrirá una ventana que es muy similar a la ventana para pagar facturas.

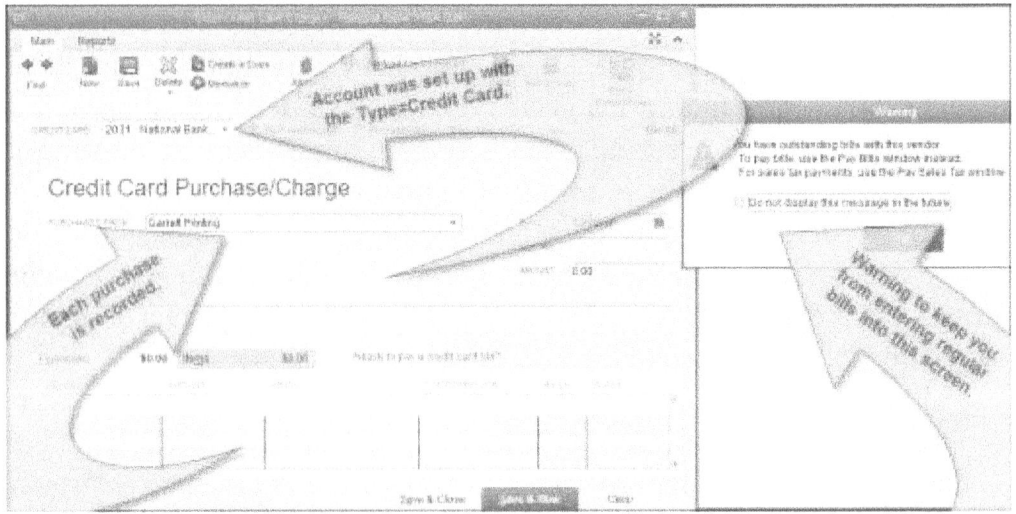

La cuenta se estableció con la opción Type= Credit Card (Tarjeta de crédito).
Cada compra se registra.   Advertencia para impedirte ingresar facturas regulares en esta pantalla.

Si has establecido una cuenta en el cuadro de cuentas con la opción definida de Credit Card (Tarjeta de Crédito), la tendrás que seleccionar en la caja de CREDIT CARD. Ingresa el nombre del negocio en el recibo de la tarjeta de crédito en **PURCHASED FROM** (Comprado a). Si ya tienes facturas pendientes con ese proveedor, QuickBooks te pide que te asegures de que quieres acceder a esta ventana.

Pon la cantidad de compra y desglosa los artículos por línea debajo de la pestaña **Expenses** (Gastos).

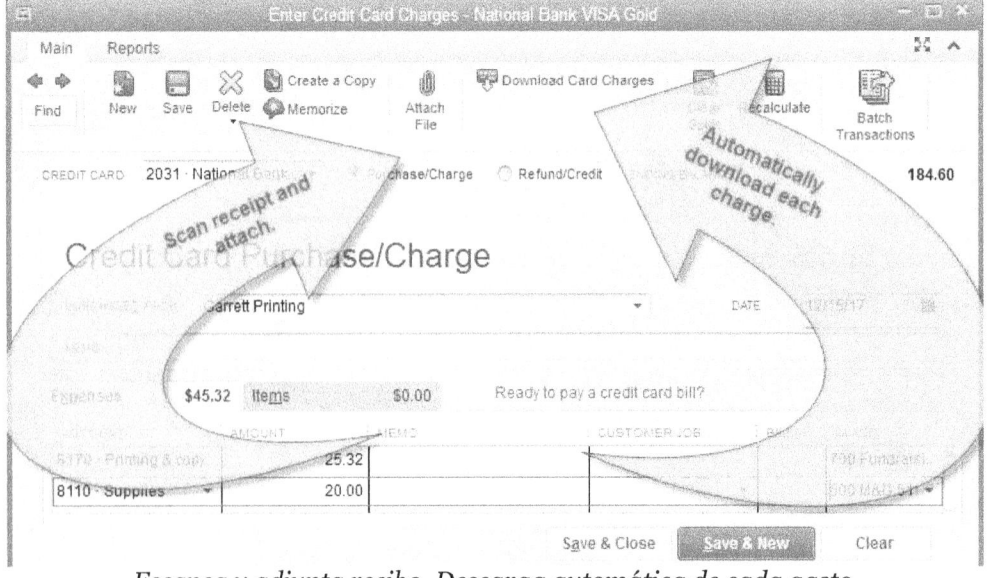

Escanea y adjunta recibo. Descarga automática de cada gasto.

Continúa entrando a mano en los recibos a medida que los recibes. También puedes escanear el recibo y adjuntarlo al archivo.

Si prefirieras no ingresar manualmente cada recibo, el sistema se unirá con tu cuenta de tarjeta de crédito en línea debajo de **Download Card Charges** (Descarga de Cargos de Tarjeta). En el siguiente capítulo, te mostraré cómo conciliar cuentas bancarias. Puedes usar la misma función para conciliar tu cuenta de tarjeta de crédito.

> Si usas la función de descarga, todavía debes recibir los recibos con aprobaciones.

N. Créditos recibidos por proveedores

Tu iglesia puede devolver un artículo o recibir un aviso de que fueron sobrecargados por un proveedor. El proveedor publicará un crédito a la cuenta. Tendrás que ingresar este crédito antes de pagarle al proveedor. Para hacer esto, ve a la ventana **Enter Bills**.

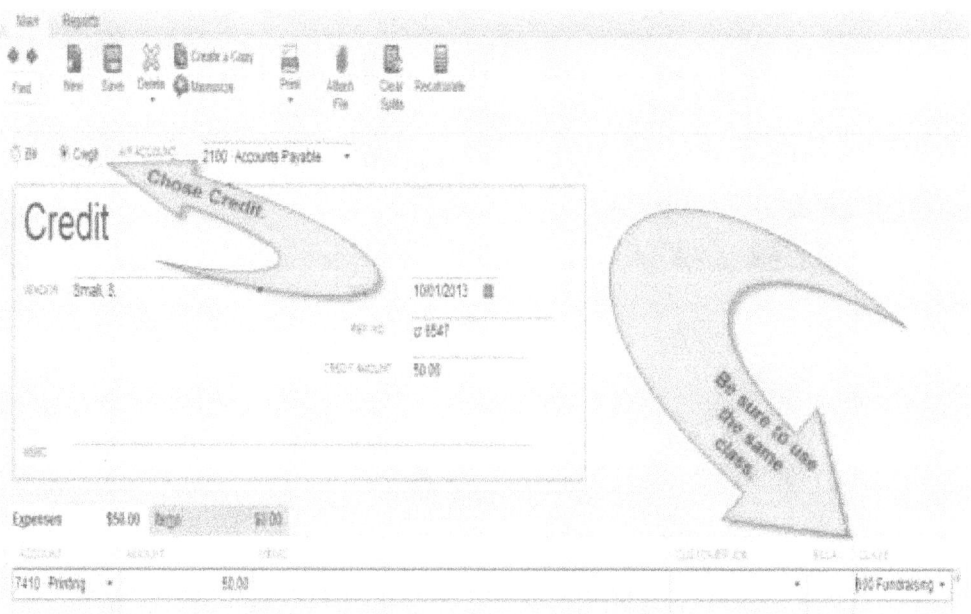

Elige Credit.   *Asegúrate de usar la misma clase.*

Por la parte superior de la ventana, a lado de **CREDIT** (Crédito) encontrarás un pequeño círculo. Selecciónalo y se abrirá una ventana similar a la que tienes abierta. Ingresa el nombre del proveedor, el número del crédito o el número de factura que se va a aplicar, y la cantidad. La línea debajo de Expenses (Gastos) se rellenará con el último gasto utilizado para ese proveedor, pero es necesario actualizar la clase correcta. Selecciona *Save and Close* (Guardar y Cerrar). Para aplicar este crédito contra **una factura ya ingresada**, ve a *Pay Bills (Pagar Facturas)*.

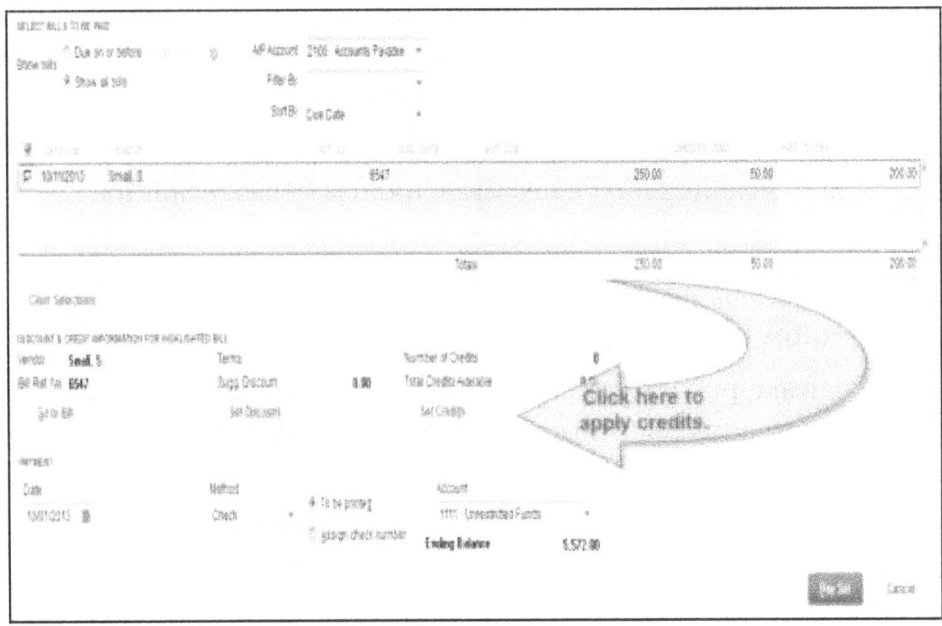

Haz click aquí para aplicar créditos.

Seleccionando la tabla de *Set Credits* (Establecer Créditos), se activará la siguiente ventana.

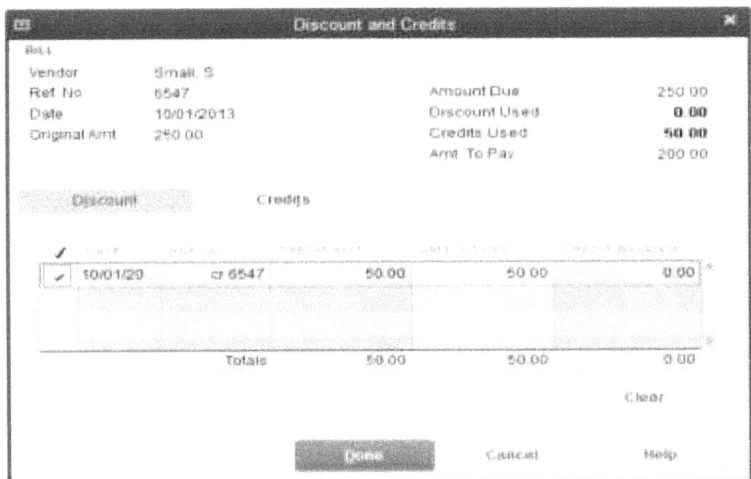

Elige el crédito que deseas aplicar y has click luego *en Done* (Hecho).

Esto te devolverá a la ventana anterior con el crédito marcado en la columna **CREDIT USED** (CRÉDITOS USADOS) Puedes hacer clic entonces *en Pay Selected Bills* (Pagar Facturas Seleccionadas), y se generará el cheque por la cantidad de la factura menos el crédito aplicado.

O. **Entradas de la nómina**

Hay numerosos modos en que las iglesias preparan su nómina. La mayoría hacen uso de un servicio externo que se ocupa de todos los requisitos legales, de presentación de reportes y permisos para depósitos directos. Otras usan a un contador para que lo maneje todo. Las demás preparan su nómina ellas mismas. Está más allá del alcance de este libro explicar cómo hacer cada uno de éstas, por tanto te guiaré por el enfoque más común: cómo registrar la nómina a través de un servicio exterior.

1. **Usando un diario de entradas para registrar la nómina**

El registro de la nómina se puede hacer vía diario de entradas o a través de la pantalla **Write Checks** (Expedir Cheques). Primero explicaré la opción del diario de entradas. Si recuerdas, usaste del diario de entradas para registrar tus equilibrios del principio. Lo usarás ahora para registrar la nómina de cada período.

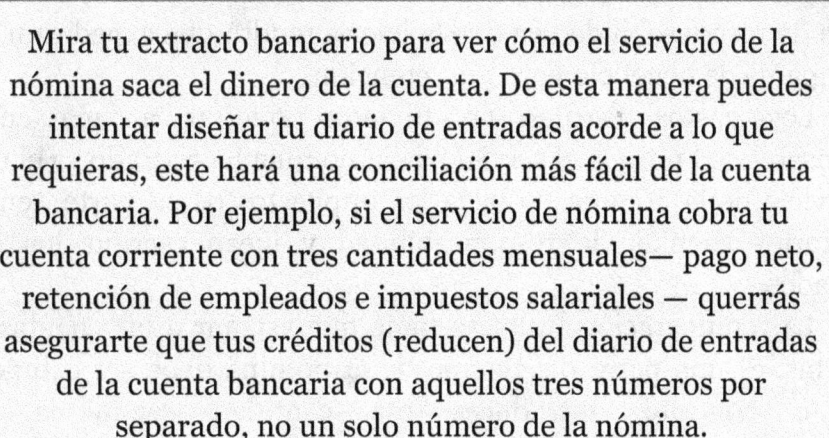

Mira tu extracto bancario para ver cómo el servicio de la nómina saca el dinero de la cuenta. De esta manera puedes intentar diseñar tu diario de entradas acorde a lo que requieras, este hará una conciliación más fácil de la cuenta bancaria. Por ejemplo, si el servicio de nómina cobra tu cuenta corriente con tres cantidades mensuales— pago neto, retención de empleados e impuestos salariales — querrás asegurarte que tus créditos (reducen) del diario de entradas de la cuenta bancaria con aquellos tres números por separado, no un solo número de la nómina.

La primera cosa que me gusta hacer es diseñar una hoja de cálculo para el diario de entradas. Esto es un paso extra, pero asegura que una vez que tengo todas las asignaciones completadas, la entrada se equilibrará.

www.accountantbesideyou.com

	Your Church			
	Payroll Entry			
	10/31/2013			
Description	Account	Class	Debit	Credit
Total Gross Pay-Clergy	Clergy Salary Expense	Worship	5,000.00	
Total Gross Pay-Lay Ministers	Lay Ministers Salary Expense	Worship	3,000.00	
Total Gross Pay-Admin.	Administrative Salary Expense	Administration	4,000.00	
Total Gross Pay-Maintenance	Maintenance Wages Expense	Administration	2,000.00	
Employer Liabilities	Clergy Payroll Tax Expense	Worship	400.00	
Employer Liabilities	Other Payroll Tax Expense	Administration	752.00	
Benefit Contributions Withheld	Other Withholdings Liability			500.00
Non-Direct Deposit Check	Cash			1,680.00
Net Pay Allocations	Cash			10,248.00
Employee Tax Withholdings	Cash			1,572.00
Employer Liabilities	Cash			1,152.00
Totals			$15,152.00	$15,152.00

Comenzando desde arriba, esta entrada supone que el servicio de la nómina haya tirado electrónicamente el pago neto (US$10.248), la retención del empleado (US$1.572) y las responsabilidades del empleador (US$1.152) fuera de las cantidades de la cuenta de caja. También refleja un cheque expedido a un empleado que no usó el depósito directo (US$1.680). Esto es importante para poner en una lista por separado ya que aclarará el banco como un cheque.

Las contribuciones de beneficios retenidos (US$500) entran en una cuenta de responsabilidad ya que la iglesia tendrá que expedir un cheque a la compañía de beneficio para esa retención.

Los gastos fiscales no tuvieron que ir a una cuenta de responsabilidad porque el servicio de la nómina ha retirado ya el dinero. Si tu servicio de la nómina no paga los impuestos de su parte, tendrás que registrarlos cuentas de responsabilidad y luego escribir los controles adecuados.

La remuneración bruta se tiene que asignar a las cuentas y clases correctas. Si una parte del tiempo de la nómina debe ser cobrado a una beca o contrato, introduces esa cantidad según la columna **Customer:Job**. (Cliente: Trabajo) Si los informes de tu servicio de nómina no agrupan a los empleados por el programa, pregunta a tu representante de nómina si esto se puede cambiar. Esto funciona bien si las personas pagan en total a un programa. Tener sus informes totaliza los dólares por el programa hace mucho más fácil ingresar el diario de entradas.

> Todos los artículos del gasto deben tener una clase designada. Esta es la forma de asignar los gastos a programas.

Debajo del menú **Company** (Compañía), selecciona. *Make General Journal Entries* (Hacer Diario General de Entradas). Esto te llevará a una ventana que te permite introducir tu entrada en la hoja de cálculo que acabamos de completar.

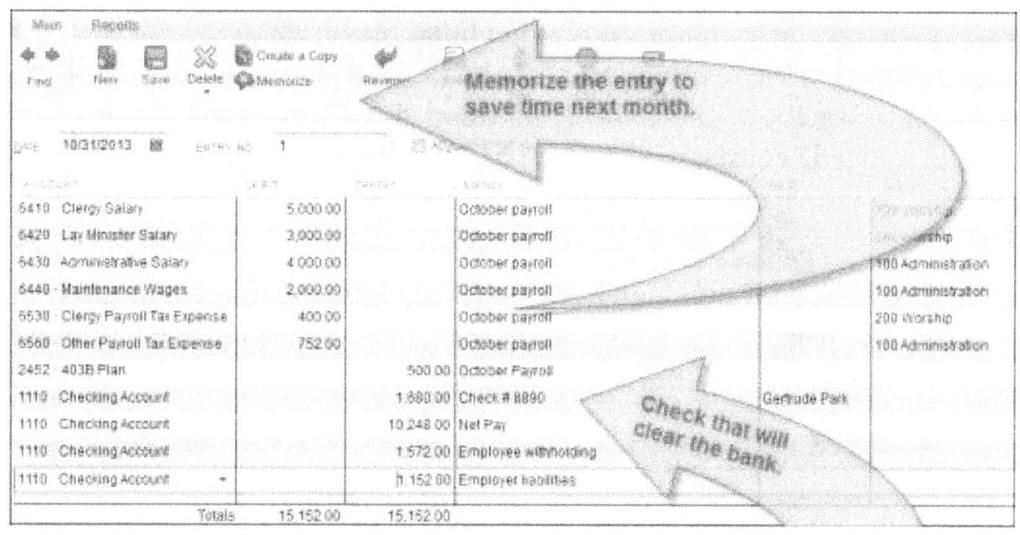

Memoriza la entrada para ahorrar tiempo el próximo mes.
Comprueba que esto limpiará el banco.

Como ingresaste en los números de cuenta y cantidades, por favor ten en cuenta que el sistema no requiere que tú uses la subcuenta más bajo. Tendrás que ser extra cuidadoso y asegurarte de que usas la cuenta correcta, sobre todo si usas subcuentas para rastrear el dinero efectivo restringido.

Para cualquier nómina que no sea depositada directamente, registra el número de cheque para hacer la conciliación de la cuenta bancaria más fácil. Si tu nómina es bastante consistente, considera la memorización de la entrada y que el sistema registra de manera automática cada mes. Tendrás que corregir la entrada para los datos actuales, pero ahorrará tiempo en la introducción de datos. Los diarios de entrada se memorizan del mismo modo que las facturas de las que hablamos anteriormente.

2. Ingresar nomina a través de la ventana de expedir cheques

La otra manera ingresar nómina desde un servicio exterior es a través de la ventana **Write Checks** (Expedir Cheques). Esto es en lugar del diario de entradas. Debes asegurarte de que cada giro bancario se trata como un cheque separado. Establece un proveedor llamado Nómina y el registra el primer cheque para ver el pago neto.

Debajo de la pestaña de **Expenses** (Gastos), tendrás que registrar los niveles de la remuneración bruta por la clase. Las retenciones del empleado serán codificadas como retenciones con un signo menos (-) antes de la cantidad. Esto es para hacer el registro de entrada igual al salario neto que de los empleados en realidad recibieron.

Usando el ejemplo anterior, expedirás tres cheques más — dos para los otros proyectos y uno para la cantidad del depósito no directa. Si tu nómina se queda consistente, memoriza estos cheques y corrígelos para los períodos de los pagos siguientes.

3. Pago de la contribución de beneficios

Hay una cosa más por hacer antes de que terminemos la nómina. Tenemos que pagar la contribución de beneficios que se retuvo. Harás esto a través de la ventana Write Checks (Expedir Cheques).

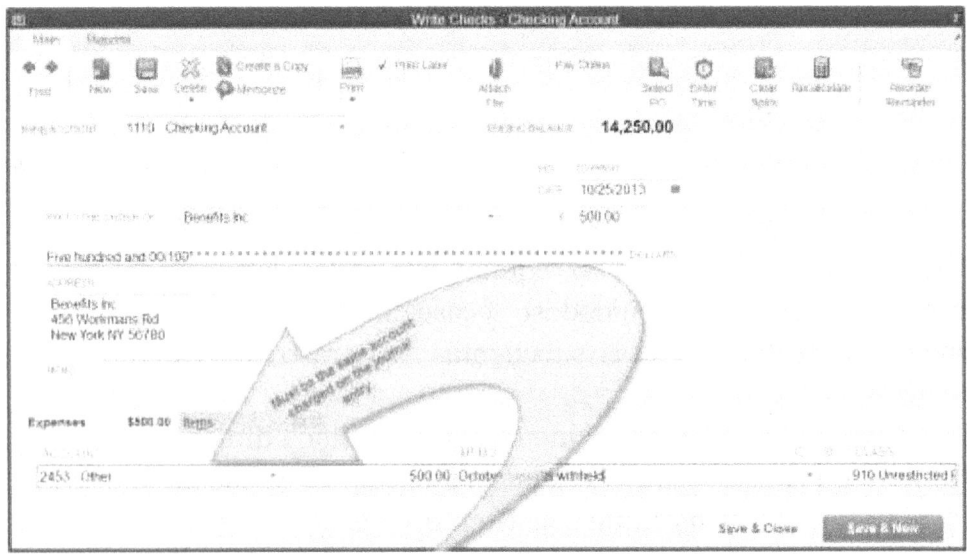

Debe ser la misma cuenta cobrada en el diario de entradas.

Ingresa el nombre del proveedor de beneficios, pero debajo de **Expenses** (Gastos), selecciona la cuenta de responsabilidad cobrada en la entrada de la nómina. Selecciona *Save and Close* (Guardar y Cerrar). Esto deberá ajustar a cero la cuenta de responsabilidad.

P. Asignación automática de gastos

Por lo general los programas de contabilidad dedicados a las organizaciones sin fines de lucro ofrecen una asignación automática de la opción de gastos, tales como la distribución del costo de electricidad a través de todos los programas que usan el edificio de la iglesia. Esto permite que el usuario defina porcentajes o cantidades por programa y calcule automáticamente el estimado del y publique el gasto general para cualquier proveedor o transacción. QuickBooks no hace esto. Sin embargo, te mostraré un trabajo alrededor de esta opción. Llevará algo de tiempo para establecerse, pero si deseas asignar gastos, te ahorrará tiempo más tarde.

Para establecer las asignaciones, utilizarás la función de artículos. Ve a la barra del menú y selecciona *Lists* (Listas), Item List *(Lista de Artículos), Item* (Artículo), *New* (Nuevo). Establece un nuevo artículo de servicio para el gasto. En este caso, establecí Eléctrico.

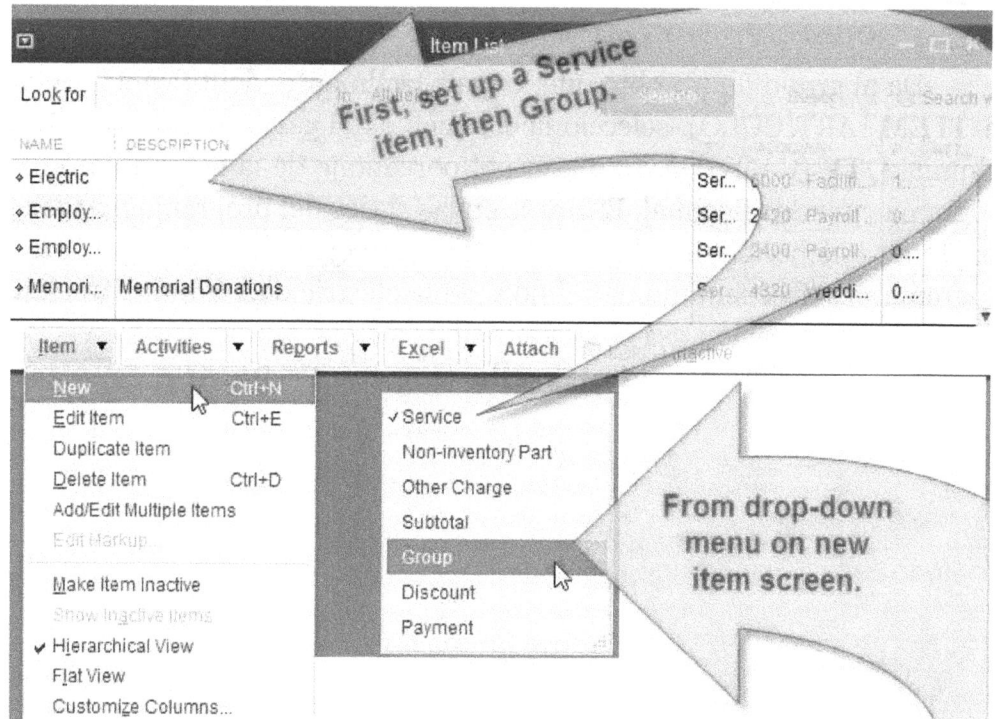

En primer lugar, establece Service ítem (Artículo de servicio), luego Group (Grupo). Del menú desplegable en una nueva ventana de artículo.

Sube el nuevo menú del artículo otra vez y selecciona *Group* (Grupo).

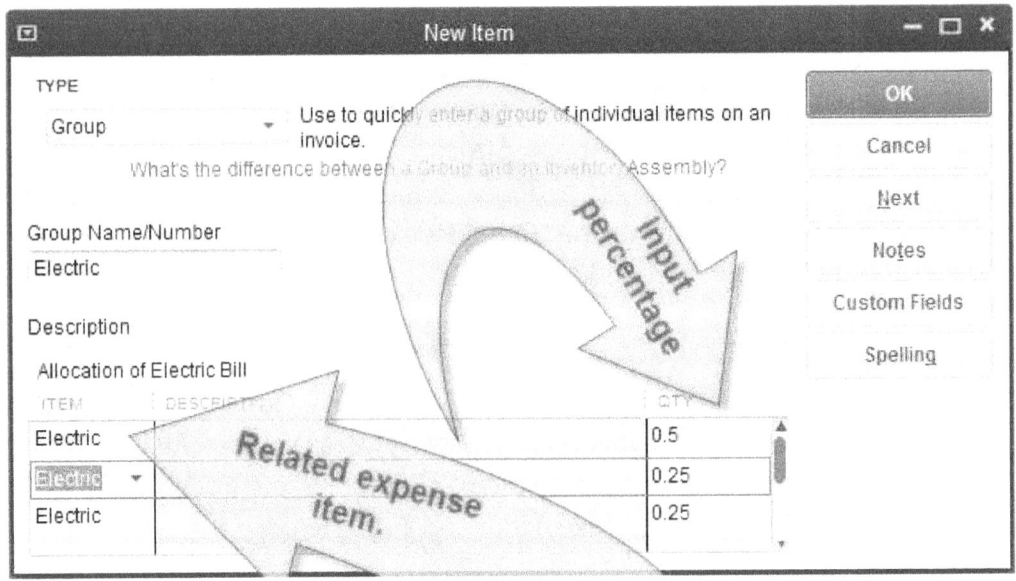

Artículo del gasto relacionado.   *Porcentaje de entrada.*

Da al grupo un nombre que lo hará fácilmente identificable. Debajo de **ITEM** (ARTÍCULO), selecciona el artículo del gasto relacionado. En la columna **QTY** (CANTIDAD), ingresa el porcentaje de la factura para cada programa en modo decimal. Entrarás en las clases del programa más tarde. Los totales deberían añadir 1.00. En este ejemplo, supongo que el programa más frecuentado use el 50% de la electricidad, administraciones usa el 25%, y educación usa el 25%.

Haz clic *en OK* y trae **Enter Bills** (Ingresar Facturas).

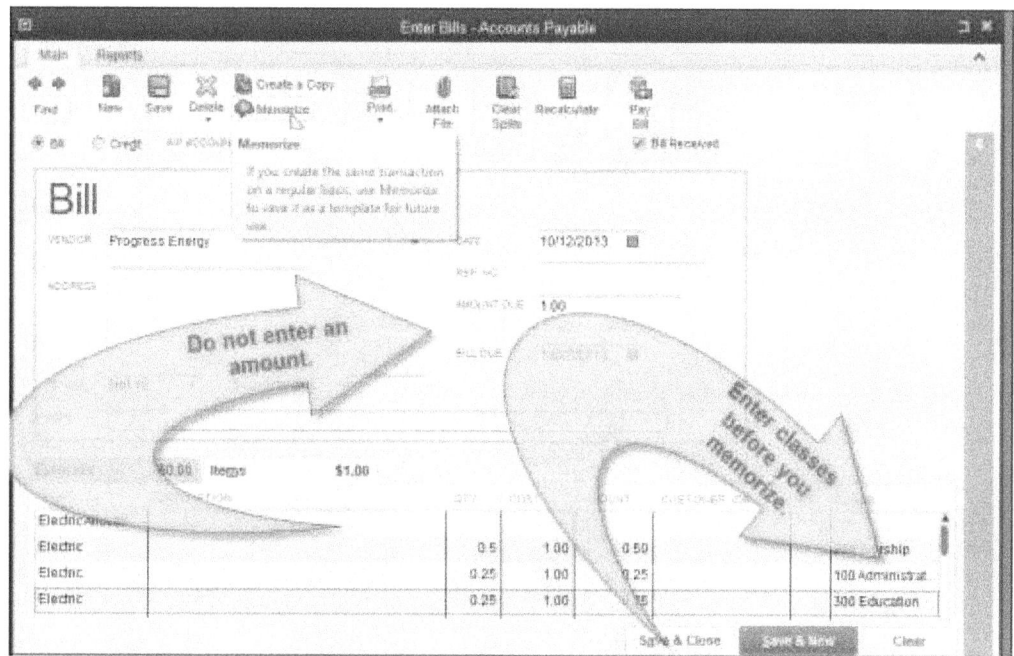

No ingreses una cantidad.   Ingresa las clases antes de memorizarlas.

Ingresa el nombre del proveedor, pero no una cantidad o número de referencia. Usarás la pestaña **Items** en vez de la pestaña **Expenses**. Debajo de **ITEM**, selecciona la asignación del grupo. Las cantidades te mostrarán los porcentajes guardados de ese grupo, pero las clases aparecerán en blanco. Entra la información del programa debajo de **CLASSES** y luego *Memorize* la factura. No selecciones *Save & Close* a este punto o verás una factura hecha por US$1,00 en tu lista de acreedores.

Cuando estés listo para pagar tu factura de servicios, ve a la barra del menú y selecciona *Lists* (Listas), *Memorized Transaction list* (Lista de Transacciones Memorizadas). Verás una lista de todas las transacciones autorizadas. Selecciona la factura de servicios y aparecerá la siguiente ventana.

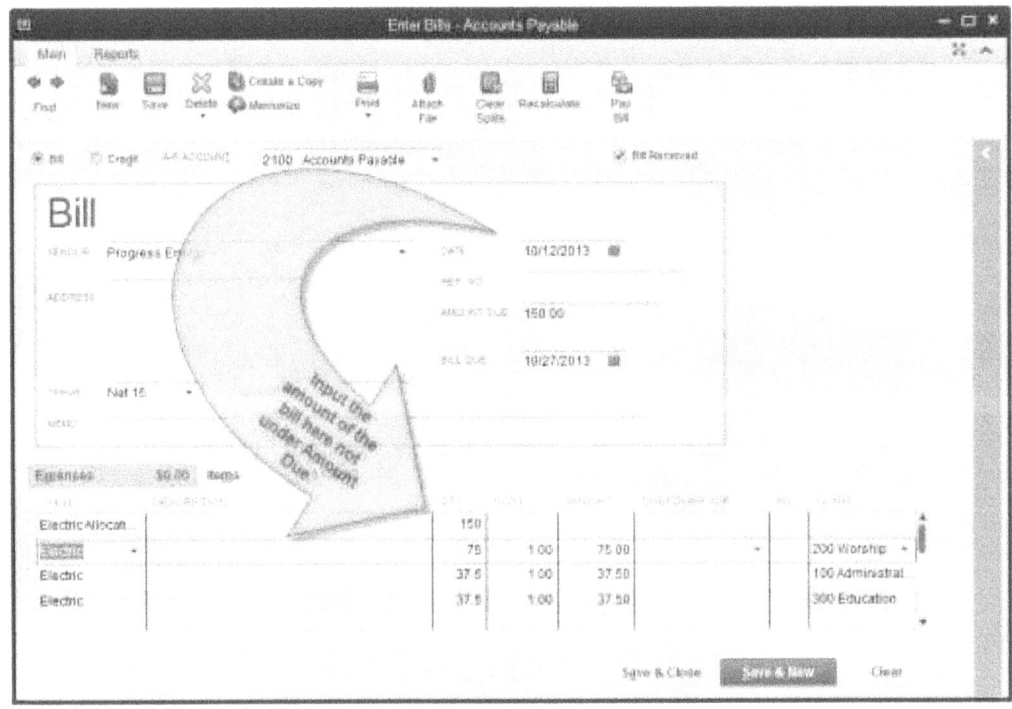

Introduce la cantidad de la factura aquí, no debajo de Amount Due.

Selecciona la pestaña Items para ver los porcentajes de asignación. En vez de ingresar la cantidad debajo de **Amount Due** (Cantidad Debida), la ingresarás en la columna de **QTY**. (CANTIDAD). El sistema hará el cálculo por ti. Verifica dos veces la fecha de la factura asignada por el sistema. Selecciona *Save & Close* y ahora estarás listo para pagar la factura.

Este mismo proceso se puede hacer en la ventana de **Write Check** (Expedir Cheque). Además, puedes establecer grupos para nómina o para artículos de donación y así ahorrar el tiempo en asignaciones.

> ¡Si asignas gastos a través de programas, la cantidad de tiempo que ahorrarás ingresando los gastos de la factura hace que esta última sección valga el precio del libro!

XI. Conciliaciones bancarias y otras cuestiones de reconciliación

Te has pasado el mes recibiendo donaciones y pagando facturas. Ahora es tiempo de conciliar las cuentas bancarias. Pero raramente hay un mes con sólo recepción de donaciones y pagos de factura normales. Es posible que hayas transferido dinero efectivo entre cuentas, recibido un cheque de fondos insuficiente de un donante o anulado algún cheque que habías escrito. Todo esto podrá afectar tu conciliación bancaria. Por tanto te indicaré algunas cosas antes de comenzar.

A Controles internos y conciliaciones bancarias

Los extractos de cuenta deben ser recibidos y abiertos por alguien diferente al contador. Esta persona deberá examinar los cheques pagados y cuestionar cualquier pago hecho al contador o a un proveedor desconocido. Si el banco no envía copias de los cheques escaneados, esta persona deberá tener el acceso al programa bancario en línea para ver los cheques. El pago a proveedores falsos es una manera muy común de robar dinero, por lo que cualquier pago extraño o doble deberá investigarse. Después de verificar la exactitud de los pagos solicitados, el revisor deberá firmar con las iniciales el extracto y dárselo al contador para conciliar. La conciliación nunca debe ser realizada por nadie que tenga el acceso al dinero efectivo.

B. Transferencias en efectivo

La mayoría de las iglesias tienen una cuenta de inversión separada de la cuenta corriente. Si depositas todas las donaciones en la cuenta corriente, querrás transferir cualquier dinero efectivo excedente en la cuenta de la inversión. Cuando necesites los fondos, transferirás entonces la cantidad apropiada de la cuenta de la inversión de vuelta a la cuenta corriente.

Existen dos modos usuales para hacer esto. Se puede expedir un cheque de una cuenta y depositarse en la segunda cuenta. O la transferencia se puede hacer a través del banco o a través del sitio web de la sociedad de inversiones o a través de un representante de atención al cliente. Te guiaré para que sepas cómo registrar cada una de estas opciones en QuickBooks.

www.accountantbesideyou.com

1. **Transferencias sin expedir un cheque**

Desde la barra del menú, selecciona *Banking* (Actividades Bancarias), *Transfer Funds* (Transferir Fondos).

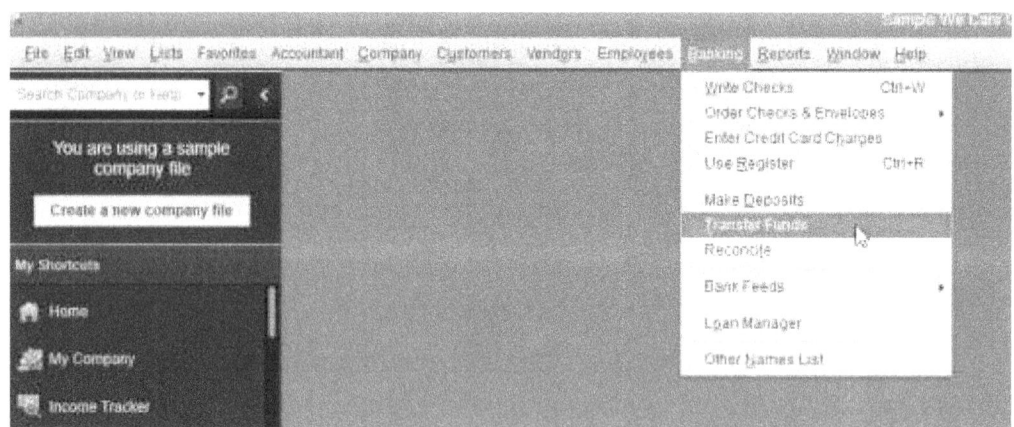

Esto te llevará a una ventana similar a un cheque.

Te muestra el saldo actual.

Ingresa la fecha y la clase. Selecciona la cuenta de la que quieres tomar el dinero. El sistema te mostrará el balance antes de la transferencia. Después, selecciona dónde se debe ir el dinero. Ingresa la cantidad a transferir y alguna nota de descripción. Si hay un documento que quieras asociar a esta transferencia, puedes adjuntar un archivo en la parte superior de la ventana. Selecciona *Save & Close* (Guardar y Cerrar) y tu transferencia se habrá registrado.

2. Transferencia de efectivo por medio de cheque

Si transfieres dinero efectivo entre cuentas expidiendo físicamente un cheque, tomarás un enfoque diferente. Selecciona el ícono de *Write Checks* (Expedir Cheques) de la página de inicio o de la opción **Banking** (Actividades Bancarias) en la barra del menú.

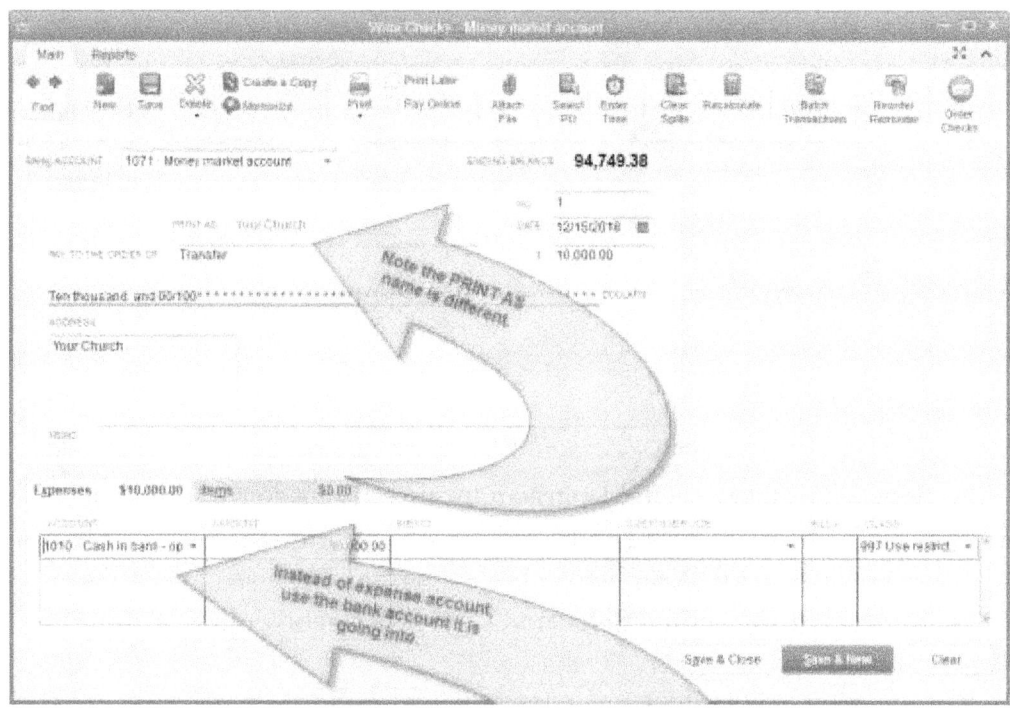

Nota que el nombre de PRINT AS (IMPRIMIR COMO) es diferente.
En vez de usar la cuenta de gastos, usa la cuenta bancaria en la que vas a ingresar.

En la pestaña **BANK ACCOUNT** (CUENTA BANCARIA), elige la cuenta para la que estás expidiendo el cheque. Para el beneficiario, tendrás que establecer otro nombre llamado *Transfer* (Transferencia). En el menú desplegable de *Payee* (Beneficiario), selecciona *Add New* (Añadir Nuevo), y verás las siguientes ventanas.

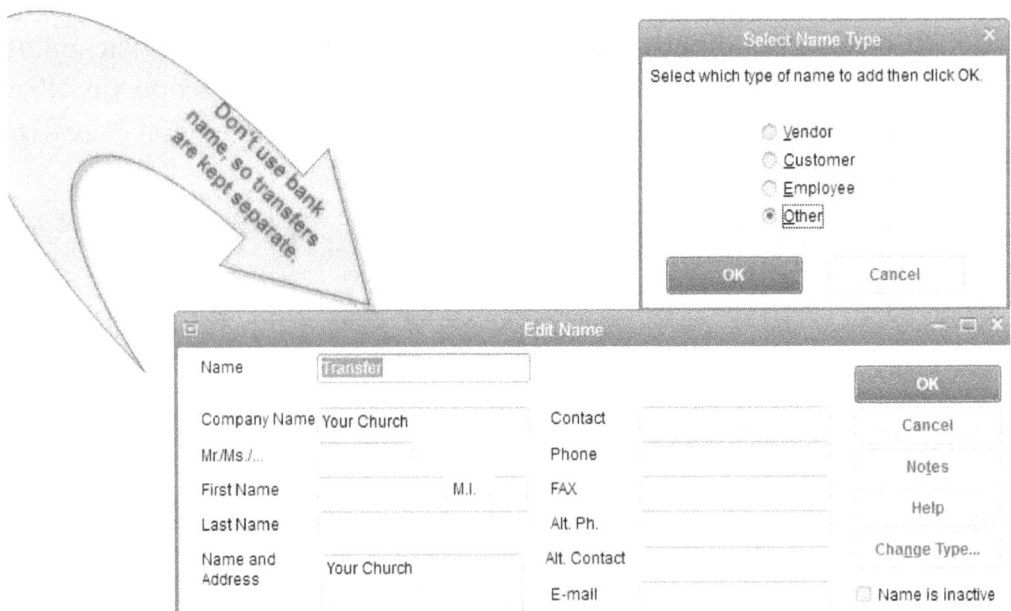

No dejes el nombre en blanco para que las transferencias se mantengan separadas.

Selecciona *Other* (Otro) para mantener esto separado de cualquier proveedor o cliente. Ingresa el nombre *Transfer* (Transferencia), pero en la caja **Company Name** (Nombre de la Compañía), ingresa el nombre con el que se imprimirá el cheque. Selecciona *OK* y te devolverás a la ventana de *Write Checks* .

Si miras hacia la ilustración de la parte superior de ventana de *Write Checks*, verás que el **Name to be printed** (Nombre a imprimir) es Tu iglesia. Ingresa la cantidad de la transferencia. Ahora ve hacia arriba, debajo de **Expenses** (Gastos). Aunque la pantalla diga **Expenses**, el menú desplegable incluye todo el plan de cuentas. Selecciona el dinero efectivo o la cuenta de inversión en la que se depositará este cheque, ingresa la clase relacionada y selecciona *Save & Close* (Guardar y Cerrar).

Cuando deposites este cheque físicamente, ponla en una hoja de depósito separada. Recuerda que tus otros ingresos pasan por los Fondos no depositados y por lo tanto se agrupan por registro de depósito. Esta transacción no estará en los fondos depositados, por lo tanto no debe estar agrupada con las demás.

C. **Cheques devueltos**

Muy a menudo puedes hacer devolver un cheque por el banco porque un usuario no tenía fondos suficientes en su cuenta. Tendrás que sacar esto de la cuenta corriente en el sistema, registrar la comisión bancaria para procesar el cheque sin fondos y facturar usuario por la cantidad original más los honorarios.

QuickBooks añadió una función de cheque sin fondos en la versión del 2014. Si usas la versión del 2014, salta esta sección y lee la sección **Registro de Cheques sin Fondos** del capítulo 16.

Cuando recibas el aviso del banco, primero que todo haz un diario de entradas para corregir tus cuentas bancarias. Ve a la barra del menú y selecciona *Company* (Compañía), *Make Journal Entries* (Hacer Diario de Entradas). Aparecerá una ventana vacía de diario de entradas.

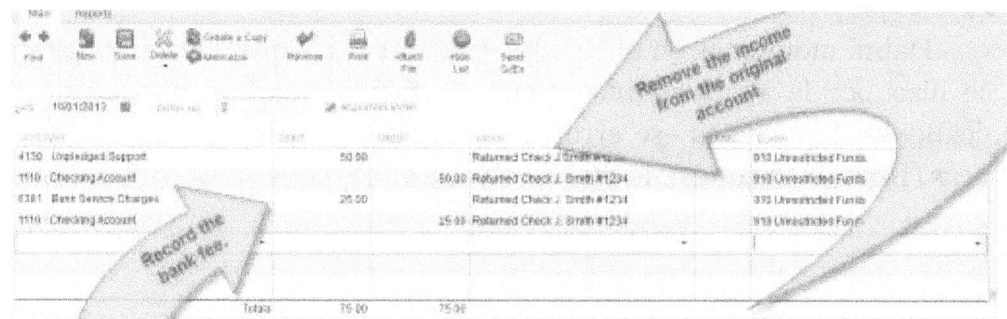

Registra la comisión bancaria.　　*Quita los ingresos de la cuenta de original.*

Si esto es un recibo regular (no una factura), entra el número de cuenta de donación donde inicialmente se cobraron los ingresos. Debitarás el ingreso y abono a la cuenta bancaria. A mí me gusta poner el número de cheque devuelto y nombre en la línea de *Memo* (Nota) a modo de recordatorio. El sistema rellenará automáticamente la siguiente línea con la misma nota si lo escribes antes de ir a la siguiente línea.

Si el dinero se recibió como un pago a una factura, la primera línea será la cuenta de cuentas por cobrar. A la derecha en esta ventana hay un espacio para introducir el nombre del cliente. Pon J. Smith en esa columna para ajustar su balance de cuentas por cobrar.

El gasto bancario relacionado también tiene que ser registrado. Debita tu cuenta de cargo por servicio bancario y acredita la cuenta de dinero efectivo por la cantidad cobrada. Después de hacer ciertos balances en el diario de entradas, selecciona *Save & Close*.

El usuario se tendrá que informar de los fondos insuficientes y el costo del servicio relacionado. Le puedes facturar la cantidad original más el precio. Tendrás que añadir un artículo del servicio titulado **Fondos Insuficientes** o algo similar. Ver el capítulo 8 para añadir artículos y el capítulo 9 para aprender a facturar.

> Si el usuario se ha facturado desde el principio, no tienes que reingresar la cantidad de la donación. Esto se debe mostrar ahora como una factura abierta en la cuenta del usuario. Simplemente añade el servicio y reenvía la factura.

D. Anular un cheque

Habrá momentos en que tienes que anular cheque. Quizás se perdió o se hizo por la cantidad incorrecta. Es fácil anular un cheque desde QuickBooks. Si cometes ese error mientras estás en la ventana de *Write Checks* (Expedir Cheques), lo puedes anular allí.

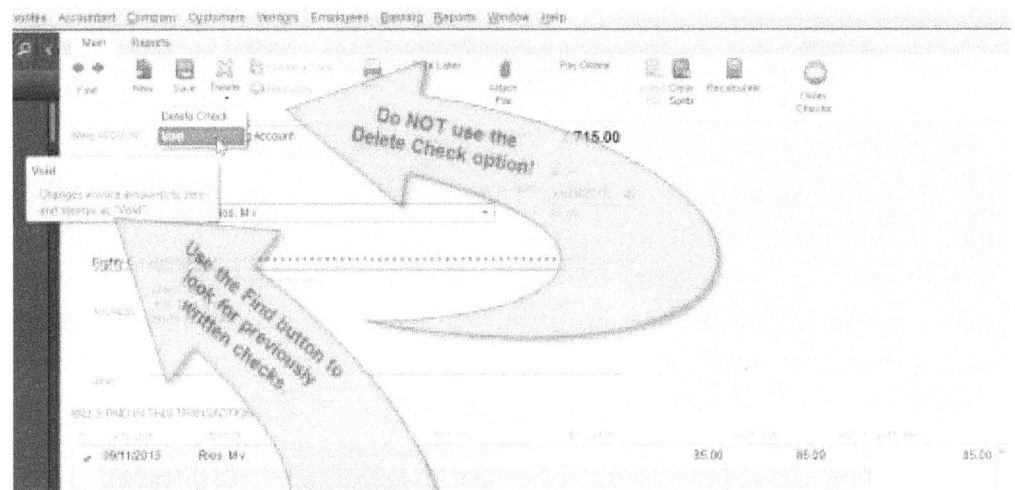

Usa el botón Find (Encontrar) para buscar cheques expedidos anteriormente. ¡No uses la opción de Delete Check (Borrar Cheque)!

Selecciona la flecha debajo de **X Delete** (Borrar). Nunca uses la opción **Delete Check** (Borrar Cheque), ya que esta no deja un registro de auditoría. Cuando anulas un cheque, el sistema registra el número de cheque con una cantidad de US$0, así hay un registro de auditoría. Después de que el cheque se anula, la ventana reaparece con el letrero de VOID (ANULADO) en la caja de Memo y con la cantidad en 0.

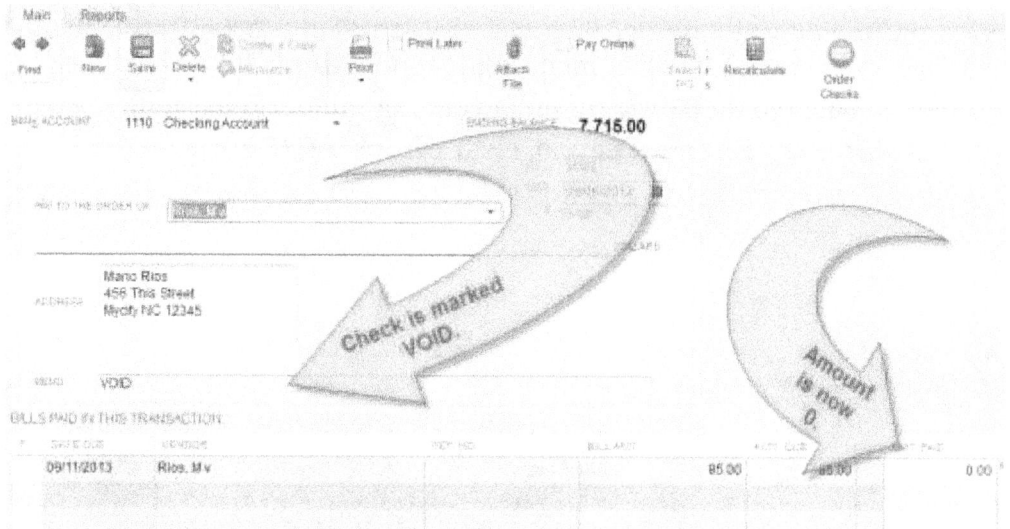

El control se marca ANULADO.   *La cantidad ahora es US$0.*

Selecciona *Save & Close* para guardar el cheque anulado. Aparecerá un cuadro de advertencia que te preguntará si estás seguro. Selecciona *Yes* (Sí).

Si volvemos al *Vendor Center* (Centro del Proveedor), veremos la factura de vuelta en las transacciones por pagar.

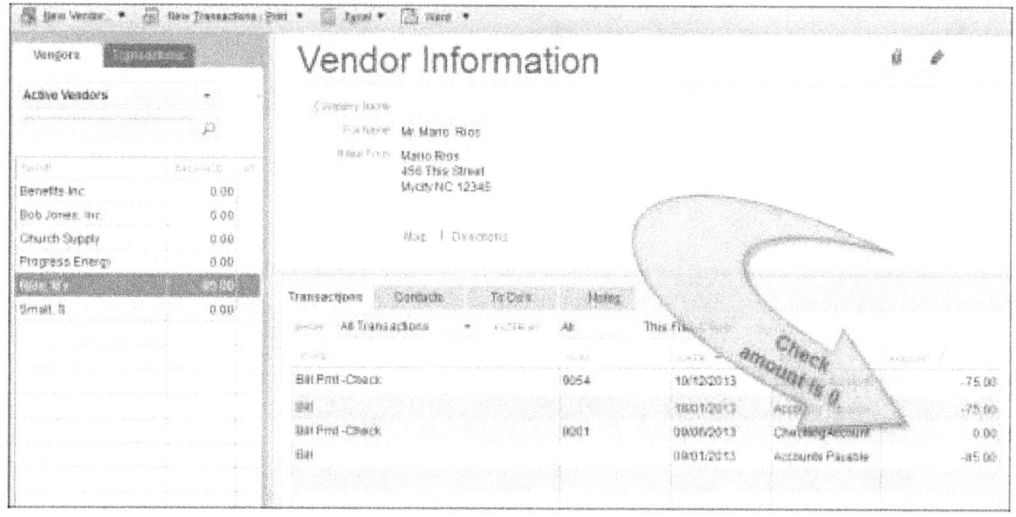

Comprueba que la cantidad es US$0.

El Sr. Ríos muestra un balance abierto de US$85 desde que el cheque se anuló. Podemos ir al menú de **Pay Bills** (Pagar Facturas) y reimprimir el cheque si se perdiera. Si la factura se ingresó incorrectamente, podemos hacer doble clic en la línea de artículo en la factura y corregirlo.

Otra manera de anular cheques es a través del registro de cheques. Ve a **Banking** en la barra del menú o al ícono **Check Register** (Registro de Cheques) debajo de **Banking** en la ventana inicial. Selecciona la cuenta que te gustaría ver. En este ejemplo, elegí **Checking** (Cheques).

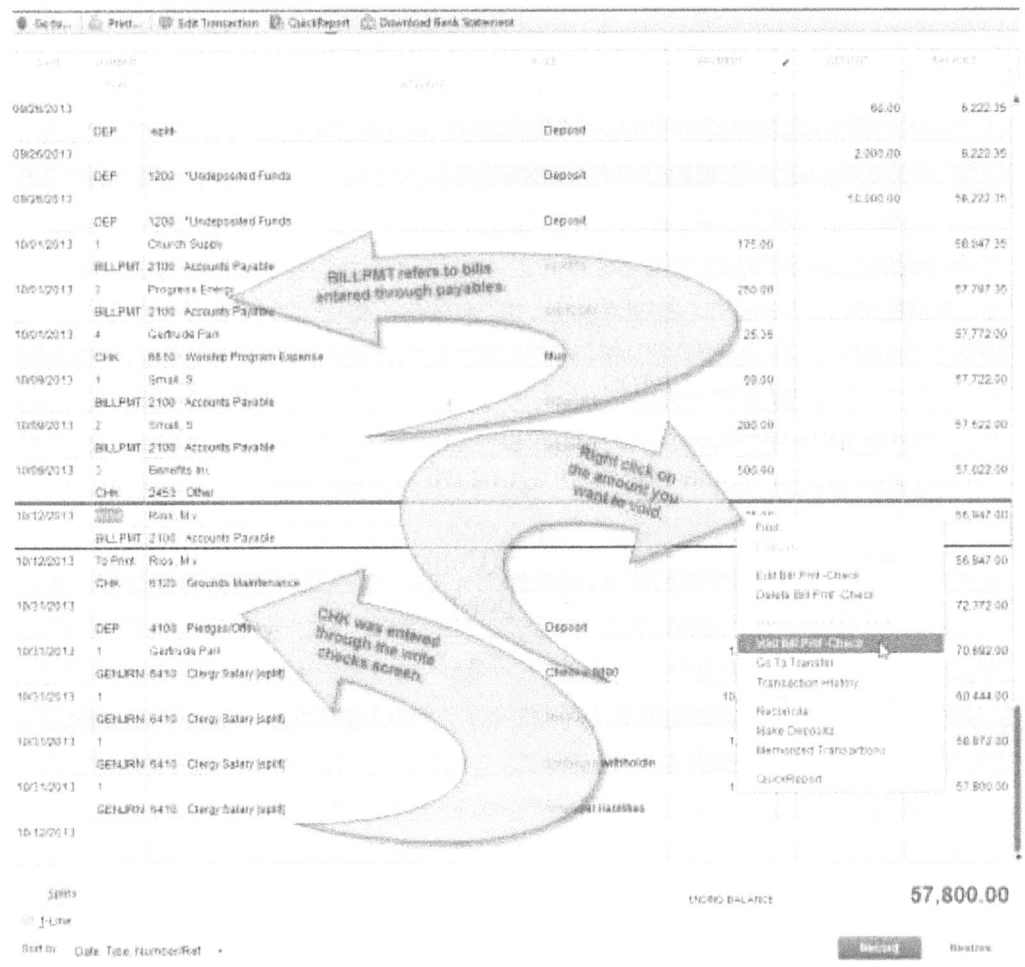

BILLPMT se refiere a facturas ingresadas través de payables (facturas por pagar).

Haz clic derecho en la cantidad que quieres anular.

CHK se ingresó a través de la ventana de Write Checks (Expedir Cheque).

El registro detalla cada transacción en la cuenta bancaria seleccionada. **DEP** significa depósito; **BILLPMT** es una factura pagada a través de la ventana de cuentas por pagar; **CHK** se pagó a través de la opción de Write Checks (expedir cheques); y **GENJRN** es un diario de entrada general.

Haz clic con el botón derecho en la cantidad del cheque que deseas anular. Selecciona *Void Bill Payment Check* (Anular cheque de facture de pago) y selecciona *Record* (Registrar). Un cuadro de diálogo te preguntará si quieres registrar cambios. Selecciona *Yes* (Sí).

Otro cuadro de diálogo puede aparecer y preguntarte si te gustaría que QuickBooks creara un diario de entradas en el período anterior y una entrada revertida en el período actual. Elige *No, just void the check.* (No, solo anula el cheque). Si seleccionas *Yes* (Sí) cuando estés anulando un **CHK** cheque ingresado, el sistema anulará el cheque y pondrá una entrada separada en el registro con **To Print** (Para Imprimir) en la columna de **NUMBER** (NÚMERO).

Nota también el botón **Restore** (Restaurar) en la esquina derecha de la parte superior. Si has seleccionado la opción **Void** (Anular), pero todavía no has guardado la transacción, selecciona *Restore* y la transacción volverá atrás. Una vez que has guardado la transacción, esto no sucede. Haz clic en la pequeña X de la esquina de la derecha en la parte superior de esta ventana o selecciona **Home** del menú del lado para cerrar esta ventana.

> El sistema te permite ingresar transacciones directamente en el registro de cheques, pero me gustaría disuadirte de hacer esto, sobre todo depósitos. A pesar de que la ventana permite nombres de donantes, la transacción no se unirá a la cuenta del donante. Conseguirás informes más detallados ingresando sus datos a través de las ventanas de transacción.

E. Conciliando la cuenta bancaria

Estoy segura de que estás listo para equilibrar tu talonario de cheques, el cual QuickBooks llama **Reconcile** (Conciliación). En primer lugar, me gustaría que te aseguraras de que has registrado todo el dinero de fondos no depositados en tu cuenta corriente.

En la ventana de HOME, haz clic en el ícono *Record Deposits* (Registrar Depósitos).

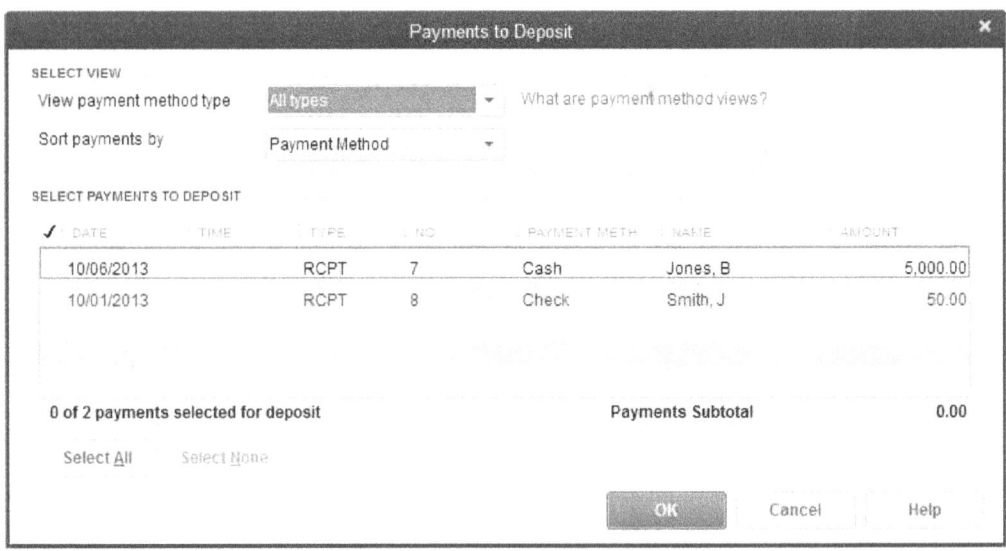

Si hay algún recibo en la lista que ya se ha llevado al banco (o se ha escaneado a través RID (DESHACER), selecciona los recibos y presiona OK. Esto te llevará a la ventana **Make Deposits** (Hacer Depósitos). Asegúrate de que el total de los pagos seleccionados corresponda a la cantidad del depósito puesta en lista en el extracto de cuenta y selecciona *Save & Close*. Te animo a mirar esta pantalla cada mes antes de que comiences a conciliar para asegurarte de que todos los depósitos se registren. Te ahorrará el tiempo durante la conciliación.

Lo siguiente es mirar tu extracto de cuenta para cualquier proyecto automático u otros gastos. Compara estos con el registro de cheques para ver si todos ingresaron. Si no, sigue adelante y entra en los gastos faltantes a través de la ventana de Write Check tal como lo hablamos en el capítulo 10.

En *Banking* en la barra del menú o en Banking Area (Área Bancaria) de la página de inicio, selecciona *Reconcile* (Conciliar).

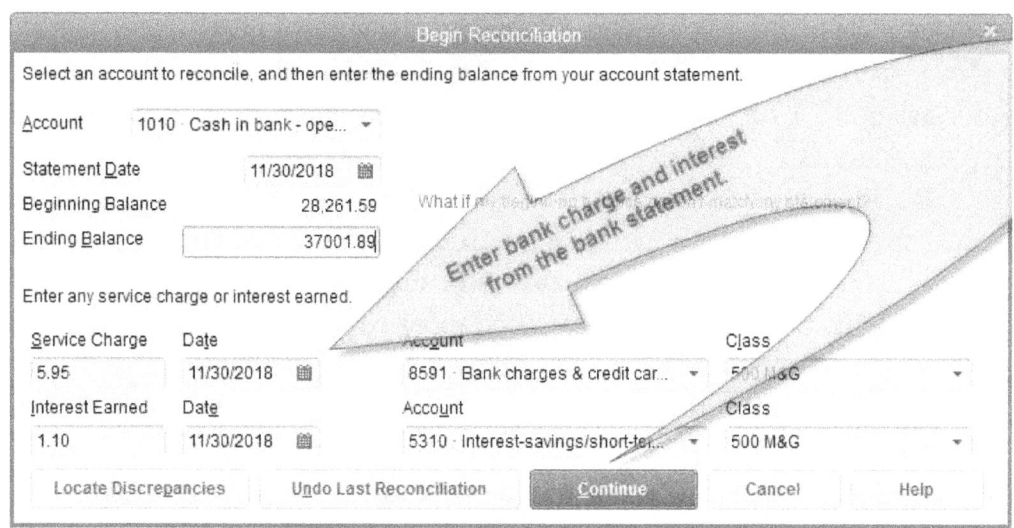

Ingresa el cargo bancario y el interés del extracto de cuenta.

Selecciona la cuenta bancaria apropiada. Si usas subcuentas bajo la comprobación, concilia sólo la cuenta principal.

De tu extracto bancario, tendrás que entrar en la fecha de declaración y balance final. Además, busca cualquier servicio o interés ganado. Éstos estarán por defecto en las cuentas que estableciste en las *Checking Preferences* (Preferencias). Selecciona *Continue* (Continuar) y verás una ventana similar a ésta.

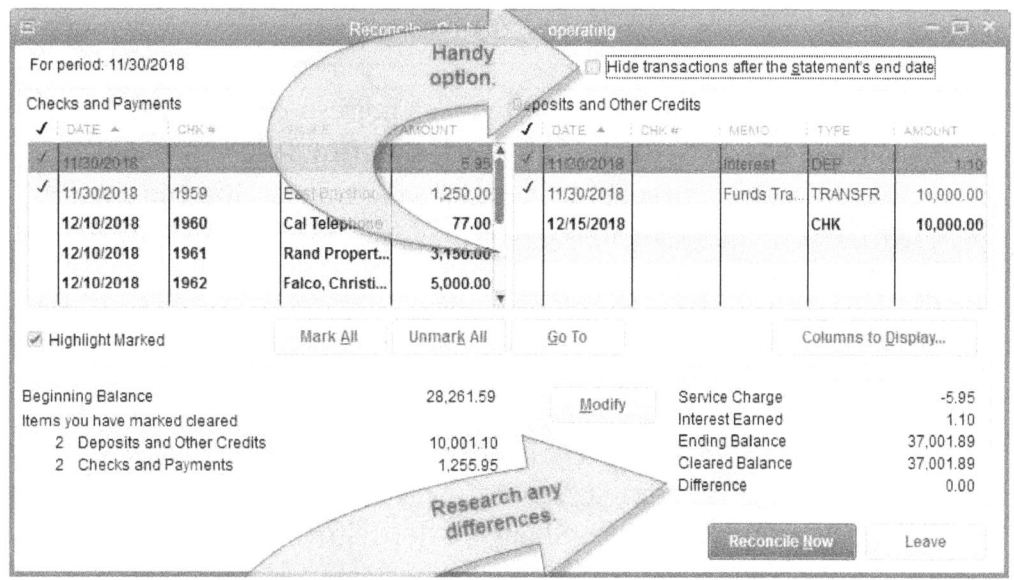

Opción práctica.   *Investiga cualquier diferencia.*

En el lado de cheques y pagos te desplazarás hacia abajo y seleccionarás a cualquiera de los que se han aprobado por el banco. Nota en la parte inferior de la ventana la opción **Hide transactions after the statement's end date** (Ocultar transacciones después de la fecha final de la declaración). Esta opción muestra menos transacciones en la barra de desplazamiento.

Después de que hayas seleccionado todos los cheques que se han pagado, mira en la parte superior izquierda de la ventana. Hay una pestaña llamada **Items you have marked cleared** (Artículos que has despejado). Esta función totaliza los depósitos y otros créditos que has seleccionado en la primera línea y los cheques y pagos en la segunda. A este punto, la cantidad total que has despejado debajo de **Checks and Payments** (Cheques y Pagos) deberán estar de acuerdo con el total de cheques y otros retiros en tu extracto de cuenta.

Si los pagos totales están acordes, estás listo para ir al lado del depósito. Si no, comprueba para ver si los cargos que se han despejado no se han ingresado o si has marcado una transacción como despejada y no lo es. Si ves que un pago no se ha ingresado, minimiza la ventana de conciliación e ingresa el pago faltante en la pantalla *Make Payments* (Hacer pagos) o *Write Bills* (Expedir Cheques). Cuando vuelvas a la ventana de conciliación, los nuevos gastos deberán aparecer. Si no, selecciona *Leave* (Salir) y vuelve a abrir la conciliación. Si todavía no aparece, asegúrate de que ingresaste el pago con la fecha correcta.

> Si notas que un cheque del sistema se ingresó con la cantidad incorrecta, puedes hacer click en ésta dentro de la ventana de conciliación. Aparecerá la ventana de la transacción con los datos del cheque. Corrige la cantidad y guarda. Aparecerá una advertencia. Selecciona Yes (Sí) y estarás de vuelta a la ventana de conciliación.

Los depósitos ubicados en la lista en el extracto bancario deben corresponder a los del sistema debido al uso de la opción *Undeposited Funds* (Fondos no Depositados). Si hay un depósito en el banco, pero no en tu cuenta, investiga la publicación y regístrala en el sistema. Si se encuentra en tus libros, pero no en el banco, verifica dos veces para estar seguro de que el depósito no se ingresó dos veces o se ingresó con la fecha incorrecta. Por otra parte tendrás que detectar el depósito faltante.

Otro error posible en la conciliación está relacionado con el balance inicial. Cuando ingresas por primera vez a la ventana conciliar, el sistema te muestra el balance inicial, pero no te permite ajustarlo. El sistema ha calculado el balance inicial basado en las entradas anteriormente despejadas en la cuenta de caja.

Si el balance inicial no corresponde al balance inicial del extracto bancario, alguien probablemente ha anulado, suprimido o ha cambiado una transacción que se despejó en una conciliación anterior.

Por ejemplo, pagas a Joe Smith US$50 por semana para podar el césped. Regularmente depositas el cheque al día siguiente, y cuando concilias la cuenta bancaria, despejas sus cheques. Pero un día Joe Smith viene a ti y te dice que ha perdido cheque de la semana pasada. Anulas el cheque y le haces uno nuevo. El único problema es que por accidente anulaste un cheque del mes pasado que se había despejado ya. Esto hará que tu balance inicial no empate con la última reconciliación.

Por suerte, el **Reconciliation Discrepancy Report** (Informe de Discrepancia de Reconciliación) mostrará cualquier cambio de la conciliación bancaria desde el último informe. Aunque no en todas las versiones, si está disponible, puedes acceder desde la barra de menú seleccionando *Reports* (Reportes), *Banking* (Actividad Bancaria), *Reconciliation Discrepancy Report* (Informe de Discrepancia de Reconciliación).

Una vez que hayas igualado todo lo posible con el extracto bancario, la parte inferior de la pantalla de reconciliación debe mostrar una diferencia de US$0. Si hay un equilibrio, puedes tener un error en una de tus transacciones. Busca transposiciones (si la diferencia es divisible por 9, puede significar que cambiaste dos números — 45 en vez de 54) así como las diferencias entre las cantidades registradas por el banco y en el sistema de contabilidad. Si nada funciona, el último recurso es seleccionar *Reconcile Now* (Concilie Ahora). El sistema ofrecerá para permitirte registrar un ajuste.

> Sólo haz esto para pequeñas cantidades después de que todas las otras opciones se hayan agotado. Lo que parece que una pequeña variación podría ser causada por dos errores grandes que resultan compensarse el uno al otro.

Si no hay ninguna variación, selecciona *Reconcile Now* (Concilie Ahora), y verás la siguiente ventana.

Selecciona *Print* y adjunta los reportes a los extractos bancarios y archiva. El primer reporte es un resumen.

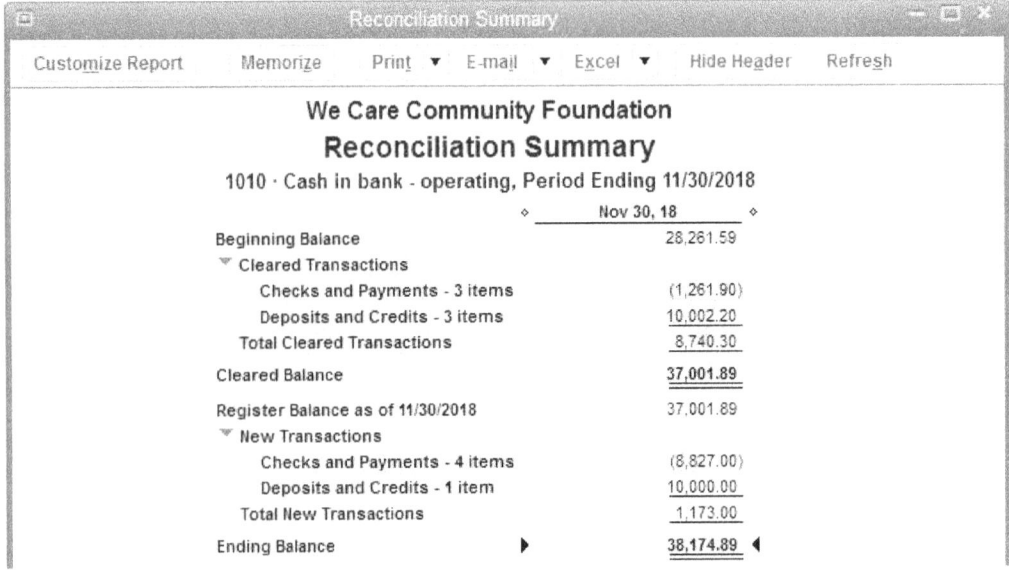

Te da la cantidad total de pagos despejados, depósitos y las cantidades que tienes pendientes. El siguiente informe es una versión detallada.

```
                          Reconciliation Detail
              We Care Community Foundation
                       Reconciliation Detail
          1010 · Cash in bank - operating, Period Ending 11/30/2018

   Type          Date        Num      Name            Clr      Amount        Balance
Beginning Balance                                                            28,261.59
   Cleared Transactions
      Checks and Payments - 3 items
Bill Pmt -Check   11/30/2018  1959   East Bayshore HMO  ✓   (1,250.00)    (1,250.00)
Check             11/30/2018                             ✓       (5.95)    (1,255.95)
Check             11/30/2018                             ✓       (5.95)    (1,261.90)
      Total Checks and Payments                             (1,261.90)    (1,261.90)

      Deposits and Credits - 3 items
Deposit           11/30/2018                             ✓        1.10         1.10
Deposit           11/30/2018                             ✓        1.10         2.20
Transfer          11/30/2018                             ✓   10,000.00    10,002.20
      Total Deposits and Credits                            10,002.20    10,002.20

      Total Cleared Transactions                             8,740.30     8,740.30

   Cleared Balance                                           8,740.30    37,001.89

   Register Balance as of 11/30/2018                         8,740.30    37,001.89

      New Transactions
         Checks and Payments - 4 items
Bill Pmt -Check   12/10/2018  1962   Falco, Christina      (5,000.00)    (5,000.00)
Bill Pmt -Check   12/10/2018  1961   Rand Properties       (3,150.00)    (8,150.00)
Bill Pmt -Check   12/10/2018  1963   Rutherford Pensio...    (600.00)    (8,750.00)
Bill Pmt -Check   12/10/2018  1960   Cal Telephone           (77.00)     (8,827.00)
         Total Checks and Payments                         (8,827.00)    (8,827.00)

         Deposits and Credits - 1 item
Check             12/15/2018   1     Transfer              10,000.00    10,000.00
         Total Deposits and Credits                        10,000.00    10,000.00

      Total New Transactions                                1,173.00     1,173.00

   Ending Balance                                           9,913.30    38,174.89
```

Este informe muestra los números de cheque y las fechas de los pagos despejados, pendientes y depósitos. Examina el informe detallado cada mes para ver si hay viejos cheques pendientes o depósitos que necesitas. Tus auditores o comité de cuentas públicas querrán ver estos informes.

Si decides que el sistema te registre los ajustes, creará automáticamente una cuenta de **Reconciliation Discrepancy** (Discrepancia de Reconciliación) para registrar la transacción. Tendrás que cambiar esta cuenta para encajar en tu estructura de numeración en el plan de cuentas. Ve a *Lists* (Listas), *Chart of Accounts* (Plan de Cuentas) y desplázate hacia abajo hasta que veas la nueva cuenta. Destácala y clic derecho para editar la cuenta. Cambia el número de cuenta para encajar en tu secuencia de enumeración. Yo elegí 6399 por tanto aparecerá al lado de los cargos bancarios y hará una subcuenta de Gastos administrativos. Selecciona *Save & Close*.

F. Conciliación de fondos para gastos menores (caja chica)

Muchas iglesias encuentran necesario guardar una cuenta caja menor. Las cuentas caja menor pueden tomar formas diferentes; puede ser un par de cientos de dólares encerrados en un cajón o tarjetas de regalo compradas de empresas locales que se utilizan según sea necesario.

Tu iglesia debe haber escrito procedimientos y pautas en cuanto al uso de caja menor. Una persona debe ser responsable de mantener el dinero efectivo o las tarjetas. Los recibos se deben devolver a la iglesia por la cantidad del dinero efectivo gastado. El fondo se reabastece con esos recibos como apoyo.

Te encaminaré a un ejemplo típico. Betty, la recepcionista de tu iglesia, ha pedido un fondo de caja menor de US$200. Promete guardarlo en una caja de seguridad, en un archivador detrás de su escritorio. La gente siempre le pide que consiga rosquillas y café o útiles de oficina en el último momento, y ella no tiene personalmente los fondos para cubrirlos hasta que se pueda reembolsar.

Expedirás un cheque a nombre de tu iglesia para cobrar en efectivo en el banco. En lugar de un número de la cuenta de gastos, establecerás una cuenta de fondo para caja menor marcada como **Banco**. Si miras la cuenta después de que expides el cheque, mostrará un balance de US$200.

Al final de mes, Betty te trae US$175 de recibos y pregunta si puede conseguir más dinero. En primer lugar, verifica que ella tenga US$25 del dinero sobrante. Betty siempre deberá tener una combinación de recibos y dinero efectivo que sumen US$200. Expedirás un cheque por US$175 y archivarás el comprobante de verificación con los recibos bajo un archivo de Fondo para caja menor. En la ventana **Write Check** (Expedir Cheque), registra los recibos debajo de la pestaña **Expense** (Gasto). Material de oficina, gastos de reuniones, o lo que indiquen los recibos serán cargados a la cuentas de gastos.

Si has comprado tarjetas de regalo o has pagado por adelantado tarjetas de crédito, establece una cuenta llamada Tarjetas de regalo con un tipo de cuenta de pagos por adelantado. Cada mes, debes verificar que los recibos y el balance de las tarjetas de regalo igualan la cantidad de las compras de la tarjeta.

> Considera comprobar el balance del fondo de caja menor en intervalos irregulares durante el mes. Esto desalienta a la gente de creer que pueden prestar dinero y pueden no ser capaces de sustituir al final del mes.

G. Otras conciliaciones

El dinero efectivo no es la única cosa que se debe conciliar mensualmente. Algunas iglesias tienen medidores de correo. La asignación de los gastos de franqueo se realiza normalmente a través de un diario de entradas.

Cuando expidas el cheque para comprar el franqueo, registra la cantidad a una cuenta de pago anticipado en lugar de una cuenta de gastos. Al final de mes, registra el uso de franqueo en la barra del menú y selecciona *Company* (Compañía), *Make General Journal Entries* (Hacer un Diario de Entradas General).

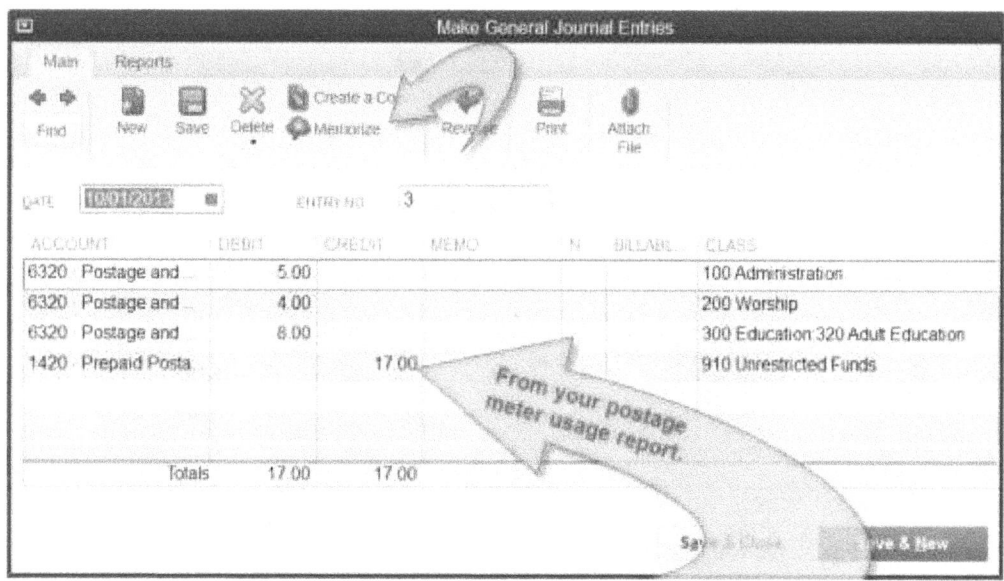

De tu informe de uso de medidores de correo.

Usa tu informe de uso de medidor de correos y asigna el franqueo a las clases correspondientes. El total deberá ser la cantidad de franqueo cobrado en el medidor para el período. Te recomiendo memorizar la entrada por lo que sólo tendrás que cambiar los montos en dólares cada mes.

Para hacer lazos determinados de la cantidad de franqueo pagados por adelantado al balance en tu medidor, ve a la lista del cuadro de cuentas y comparan el balance en el franqueo prepagado con tu informe del balance de franqueo. Si hubieras comprado US$200 del franqueo y hubieras usado US$17, la cuenta prepagada debe mostrar US$183.

Ahora que has ingresado todas las transacciones y has conciliado tus cuentas para el mes, es tiempo de dirigir informes. En el capítulo 12 aprenderás que informes están disponibles y que información tienes que dirigir para mayor eficacia para dirigir tu iglesia.

XII. ¿Dónde estamos parados? Diseñando y haciendo reportes.

Mientras trabajabas en establecer e ingresar las transacciones, te pudiste haber preguntado, "¿Por qué tengo que hacer todo esto?" Es crucial capacitarse en ingresar informes financieros exactos para la financiación de la misión de la iglesia, y cada entrada que haces ayuda a pintar el cuadro completo. En este capítulo, te explicaré los tipos diferentes de informes que puedes necesitar, te guiaré a través de las opciones estándar de QuickBooks y te mostraré cómo diseñar y exportar reportes personalizados.

A. Tipos de informes

Como mínimo, todas las organizaciones necesitan dos informes básicos — el de **Balance** y la **Declaración de renta (o Declaración de pérdidas y ganancias)**. Las iglesias y otras organizaciones sin ánimo de lucro llaman a estos informes **Declaración de Posición financiera** y **Declaración de Actividades**. La hoja de Balance (o la Declaración de Posición financiera) es una instantánea de lo que la iglesia posee, debe, y lo que queda en los activos netos a partir de una fecha determinada. La Declaración de Renta (o Declaración de Actividades) resume los ingresos y gastos durante un período definido.

La hoja de balance indica la salud financiera de tu organización. Si los activos son mayores que los pasivos, posees más de lo que debes. Lo que queda es el activo neto. Los activos netos son la cantidad acumulada de la diferencia entre la cantidad poseída y la cantidad debida desde el inicio de la iglesia.

Si quisieras saber cuánto dinero efectivo tenías en el banco este año versus el año pasado, dirigirías un balance desde hoy. Las columnas incluirían tanto este año como la misma fecha del año pasado, por tanto podrías ver tu aumento o disminución de dinero efectivo.

La declaración de renta muestra las operaciones de tu iglesia. Si quieres saber cuánto dinero se ha donado a tu iglesia este año, dirigirías un informe de declaración de renta para este año. Si necesitas saber cuánto se donó en el último período, podrías dirigir el informe durante un período de tres meses.

Además de los dos informes primarios, te gustaría probablemente ver quiénes son tus más grandes donantes, quien ha donado cuánto, las comparaciones con presupuestos, cuanto dinero se espera de promesas, y cuánto debes a los proveedores. QuickBooks permite que tú dirijas reportes de toda esta información y más. Vamos a encaminarnos a través de los reportes básicos ofrecidos.

B.   Navegando el Reports Center (Centro de Reportes)

Desde los Atajos o desde la barra de Menu, selecciona *Reports* (Reportes), *Reports Center* (Centro de Reportes).

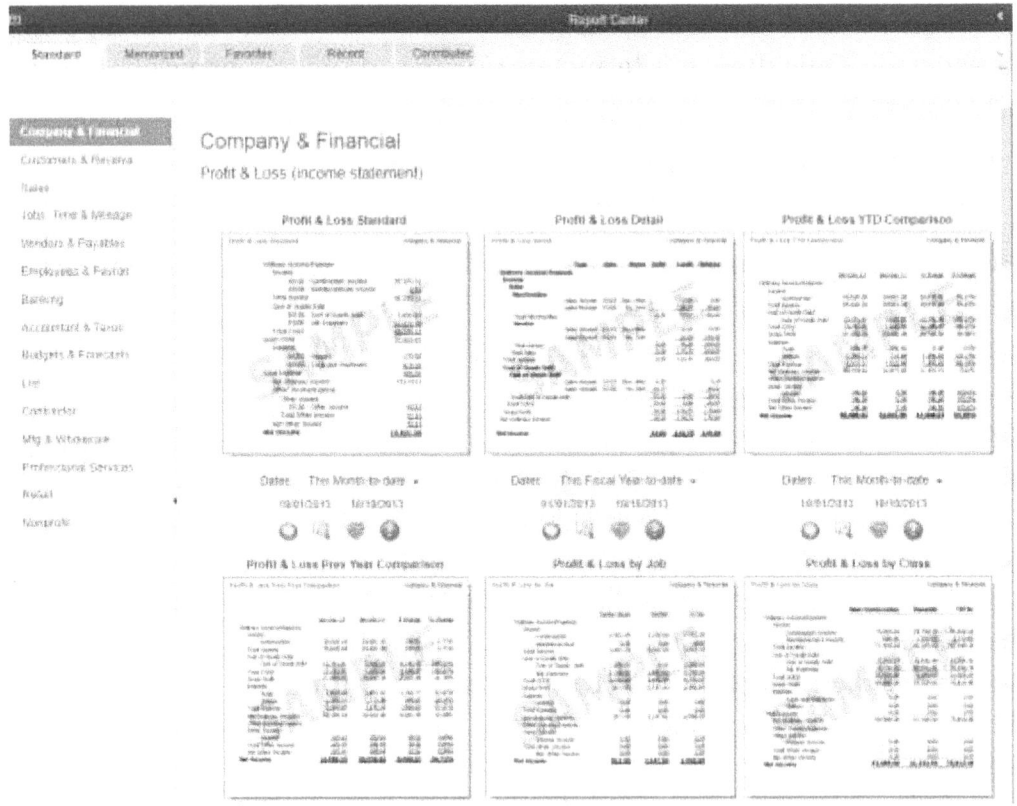

Depende de la versión que uses, no verás todas estas opciones. En la parte superior hay cinco pestañas. Piensa en éstas como carpetas de archivo para ayudarte a organizar tus reportes. La primera, **Standard** (Estándar), te muestra todas las opciones para reportes en cada una de las categorías. Desplázate hacia abajo de esta ventana para ver más opciones.

La pestaña **Memorized** (Memorizado) es la carpeta para almacenar los reportes que has memorizado, así no tienes que entrar de nuevo en la forma que se muestra. Puedes almacenar reportes de cualquiera de las categorías en esta carpeta.

Favorites (Favoritos) es donde me gusta almacenar los pocos reportes que dirijo regularmente. Me gusta limitar el número de reportes aquí, por tanto puedo hacer sólo clic en los informes y no tener que desplazarme en búsqueda de ellos.

El sistema almacena la última copia de los reportes que has dirigido debajo de **Recent** (Reciente). Esto te salva de tener que reingresar los parámetros de un reporte que cerraste.

La pestaña **Contributed** (Contribución) es un maravilloso recurso.

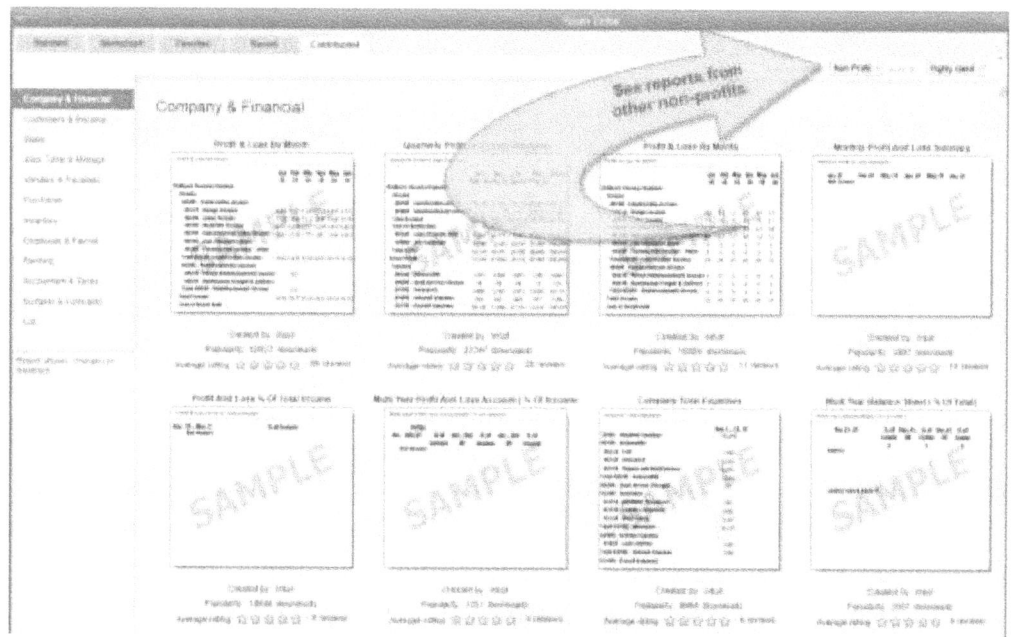

Mira reportes de otras compañías sin fines de lucro.

Esta página conecta con el sitio web de Intuit y te permite descargar reportes diseñados por otros usuarios. Puedes ordenar con base en tu industria y luego descargar el reporte que se ajuste a tus necesidades.

C. **Definición de los parámetros**

De la ventana **Company & Financial** (Empresa y Financiero), selecciona el primer *Profit & Loss Standard* (Estándar de Pérdidas y Ganancias). Las siguientes opciones se ofrecerán a ti.

Si no es la primera vez que se ha elegido esto, es posible que aparezca un reporte. En este caso, selecciona *Customize* (Personalizar) en la esquina superior izquierda para abrir este cuadro de diálogo.

Comenzando cerca de la parte superior de la ventana, observa la flecha de menú desplegable después de **Dates** (Fechas). Ésta te permite seleccionar el período de tiempo, incluyendo *All* (Todos), *Today* (Hoy), *Week* (Semana), *Week to date* (Semana hasta la fecha), etc. El sistema rellenará las fechas con base en tu selección. Para mayor flexibilidad, puedes escribir manualmente sobre las fechas en las tablas a cualquier rango que desees.

La sección titulada **Report Basis** (Base de Reporte) determina si este informe se calculará por base de acumulación o base de caja. Recuerda según capítulos anteriores, la opción de la base de caja sólo mostrará transacciones para las cuales el dinero efectivo se ha recibido o se ha gastado. Si has registrado promesas a cobrar para el año, pero quieres dirigir unas ganancias y pérdidas basadas en las promesas realmente recibidas, selecciona *Cash Basis* (Base de Caja). La opción de acumulación te mostrará transacciones basadas en la fecha de la transacción, no cuando el dinero efectivo fue cambiado como se discutió en el capítulo 10.

Posteriormente puedes determinar qué columnas te gustaría ver en el informe. El menú de **Display columns by** (Mostrar columnas por) incluye todo lo esperado; *day (día), week* (semana), *customer* (cliente), *ítem* (artículo), etc. Nos quedaremos con *Total Only* (Sólo Total) por el momento. Puedes decidir orden clasificar los datos y que subcolumnas quisieras, si es que quieres alguna. Tan útiles como parecen todas estas columnas, si las seleccionas todas, tendrás un amplio reporte. Así que juguetea, selecciona unas cuantas y mira lo que requieres. Para este ejemplo, he decidido ver los datos para el mes, año hasta ahora, y en un porcentaje de ingresos.

La versión del 2014 de QuickBooks añadió una opción de escala a la ventana **Print Reports** (Imprimir Reportes) dimensionar automáticamente la impresión para que quepa en una o varias páginas. Mira **Report Scaling** (Escala de Reporte) en el capítulo 16.

El clic en el botón *Advanced* te da las opciones siguientes.

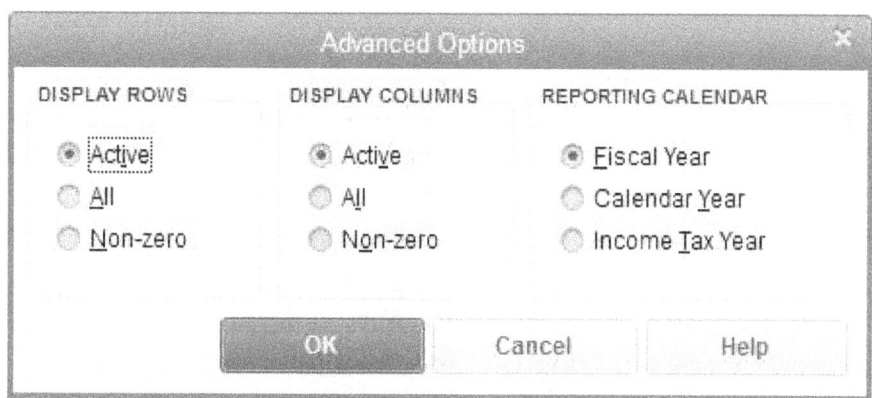

Tú decides si te gustaría todas las filas y columnas para mostrar o sólo los activos o no nulos. Seleccionando *All* (Todos) puede ocasionar que tu reporte muestre cuentas que no tienen datos. El **Reporting Calendar** (Calendario de Reporte) es útil si tu año de impuestos es diferente al calendario o al año fiscal. El **Fiscal Year** (Año fiscal) es tu ejercicio contable. Para la mayoría de iglesias, esto será lo mismo que el año civil, pero algunas organizaciones tienen un final del año diferente.

Seleccionando OK te devolverá a la ventana, donde quiero que selecciones ahora la pestaña *Filters* (Filtros) en la parte superior.

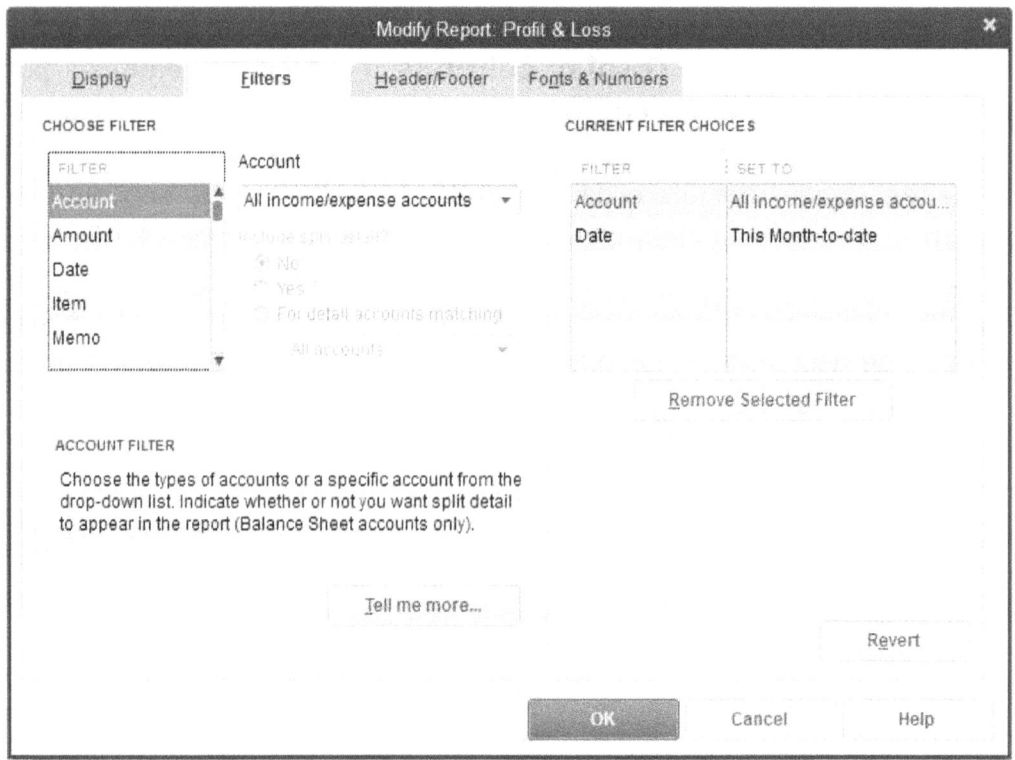

Esta ventana te permite seleccionar qué cuentas, cantidades, artículos, etc. quieres incluir en el reporte. Por ejemplo, si te gustaría ver sólo transacciones por encima de US$5000, filtrarías el informe por **Amount** (Cantidad). Nota que hay una opción de **Revert** (Revertir). Si has estado jugueteando con los filtros, pero quieres volver a las opciones originales, selecciona *Revert* (Revertir) y los filtros se refrescarán.

Ahora selecciona la pestaña *Header/Footer* (Encabezado / Pie de página).

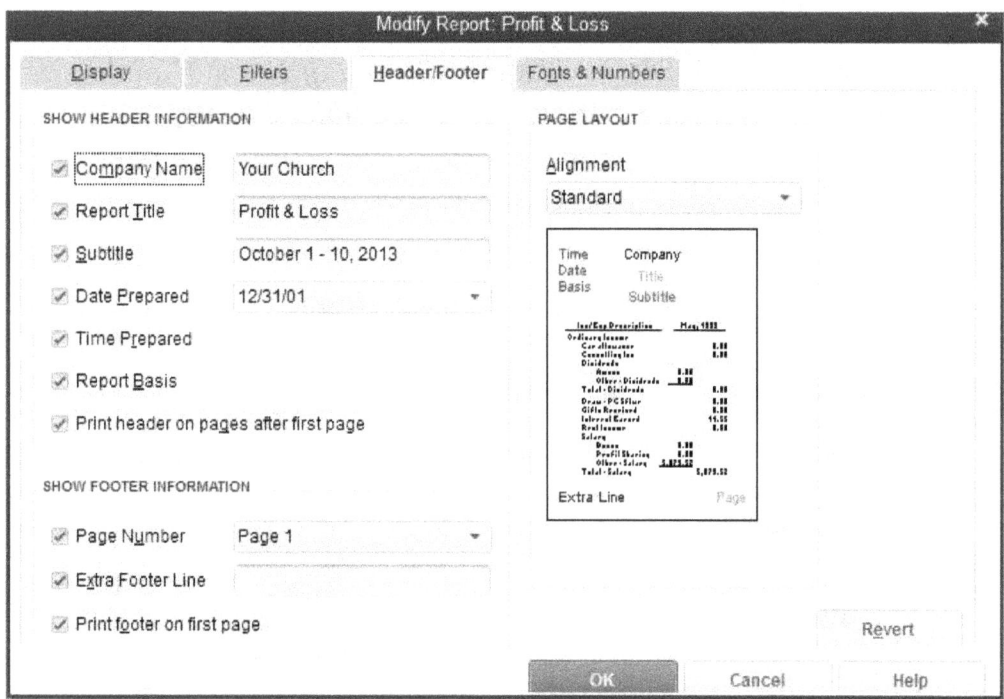

En esta ventana es donde pondrás etiqueta a tu reporte. Estará por defecto al nombre de la compañía y título del reporte, pero puedes escribir algo en los espacios grises. Si no quieres que algo de esta información se muestre en el reporte, Deselecciona la casilla a la izquierda de la opción. No selecciones OK aún, ya que queremos ir a la pestaña *Fonts & Numbers* (Fuentes y Números).

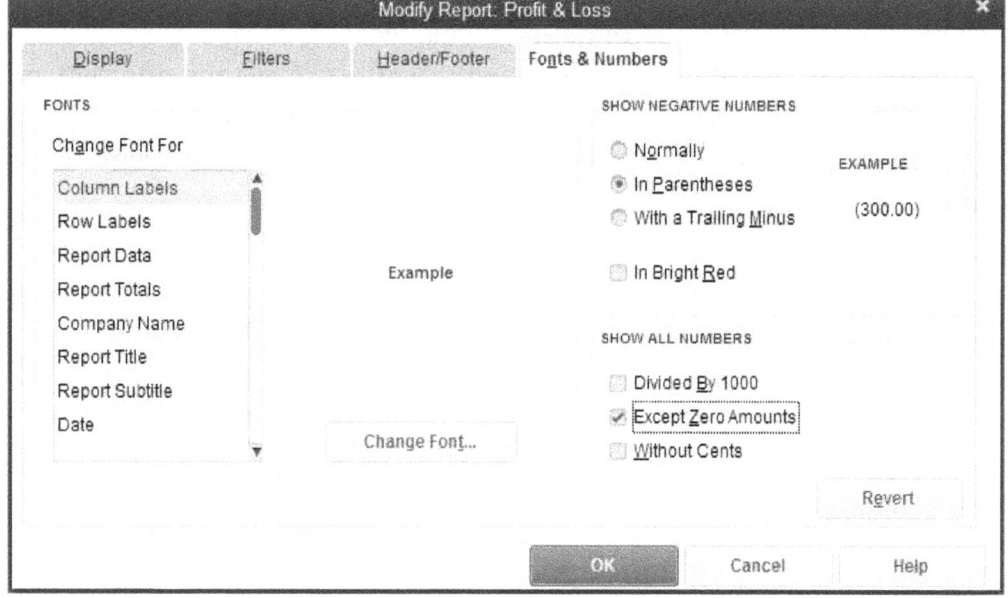

Si te gustaría que la fuente del nombre de la iglesia fuera diferente a la usada en el resto del informe, destaca *Company Name (Nombre de la Compañía)* y luego selecciona *Change Font (Cambiar Fuente)*.

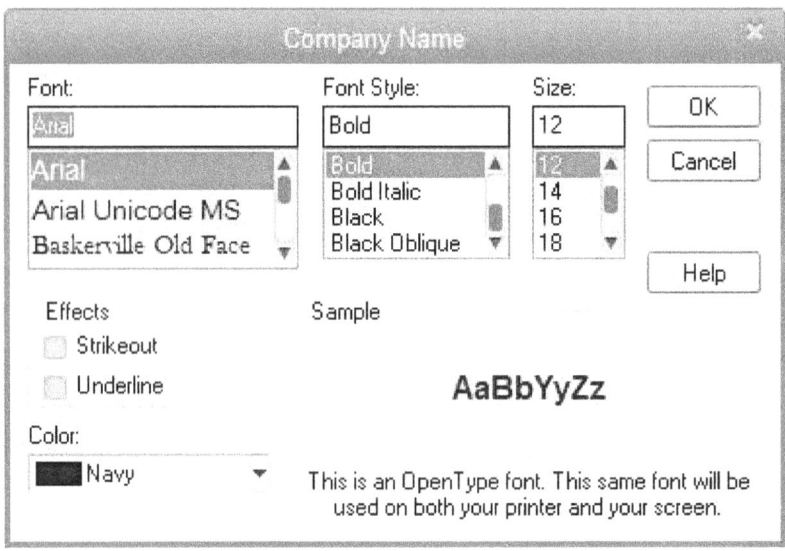

Elige la fuente, estilo, tamaño y color y haz clic *en OK*. Te dirigirás ahora de vuelta a la ventana de *Fonts & Numbers* (Fuentes y Números). Las opciones **Show Negative Numbers** (Mostrar Números Negativos) te deja decidir si los negativos deberían mostrarse con un signo menos, paréntesis, o en rojo. Para ahorrar costos de tinta para informes impresos, te recomendaría que te alejes de los colores.

El área de **Show All Numbers** (Mostrar todos los Números) te permite producir informes omitiendo balances en cero, sin mostrar los centavos, o con los números redondeados a 1000. A menos que seas una iglesia MUY grande, dudo que necesites a la redondear a 1000.

Ahora puedes seleccionar *OK,* y verás un reporte de Profit & Loss (Ganancias y Pérdidas).

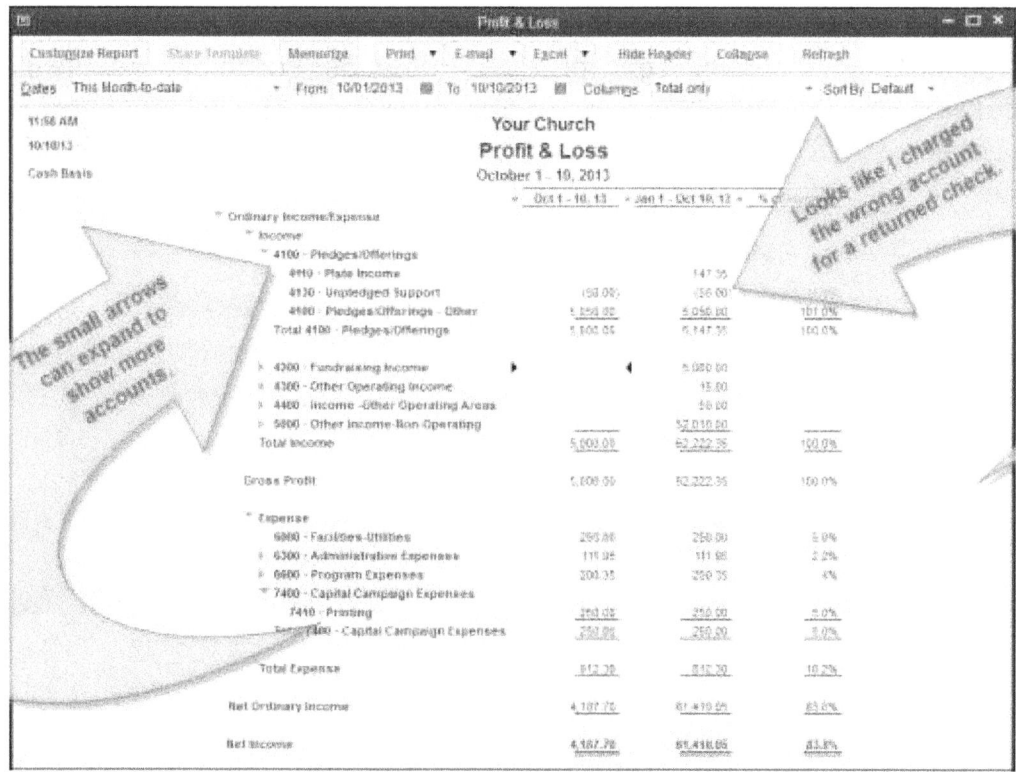

Las pequeñas flechas pueden ampliar para mostrar más cuentas.

Parece que cargué la cuenta incorrecta por un control devuelto.

Puedes ver ahora tus ganancias y tus pérdidas por la cuenta de ingresos. Si haces clic en las pequeñas flechas grises a la izquierda de una cuenta, el sistema te mostrará las subcuentas que la totalizan. Esto es muy práctico para examinar para errores.

En el ejemplo encima, veo una cantidad negativa en el Unpledged Support (Apoyo no Prometido). No debería haber una cantidad negativa allí. Si hago doble clic en (el US$50,00), veré lo siguiente:

Parece que el cheque devuelto debería haber ido en contra de Apoyo Prometido, es compatible con Apoyo no Prometido. Puedo hacer doble clic en la transacción en este reporte, y esto me llevará al diario de entradas para corregir. Una vez corregido y guardado, las ganancias y pérdidas mostrarán US$50 en la cuenta correcta.

> Me referiré a la capacidad de enlazar a las transacciones de reportes como **desglosar abajo**. En capítulos posteriores, si te digo desglosa abajo un reporte, quiero decir que hagas doble clic en la transacción en cuestión.

Vamos a mirar de nuevo en la parte superior del reporte.

El botón de arriba a la izquierda nombrado **Customize Report** (Personalizar Reporte) te llevará a la ventana modificada con las cuatro pestañas de las cuales ya hemos hablado. **Memorize** (Memorizar) te permite memorizar todos los filtros y los parámetros de este reporte y lo guardará debajo de la pestaña **Memorized** (Memorizado) en el Centro de Reportes.

El botón **Print** (Imprimir) te permite imprimir o guardar como PDF. La opción PDF es conveniente cuando quieres enviar reportes y asegurarte de que nadie cambiará los números en ellos. También hace los informes más fáciles de leer para la gente que no usa hojas de cálculo.

Email (Correo Electrónico) te permite enviar el reporte como una hoja de Excel o como un PDF. La opción **de Excel** creará una nueva hoja de cálculo o actualizará una existente. Como QuickBooks está diseñado para negocios y no para iglesias, muchas iglesias prefieren exportar reportes a una hoja de cálculo y luego cambiar la terminología a sus necesidades. La opción **Update an existing spreadsheet** (Actualizar hoja de cálculo existente) te permite establecer una plantilla y que luego simplemente cambies los números cada vez que dirijas un reporte. Después de que te familiarices con los reportes en el sistema, esto será un área con la que quisieras probar. (Te guiaré para saber cómo hacer estas técnicas más tarde en este capítulo.)

Hide Header (Remover Cabecera) elimina la cabecera descriptiva del informe. **Expand** (Ampliar) o **Collapse** (Contraer) muestra u oculta las subcuentas del informe.

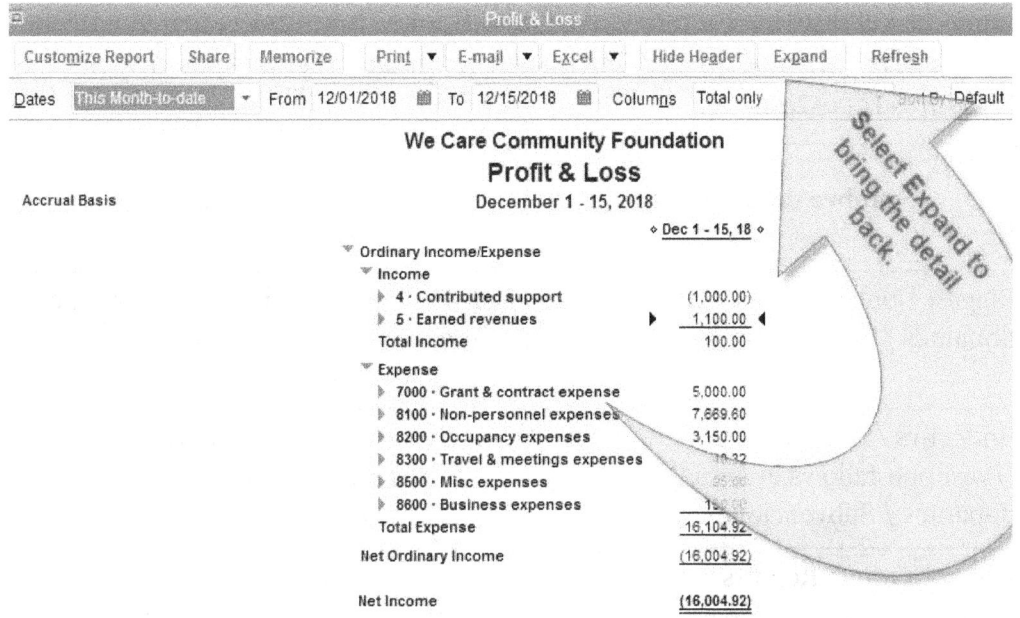

Selecciona Expand para traer de vuelta el detalle.

Este informe se ha contraído. Podrías seleccionar cuentas individuales para ampliar, o usar el botón **Expand** en la parte superior le mostrará todas las subcuentas.

Refresh (Refrescar) actualizará los números para cualquier cambio en las transacciones desde que el informe se generó. Por debajo de la barra de la parte superior hay un área para cambiar el intervalo de fechas y las columnas que se muestran.

> Aunque QuickBooks tenga numerosos tipos de reportes, navegarás alrededor de ellos y cambiarás los parámetros del mismo modo.

D. La mayoría de los informes útiles

Vuelve al Centro de reportes y examina qué tipos de reportes están disponibles debajo de cada una de las categorías. Mientras lo haces, te explicaré algunos de los reportes más útiles para que puedas buscarlos y ver si cumplen con tus necesidades o lo que se tendría que cambiar. Si tienes la versión no lucrativa de QuickBooks, hay una categoría titulada **Nonprofit** (Sin ánimo de lucro). Selecciónala y verás opciones para los siguientes reportes:

Nombre del Reporte.	Descripción
Biggest Donors/Grants (Mayores donantes / Subvenciones)	Enlista miembros/donantes por orden de tamaño de la donación. (Customers/Clientes)
Budget vs Actual by Donors/Grants (Presupuestado vs lo Actual por donantes / Subvenciones)	Compara donaciones y subvenciones y sus gastos relacionados con el presupuesto. (Jobs/Trabajos)
Donors/Grants Reports (Donantes/Reportes de Subvenciones)	Para una subvención individual, resume los ingresos y los gastos relacionados. (Jobs/Trabajos)
Donor Contribution Summary (Resumen de Contribuciones de Donantes)	Listas donación subtotal izada por los miembros. Usa esta lista para desarrollar declaraciones de fin de año. (Customers/Clientes)
Budget vs Actual by Program/Projects (Presupuestado vs Actual por Programa / Proyectos)	Programas individuales comparados con el presupuesto. (Budgets for a Class/ Presupuestos para una clase)
Program/Project Report (Programa/Reporte de Proyectos)	Detalla los gastos por programa individual. (Profit & Loss for a Class / Ganancias y pérdidas para una clase)
Statement of Finanical Income & Expense (Estado de Ingresos y Gastos Financieros)	Ganancias y pérdidas por programa. (Profit & Loss for a Class / Ganancias y pérdidas para una clase)

Statement of Financial Position (Estado de Posición Financiera)	Hoja de Balance (Balance Sheet)
Statement of Functional Expenses (Estado de gastos)	El resumen de los gastos si archivas una 990 declaración de renta.

Si no tienes la edición no lucrativa, no te preocupes. He puesto en paréntesis el reporte correspondiente de las versiones regulares. Tendrás que cambiar los títulos o exportar el archivo a una hoja de cálculo para renombrar los artículos a la terminología no lucrativa. También querrás mirar la pestaña de Reportes contribuida en el Centro de Reporte para un buen partido.

En la parte inferior de cada informe hay un área de fecha y algunos iconos. Puedes cambiar el intervalo de fechas antes de que prepares el reporte. Cuando hagas clic en los iconos, harán lo siguiente:

El círculo verde = Muestra el reporte.
La lupa = Explica para qué se usa el reporte.
El corazón rojo = Guarda el reporte en la pestaña de favoritos.
El círculo azul con (?) = Te lleva a una ventana de ayuda.

Elegirás los datos para cada uno de estos informes como hablamos antes. Te guiaré hacia las selecciones para **Estado de Ingresos y Gastos Financieros** como un ejemplo. Elegí este informe ya que dará la información por cada uno de los programas.

Las capturas de pantalla serán de la compañía de ejemplo sin ánimo de lucro, por lo tanto puedes seguir adelante. (Cierra tu iglesia y abre la muestra de empresa no lucrativa.) Para los que usan la edición no lucrativa, selecciona *Statement of Financial Income & Expenses (Estado de Ingresos y Gastos Financieros)*. Del área No lucrativa. El resto de nosotros irá a la opción **Company & Financial** (Empresa y Financiero) y seleccionará *Profit and Loss by Class* (Ganancias y pérdidas por Clase).

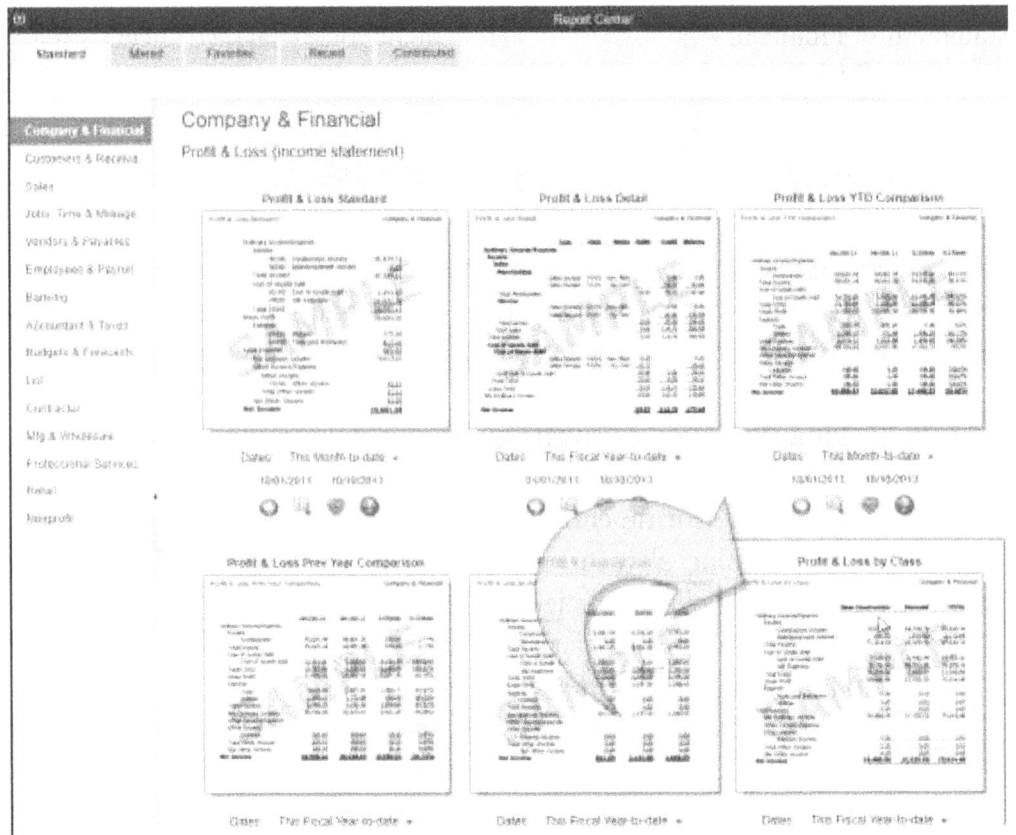

Aparecerá el cuadro de diálogo Modificar o el reporte. Si el cuadro de diálogo aparece, selecciona *OK* y te llevará al reporte.

Cambia el tamaño de la columna sosteniendo el cursor sobre el diamante.

Piensa programas.

Como aprendimos antes, puedes cambiar el intervalo de fechas, encabezado, etc. usando los menús en la parte superior de esta ventana. El botón **Collapse** esconderá los detalles de las cuentas. Además, puedes cambiar el tamaño de las columnas ubicando el cursor sobre los pequeños diamantes entre las columnas. Cuando el cursor cambie a un **+**, deslízalo hacia la derecha para hacer la columna más estrecha o a la izquierda hacerla más amplia. Verás entonces el siguiente cuadro de diálogo.

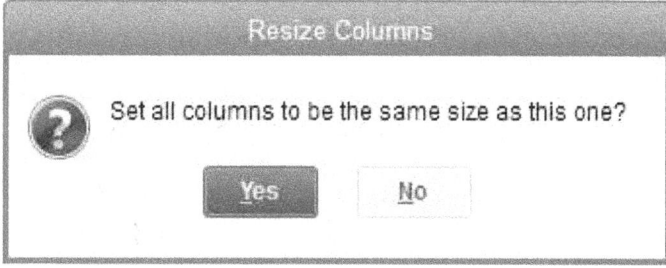

Elige tu preferencia y verás que el informe cambia de tamaño.

www.accountantbesideyou.com

La cantidad gastada en cada programa para el período.
El mismo informe con columnas más pequeñas y los artículos de la línea contraídos.

Por encima, contraje los datos por tanto el reporte no es tan largo. Mirando hacia abajo de este reporte, ves para cada programa los ingresos, gastos de explotación y una ordinaria línea de ingresos. Esto te dice cuánto has recibido de donaciones regulares, subvenciones y los gastos relacionados. Debajo de la línea de Ingresos Ordinarios Netos (Net Ordinary Income) están los ingresos inoperantes y gastos. Éstas son las cosas inusuales que pueden ocurrir en tu iglesia.

Con todas estas columnas, la letra sería muy difícil de leer en una copia impresa. El informe muestra todas las subclases así como las clases regulares, pero me gustaría un reporte que sólo justo resuma las clases de alto nivel. Para hacer esto, tendré que exportar los datos a una hoja de cálculo.

E. **Exportación de reportes a una hoja de cálculo**

Solamente quiero advertirte, esta sección supone que sepas Excel lo suficiente para hacer fórmulas básicas, añadiendo hojas de trabajo y alterando formato. Como un contador, me temo que yo asumo todo el mundo utiliza tanto como yo el programa. Pero si no estás familiarizado con el programa de la hoja de cálculo, será mejor que pidas ayuda de alguien que sepa a medida que avances a través de esta sección.

Selecciona *Excel, Create New Worksheet* (Crear una Nueva Hoja de Trabajo) en la parte superior del reporte.

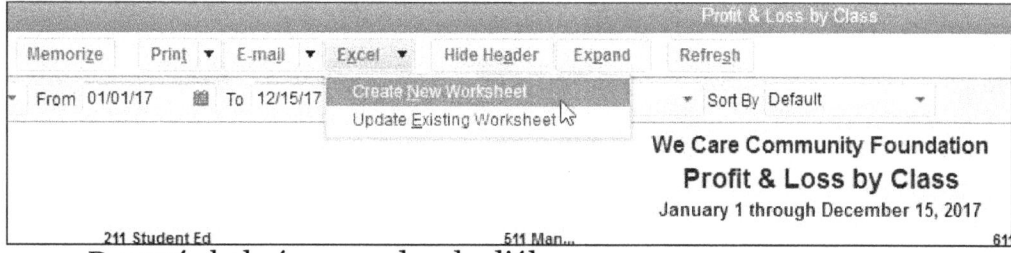

Después habrá un cuadro de diálogo.

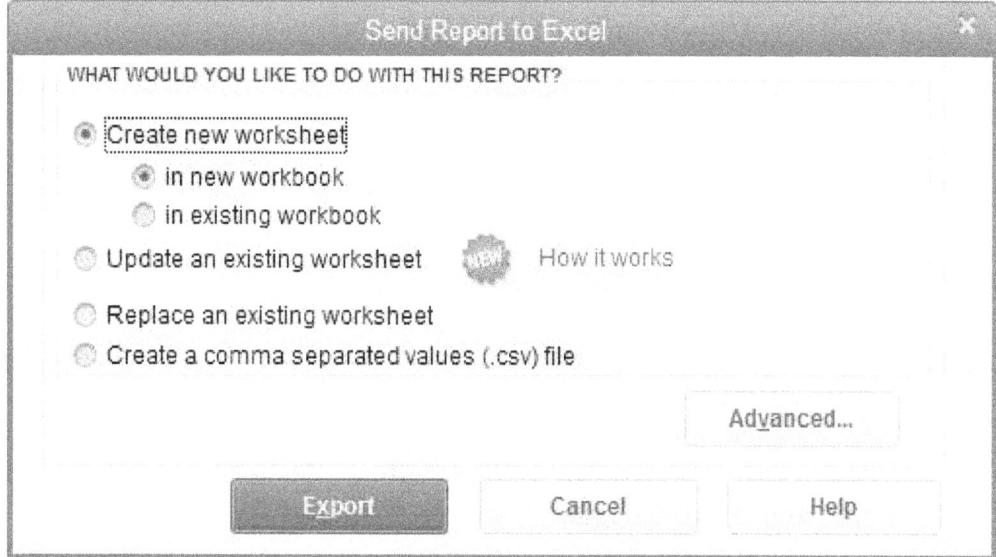

Elige *In New Workbook* (En nueva hoja de trabajo) y haz clic en *Export* (Exportar).

Esta hoja de trabajo tiene todos los datos del reporte de QuickBooks. Como nos gustaría que este informe sólo mostrara las clases de alto nivel,

www.accountantbesideyou.com

destaca cualquier columna con subclases, haz clic derecho, y selecciona ocultar como se muestra a continuación.

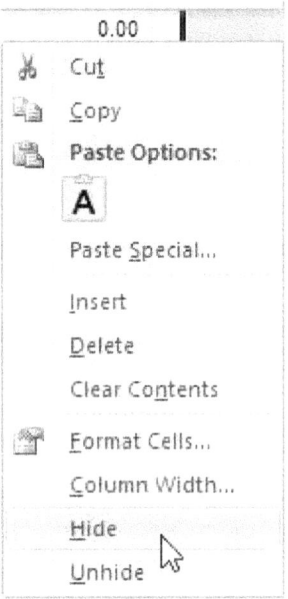

Sigue haciendo esto hasta que sólo se muestren las clases de alto nivel.

Ahora querrás hacer las columnas restantes más pequeñas. Usa la opción **Wrap Text** (Ajustar Texto) en lo alto de la barra de menú. Esto permitirá que los títulos hagan la celda más alta cuando reduzcas la anchura.

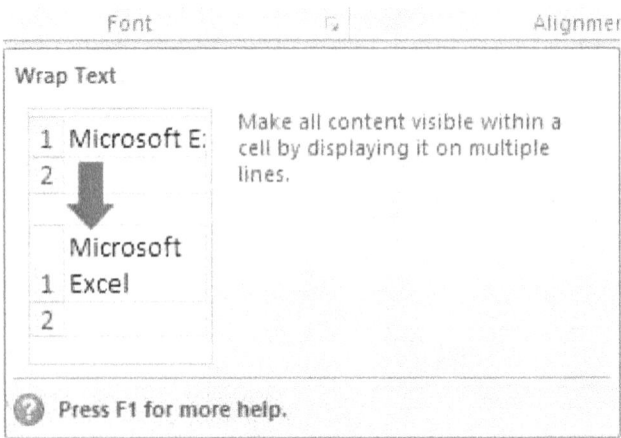

Redondear hasta el dólar más cercano en vez de mostrar los centavos también ahorrará espacio.

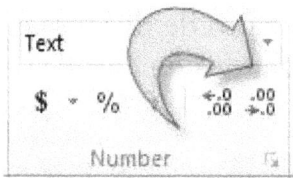

Destaca la hoja de trabajo entera y haz clic dos veces en la pequeña flecha que apunta a la derecha para quitar cualquier número después del decimal.

Ahora estás listo para reducir las columnas a el tamaño más estrecho posible manteniendo legibles los números. Sosteniendo tu cursor en la línea entre columnas cambiará a un +. Puedes mover entonces el borde de la columna a hacia la derecha o izquierda. Haz esto para cada una de las columnas hasta que estés satisfecho con el resultado.

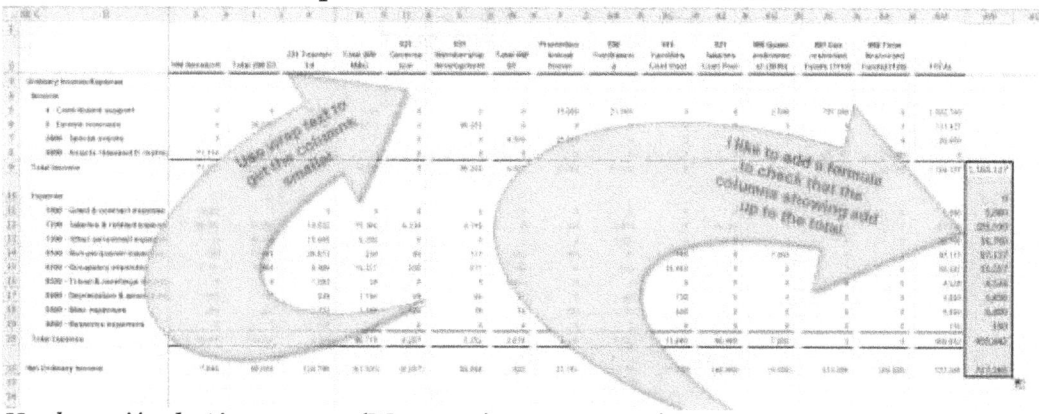

Usa la opción de Ajustar texto (Wrap text) para conseguir columnas más pequeñas.

Me gusta añadir una fórmula para comprobar que las columnas son coherentes al total.

Como precaución extra, añado una columna temporal con una fórmula sumando todas las columnas. Si la cantidad es diferente al total en la hoja de trabajo, sé que he dejado expuesta una subclase o he ocultado una clase de alto nivel. Estas fórmulas se deberían suprimir antes de que se imprima o se guarde.

También puedes añadir títulos, logotipos, cambiar las fuentes, etc. para hacer el reporte luzca exactamente como tú quieres. Guarda la hoja de trabajo y anota el nombre y el lugar.

Vuelve al reporte con el cual hemos estado trabajando en QuickBooks. Ahora cambia el parámetro de la fecha a este mes. Nota que todos los números del informe han cambiado. Si quisieras usar estos números en el formato que diseñaste anteriormente, selecciona *Excel, Update Existing Worksheet* (Actualizar Hoja de Trabajo Existente).

Esta vez cuando el cuadro de diálogo aparezca, elegirás *Update an existing worksheet* (Actualizar de una hoja de trabajo existente).

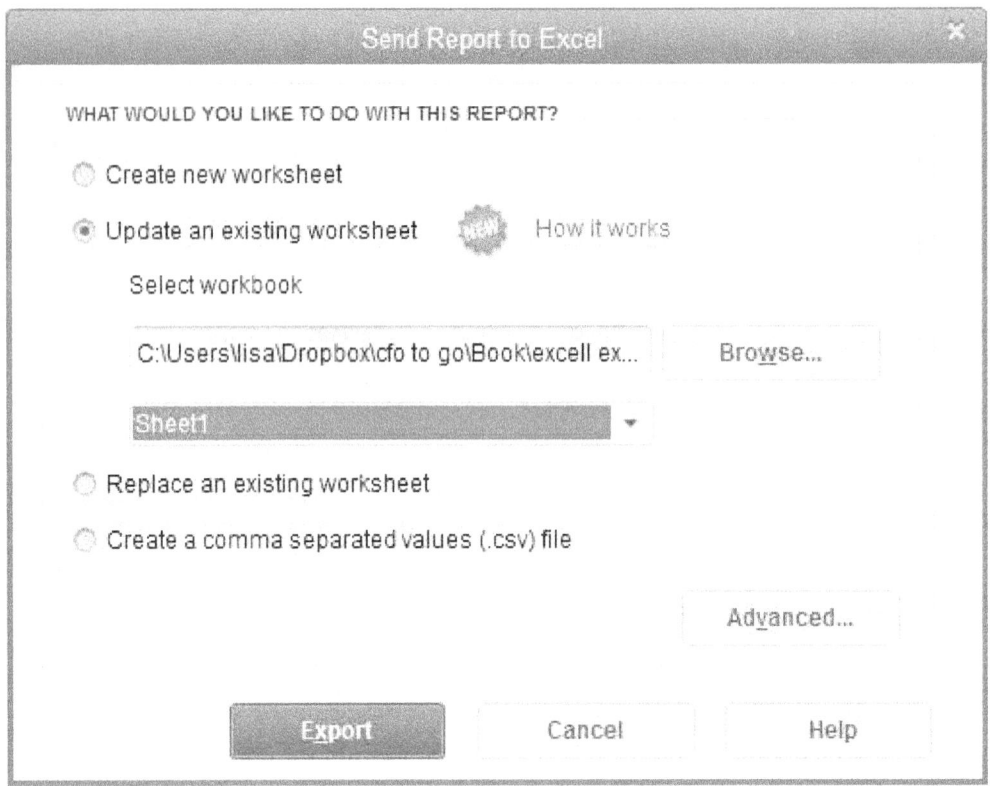

Usa el *Botón Browse* (Examinar) para encontrar el archivo y selecciona el nombre de la hoja. Si es un cuaderno de ejercicios grande, querrás renombrar las hojas individuales por información. Elige *Export* (Exportar).

Verás una advertencia y luego la hoja de cálculo actualizada se abrirá. Si hay errores, QuickBooks te alertará sobre éstos y te ofrecerá sugerencias.

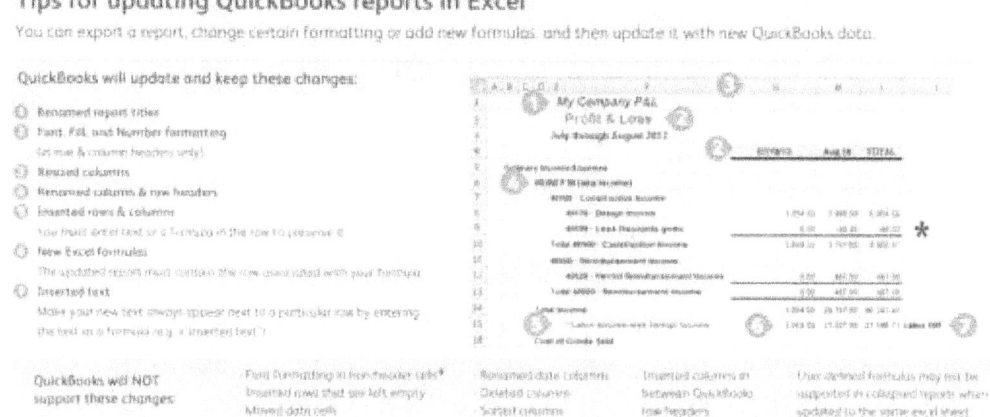

Esto no guardará todos tus cambios, pero realmente te impide tener que rehacer tus títulos y poner pestañas cada vez. Esta es la hoja de cálculo exportada sólo durante el mes.

Solamente aparecen las columnas con actividad.

Es considerablemente más pequeña, ya que no todos los programas tenían actividad ese mes.

La mayor parte de los reportes en QuickBooks se pueden exportar a una hoja de cálculo con tus títulos y formato personalizado. Tómate unos minutos e intenta algunos otros reportes con la compañía de la muestra. También, usa el programa de la hoja de cálculo para cambiar las fuentes y practicar la exportación. Encontrarás en esto un instrumento práctico.

www.accountantbesideyou.com

F. Otros reportes diversos

1. Promesas a cobrar, información del proveedor y el miembro.
Hay varios reportes que querrás observar. Si has ingresado promesas como facturas, puedes dirigir el **A/R Aging Summary** (Cuentas por Cobrar Resumen Envejecimiento) o **Detail** (Detalle). Este reporte ubica a los miembros en una lista y cuántos todavía deben en sus promesas.

En el Centro de Reporte, selecciona *Customers & Receivable* (Clientes y Deudores). El primer reporte ofrecido es *A/R Aging Summary*. Elige la fecha de hoy y verás lo que se le debe a la iglesia desde hoy. El *A/R Aging Detail* es el mismo reporte, pero pone en una lista las facturas individuales ingresadas por el miembro.

Más abajo en la parte de *Customers & Receivables* del Centro de Reporte está **Customer Phone List** (Lista del Teléfonos del Cliente) y **Customer Contact List** (Lista de Contacto del Cliente). Estas listas se pueden imprimir, exportarse a Excel o a formato PDF, o guardar en archivos de texto para importar a otro software.

> Si necesitas enviar o clasificar las etiquetas, ve a la barra del menú principal, selecciona **File** (Archivo), **Print Forms** (Imprimir Formularios), y **Labels** (Etiquetas). Elige **Customer Type** y haz clic **OK**. Puedes seleccionar el formato de la etiqueta e imprimir las etiquetas.

Si has estado ingresando tus facturas a medida que se reciben, pero todavía no se pagan, puedes ir a la sección de **Vendors & Payables** (Proveedores y Cuentas por Pagar) del Centro de Reporte y seleccionar **A/P Aging Summary**. Este es el reporte de facturas por pagar que muestra todas las facturas que se han ingresado, pero todavía no se han pagado y cuando son deudas. Es un instrumento útil para la dirección del flujo de caja. La sección de proveedores también te permite dirigir reportes sobre todas las transacciones para un proveedor particular usando **Transaction List by Vendor** (Lista de Transacciones por Proveedor).

2. **Detalle del depósito**

El **Banking Area** (Área Bancaria) del Centro de Reporte tiene el reporte **Deposit Detail** (Detalle del Depósito). Este reporte muestra cada depósito hecho y la cuenta bancaria a la cual fue hecho, junto con las transacciones individuales que conformaron el depósito. Si los depósitos en tu cuenta bancaria no empatan con los depósitos que figuran en la lista de tus cuentas durante tu conciliación bancaria, Consulta este reporte en QuickBooks para ver si pusiste el dinero en la cuenta incorrecta.

3. **Reportes contables.**

Si tienes la versión Premier o la No lucrativa, verás una sección titulada **Accountant and Taxes** (Contable e Impuestos). Explicaré más sobre éstos en el capítulo 14.

La sección final es **Budgets & Forecasts** (Presupuestos y Pronósticos). En el siguiente capítulo, te mostraré cómo introducir tus presupuestos y utilizar mejor este potente instrumento.

> No te he preguntado desde hace un rato.
> ¿Estás recordando hacer copia de seguridad?

XIII. ¿Estoy cumpliendo mis objetivos? Elaborando un presupuesto.

La planificación del futuro es crucial para cualquier organización. La preparación de un presupuesto anual requiere que una iglesia considere las prioridades de sus fieles y el mejor camino para que la organización responda. Ya que hay un límite en las donaciones que se esperan recibir, también hay un límite en los servicios que pueden ser ofrecidos.

> Acércate al proceso de elaboración del presupuesto como una manera de obtener consenso sobre las prioridades de tu iglesia.

A. El proceso de presupuesto

Los presupuestos se hacen generalmente basados en ingresos operativos y gastos. Los ingresos y los gastos fuera de las operaciones normales de la iglesia (ingresos no operativos y gastos, como la recepción de una herencia o la reparación del estacionamiento) sólo tienen que ser presupuestados si son sustanciales.

El proceso de presupuesto tendrá varios pasos. Primero debes considerar si necesitas un presupuesto de nivel superior (solamente un total de la iglesia) o programa por programa. La elaboración de un presupuesto a nivel de programa tomará más tiempo, pero también te dará más información.

También puedes querer hacer el presupuesto por subvención. QuickBooks permite que introduzcas la clase de presupuestos (programas) separados del presupuesto total de la iglesia. Si preparas presupuestos del programa para todas las áreas (incluyendo la administración), esto se resumirá a un presupuesto total de la iglesia.

Después, tendrás que determinar qué donaciones y otros ingresos estás esperando. Si los ingresos y donaciones de tu iglesia han sido bastante consistentes durante los años, puedes usar tendencias históricas y ajustarlas en caso de cualquier cambio probable.

Por ejemplo, si las promesas han estado consistentemente cerca de los US$100.000 durante los cinco años previos, probablemente debes presupuestar US$100.000 para el presupuesto del próximo año. Pero si un donante potencial se trasladó a otro estado, debes considerar reducir las promesas esperadas de su donación habitual.

Algunas iglesias prefieren recaudar los compromisos de promesas anuales antes de comenzar el proceso de elaboración de un presupuesto. Esto le da al tesorero una idea bastante exacta de la cantidad mínima de donaciones que se recibirán. La dificultad con este enfoque es simplemente el tiempo. Si comienzas a recaudar los compromisos de los miembros en octubre, puede ser que a finales de diciembre apenas estés recogiéndolos.

Un enfoque híbrido es usar los datos históricos y actualizarlos con las promesas conocidas antes de finalizar los presupuestos. Esto incorpora lo mejor de ambos mundos y también permite que el tesorero haga lo que los contadores llaman una "prueba de olfato". Una prueba de olfato realmente significa "¿tiene sentido?" Si las promesas hechas son 50% menos que el año pasado, pero las membresías están estables, tienes un error de entrada o tienes que hacerle seguimiento a tus miembros para ver qué es lo que ha cambiado.

Las donaciones no prometidas por lo general se ponen en el presupuesto como tasas históricas. Esto incluiría el dinero recibido en la bandeja de recolección, conmemoraciones, alquiler, etc. Los ingresos por inversiones se pueden poner en el presupuesto basados en retornos esperados de las inversiones. Si tienes US$100.000 en una cuenta de mercado monetario que paga actualmente interés del 2%, pondrías US$2000 como ingreso por inversiones.

Para los presupuestos de gastos, me gusta obtener la aprobación de los directores de los programas. Comienza por imprimir un informe mostrando los directores de cada programa y cuánto dinero han gastado este año.

Selecciona el informe de **Profit & Loss Standard** (Standard de Pérdidas y Ganancias) y fíltralo para clase. (Aprendiste cómo filtrar los informes en el último capítulo.)

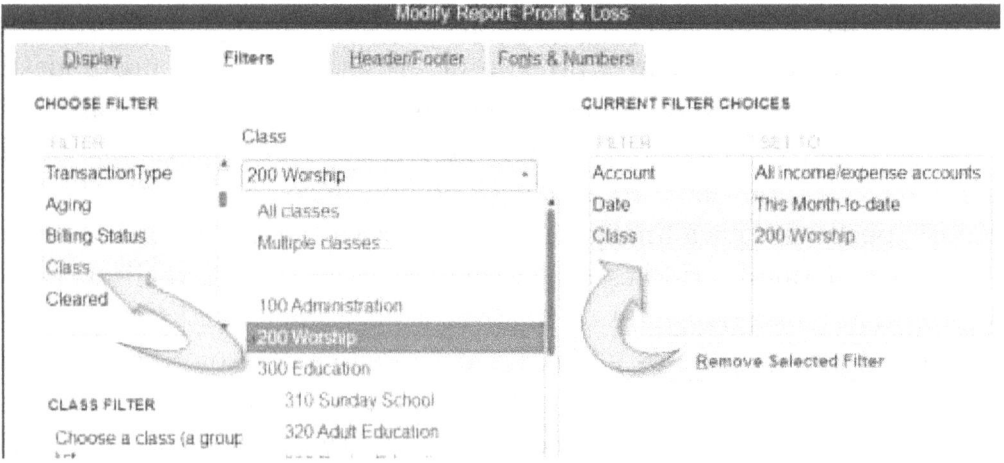

Entonces, pídele a los directores de los programas que presenten su oferta de presupuesto requerido esperado para el próximo año, y si es considerablemente diferente al de este año, se debería incluir una explicación. Me refiero a esto como la lista de deseos. Asegúrate de recordarle a los directores que no es parte del presupuesto hasta no ser aprobado por el comité de finanzas o el consejo directivo.

Al hacer la preparación de sus ofertas y dar una explicación, se anima a los directores de programa a pensar en lo que les gustaría hacer de manera diferente. La documentación escrita es un buen recurso para el consejo directivo ya que pueden deliberar sobre cómo dividir el dinero del presupuesto. Esto también te da la información para poner en una clase (programa) el presupuesto en QuickBooks.

Además de los gastos de programas, tu iglesia tiene instalaciones y otros gastos elevados. Éstos se pueden estimar por lo general basándose en información histórica o contratos. Si estás asignando este gasto a través de los programas, puedes ahorrar tiempo esperando hasta que todos los gastos directos del programa hayan sido planeados en el presupuesto. Después puedes hacer un cálculo único basado en el porcentaje del espacio usado, número de empleados o porcentaje de costes totales para asignar los recargos.

Por ejemplo, usa una hoja de cálculo para estimar todos los gastos del edificio. Si tienes tres programas, Administración, Culto y Educación, añadirías un tercero de los gastos esperados de las instalaciones para cada uno de estos tres presupuestos. Puedes hacer la misma cosa para los sueldos si asignas a las personas en más de un programa. Algunas iglesias usan porcentajes de asignación diferentes para los gastos de las instalaciones contra las provisiones y los gastos administrativos.

> Considera exportar los sobre costos de los gastos del años pasados a una hoja de cálculo. Puedes usar fórmulas que añaden el porcentaje de la inflación y luego asignarlos por programa. La asignación sería introducida en el presupuesto de QuickBooks por la cuenta.

B. Ingresando tu presupuesto

Una vez que has reunido toda la información de los directores de programas, tarjetas de promesas, información histórica, y cualquier otra cosa, es tiempo de reunir todo esto en un presupuesto. Pasarás probablemente por varias iteraciones antes de que tu consejo directivo decida un presupuesto final, así que no te preocupes si no tienes toda la información que quisieras.

De la barra del menú, selecciona *Non Profit* (No Lucrativo), *Set Up Budgets* (Configurar Presupuestos) o *Company, Planning & Budgeting* (Compañía, Planeación & Presupuestos), *Set Up Budgets* (Configurar Presupuestos). Si un presupuesto se hubiera establecido antes, verás una pantalla diferente. De ser así, selecciona *Create a New Budget* (Crear un Presupuesto Nuevo).

Cámbialo al año deseado y selecciona *Next* (Siguiente).

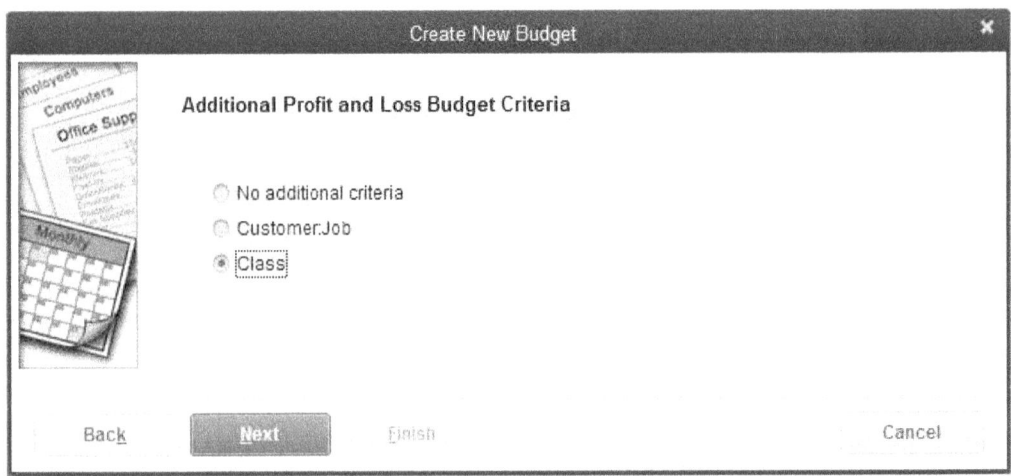

La opción **No additional criteria** (Ningún criterio adicional) permite que prepares un presupuesto sin programas de presupuesto separados. **Customer:Job** (Cliente: Trabajo) se utiliza para presupuestar subvenciones. Selecciona **Class** (Clase) para hacer el presupuesto por programa.

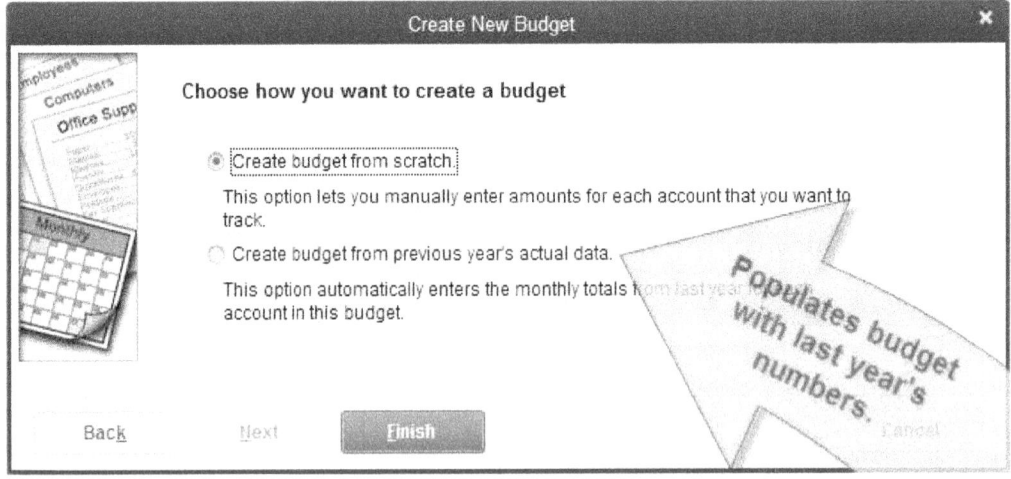

Llena el presupuesto con los números del año pasado.

Esta pantalla te permite comenzar tu presupuesto sin cualquier dato ya insertado o tener el sistema lleno con los datos de las cantidades mensuales por cuenta. Si usas principalmente un enfoque histórico para la elaboración del presupuesto y tienes los datos del año pasado en el sistema, la segunda opción es un ahorrador del tiempo.

Para nuestro ejemplo, selecciona *Create Budget from scratch* (Crear el presupuesto desde cero) y presiona *Finish* (Terminar).

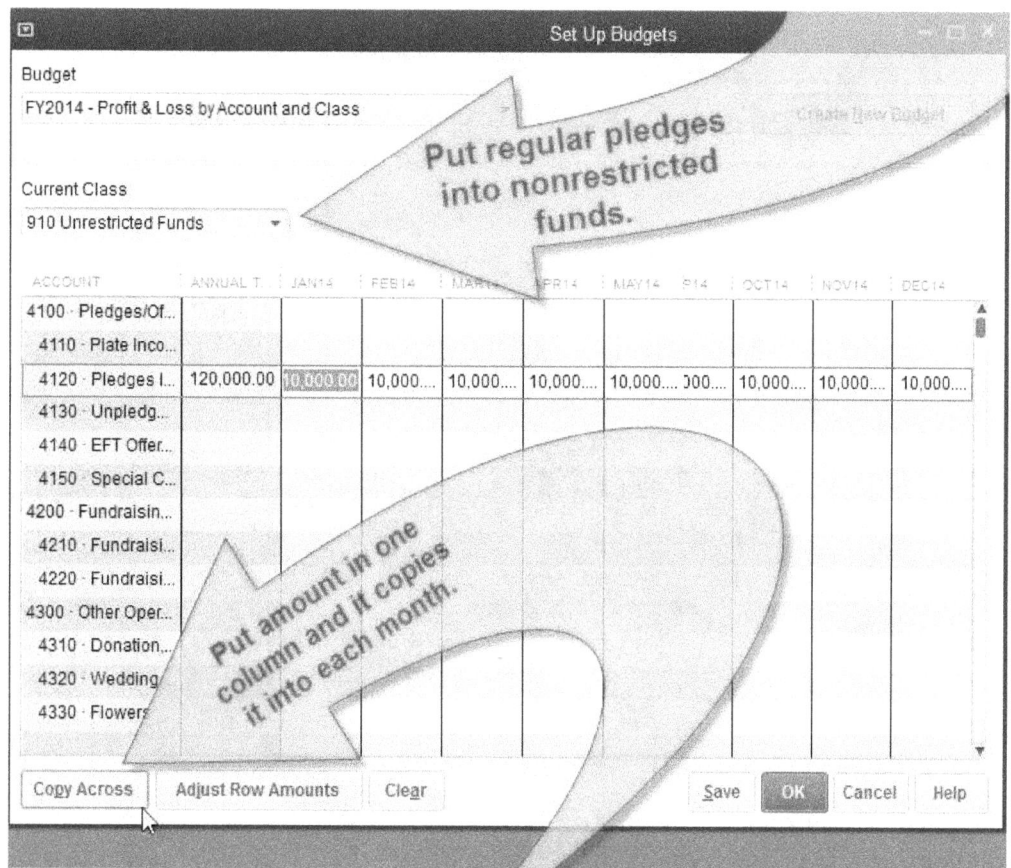

Pon las promesas regulares en fondos no restringidos.
Pon la cantidad en una columna y lo copia en cada mes.

Arriba, verás el año y el tipo de **Budget** (Presupuesto). Debajo de esto está **la Current Class** (Clase Actual). Tendrás que cambiar esta casilla cada vez que entres en un nuevo programa. Pero asegúrate de seleccionar *Save* (Guardar) primero. Al pulsar OK saldrás de esta pantalla.

Ingresa la información del presupuesto en el nivel de la subcuenta si tienes tantos datos. Si ingresas una cantidad en la columna Jan y la destacas, puedes seleccionar entonces *Copy Across* (Copiar a Través), y el sistema pondrá la misma cantidad en los doce meses. Puedes entonces ajustar manualmente los meses.

Quizás, después de que habías introducido US$1000 por mes en la cuenta de recolecciones de la bandeja, el tesorero aconsejó aumentar el presupuesto en un 10%.

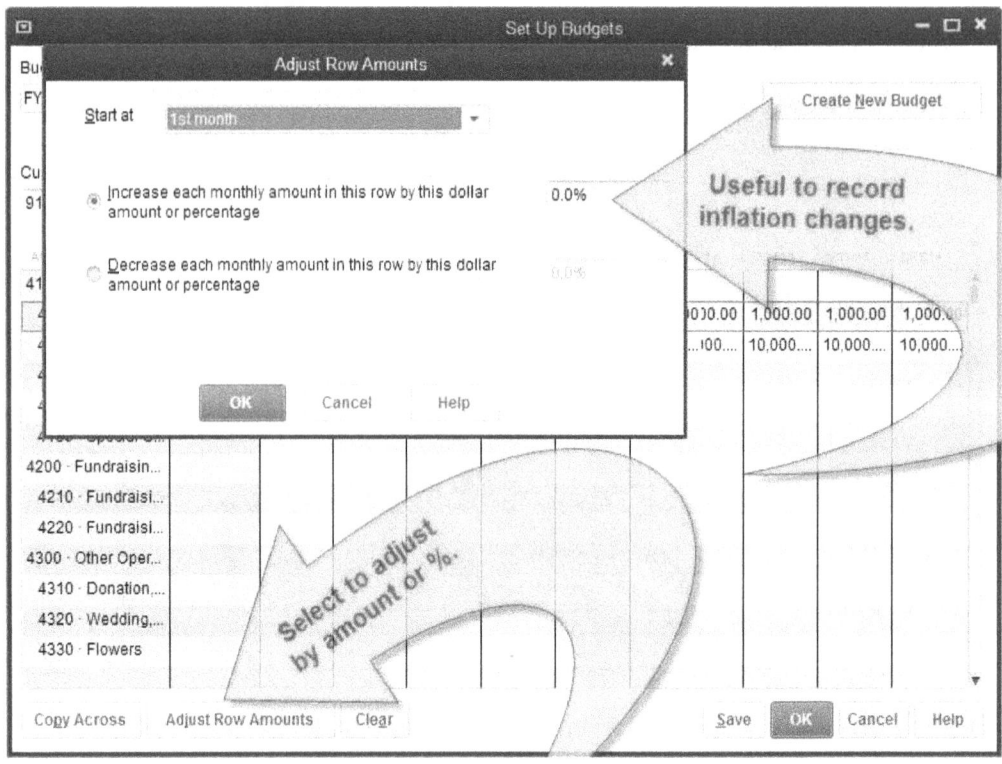

Útil para registrar los cambios en la inflación.
Selecciona para ajustar por cantidad o %.

Destaca la cantidad del primer mes y selecciona *Adjust Row Amounts* (Ajustar Cantidades de Fila). *Aumento* Selecciona *Increase each monthly amount* (Incrementar cada cantidad mensual) y escribe en el porcentaje. Una vez que haces clic *en OK*, las recolecciones de la bandeja mostrarán US$1100 mensualmente.

Introduce los datos del presupuesto programa por programa, guardando el trabajo con frecuencia. Cuando termines, selecciona OK o selecciona *Create New Budget* (Crear Nuevo Presupuesto) si te gustaría establecer una subvención o un presupuesto de alto nivel. No tienes que establecer un presupuesto de alto nivel por separado si tus clases totalizan el presupuesto completo.

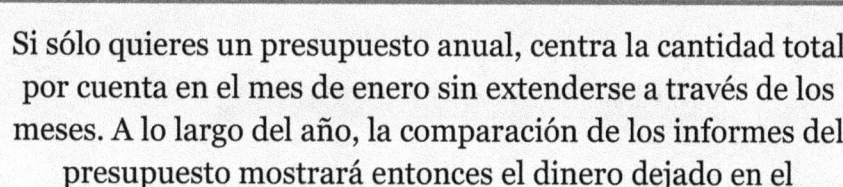

Si sólo quieres un presupuesto anual, centra la cantidad total por cuenta en el mes de enero sin extenderse a través de los meses. A lo largo del año, la comparación de los informes del presupuesto mostrará entonces el dinero dejado en el presupuesto.
Recomiendo tomarse el tiempo de extenderlo mensualmente. Tendrás mucha más información útil.

Vamos a ver qué tipo de informes podemos generar una vez que tenemos el presupuesto introducido. Abre la compañía de muestra no lucrativa si quisieras hacer un seguimiento de los datos. Ve al Centro de Informes y selecciona *Budgets & Forecasts* (Presupuestos & Estimaciones) o *Budgets* (Presupuestos) si usas la versión Pro. Selecciona *Budget Overview* (Descripción del Presupuesto).

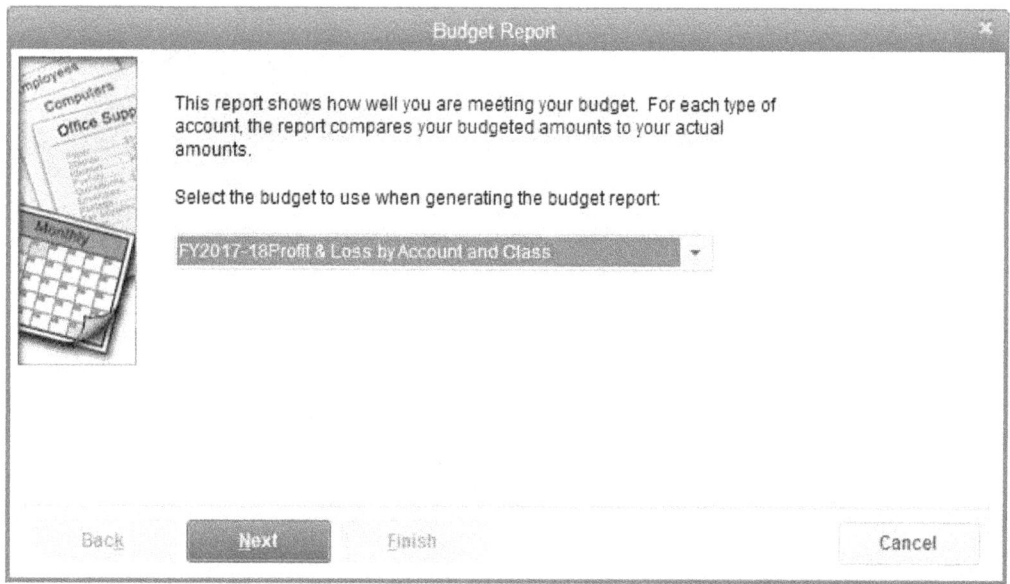

Selecciona el informe de tu presupuesto y presiona *Next* (Siguiente) para ver opciones al lado del informe. Lo elegiremos por mes.

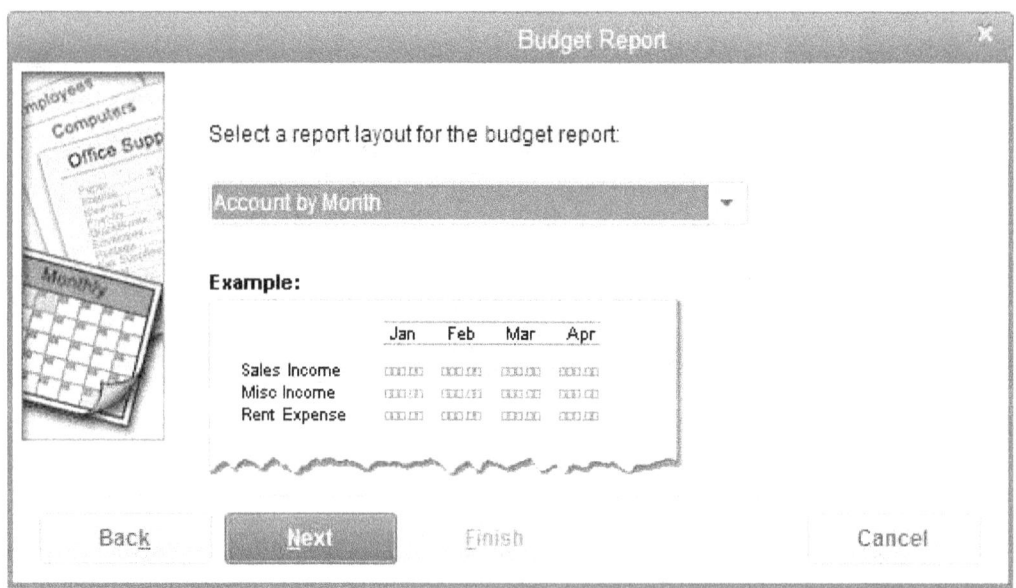

Después de que selecciones *Next* (Siguiente), un cuadro de diálogo te pedirá que presiones *Finish* (Finalizar). Haz eso, y verás un informe que muestra el presupuesto por mes.

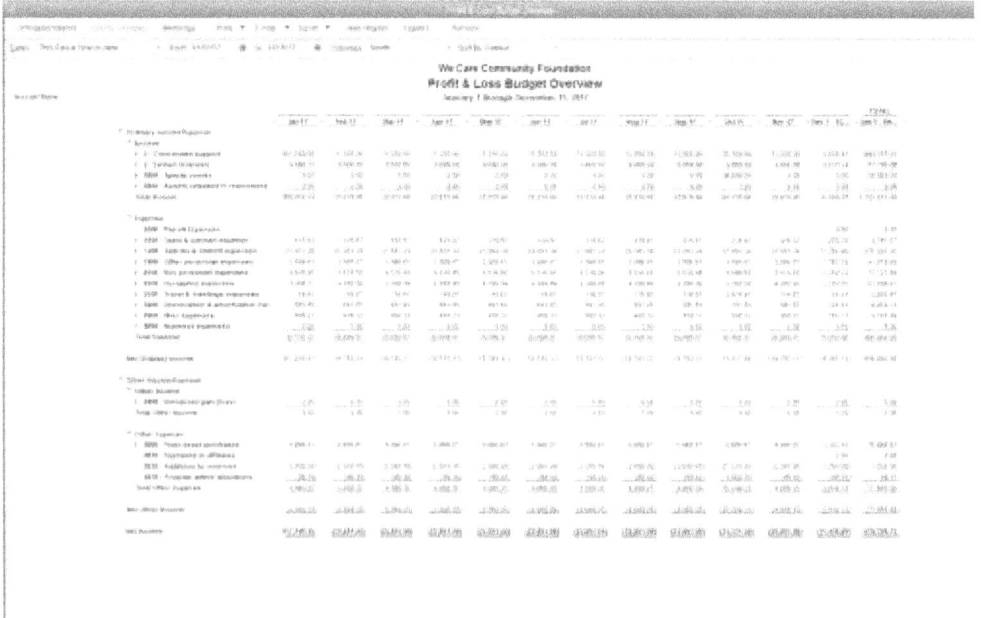

Puedo ver que este informe es demasiado pequeño para leerlo en el libro, pero puedes verlo bien en tu pantalla. Mientras reúnes tus presupuestos, usa este informe para ver las tendencias mensuales en el presupuesto y comprobar tu introducción de datos.

Comparar tus ingresos actuales y gastos con los presupuestos ayudará a tu iglesia a rastrear sus objetivos financieros. Vuelve a la opción de **Budgeting and Forecasting** (Elaboración y Pronóstico de un Presupuesto) de los informes y selecciona *Budget vs Actual* (Presupuesto vs Actual). Verás pantallas similares a las anteriores. Cuando pida la disposición del informe, elige *Account by Class* (Cuenta por Clase).

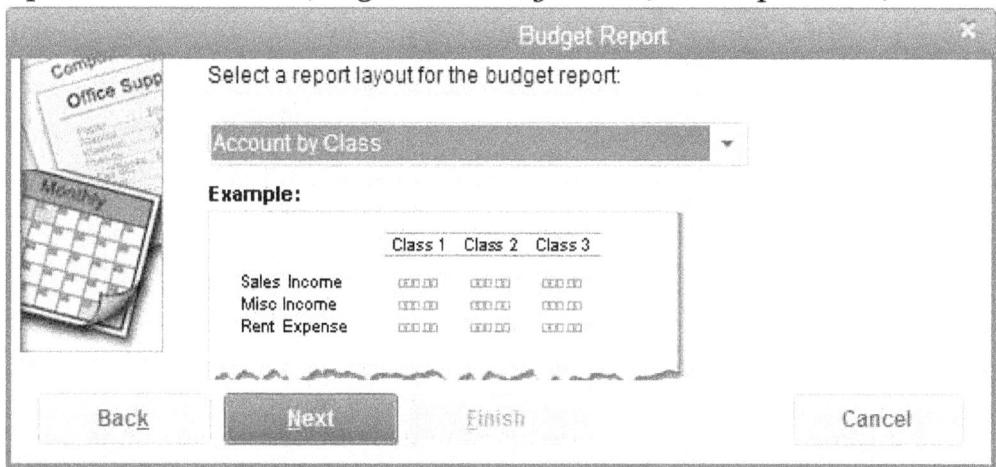

Haz clic en las pantallas hasta que el informe se muestre.

Comparación del año hasta la fecha.

Este informe mostrará cómo tus gastos de programas se comparan con sus expectativas. Las columnas **TOTAL** (TOTALES) te dan las varianzas para la iglesia entera. Filtra el informe a cada uno de los programas individuales y dale una copia al director del programa cada mes.

Los gráficos también están disponibles a través del Report Center (Centro de Informes).

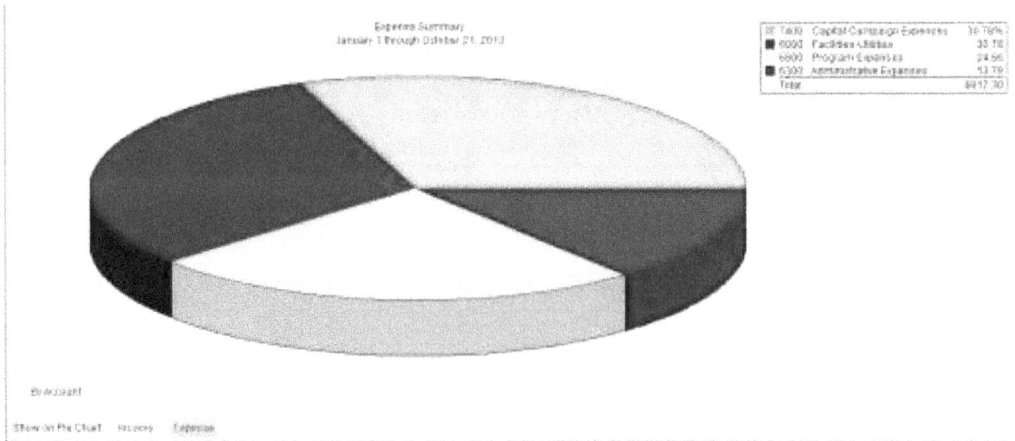

Cerca de la parte inferior de los menús de informes para cada una de las categorías están los gráficos estándares. Desde el **Report Center** (Centro de Informes), selecciona el área de interés y luego baja para ver las opciones.

Los gráficos se pueden mostrar como gráficos de barras o diagramas de pastel y muestran el desglose de ingresos o gastos. Tu decides el rango de las fechas, programas y/o clientes.

Experimenta con varios informes de presupuestos y gráficos. Cambia los parámetros y mira qué es más útil para tu iglesia. Exporta los informes a hojas de cálculo para el análisis adicional o para hacerlos más estéticamente agradables.

C. **Pronósticos**

Los presupuestos generalmente se crean de manera anual y se quedan estables a lo largo del año. Los pronósticos son útiles cuando se espera un cambio. Quizás piensas contratar nuevo personal para dirigir un programa de niños extendido. Podrías crear un pronóstico haciendo suposiciones acerca de los gastos adicionales de la nómina y los costos del programa y compensado con cualquier crecimiento esperado de tu organización. Las versiones Premier y No lucrativas de QuickBooks ofrecen este instrumento, pero la versión Pro no lo hace.

El sistema puede llenar los datos con la información del año anterior por cuentas y por meses para que tú puedas cambiarlos basándote en tus nuevas suposiciones. Esto te salva de usar la alternativa: campos de datos en blanco para ingresar cantidades desde cero para cada cuenta.

Ve a *Company, Planning & Budgeting, Set Up Forecasts* (Compañía, Planeación & Presupuestos, Configurar Pronósticos). Los cuadros de diálogo se verán muy similares a los **Budgets** (Presupuestos).

Especifica el año para el pronóstico y selecciona *Next* (Siguiente).

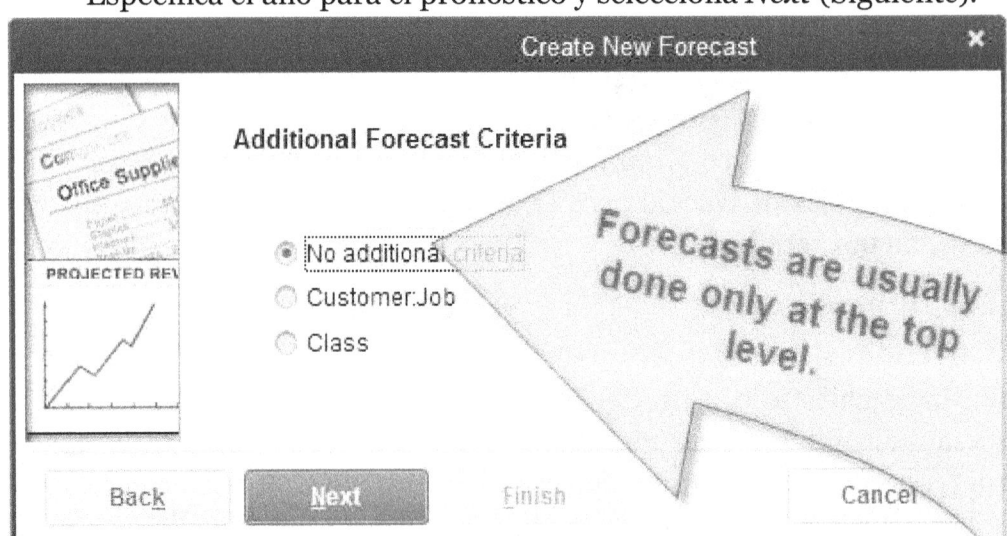

Los pronósticos por lo general sólo se hacen en el nivel superior.

A menos que pronostiques por programa, selecciona No additional criteria (*Ningún criterio adicional*).

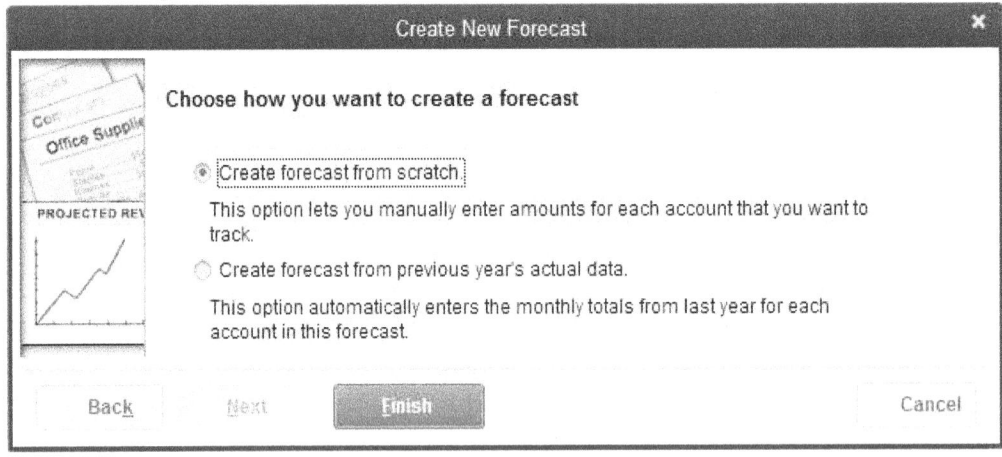

Create forecast from previous year's actual data (Crear pronósticos con los datos anteriores del año anterior) es útil, sobre todo si tus recolecciones tienen una varianza normal a lo largo del año, es decir alto en primavera alrededor de Pascua, bajo en el verano, y alto alrededor del final del año. Verás las diferencias en los meses usando la información del año anterior. Por otra parte, puedes seleccionar *Create forecast from scratch* (Crear pronóstico desde el principio) para ingresar todos los datos manualmente.

La pantalla del pronóstico está en el mismo formato que la pantalla para ingresar a los presupuestos. Ingresa los datos por cuentas y meses, y la columna **ANUAL TOTAL** (TOTAL ANUAL) sumará los datos. Guarda con frecuencia y selecciona OK cuando hayas terminado.

D. Proyector del flujo de caja

El otro instrumento que QuickBooks ofrece es un proyector del flujo de caja. Este mira las facturas que todavía no se han recibido en cuentas por cobrar y las que todavía no se han pagado en cuentas por pagar. El sistema estima el balance de caja cada semana durante seis semanas. No tiene en cuenta ninguna factura memorizada ni cuentas de cobro, por lo tanto tendrías que introducir esos datos a mano. Aquí está como se ve el informe.

We Care Community Foundation
Weekly Cash Flow Projection
December 16, 2017 through January 27, 2018

	Current Week	12/17/17	12/24/17	12/31/17	1/7/18	1/14/18	1/21/18
Cash:							
Beginning Cash	417,647	417,647	437,266	456,885	476,504	496,123	515,742
Cash Receipts	0	19,619	19,619	19,619	19,619	19,619	19,619
Adjustments	0	0	0	0	0	0	0
Total Cash	417,647	437,266	456,885	476,504	496,123	515,742	535,361
Business Expenses:							
None	0	0	0	0	0	0	0
Adjustments	0	0	0	0	0	0	0
Total Business Expenses	0	0	0	0	0	0	0
Cash Available for Disbursement	417,647	437,266	456,885	476,504	496,123	515,742	535,361
Accounts Payable:							
Adjustments	0	0	0	0	0	0	0
Total Accounts Payable	0	0	0	0	0	0	0
Ending Cash Balance	417,647	437,266	456,885	476,504	496,123	515,742	535,361

A menos que una cantidad significativa de tus donaciones y facturas pasen por cuentas por cobrar y cuentas por pagar, la mayor parte de la información se tendrá que ingresar manualmente. Esta es un área de la que recomendaría no preocuparse hasta que estés más familiarizado con el sistema.

> ¡Venimos cerca del final! Hemos establecido el sistema, aprendido a ingresar transacciones, dirigir informes y entender cómo funciona la planeación del presupuesto y los pronósticos en QuickBooks. Vamos al siguiente capítulo para ver que necesita hacerse al final del mes y al final del año.

XIV. Es final del año y/o final de mes — Qué debo hacer?

Has ingresado todas tus transacciones y conciliado tu cuenta bancaria. Antes de imprimir los informes financieros para el tesorero o el consejo, vamos a hacer una revisión de los datos.

En la siguiente página hay una lista de comprobación de cosas para hacer cada mes y los requisitos adicionales para el final del año. Puede que tengas que añadir algunas otras cosas para tu organización en particular, pero esto te ayudará a comenzar.

Al mirar la lista hasta abajo, verás que hemos cubierto casi todo excepto la asignación de los balances de fondos. En el primer capítulo, expliqué cómo QuickBooks está diseñado para negocios que sólo tienen una cuenta patrimonial en la cual fijar los ingresos netos: Utilidades Retenidas. Tu iglesia, sin embargo, tiene tres cuentas patrimoniales diferentes: Activos Netos Sin Restricción, Activos Netos Temporalmente Restringidos y Activos Netos Permanentemente Restringidos. Además, puedes tener fondos que tienes que rastrear que llevan allí año tras año sin ser liquidados. En este capítulo, te mostraré cómo desarrollar el informe de fondos y cómo registrar tus ingresos netos (o pérdidas) en la cuenta de activos netos correcta.

A. Comprobación de final de *año y de mes

Deberes	Capítulo	Completado
Ingresar todas las cuentas	X	
Ingresar cualquier crédito de proveedor	X	
Pagar todas las cuentas	X	
Ingresar cualquier cheque manual	X	
Ingresar todos los pagos bancarios en línea	X	
Ingresar todas las letras bancarias	X	
Ingresar la nómina	X	
Pagar cualquier responsabilidad de la nómina	X	
Ingresar cualquier factura requerida	IX	
Ingresar todas las donaciones	IX	
Ingresar cualquier otro recibo	IX	
Registrar los gastos de franqueo	XI	
Ingresar los gastos de la tarjeta de crédito	X	
Reconciliar la cuenta de la tarjeta de crédito	XI	
Reconciliar la cuenta bancaria al extracto	XI	
Cobrar los gastos pre-pagados	XIV	
Revisar informes de *Antigüedad de créditos*	XII	
Revisar informe de *Cuentas por pagar*	XII	
Revisar *la Declaración de la situación financiera* (Balance general)	XII	
Revisar *la Declaración de actividades por clase* (Estado de ingresos)	XII	
Revisar *la Comparación del estado de ingresos y el presupuesto*	XIII	
* Asignar balances de fondos	XIV	
*Asignar fecha de clausura del fin del año	XIV	
*Correo 1099 y 1096	XIV	
*Correo W-2s y W-3	XIV	

B. Revisando tus transacciones

El primer paso debe ser estar seguros de que todo se ha contabilizado correctamente. Me gusta comenzar con la Declaración de Situación financiera (o Balance General como se conoce en el mundo lucrativo).

Ve a *Reports, Company & Financial, Balance Sheet Standard* (Informes, Compañía & Finanzas, Balance General Standard). Dirige el informe con la fecha de finalización del mes que estás cerrando. Asegúrate de seleccionar la opción *Accrual* (Acumulado).

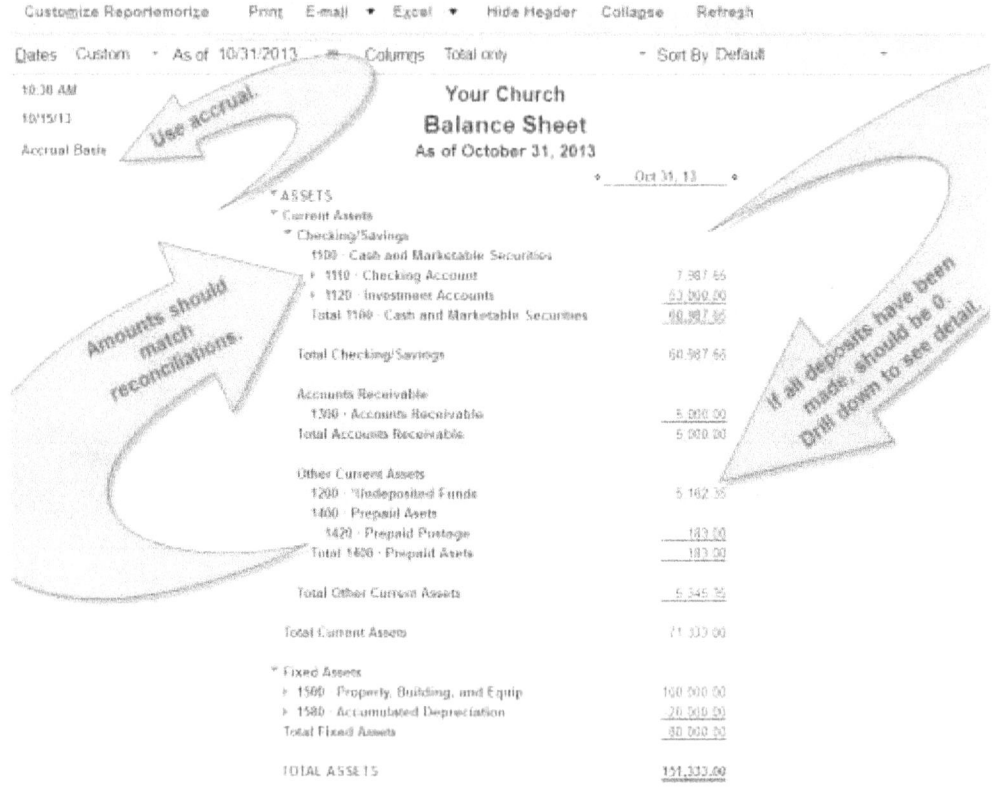

Usa el acumulado. *Si todos los depósitos están hechos, debe estar en US$0.*
Baja para ver detalles.
Las cantidades deben corresponder las reconciliaciones.

Asegúrate de que el informe esté ampliado (debes ver el botón **Collapse**. Este informe incluirá todos los activos y responsabilidades de tu iglesia. Me gusta imprimir una copia para hacer notas.

En la parte superior están las cuentas de efectivo. Comprueba tus resúmenes de reconciliación para ver que cada cuenta corresponda a la reconciliación que realizaste. Si tienes una cuenta para gastos menores, debería corresponder a la cantidad total del dinero en efectivo en el cajón. Las inversiones deberían empatar a las reconciliaciones del corretaje. Si hay algunas diferencias, investiga y corrige los errores o las reconciliaciones.

Los fondos no depositados sólo deberían tener un balance si un depósito no ha sido llevado al banco. En este ejemplo, la cuenta de fondos no depositados muestra un balance de US$5162,35, pero sabemos que la iglesia ha hecho todos los depósitos. Vamos a buscar más (haciendo doble clic) en la cuenta y ver lo que queda.

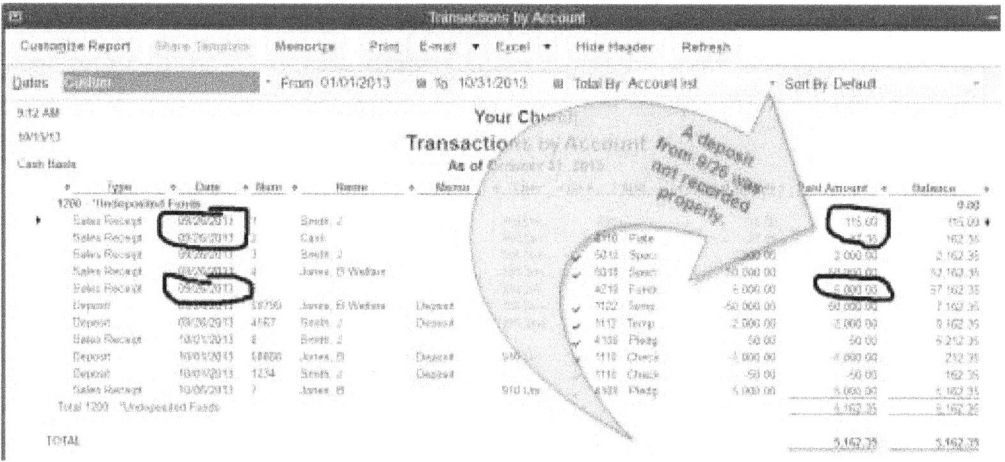

Un depósito del 26/9 no se registró correctamente.

Examinando los detalles, puedes ver los recibos de ventas entrar y los depósitos relacionados restados para todas, excepto tres de las cantidades. Para corregir esto, vuelve a *Banking, Make Deposits* (Banco, Hacer Depósitos) y verás todas las cantidades no depositadas.

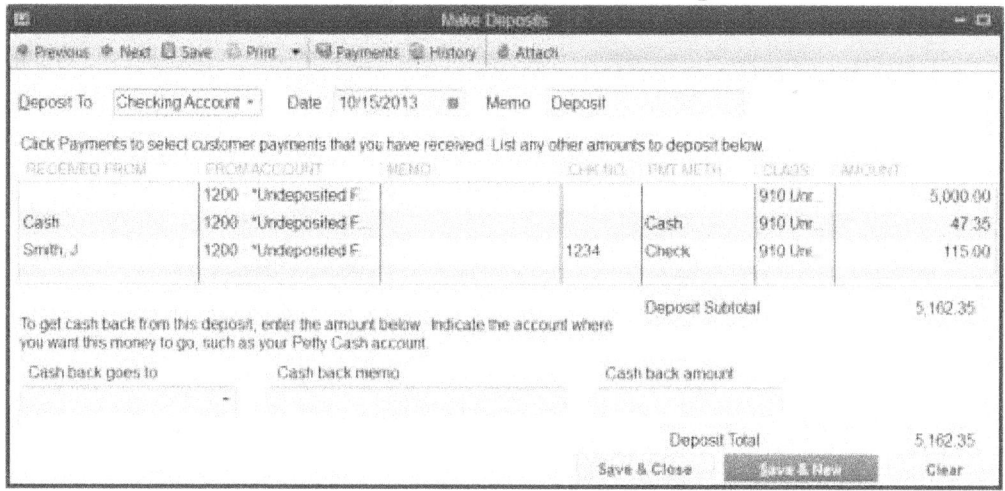

Selecciona los recibos y cambia la fecha de la transacción a la fecha del depósito actual. Selecciona Save & *New* (Guardar & Nuevo). Tu balance ya no mostrará fondos no depositados ya que tiene un balance de US$0.

Después, imprime el Reporte de Antigüedad R/A de las opciones de reporte de **Customers** (Clientes). La fecha del informe debería ser la fecha de clausura. Este informe debería corresponder a las cantidades por cobrar.

Para gastos pre-pagados, puedes buscar abajo en el balance con el fin de ver lo que incluye. En el balance de arriba, hay sólo una cuenta de franqueo; el balance debería corresponder al balance en la máquina franqueadora. Otros gastos pagados por adelantado se pueden registrar en la cuenta de pre-pagados. Esta es usada para registrar propiedades o seguros de responsabilidad civil o artículos necesarios para una recaudación de fondos que no ocurrirá hasta el próximo año.

Se requiere un asiento contable para sacar el gasto de la cuenta de activos pre-pagados a una cuenta de gastos. Aquí hay un ejemplo de un asiento contable.

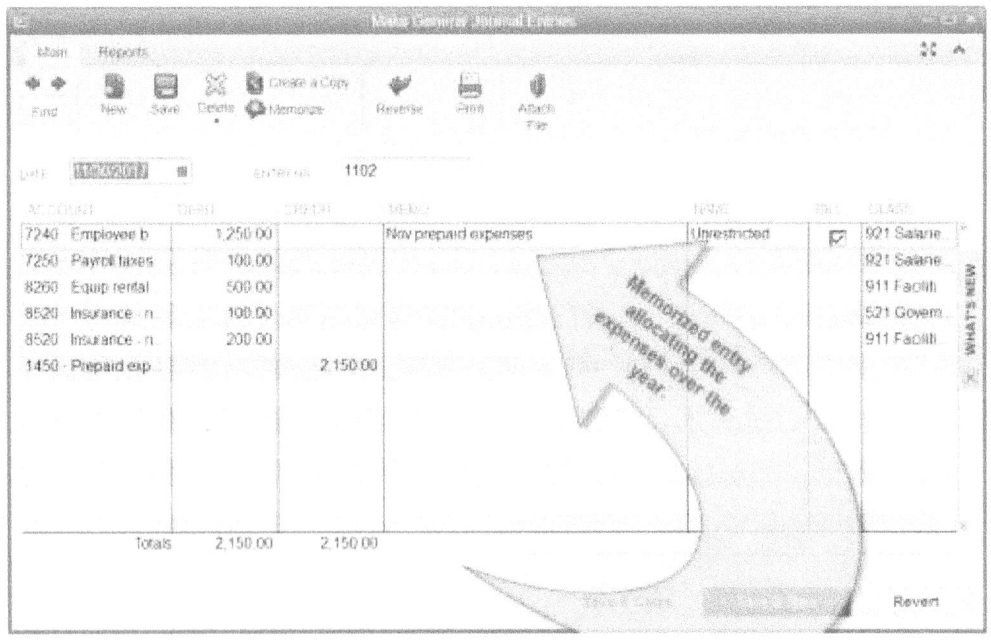

Entrada memorizada destinando los gastos del año.

Esta organización está cobrando varios gastos pre-pagados: alquiler de la copiadora, seguro, beneficios de salud, etc. Si la cantidad es lo mismo cada mes, debería ser memorizada y automatizada.

Para estar seguros de que el balance final en las cuentas pre-pagadas es correcto, tendrías que pasar por los detalles y ver qué cantidad sobra en cada área. Configura una hoja de cálculo para resumir el balance por tipo e imprimirlo.

	A	B	C	D
1		We Care Community		
2		Prepaid Balance		
3		11/30/2017		
4				
5				
6				
7		Property Insurance	1000	
8		D&O Insurance	4750	
9		HMO for Dec.	1250	
10		Total Acct 1450 Prepaid	$ 7,000	
11				

Si lo actualizas cada mes, esta simple hoja de cálculo te ahorrará mucho tiempo al final del año cuando los auditores quieran conocer lo que está en la cuenta. También te impedirá sobrecargar las cuentas de gastos.

> Recomiendo establecer subcuentas para seguros, franqueo, y cualquier otro gasto repetido que se pague por adelantado (pre-pago). Aún tendrás que revisarlos cada mes, pero será mucho más rápido.

Continúa por el balance general de este mismo modo, documentando los balances.

```
▼ LIABILITIES & EQUITY
  ▼ Liabilities
    ▼ Current Liabilities
      ▸ Accounts Payable                        160.00
      ▸ Credit Cards                             69.95
      ▸ Other Current Liabilities             1,000.00
      Total Current Liabilities               1,229.95

    ▼ Long Term Liabilities
        2900 · Mortgage Payable               70,000.00
      Total Long Term Liabilities             70,000.00

    Total Liabilities                         71,229.95

  ▼ Equity
      3100 · Unrestricted Net Assets           2,000.00
      3200 · Temp. Restricted Net Assets       1,000.00
      3300 · Perm. Restricted Net Assets      10,000.00
      Net Income                              67,103.06
    Total Equity                              80,103.06

  TOTAL LIABILITIES & EQUITY                 151,333.09
```

From beginning balance entry.

De la entrada del balance inicial.

Imprime el reporte R/A de los reportes de **Vendors** (Proveedores) para el balance de cuentas por pagar. El balance de la tarjeta de crédito será cualquier gasto ingresado y todavía no pagado.

Realmente impresionarás a tu tesorero (o tu auditor) si le das un paquete cada mes del balance general con los documentos acreditativos para cada área.

C. **Asignar balances de fondos**

La parte inferior del balance general tiene sólo una línea de capital llamada **Net Income** (Ingresos netos). Pero tienes que conocer cuánto hay en tu balance restringido contra activos netos no restringidos. Para hacer esto, dirige un informe de **Profit & Loss by Class** (Pérdida y Ganancia por Clase) para el mismo período de tiempo.

Los ingresos Sin Restricción no son registrados por el programa.
Para ser reclasificados.   Total corresponde al balance general.

Mensualmente, puedes examinar este informe para ver el desglose entre los fondos restringidos y sin restricción, pero, al menos anualmente, un asiento contable será necesario para clasificar de nuevo los fondos en sus cuentas de activos netos. El ejemplo a seguir muestra las entradas necesarias para clasificar el balance restringido de US$52.000 de la cuenta patrimonial sin restricción a la cuenta restringida.

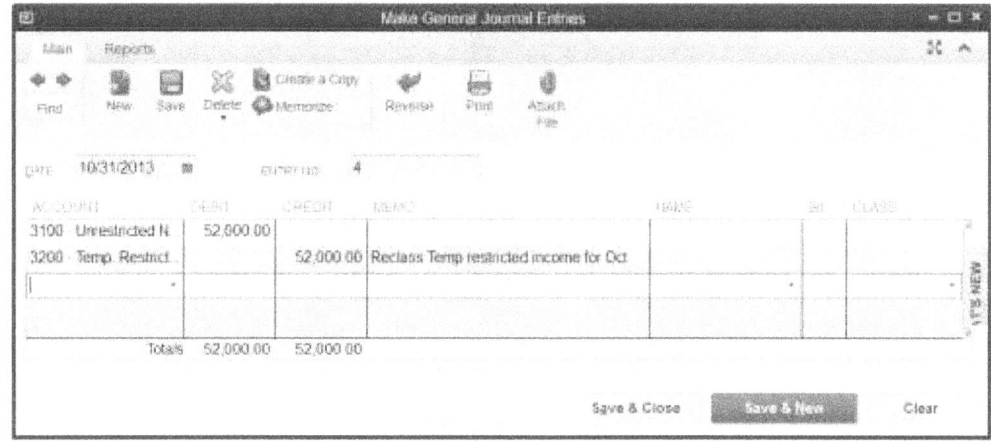

Si usas un contador exterior, puede preferir hacer esta entrada para ti. El sistema te advertirá que esto es fuera de lo normal.

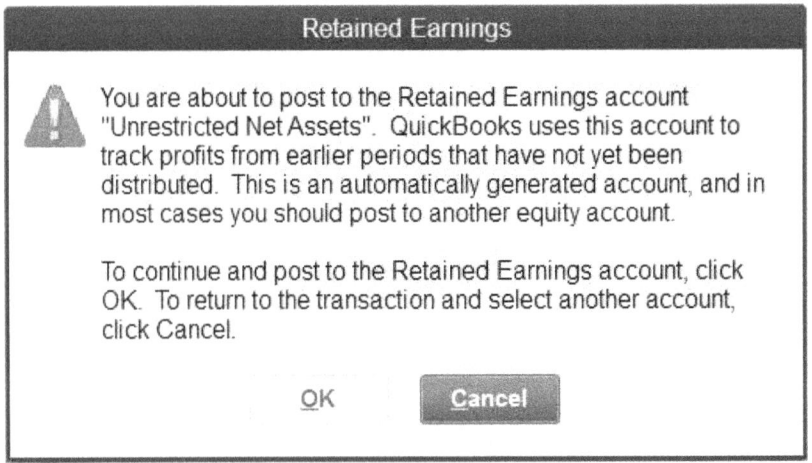

Una vez que el año se liquida, los ingresos netos corrientes se ingresarán en los activos netos sin restricción.

D. Dinero efectivo restringido contra dinero efectivo sin restricción

Otro artículo importante a examinar es el dinero efectivo restringido contra el dinero efectivo sin restricción. Si has usado el método de la subcuenta, verás tu dinero efectivo restringido en los detalles del balance general. Sino, tendrás que diseñar un informe mostrando el efectivo de varios fondos.

De la barra del menú, selecciona *Reports, Custom Reports, Summary* (Informes, Personalizar Informes, Resumen).

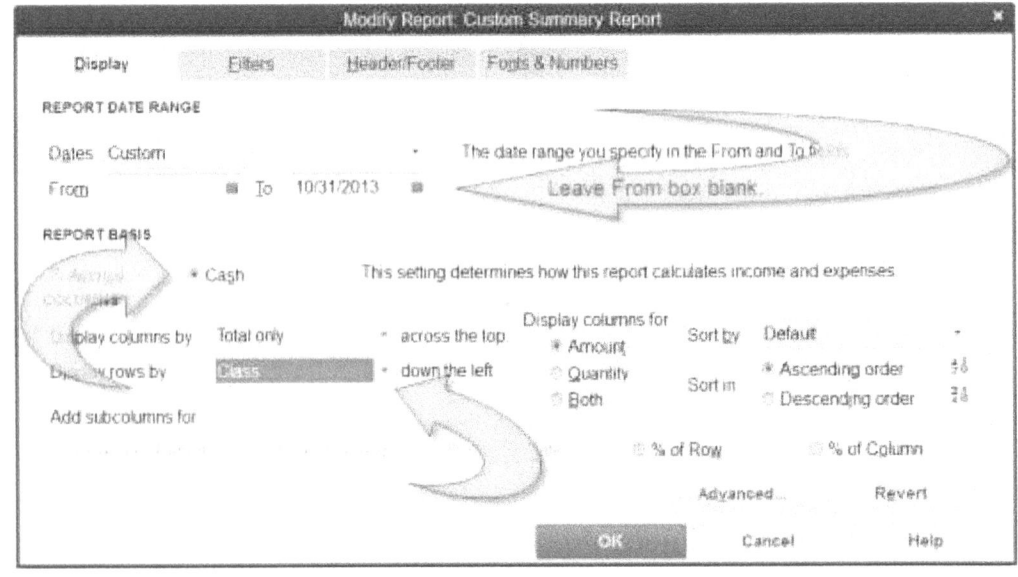

Deja From casilla en blanco.

En la casilla **Dates** (Fechas), selecciona *Custom* (Personalizado). Este estará al final del menú desplegable. Deja la primera casilla en blanco después de **From** (Desde), pero ingresa el final del mes pasado (o el período que estás buscando) en la casilla **To** (Para). Elige *Cash (Dinero en efectivo)* bajo **Report Basis** (Base del Informe) y bajo **Columns** (Columnas), elige **Display rows by** (Mostrar filas por) *Class* (Clase).

Selecciona la etiqueta *Filters* (Filtros).

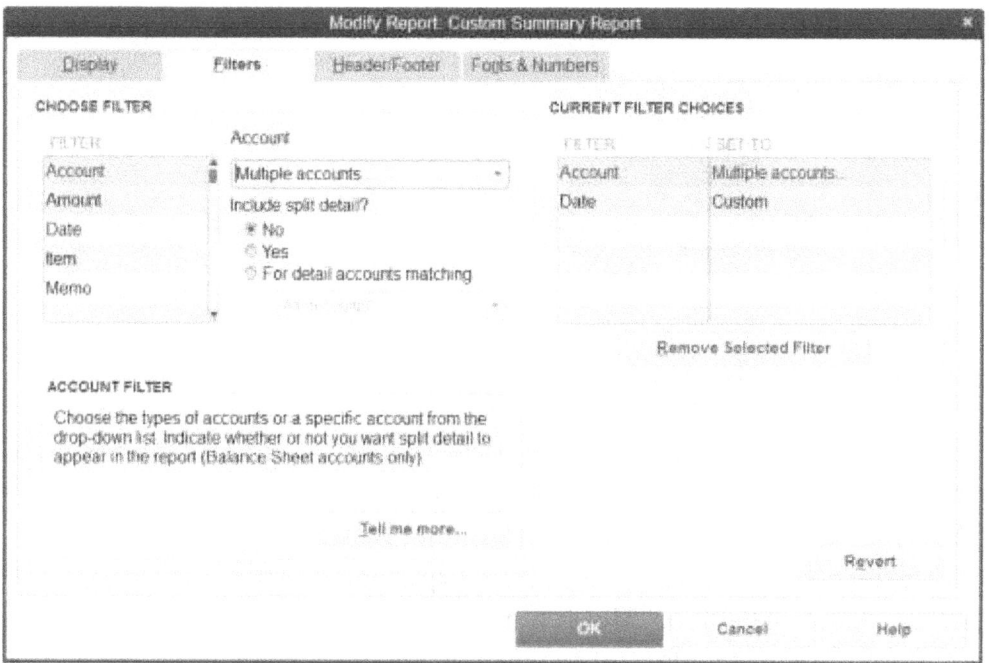

Bajo **Account** (Cuenta), selecciona *Múltiple accounts* (Cuentas múltiples). Un menú desplegable aparecerá con tu plan de cuentas completo puesto en una lista. Me temo que la siguiente parte es un poco tediosa, pero puedes memorizar el informe y no tener que hacerlo otra vez.

Haz clic en cada cuenta y subcuenta **excepto** las cuentas de dinero en efectivo y de inversión, las cuentas por cobrar y las cuentas por pagar (incluso la nómina). Se deberían seleccionar todos los activos fijos & los pagados por adelantado, las hipotecas, el capital, los ingresos y las cuentas de gastos. Una marca de verificación a la izquierda indicará que la cuenta se seleccionó con éxito. Selecciona *OK*.

La etiqueta **Header/Footer** (Encabezado/Pie de Página) se puede seleccionar para cambiar el nombre del informe a *Funds Summary Report* (Reporte del Resumen de Fondos) o *Available Funds Report* (Informe de Fondos Disponibles). Selecciona *OK*.

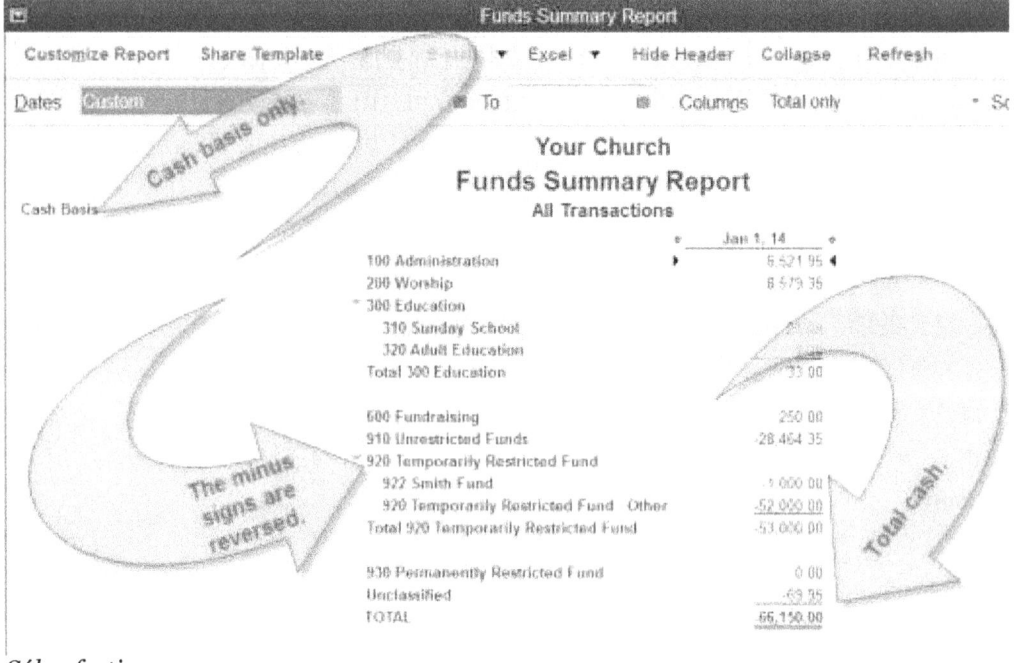

Sólo efectivo.
   Los signos de menos se invierten.   *Dinero efectivo total.*

El **TOTAL** en este informe corresponderá al dinero efectivo total e inversiones en tu balance general. Del total de dinero efectivo de US$66.150, US$53.000 está temporalmente restringido.

Este informe es un poco raro ya que el dinero efectivo positivo se muestra como negativo. Me temo que no se puede diseñar uno en QuickBooks para arreglar esto, pero lo puedes exportar a una hoja de cálculo, cambiar los signos, resumir los datos y tener algo para mostrarle al consejo.

E. Entradas de ajustes del fin de año

Cualquier asiento contable de fin de año fuera de las entradas mensuales normales, incluso las entradas de ajustes de auditoría, se deben registrar como el día final del período de contabilización (31/12/xx, si se usa un año calendario). De ser posible, registra todas las donaciones regulares y cheques antes de ese día (30/12/xx), para saber que cualquier cosa registrada el día final del año es un ajuste. Esto permitirá que dirijas informes con y sin los ajustes cambiando la fecha.

F. Informes al consejo

Hablando del consejo directivo, recomiendo que reúnas los informes mensuales siguientes para ellos y ofrezcas más detalles a medida en que sea necesario.

- Balance General o Declaración de Situación Financiera
- Presupuesto contra Actual
- Pérdidas y Ganancias por Clase
- Resumen de Fondos mostrando los fondos de dinero en efectivo Restringidos contra los No restringidos

> Además, puedes querer hacer un poco de análisis y proporciones mostrando:
> El porcentaje de promesas recibidas hasta la fecha y el porcentaje de donaciones recibidas hasta la cantidad presupuestada.

G. Clausura de fin de año

Después de que hayas completado tus tareas del fin de año, querrás cerrar con llave los datos para que nadie los pueda cambiar. Esto es lo que los contadores llaman clausurar los libros. En QuickBooks, no hay un cierre verdadero de los números. En cambio, los datos pueden ser protegidos con una contraseña y se publicarán advertencias si tratas de postular algo en un período cerrado.

Se tiene que designar una fecha límite. Ve a *Edit* (Editar), *Preferences* (Preferencias), *Accounting* (Contabilidad), *Company Preferences* (Preferencias de la Compañía) para ver la pantalla siguiente.

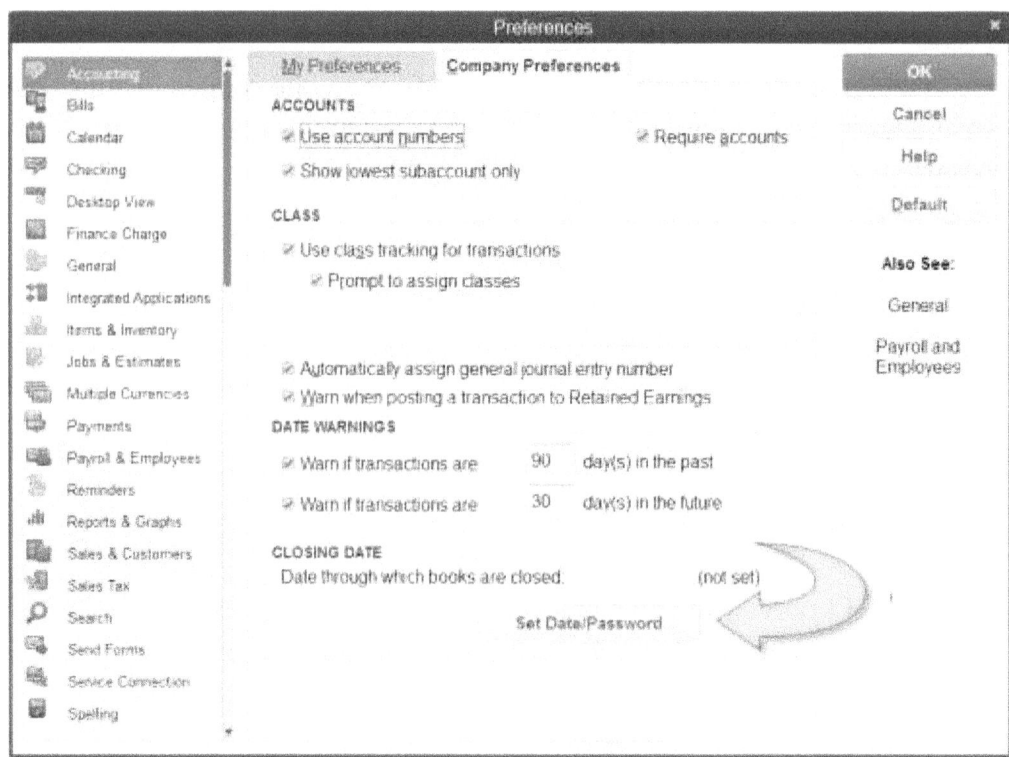

Selecciona *Configurar Fecha/Contraseña*.

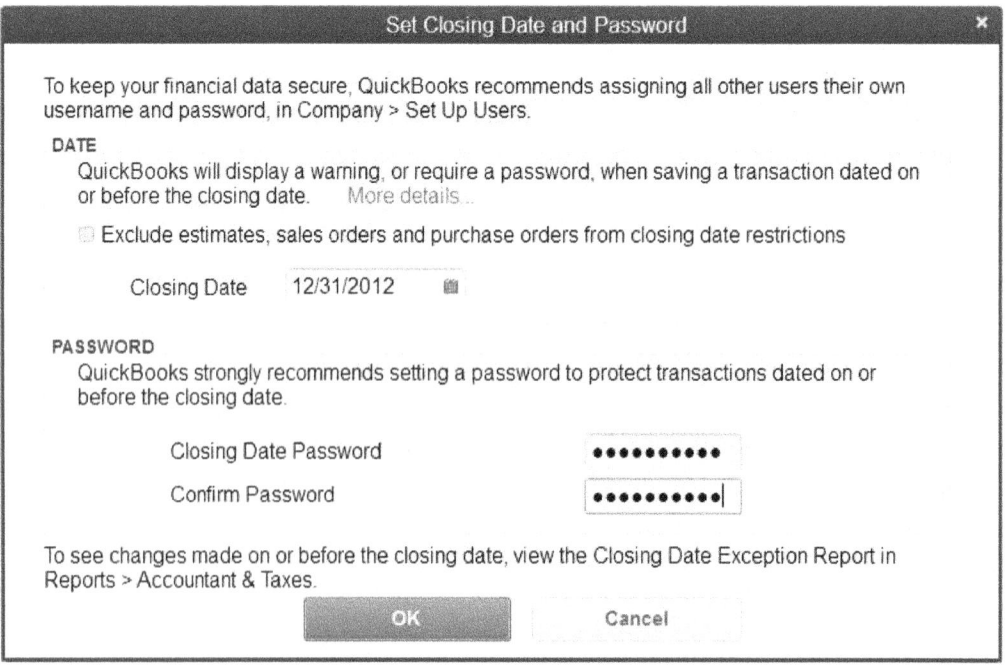

Elige la fecha del año fiscal que apenas cerraste y designa una contraseña. En cualquier momento en que ingreses una entrada que pida esta contraseña, piensa, ¿realmente quiero hacer esto?

> Si olvidas la contraseña de fecha de cierre, el sistema dejará que el administrador la suprima en la pantalla de arriba encima y que ingrese una nueva. ¡Así que protege la contraseña del administrador!

H. Reconocimientos del donante de final de año

Otra tarea del fin de año es reconocer las donaciones hechas por tus miembros y donantes. Las normas del IRS no requieren que las iglesias proporcionen reconocimientos a donaciones si el único beneficio recibido por el donante es un *Beneficio religioso intangible*. Para la Publicación 1828 del IRS (www.irs.gov/pub/irs-pdf/p1828.pdf), los beneficios religiosos intangibles incluyen la admisión a una ceremonia religiosa. Por lo tanto, no se requiere por ley que envíes los reconocimientos de promesas y donaciones recibidas de tus servicios. Sin embargo, se requiere que reconozcas cualquier donación de más de US$250 para otros regalos.

Sólo porque no se requiere que hagas algo, no significa que no lo deberías hacer. Agradecer a tus miembros por su apoyo siempre es una idea buena. Además, puedes usar esta comunicación como un instrumento de control interno de la contabilidad y recordatorio de las promesas. Al menos anualmente, y preferentemente cada tres meses, envía a tus miembros una lista de contribuciones y balances de las promesas restantes. Además de incluir el agradecimiento, pide al miembro que se ponga en contacto con una persona designada no implicada en la contabilidad si hay algún problema con su reconocimiento.

La persona nombrada debería entonces encontrarse con el contador e investigar cualquier discrepancia. Si el miembro ha hecho una donación que no se ha registrado, la persona nombrada tendrá que ver si el cheque alguna vez salió del banco del miembro y, de ser así, quien lo endosó.

> La donación se puede haber perdido en el correo, haber sido por accidente puesta al miembro equivocado, o el contador puede haberse robado el dinero. De todas maneras, esto habría sido difícil de descubrir al no enviar las cartas de reconocimiento.

Los informes de reconocimientos al donante pueden ser diseñados desde el reporte de **Sales by Customer Detail** (Ventas por Detalle del Cliente) en la sección **Sales** (Ventas) del menú de informes.

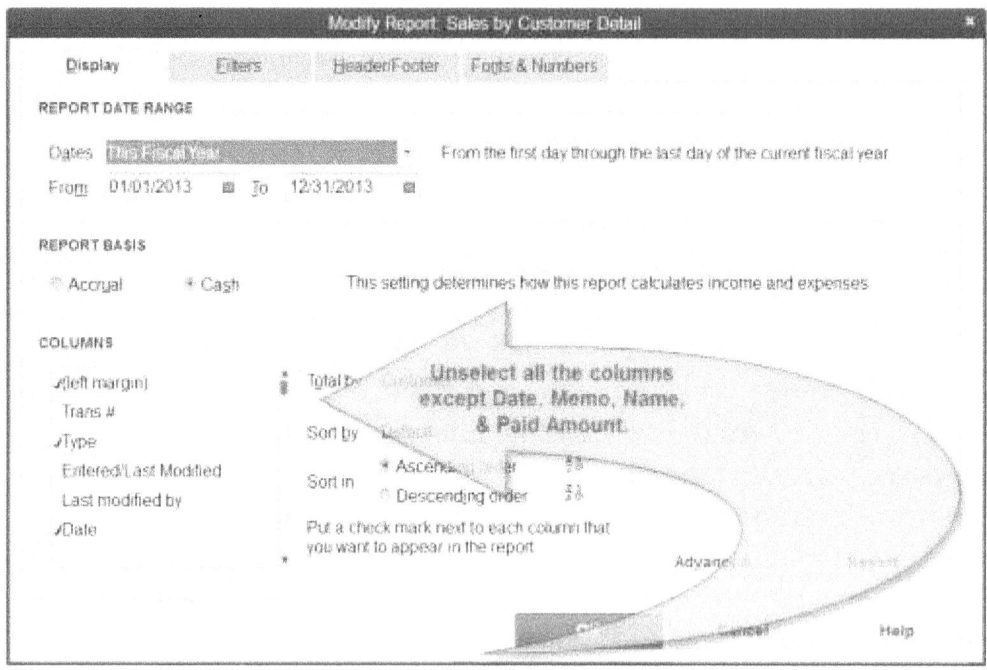

No selecciones todas las columnas excepto Fecha, Nota, Nombre, & Cantidad Paga.

Bajo *Customize Report* (Personalizar Informe), elige el período, (muchas iglesias gustan de enviar cada tres meses), y selecciona *Cash* (Dinero en efectivo) para **Report Basis** (Base del Informe). La lista **de Columnas** determina qué columnas mostrarán en el informe. Como estás enviando esto a tu miembro, sólo necesitas la fecha, nombre y cantidad. Incluye la nota si es para informar al miembro. Ahora ve a la etiqueta **Header/Footer** (Encabezado/Pie de Página).

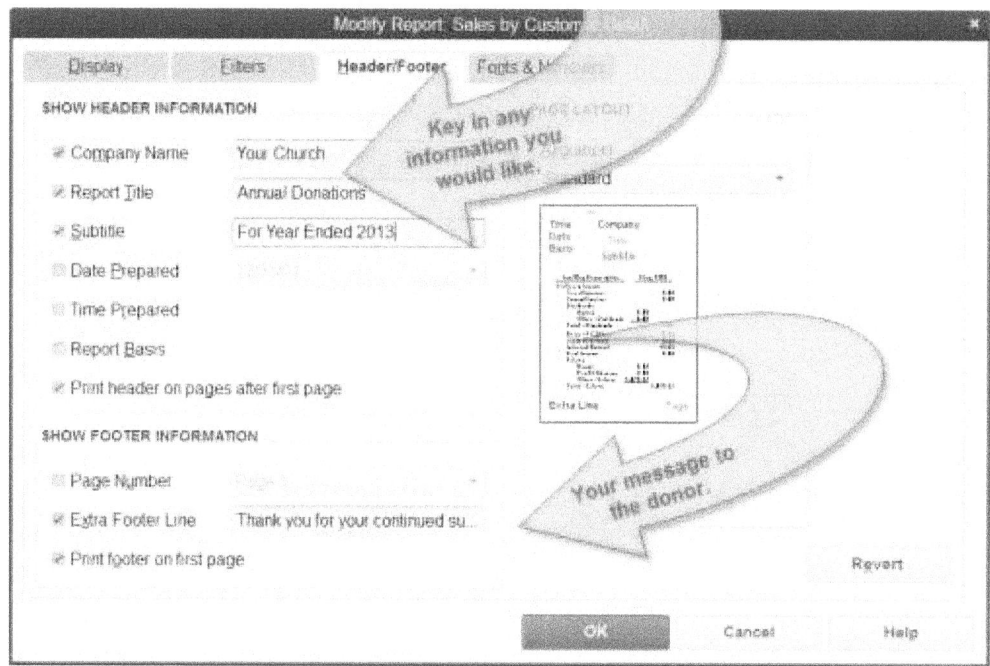

Llave en cualquier información que quieras.   Tu mensaje al donante.

Puedes cambiar las fuentes o filtrar el informe para un miembro particular. Por el momento, selecciona *OK*.

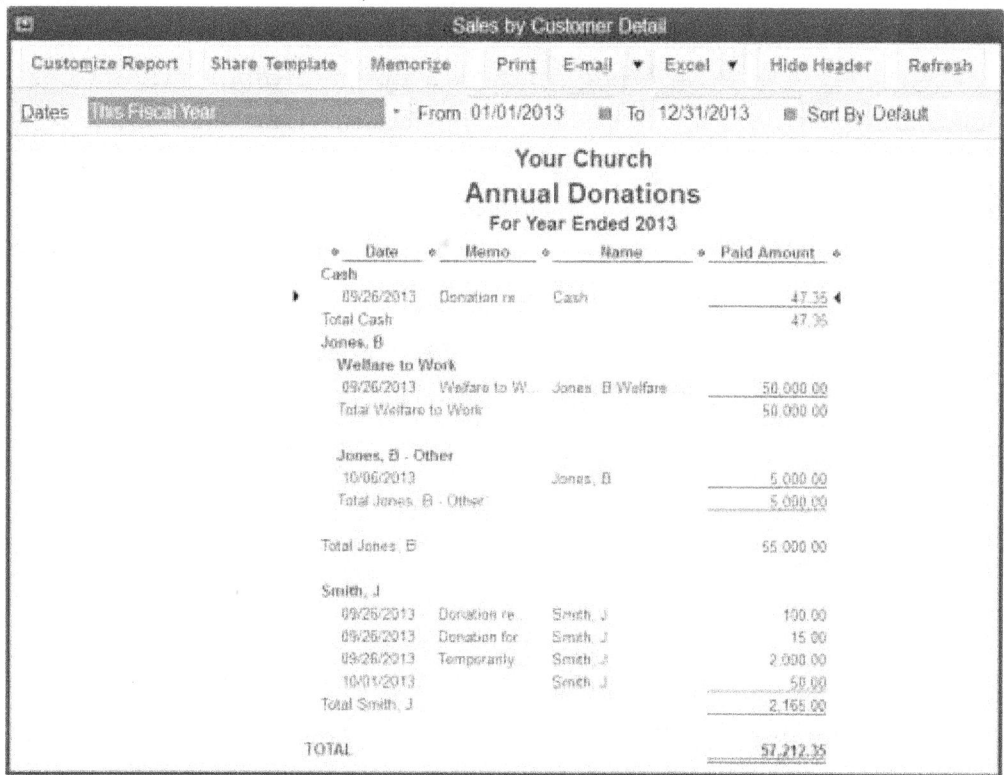

Este informe muestra cada miembro y sus donaciones. Pero tienes que separar esta información con el fin de enviarla. Selecciona *Print* (Imprimir) para que aparezcan algunas opciones adicionales.

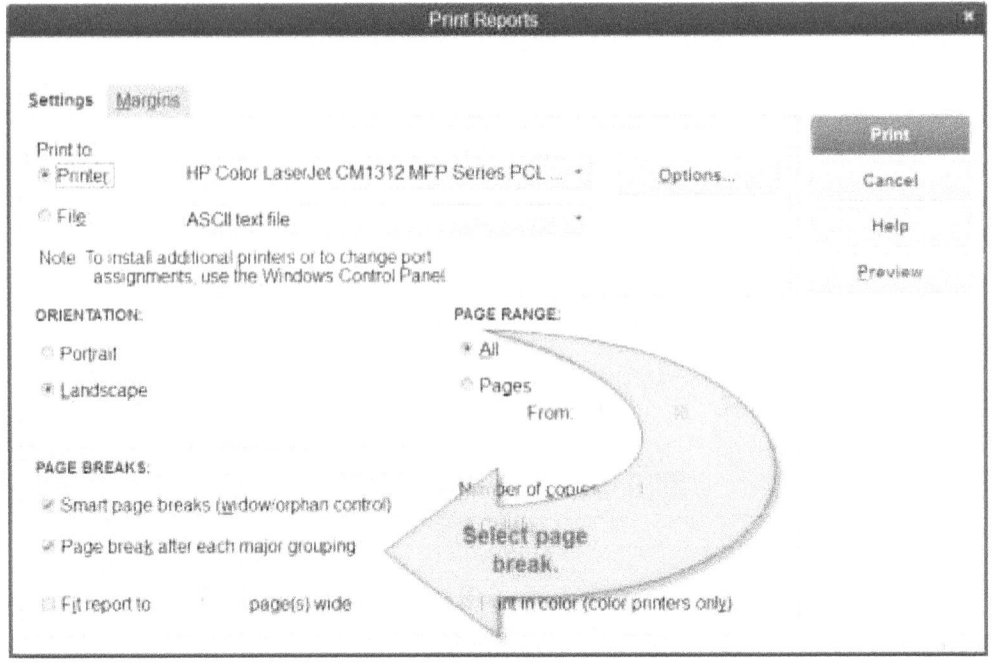

Selecciona el límite de la página.

Selecciona *el Page break after each major grouping* (Límite de la página después de cada agrupación principal). Esto separará a cada miembro en una nueva página. Selecciona *Preview* (Vista previa) para ver los informes.

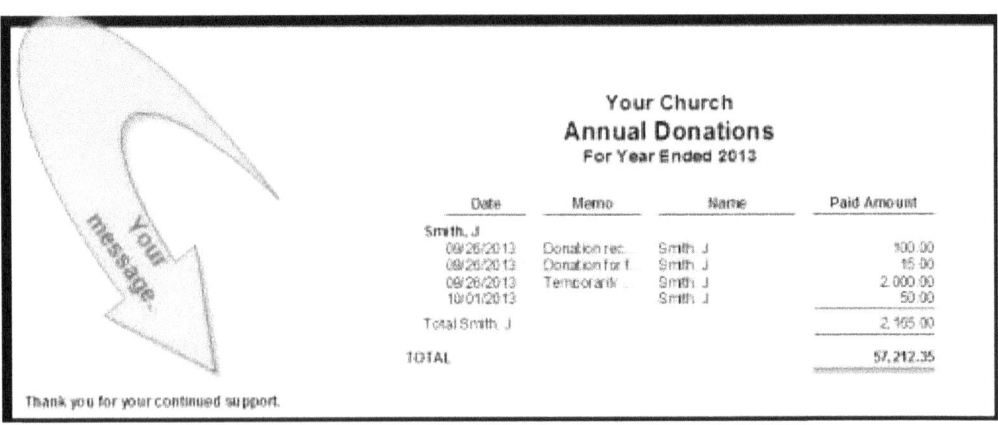

Tu mensaje.

Cada miembro se imprimirá en su propia página. Cuando estés listo, imprime y envía los informes a los miembros con una carta adjunta.

I. Otros requisitos de fin de año

1. Documentos 1099

Anualmente, el IRS requiere que todas las organizaciones envíen un Formulario 1099 a las personas a quienes se les paga más de US$600 (a la fecha de este documento). Los 1099 no son enviados a corporaciones ni para nóminas ni reembolsos a empleados. Además, el Formulario 1096 debe ser enviado al IRS con copias de los 1099s. Por favor ve al sitio web del IRS o pide a tu contador los requisitos de clasificación actuales.

La buena noticia es que QuickBooks hace fácil imprimir estos formularios. Para imprimir estos formularios a través de QuickBooks, ve a la barra de menú y selecciona *Vendors* (Proveedores), *Print/E-file* (Imprimir/Archivo 1099), *1099 Wizard* (Asistente 1099).

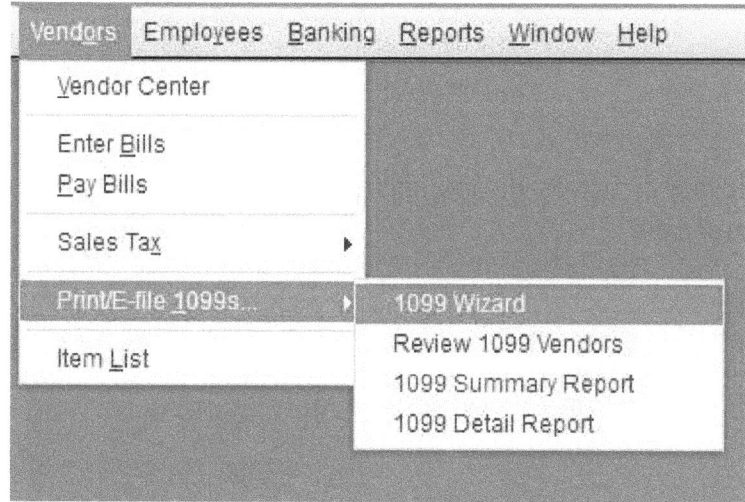

Esto hará aparecer el Asistente 1099 de QuickBooks.

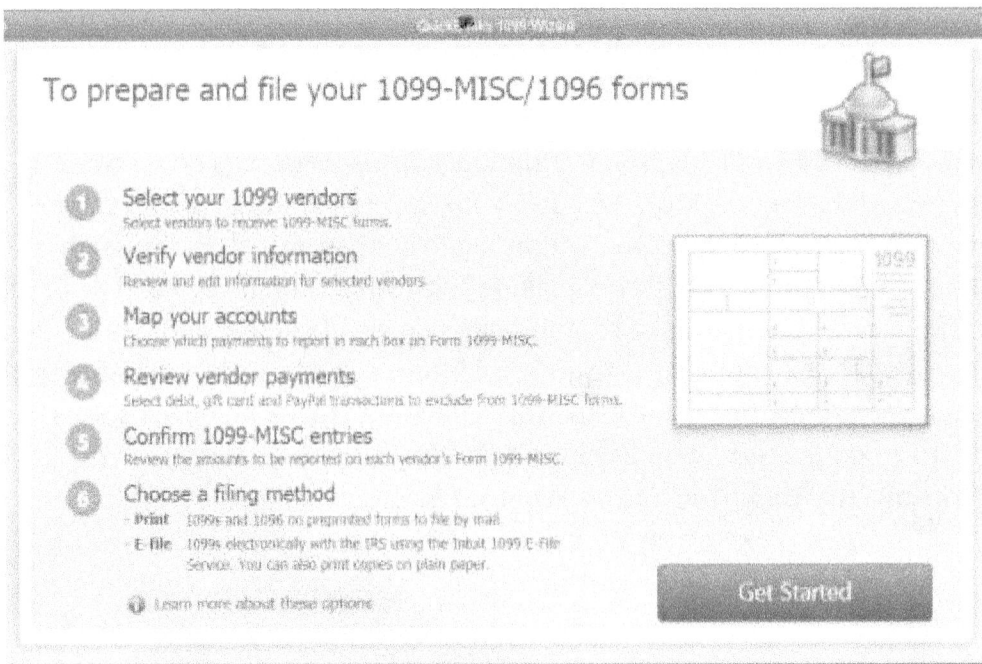

Te llevaré a través de los seis pasos. En primer lugar, escoge *Get Started* (Empezar).

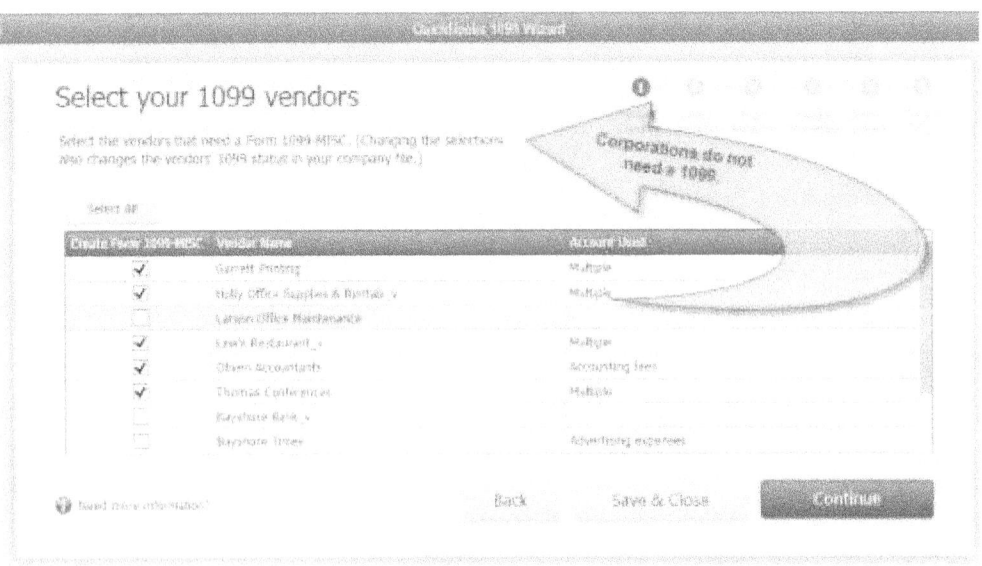

Las corporaciones no necesitan un 1099.

En esta pantalla, seleccionarás a los proveedores que no son una corporación. Si tienes una copia de los 1099 ejecutados el año pasado, míralos para asegurarte de que selecciones a los proveedores apropiados.

Ten cuidado cuando selecciones o no selecciones a un proveedor, este cambia la opción fiscal en el archivo de proveedores. Esto es práctico si no estableciste que un proveedor necesita el 1099 cuando ingresaste los datos iniciales del proveedor. Una vez que has seleccionado los proveedores, selecciona *Continue* (Seguir).

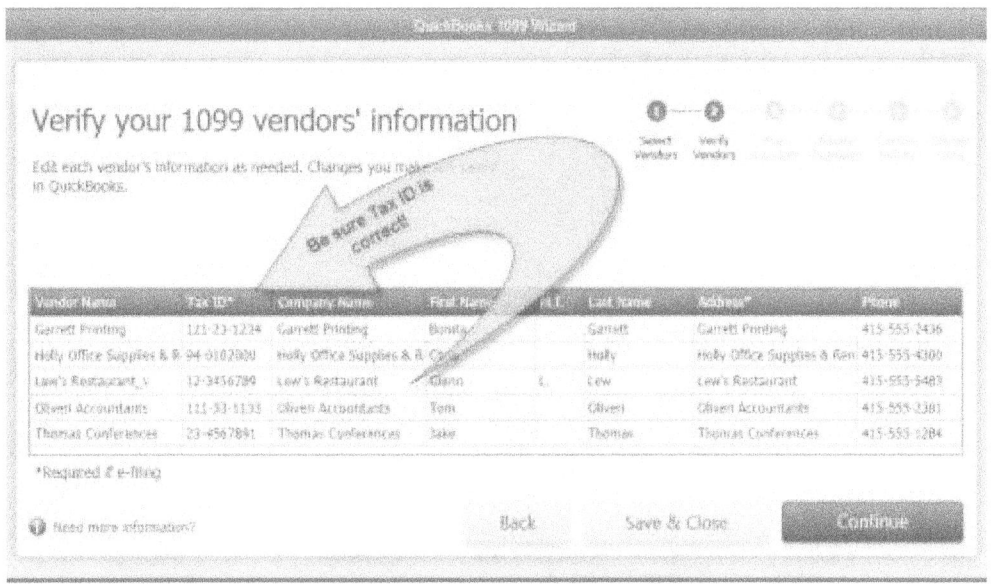

¡Asegúrate de que el Tax ID esté correcto!

Esta pantalla mostrará a los proveedores seleccionados, los números de identificación fiscal y las direcciones. Examina esto y haz cualquier corrección o cambio. Las columnas del **Tax ID** (Número Fiscal) y **Address** (Dirección) tienen que estar completas y correctas ya que se imprimirán en los formularios y se enviarán al proveedor y el IRS.

> Aún si no tienes los Números de Identificación Fiscal de algunos proveedores, revisa el Asistente. Te mostrará qué proveedores pagaron lo suficiente para recibir un 1099 y cuántos formularios 1099 tendrás que pedir. Selecciona **Save & Close** (Guardar y Cerrar) y ponte en contacto con los proveedores para cualquier información ausente. Puedes volver al Asistente cuando tengas los datos.

Presiona *Continue* (Seguir) para ver la siguiente pantalla.

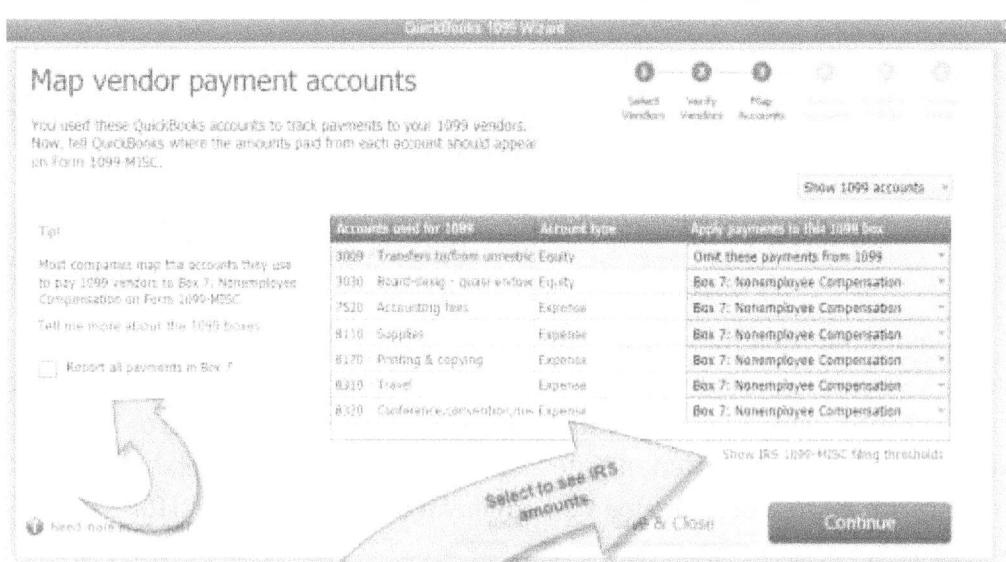

Selecciona para ver las cantidades del IRS.

¡Observa Los **Tips** (Consejos)! de QuickBooks. A menos que tu contador te diga que no, puedes seleccionar la casilla del lado **Report all payments in Box 7** (Reportar todos los pagos en la Casilla 7).

Selecciona *Show IRS 1099- MISC filing thresholds* (Mostrar IRS 1099 - umbrales de clasificación MISC) cerca de la esquina inferior derecha.

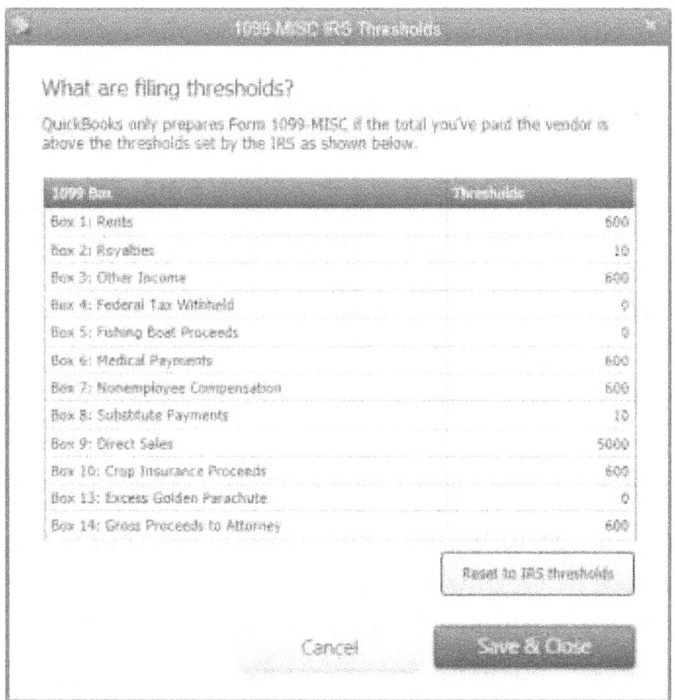

Esto te deja ver para que es cada casilla en los formularios 1099 y la cantidad mínima pagada que estos requieren. Observa que **Box 7: Nonemployee Compensation** (Casilla 7: Compensación del No empleado) tiene un mínimo de US$600.

Si ves el mensaje, **Your settings do not match the current IRS thresholds** (Tus ajustes no corresponden a las mínimas cantidades actuales del IRS), selecciona *Reset to IRS thresholds* (Reiniciar los umbrales del IRS). Selecciona *Save & Close* (Guardar & Cerrar) para volver a la pantalla anterior. Entonces selecciona *Continue* (Seguir).

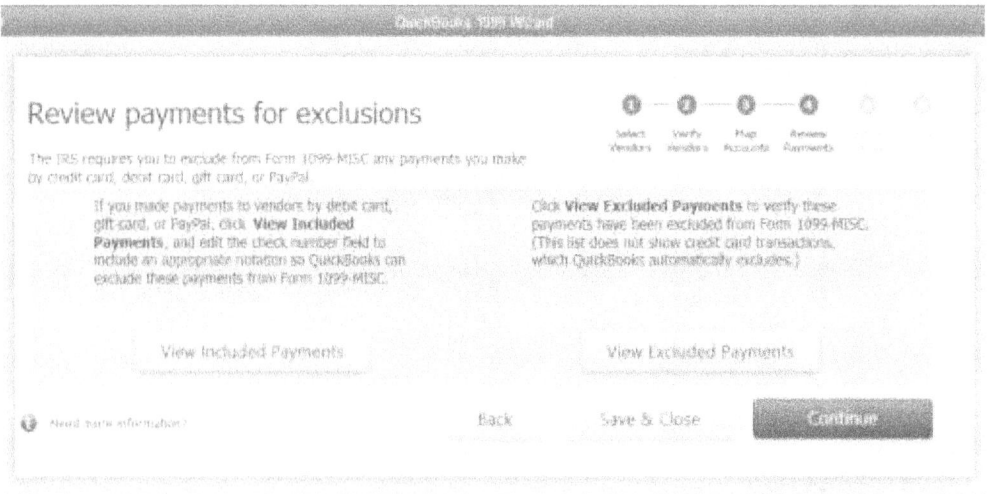

Esta pantalla permite que veas un informe con los pagos detallados hechos por tarjetas de crédito, tarjetas débito o PayPal y si fueron excluidos o no. Selecciona *Continue* (Seguir) para confirmar los balances del proveedor.

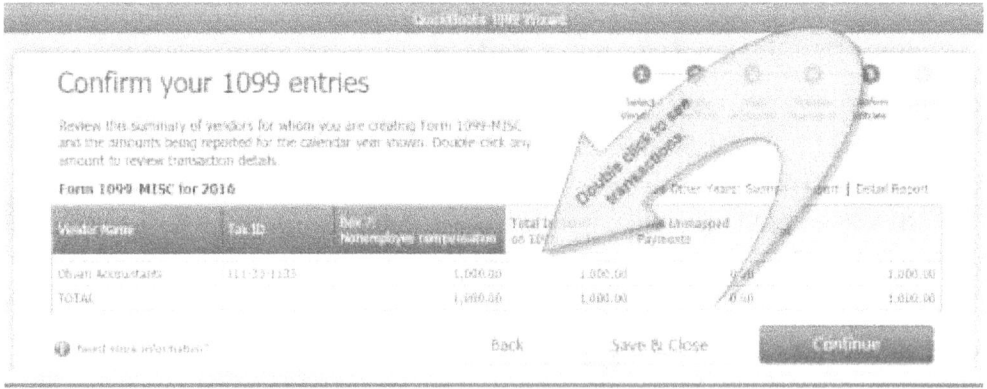

Doble clic para ver las transacciones.

Puedes investigar cualquier entrada para ver las transacciones incluidas para cualquier proveedor que esté programado a recibir un 1099. Observa que aunque hubiéramos seleccionado cinco proveedores para el formulario 1099, sólo se muestra uno aquí. Los pagos del umbral estaban debajo del mínimo requerido para los otros cuatro, por lo tanto no se requiere un 1099. Selecciona *Continue* (Seguir).

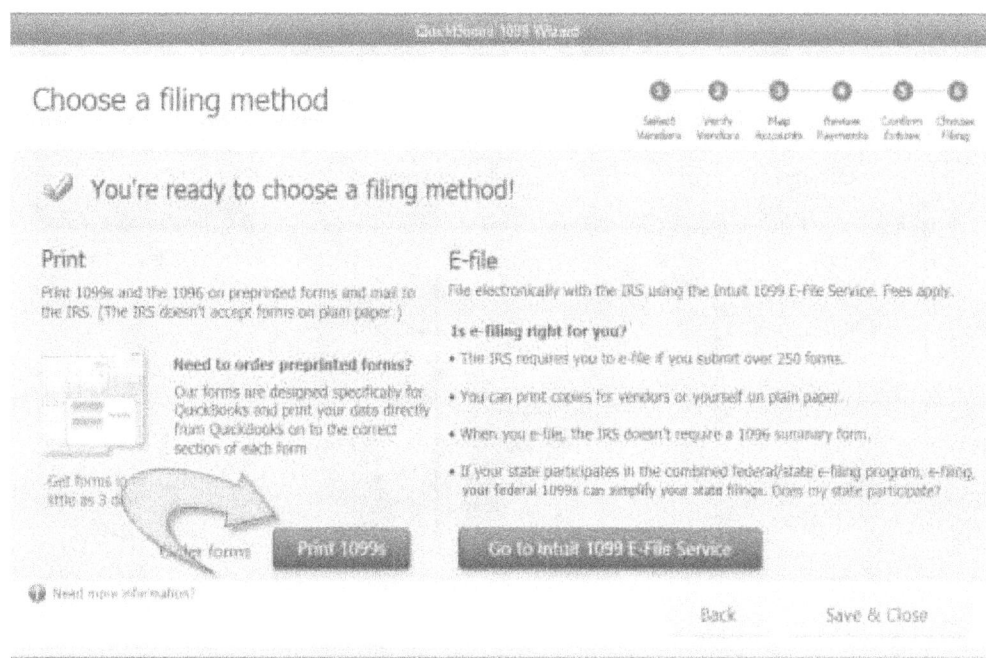

Esta pantalla te permite obtener el E-file (archivo electrónico) o imprimir. Intuit te llevará a través de los pasos necesarios si eliges el E-file (archivo electrónico). Para este ejemplo, selecciona imprimir el formulario *1099*.

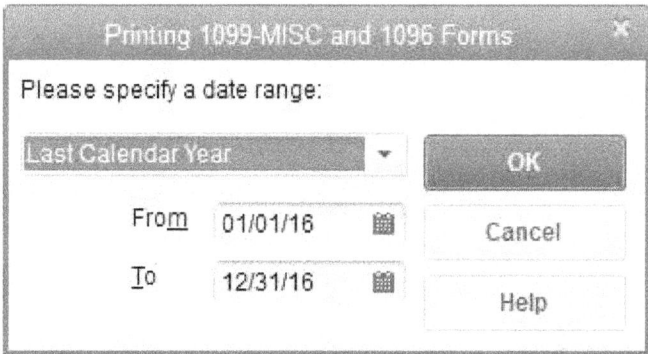

QuickBooks tiene que saber qué año quieres que el formulario 1099 refleje. Ya que los formularios 1099 se deben enviar a finales de enero en el año siguiente a los pagos, esto será por lo general el *Last Calendar Year* (Último Año Calendario). Selecciona *OK*.

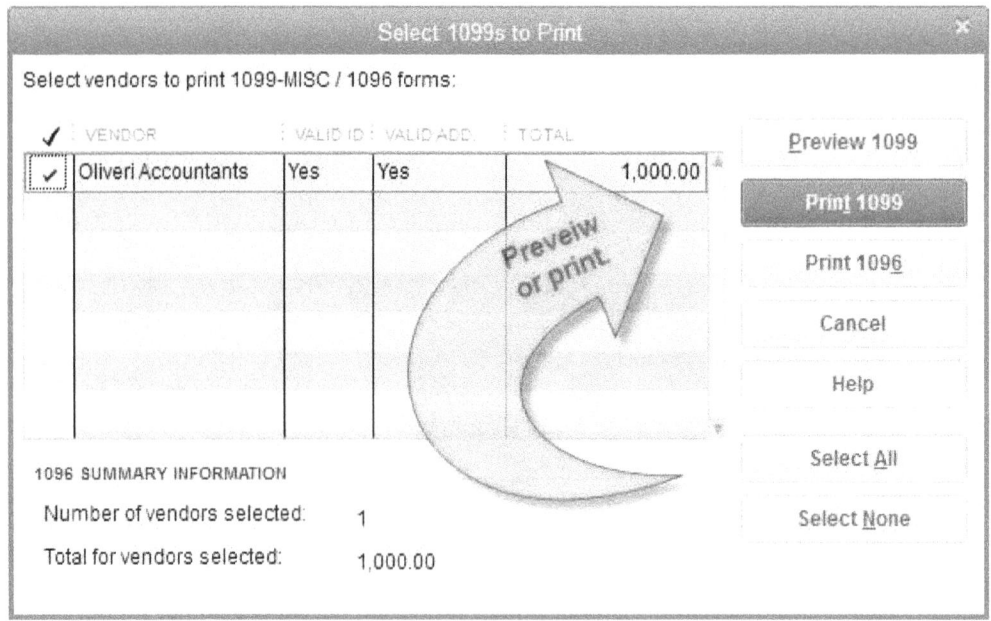

Vista previa o imprimir.

Esta pantalla pone en una lista a los proveedores que cumplieron con la cantidad del umbral y necesitan un formulario 1099. Puedes imprimir sólo uno o un grupo de proveedores haciendo clic en la casilla al lado de su nombre.

En la parte derecha de la pantalla, tienes opciones para la vista previa del formulario o imprimirlo. También hay una opción de imprimir el Formulario 1096, un formulario de resumen transmisión sumaria requerido por el IRS. Selecciona *Print* (Imprimir) *1096*.

Tendrás que ingresar el nombre de la persona con la cual el IRS se debe poner en contacto en tu iglesia si hay algún problema y escoger *OK*. El formulario estará disponible entonces para impresión o vista previa en la pantalla.

Volviendo a la pantalla **Select 1099s to Print** (Escoger 1099s para Imprimir), selecciona *Preview* (Vista previa 1099).

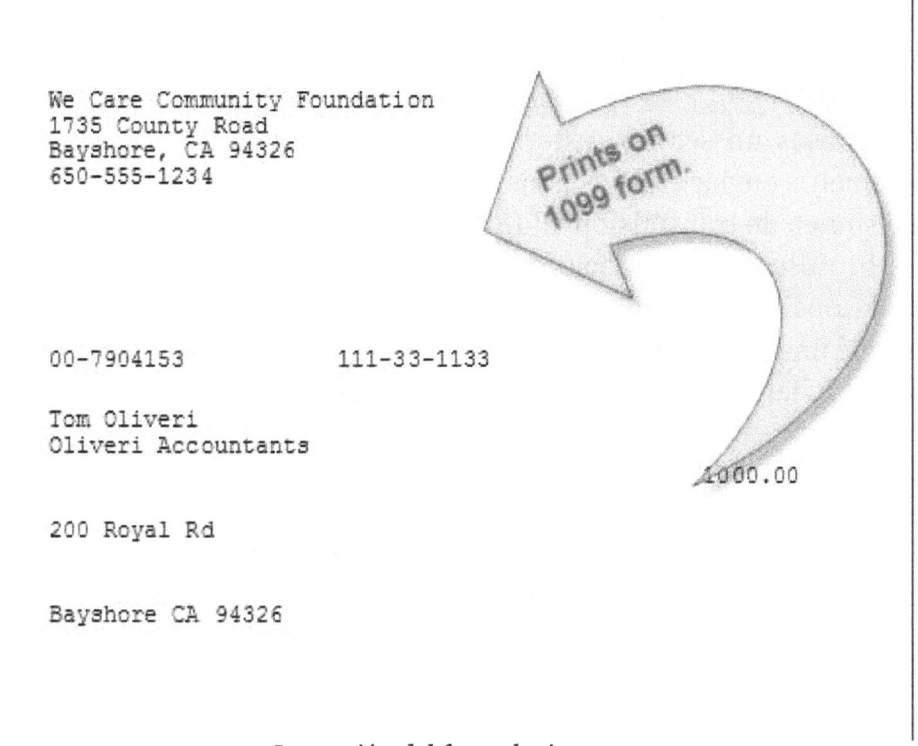

Impresión del formulario 1099.

Este es un ejemplo de los datos que se imprimen. Mantén la copia impresa en un Formulario 1099 del IRS en blanco para ver si los números encajan las casillas correctamente. Al usar el cuadro de diálogo después de seleccionar *Print* (Imprimir), *Align* (Alinear), puedes cambiar los márgenes para que los datos se impriman en el formulario correctamente.

2. **El archivo W-2s para empleados**

Del sitio web IRS http://www.irs.gov/uac/Form-W-2,-Wage-and-Tax-Statement:

Cada empleador que tome parte en algún tipo de comercio o un negocio que pague remuneración, incluyendo pagos no monetarios de US$600 o más por año (todas las cantidades si algunos ingresos, seguridad social o impuestos de Asistencia médica fueran retenidos) por servicios realizados por un empleado deben llenar un Formulario w-2 para cada empleado (aún si el empleado está relacionado con el empleador) del cual:

- Los ingresos, la seguridad social o el impuesto de Asistencia médica estuvieran retenidos.

- El impuesto sobre la renta se hubiera retenido si el empleado hubiera reclamado no más de una exención de retención o no hubiera reclamado la exención de retención en el Formulario w-4, Certificado de Exención de Retenciones del Empleado.

Si usas un servicio exterior de nómina, ellos deberían preparar y posiblemente enviar el W-2s a los empleados y el archivo del formulario w-3, el resumen de transmisión, al IRS con copias del W-2s.

Si no usas un servicio exterior, tendrás que hacer esto tú mismo desde la opción *de Employees* (Empleados) en la barra del menú. Como mencioné antes, la nómina de QuickBooks está más allá del alcance de este libro, por lo tanto no te llevaré a través de esas pantallas.

> ¡Buen trabajo! Lo has hecho a través de todas las transacciones anuales y ya sabes cómo diseñar y producir informes. En el siguiente capítulo, revisaré algunas tareas diversas que pueden aparecer.

XV. ¿Y que hay con…?

Hemos cubierto los elementos necesarios para establecer tu sistema de contabilidad y dirigirlo eficazmente. Hasta este punto, la última cosa que quise hacer era abrumarte con mucha información adicional sobre cosas que pueden no venir al caso. En este último capítulo, nos dirigiremos a cómo explicar algunos artículos no convencionales, características del sistema que puedes encontrar útiles, y reportes que probablemente tendrás que hacer para tu auditoría anual. También puedes revisar mi sitio web www.accountantbesideyou.com para obtener información actualizada y descargas que te pueden ayudar.

A. ¿Cómo explico …?

1. Recaudadores de fondos

Lo que recomiendo para hacer el seguimiento de los recaudadores de fondos parecerá un poco raro. Cuando tienes un recaudador de fondos, el consejo directivo generalmente no pide la relación detallada de ventas de tiquetes contra el patrocinio, etc. Quieren saber cuánto dinero neto se generó por medio del recaudador de fondos (dinero que ingresó menos el dinero gastado). Por lo tanto sugiero que establezcas una cuenta matriz con un tipo de ingresos para cada recaudador de fondos. Pueden haber tan sólo dos subcuentas o tantas como tu sistema mantenga.

Si miras el plan de cuentas en el Apéndice, verás que he establecido una cuenta matriz **para Fundraising Income (Ingresos de la Recaudación de fondos).**

○ 4200 · Fundraising Income	Income
○ 4210 · Fundraising Event 1	Income
○ 4211 · Event 1 Revenues	Income
○ 4215 · Event 1 Expenses	Income
○ 4220 · Fundraising Event 2	Income
○ 4221 · Event 2 Revenues	Income
○ 4225 · Event 2 Expense	Income

Bajo esto hay dos acontecimientos y cada acontecimiento tiene unos ingresos y una subcuenta de gasto. La cosa inusual consiste en que los gastos tienen un tipo de ingresos. Esto permite que los informes sólo muestren los ingresos netos del recaudador de fondos en los informes financieros.

Si quisieras rastrear los tipos de ingresos recibidos o los tipos de gastos detallados de un recaudador de fondos, establece artículos para cada uno (patrocinio, ventas de tiquetes, impresión, publicidad, etc.). Los informes pueden ser dirigidos entonces en los artículos.

2. **Donaciones en especie**

Hay momentos en que las iglesias reciben donaciones de artículos o servicios profesionales en vez de dinero efectivo. Éstos se llaman donaciones en especie. Los ejemplos típicos de donaciones en especie son ordenadores, pinturas, útiles para oficina, servicios jurídicos (esto sólo se considera una donación en especie si de otra manera la iglesia hubiera tenido que pagar por el servicio), o el uso del espacio sin cobrarse el alquiler.

> Cada iglesia debe tener pautas/ reglas escritas para aceptar **donaciones en especie**. No tienes que aceptar todo que se te ofrece. Si la iglesia no lo puede usar o vender, no lo aceptes.

Cuando recibes un regalo en especie, es adecuado reconocerlo. Sin embargo, no valores el regalo en el reconocimiento; simplemente agradéceles el artículo. Para los objetivos fiscales del donante, la valoración es la responsabilidad del donante. Una excepción a esa regla es la donación de un coche, barco, o avión recibido para revender. Llama a tu contador o pregunta a un miembro que sea un CPA cómo manejar las implicaciones fiscales y reportar las donaciones de vehículos.

Para registrar una donación en especie en QuickBooks, establece una cuenta de ingresos llamada *In-kind Contribution* (Contribución en Especie) y una cuenta de gastos llamada *Donated Goods & Services* (Servicios y Bienes Donados). En el plan de cuentas propuesto en el Apéndice, éstos se numeran 4380 y 6800, respectivamente.

Si planeas usar los artículos donados, puedes ingresar la transacción como un asiento contable o como un recibo de ventas. Si la ingresas como un recibo de ventas, tendrás que establecer artículos relacionados con la donación. Este método es útil si tienes un gran número de donaciones en especie y quisieras hacer un informe del artículo para ver qué tipo de bienes se están recibiendo. Por otra parte, probablemente es más fácil registrarlo como un asiento contable.

De la barra del menú, selecciona *Company* (Compañía), Make General Journal Entries (Hacer Asientos Contables Generales).

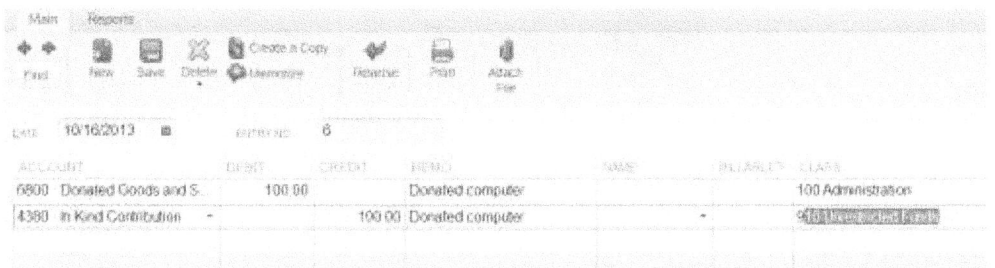

Usa tu mejor estimación para valorar la donación. Cobra la partida de gastos de bienes donados como un **DÉBITO** y la contribución en especie como un **CRÉDITO** por la misma cantidad, asignándolo al programa apropiado o fondo. Selecciona *Save & Close* (Guardar y Cerrar) y terminaste.

Si usas los bienes donados o servicios, no tienes que hacer nada más en QuickBooks. Sin embargo, si vendes el artículo donado, tendrás que registrar la venta. Vuelve a la pantalla del asiento contable.

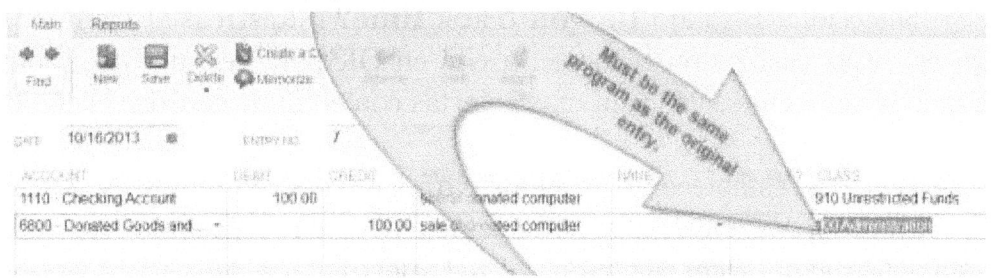

Debe ser el mismo programa de la entrada original.

Esta vez, **DEBITA** de la cuenta corriente el dinero que se depositó y pon en **CRÉDITO** los gastos de los bienes donados. Debes estar seguro de asignar el bien donado al mismo programa que en la entrada original.

3. Horas de voluntariado

Tu iglesia probablemente tiene muchas personas que generosamente dan su tiempo para asistir en varios programas. Si quisieras cuantificar este tiempo, usa la función **de Timesheet** (Hoja de Horas) en QuickBooks.

Primero tendrás que hacer que las preferencias permitan rastrear el tiempo. Del menú, elige *Edit* (Editar), *Preferences* (Preferencias), *Time & Expense* (Tiempo & Gastos), *Company Preferences* (Preferencias de la Compañía).

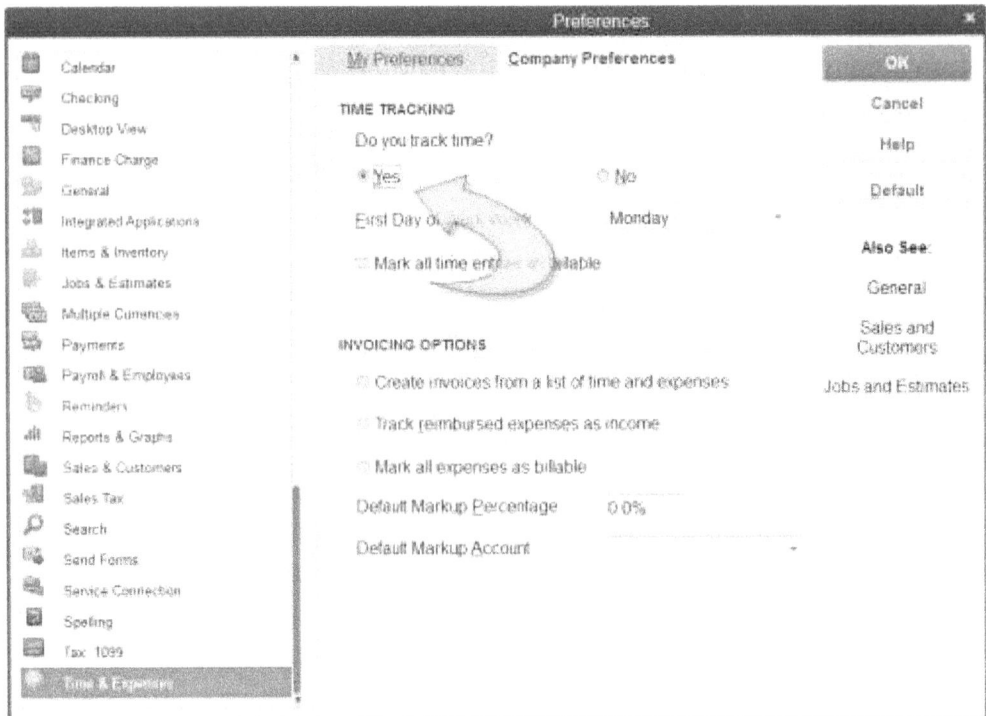

Selecciona *Yes* bajo **Do you track time?** (¿Rastreas el Tiempo?) y deja las otras casillas en blanco. Da clic en OK para cerrar. QuickBooks cerrará entonces todas las ventanas abiertas con el fin de guardar el cambio de la preferencia.

Después, establecerás artículos para los tipos diferentes de deberes del voluntario. Ve a pantalla de artículo nuevo *Lists (Listas), Item List* (Lista del Artículo) *Item* (Artículo), *New* (Nuevo).

Dejar en blanco.

Selecciona **Type** (el Tipo) de *Service* (Servicio) con un **Precio** de *US$0*. Ingresa el nombre del servicio donado bajo **Item Name/Number** (Nombre/Número del Artículo). Selecciona *Donated Goods and Services* (Bienes Donados y Servicios) en la casilla **de Account** (Cuenta). Da clic en OK.

Los nombres de tus voluntarios se deben ingresar en la **Other Names List** (Otra Lista de Nombres). Ve a *Lists* (Listas), *Other Names List* (Otra Lista de Nombres), *Other Names* (Otros Nombres), *New* (Nuevo).

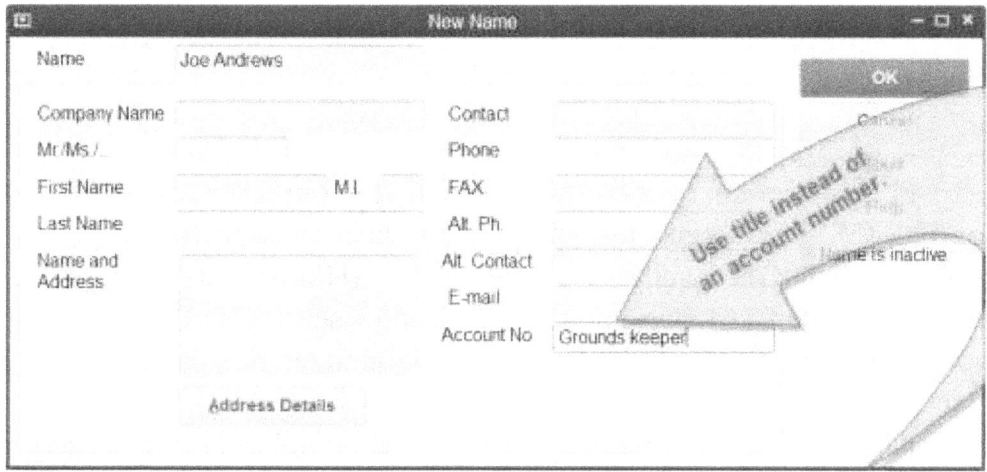

Usa el título en vez de un número de cuenta.

Ingresa el nombre del voluntario, correo electrónico y números de teléfono. Usa la casilla **Account No.** (No dé Cuenta) para introducir el título de su responsabilidad primordial. Serás entonces capaz de hacer informes por número de cuenta para ingresar a todos los voluntarios que son fontaneros, abogados, profesores, ayuda administrativa, etc.

Has el otro reporte de nombres por medio de *Reports* (Informes), *List* (Lista), *Other Names Contact List* (Lista de Contactos de Otros Nombres), *Customize Report* (Personalizar el Informe).

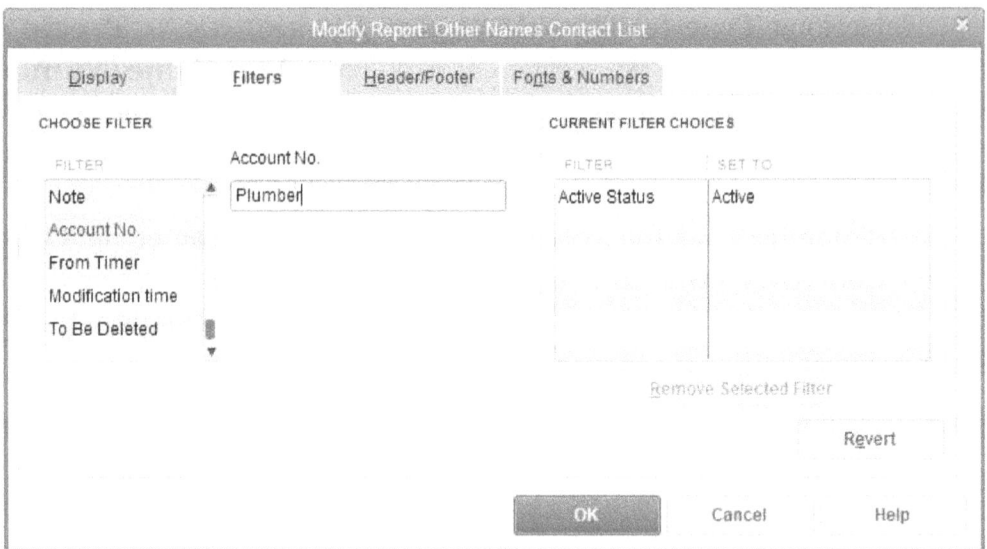

Elige la etiqueta **Filters** (Filtros) en donde aparece **Modify Reports** (Modificar Reportes). Desplázate hacia abajo en la lista de abajo FILTER (FILTRO) y subraya *Account No.* (Número de Cuenta) tipo *Plumber* (Plomero) (u otro título) en la casilla y selecciona OK para ver un informe con los nombres e información de contacto de cada una de las personas que has nombrado como fontaneros.

Para ingresar el tiempo, ve a la barra del menú y selecciona *Employees* (Empleados), *Enter Time* (Ingresar Tiempo), *Time/Enter Single Activity* (Tiempo/Ingresar una Sola Actividad).

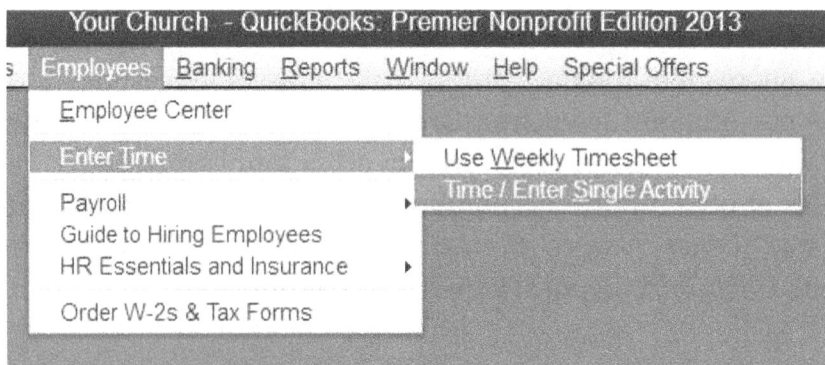

Nota las dos opciones arriba. Puedes ingresar un artículo de tiempo o puedes llenar una hoja de horas semanal. Vamos a ingresar una sola actividad primero.

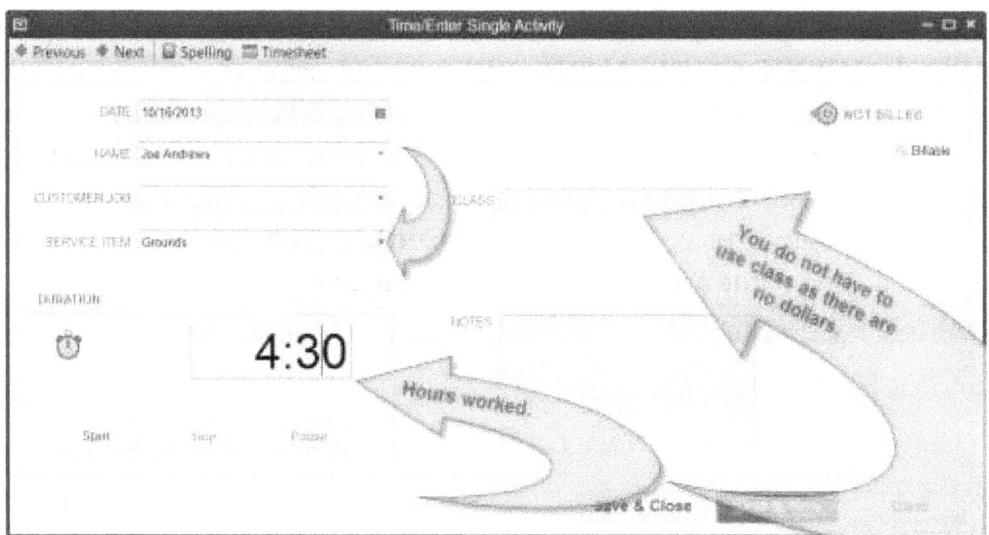

Horas trabajadas *No tienes que usar la clase ya que no hay dólares.*

Ingresa la fecha en la que el trabajo del voluntario se realizó, el nombre del voluntario y el artículo del servicio relacionado con su trabajo. Entonces ingresa las horas trabajadas bajo **DURATION** (DURACIÓN). En este ejemplo, Joe trabajó 4 ½ horas en el terreno el 16 de octubre.

No selecciones el ícono marcado como **Timesheet** (Hoja de Horas) a lo largo de la barra del menú superior antes de que guardes tu trabajo. Esto te llevará a la misma pantalla que **Use Weekly Timesheet** (Usar la Hoja de Horas Semanal) del menú, pero limpiará los datos de esta pantalla si no los has guardado. Después de seleccionar *Save & New* (Guardar & Nuevo), puedes seleccionar el ícono *de Timesheet* (Hoja de Horas).

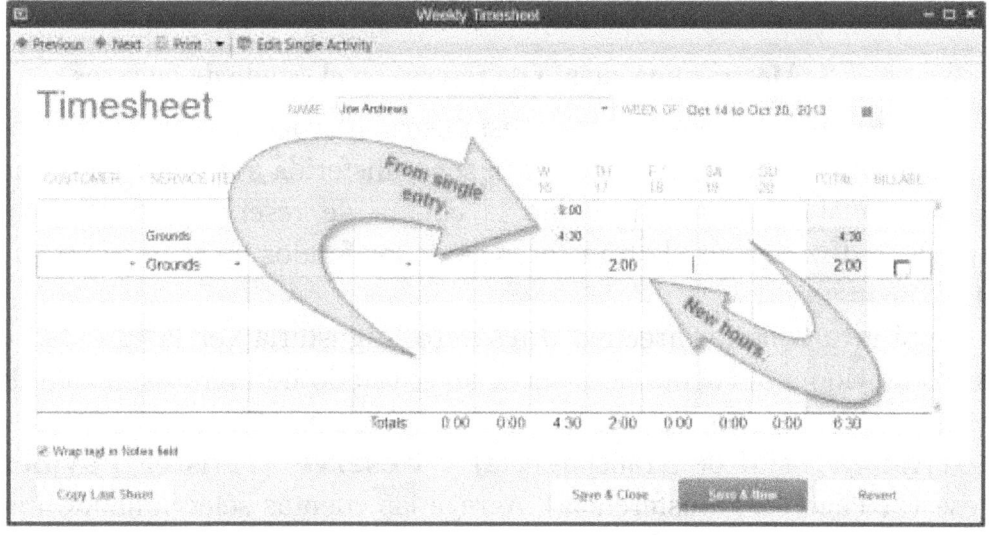

De una sola entrada *Nuevas horas.*

www.accountantbesideyou.com

Una vez que introdujiste el nombre de Joe y te aseguraste de que la casilla de **WEEK OF** (SEMANA DE) esté seleccionada correctamente, verás la entrada que acabamos de fijar a través de la pantalla de una sola actividad. Ahora puedes introducir horas bajo artículo de servicios diferentes y días diferentes. Guarda esta pantalla y vamos a mirar las opciones del informe. Del **Report Center** (Centro de Informes), selecciona *Jobs, Time & Mileage* (Trabajos, Tiempo y Millaje).

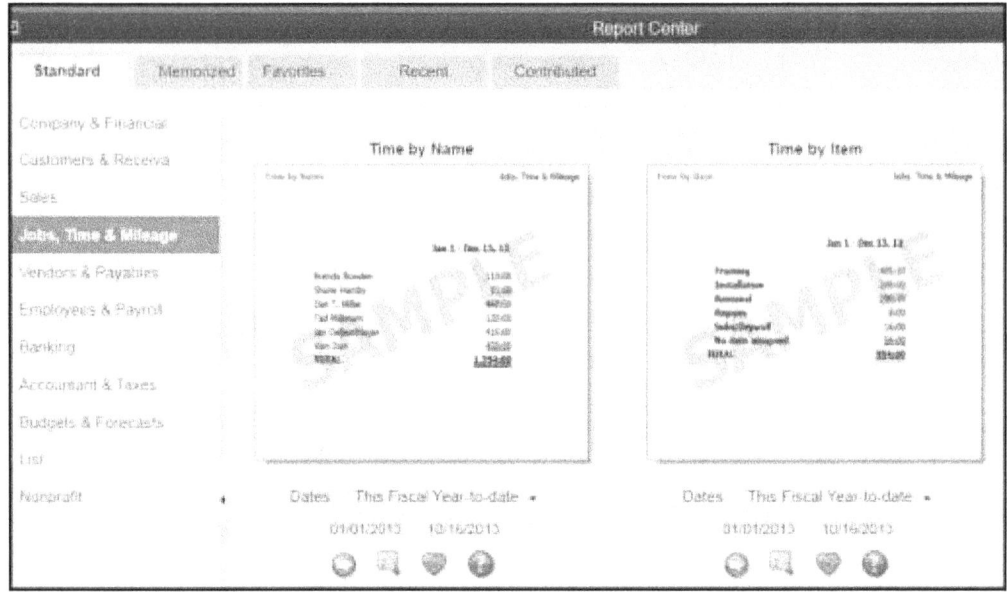

Hay dos informes estándares, **Time by Name** (Tiempo por Nombre) y **Time by Item** (Tiempo por Artículo). Como ya está familiarizada con cómo filtrar y dirigir informes, saltaré la imagen de los informes.

4. Mostrar una cuenta de reserva en el estado de ingresos

A muchas iglesias les gusta establecer una reserva en un banco y designar una cantidad de dinero para ser transferida a esa cuenta en una base mensual o trimestral. Como la cuenta de reserva es una cuenta bancaria o de inversión, la transferencia de los fondos no se muestra en el estado de ingresos.

Si a tu consejo directivo o tesorero le gustaría ver la cantidad de dinero movido a la cuenta de reserva en el estado de ingresos, añade dos cuentas a tu lista del plan de cuentas: **Reserve Transfer Deposit** (Reservar Depósito de Transferencia) y **Reserve Transfer Payment** (Reservar Pago de Transferencia). Agrega las cuentas seleccionando *Lists* (Listas), *Chart of Accounts* (Plan de cuentas), *Account* (Cuenta), *New*

(Nueva). Bajo **Other Account Types** (Otros Tipos de Cuenta), selecciona la cuenta de tipo *Other Income* (Otro Ingreso) y presiona *Continue* (Seguir).

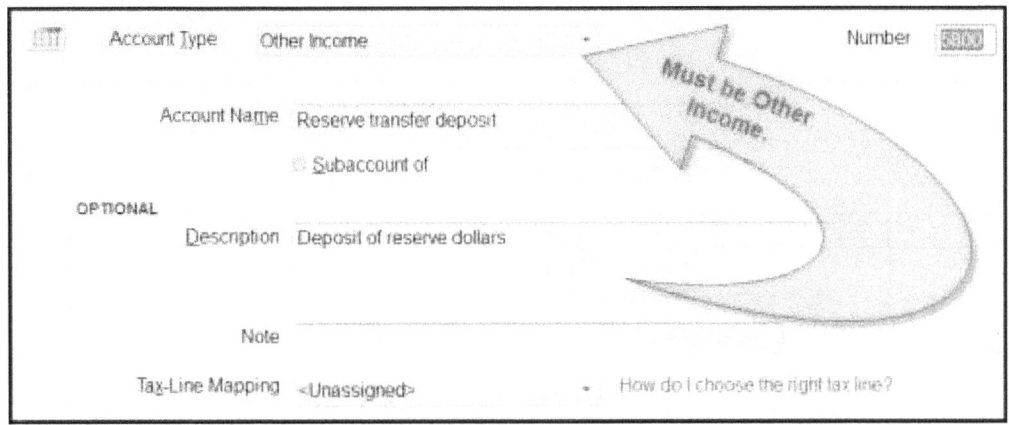

Debe ser Otro Ingreso.

La cuenta de depósitos debe tener un tipo de cuenta de *Other Income* (Otros Ingresos) con el fin de mostrar a continuación la partida de gastos de funcionamiento. Guarda esta cuenta e ingresa la cuenta del pago.

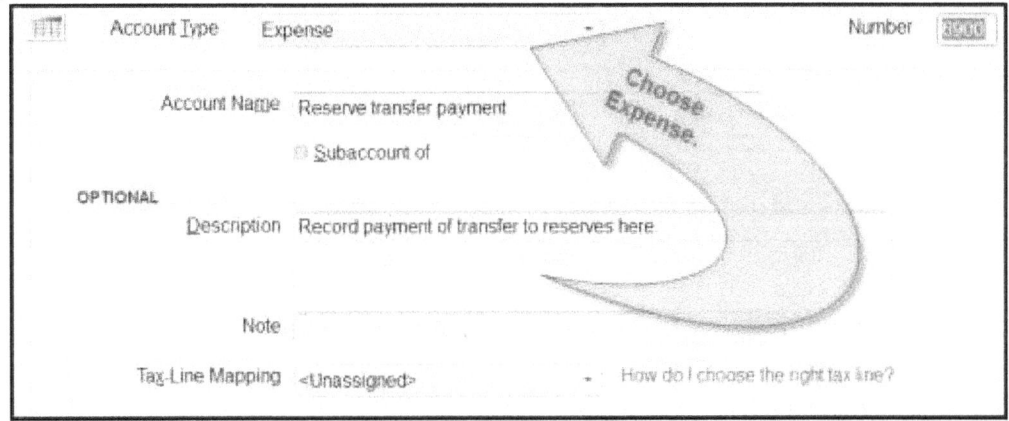

Elije el Gasto.

Esta vez seleccionarás un tipo de cuenta del *Expense* (Gasto) y guardarás la entrada. Cuando expides el cheque para hacer la transferencia, en vez de asignarlo a la cuenta de la inversión, cárgalo a la cuenta de pagos de la reserva de transferencia.

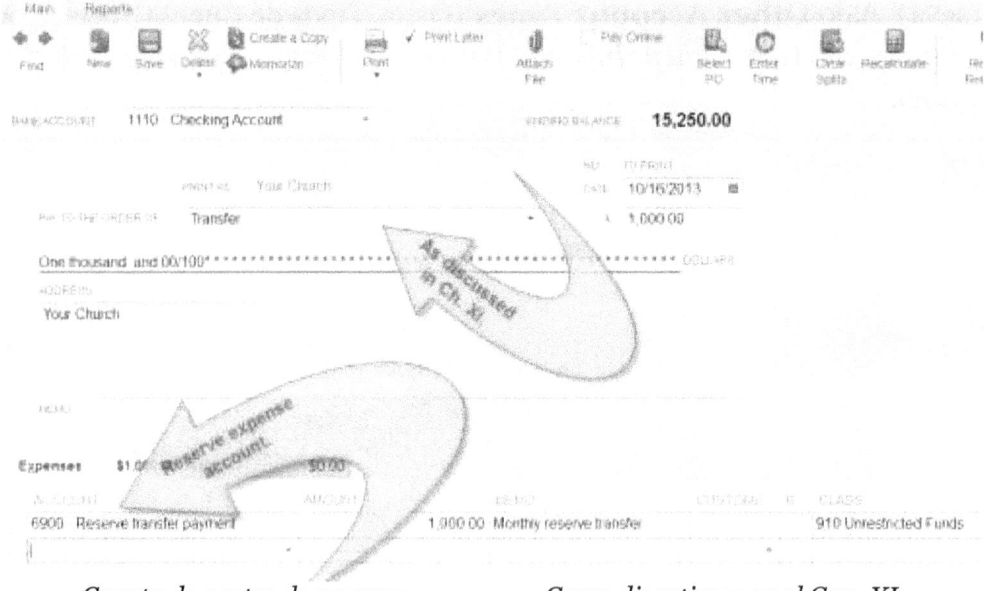

Cuenta de gastos de reserva.   *Como discutimos en el Cap. XI.*

Para el depósito, ve a *Banking* (Banco), *Make Deposits* (Hacer Depósitos).

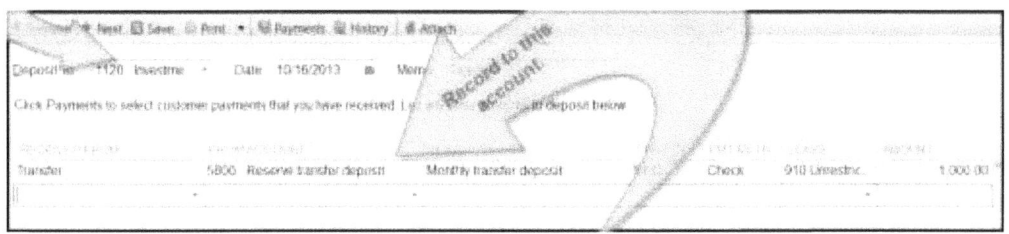

Registrar a esta cuenta.

En la pantalla para introducir depósitos, cambiarás la cuenta de **Deposit to** (Depósito para) en la esquina superior izquierda a tu cuenta de inversión. La **FROM ACCOUNT** (CUENTA DE) debe ser la *cuenta depósito de reservas de transferencia*. Una vez guardado, tu estado de ingresos mostrará el gasto en operaciones y el depósito como otros ingresos.

Your Church
Statement of Financial Income and Expense
January through October 2013

	Jan - Oct 13
Ordinary Income/Expense	
Income	
4100 · Pledges/Offerings	25,572.35
4200 · Fundraising Income	5,000.00
4300 · Other Operating Income	115.00
4400 · Income -Other Operating Areas	50.00
Total Income	**30,737.35**
Gross Profit	**30,737.35**
Expense	
6000 · Facilities-Utilities	250.00
6100 · Facilities-Other	160.00
6300 · Administrative Expenses	111.95
6400 · Payroll Expenses	13,000.00
6500 · Employee Benefits	1,572.00
6600 · Program Expenses	200.35
6800 · Donated Goods and Services	0.00
6900 · Reserve transfer payment	1,000.00
Total Expense	**16,294.30**
Net Ordinary Income	**14,443.05**
Other Income/Expense	
Other Income	
5000 · Other Income-Non-Operating	52,010.00
5800 · Reserve transfer deposit	1,000.00
Total Other Income	**53,010.00**
Other Expense	
7400 · Capital Campaign Expenses	250.00
Total Other Expense	**250.00**
Net Other Income	**52,760.00**
Net Income	**67,203.05**

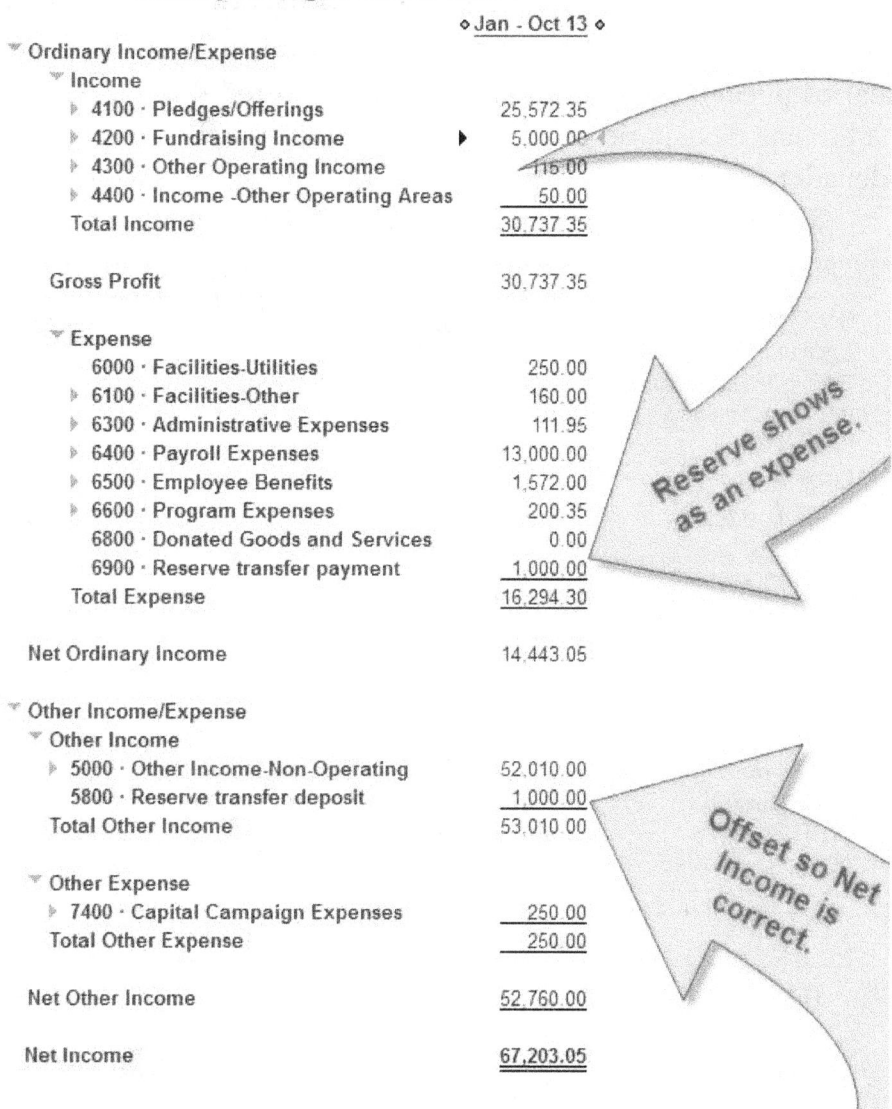

Reserve shows as an expense.

Offset so Net Income is correct.

La Reserva se muestra como un gasto.
Contrarrestado entonces los Ingresos Netos son correctos.

B. ¿Cómo puedo …?

    1. **Establecer múltiples usuarios y contraseñas**

QuickBooks permite que establezcas usuarios múltiples y límites lo que pueden hacer en el sistema. Si pagas licencias adicionales, estos usuarios pueden tener acceso al sistema de tu red de ordenador. Si tienes una licencia de usuario único, todos los usuarios deben trabajar en un solo ordenador.

Si quisieras comprar licencias adicionales, ve a la pantalla de abajo.

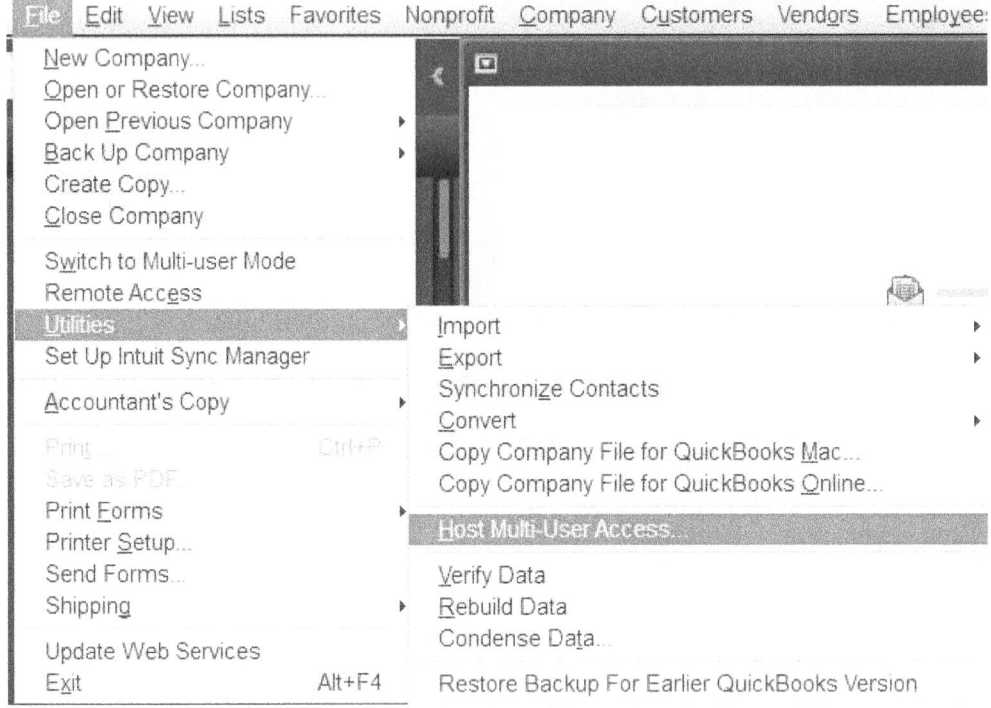

Un cuadro de diálogo aparecerá.

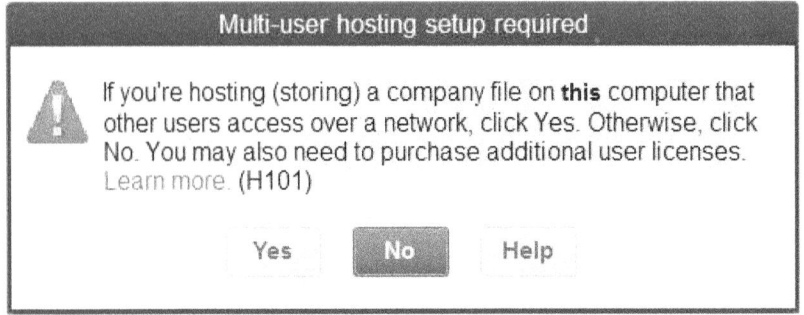

Selecciona *Yes* y el sistema te llevará al sitio web de Intuit para comprar las licencias adicionales.

Sin embargo, si cada usuario trabaja en un sólo ordenador, ve a *Company* (Compañía), *Set Up Users & Passwords* (Establecer Usuarios & Contraseñas), *Set Up Users* (Establecer Usuarios).

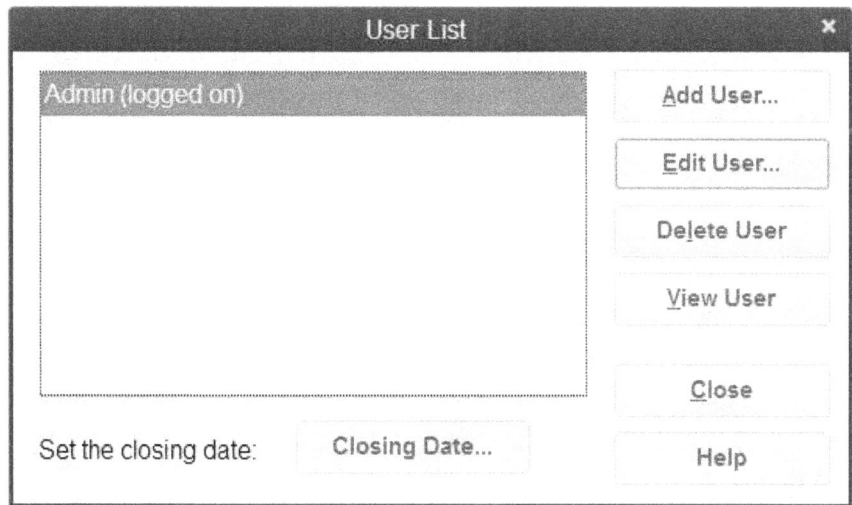

Actualmente, el administrador no tiene una contraseña. Si vas a permitir a otros usuarios ingresar al sistema, debes establecer primero la contraseña del administrador. Para hacer esto, subraya *Admin* (Administrador) y selecciona *Edit User* (Editar Usuario).

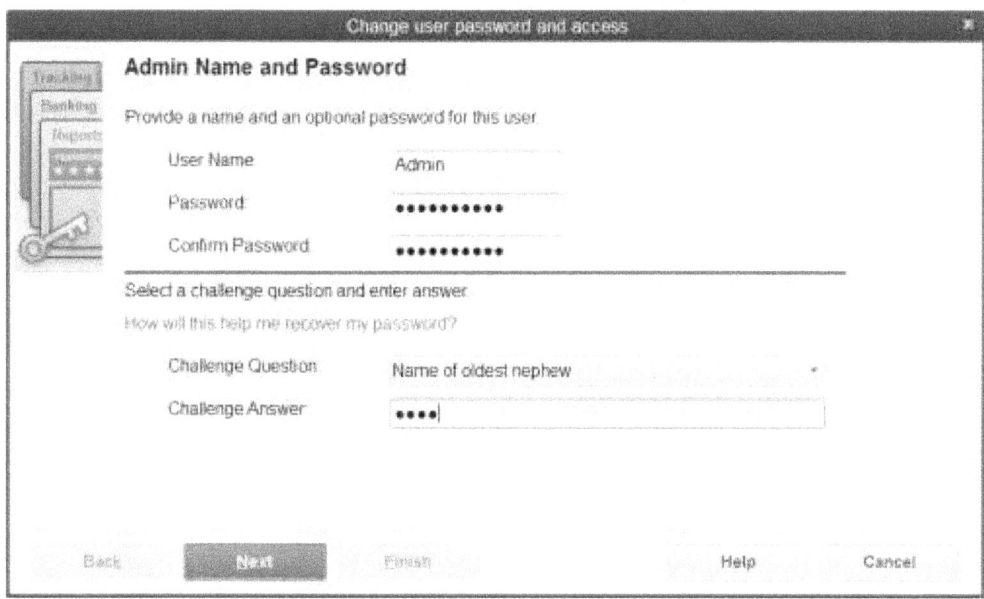

Ingresa una contraseña fuerte (al menos 6 caracteres con números o símbolos así como letras). No hagas que sea una variación del nombre de la iglesia ni algo que alguien que te conozca pueda adivinar. Escribe la contraseña una segunda vez para asegurarte de que no hay ningún error y elige una pregunta de seguridad y su respectiva respuesta. La pregunta de seguridad debe permitirte reiniciar la contraseña si lo olvidas. ¡Sólo asegúrate de no olvidar la respuesta a tu pregunta de seguridad!

Selecciona *Next* (Siguiente) para ver la pantalla siguiente.

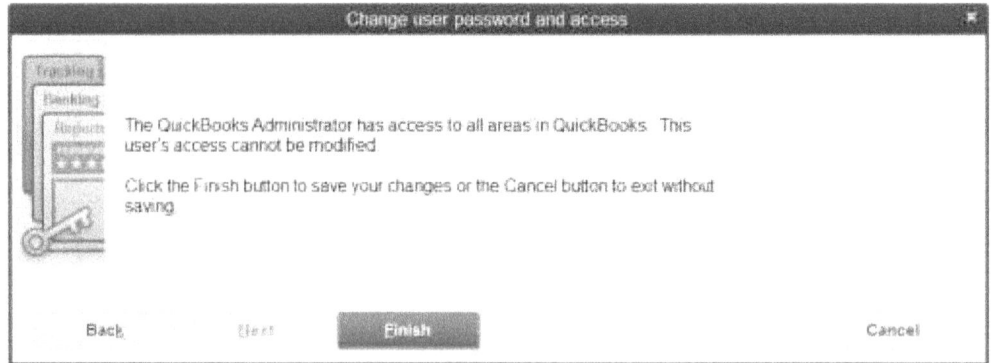

Selecciona *Finish* (Finalizar) y serás llevado de nuevo a la pantalla **User List** (Lista de Usuario). Selecciona Add User (Agregar Usuario).

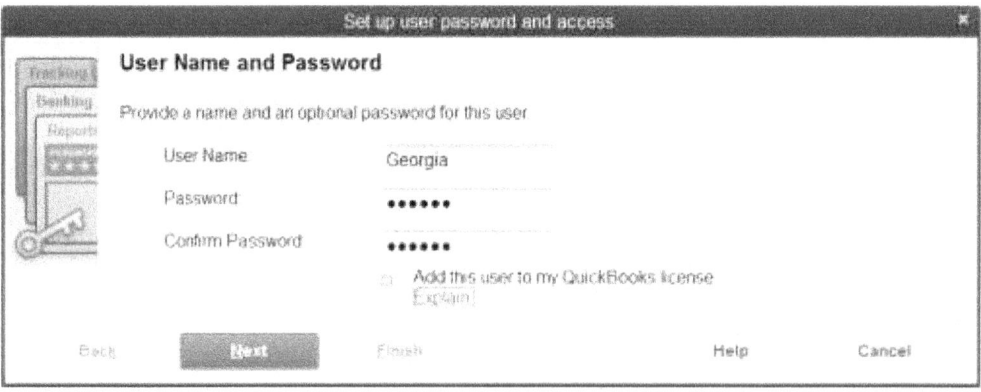

Aquí añadiremos a un voluntario que ingresa las cuentas y sus hojas de horas de voluntario. Tenemos que darle un nombre de usuario y una contraseña y seleccionar *Next* (Siguiente).

Sólo tiene que usar ciertas áreas de QuickBooks, así que escoge *Selected Areas* (Áreas Seleccionadas) *de QuickBooks* y selecciona *Next* (Siguiente).

Serás llevado a través de una serie de pantallas que pertenecen a cada área de QuickBooks donde seleccionarás si el usuario no tiene acceso, tiene acceso completo o acceso selectivo. En vez de imprimir cada pantalla aquí, mostraré un ejemplo.

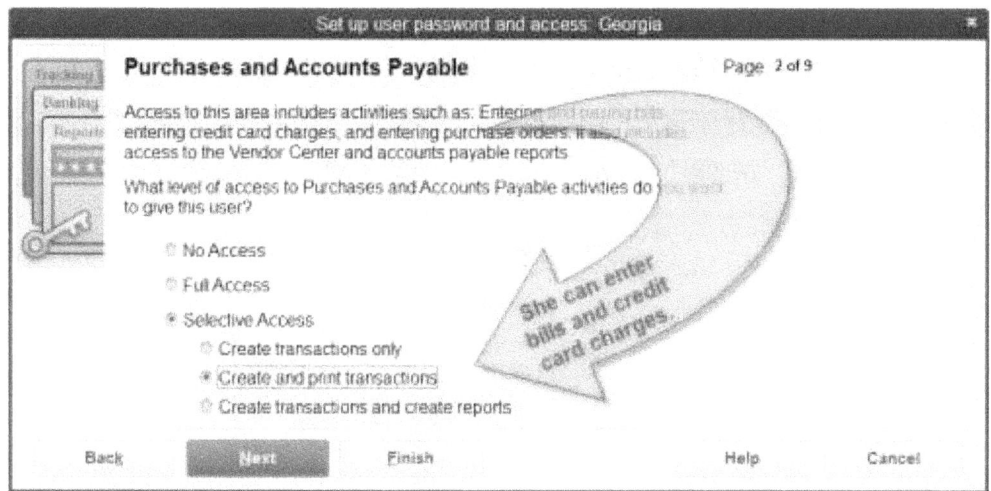

Puede ingresar cuentas y gastos de tarjeta de crédito.

Georgia podrá ahora ingresar cuentas y gastos de la tarjeta de crédito e imprimir cualquier transacción que quiera que tú mires, pero no puedas acceder a los archivos de los donantes ni hacer asientos contables.

Después de pasar por las nueve pantallas, verás un resumen de tus selecciones.

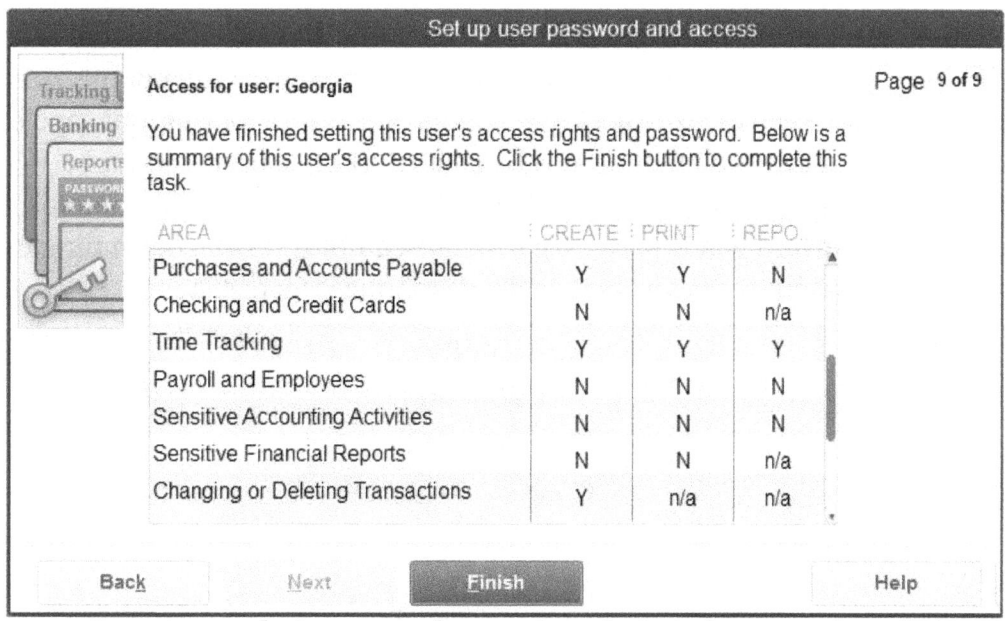

Georgia puede ingresar ahora e imprimir informes sobre el tiempo de voluntarios y puede ingresar cuentas en cuentas por pagar. En cuentas por pagar, sólo puede cambiar o suprimir transacciones.

El tesorero y el pastor probablemente querrán ver informes financieros en QuickBooks. Al establecerlos, elige *Selective Access* (Acceso

Selectivo) y sólo da el permiso en la pantalla **Sensitive Financial Reporting** (Reporte Financiero Sensitivo).

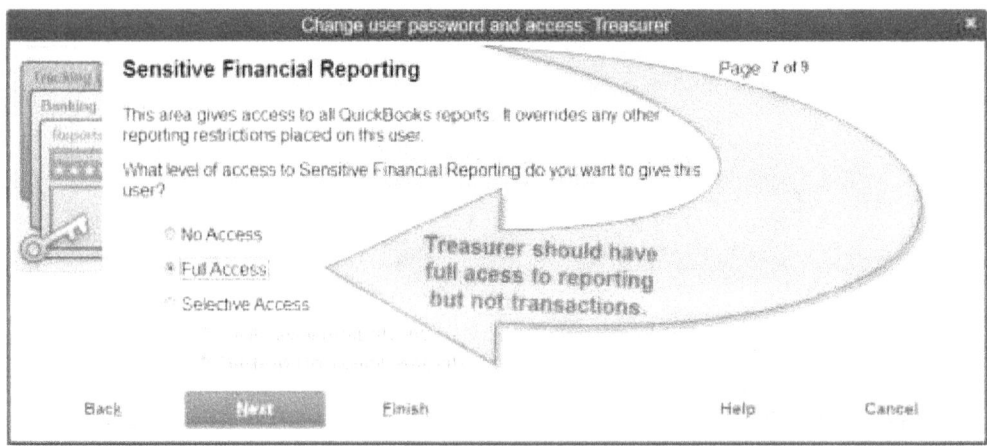

El tesorero debe tener el acceso completo a los reportes, pero no a las transacciones.

Ahora el tesorero puede examinar las finanzas, pero no puede ningún cambio en las transacciones.

2. **Enviándole una copia al contador**

Si tienes un contador para examinar tus libros al final del mes, trimestre, o año, hay una herramienta práctica en QuickBooks para facilitar esto. **Accountant's Copy** (Copia del Contador) es una opción para enviar un archivo en el que trabajas a tu CPA. Asumiendo que él/ella tiene una versión de contador de QuickBooks, puede hacerle cambios al archivo y devolvértelo a ti para cargarlo. Sus cambios no afectarán ninguna nueva transacción que hayas puesto desde entonces en el sistema.

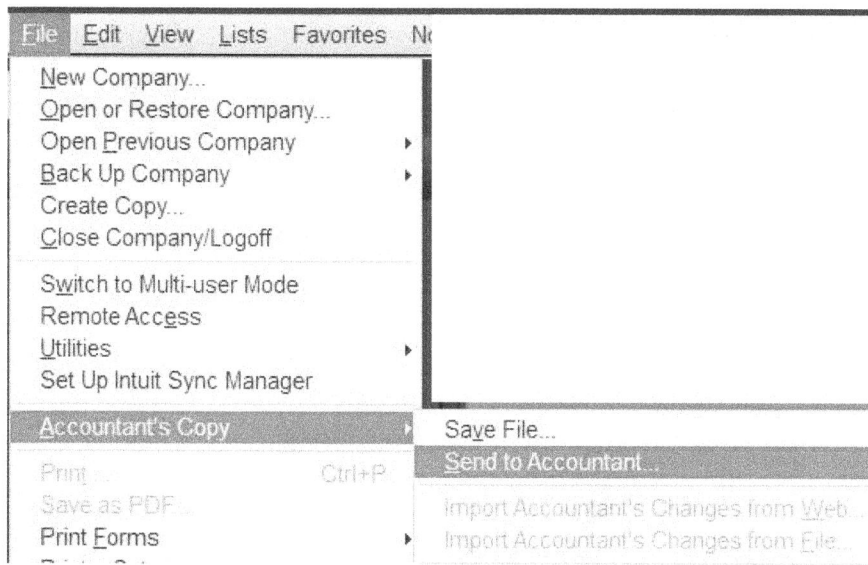

Sigue los pasos a continuación y un cuadro de diálogo aparecerá.

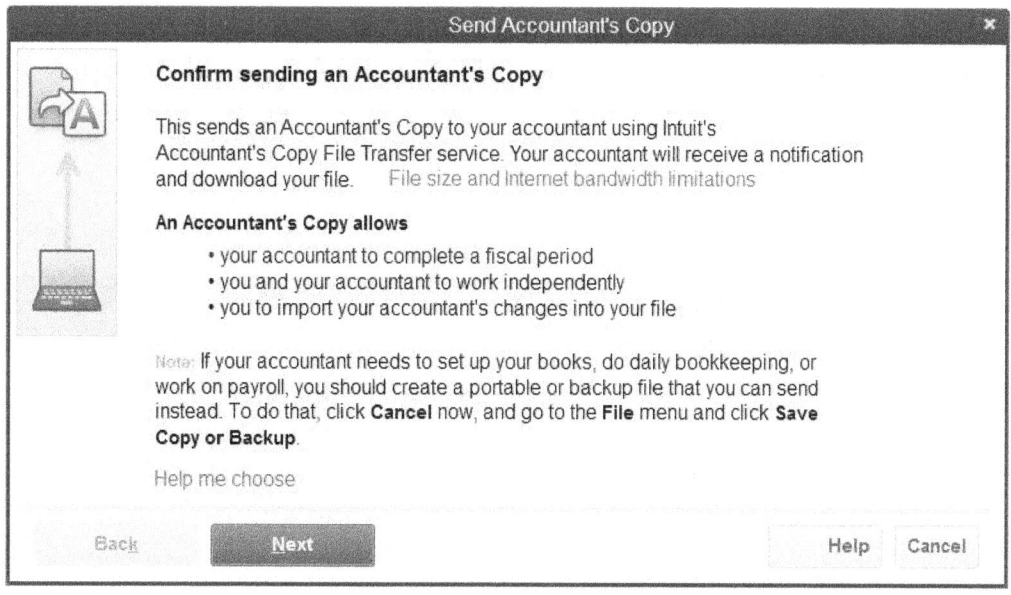

Elige *Next* (Después).

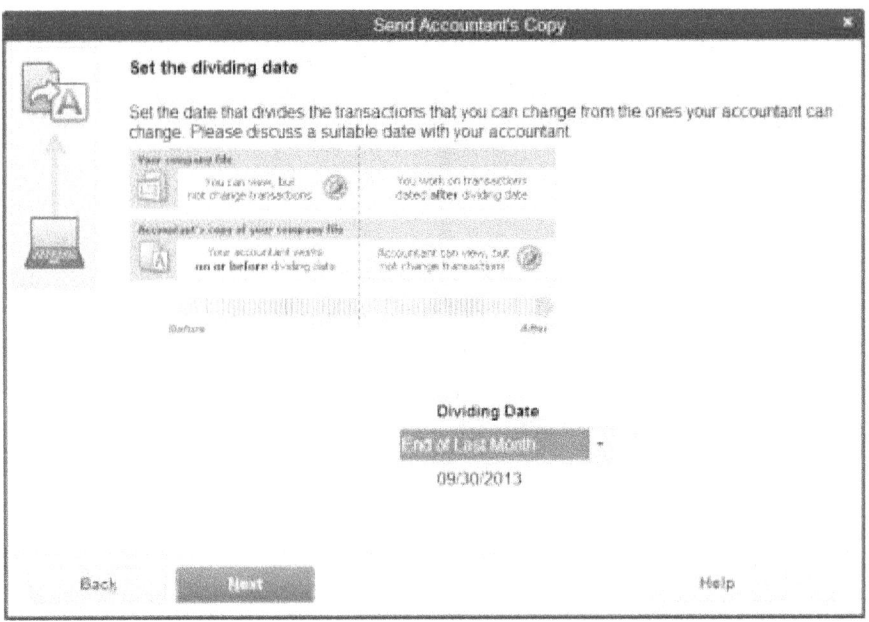

La **Dividing Date** (Fecha Divisoria) determina en qué períodos el contador puede hacer cambios y en cuales puedes seguir trabajando. Seleccionando *End of the Last Month* (Final del Último Mes), puedes postular transacciones actuales, pero no hacer correcciones a los meses anteriores. Selecciona *Next* (Después) para introducir la dirección de correo electrónico a la cual se debería enviar y la dirección de la cual se va a enviar. Desde allí, selecciona *Next* (Después) otra vez para ver este paso.

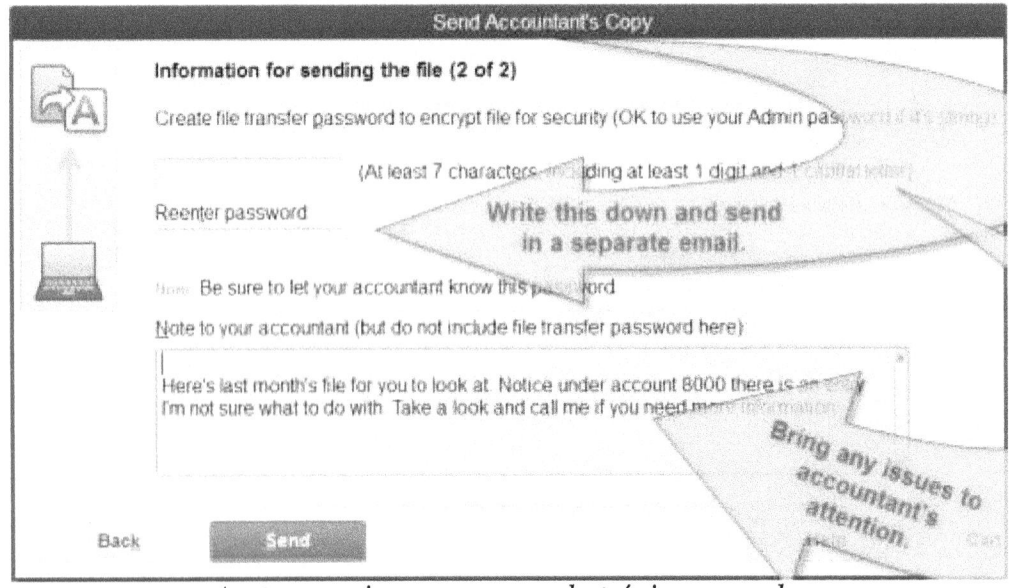

Anotar y enviar en un correo electrónico separado.
Traer cualquier cuestión a la atención del contador.

Aquí pondrás una contraseña para el contador exterior. Puede ser la misma que tu contraseña de administrador ya que el/ella también la necesitará. Como tu contador exterior no debería tener el acceso al dinero de la iglesia, esto no debería ser una cuestión de control. Se debería escribir y ser enviado por correo electrónico a él por separado. La parte inferior de la pantalla te permite comunicar cualquier información que podría ser provechosa. Selecciona *Send (Enviar)* y aparecerán numerosos cuadros de diálogo informativos.

Una vez que el contador ha examinado los archivos, puede hacer cambios y devolverte el archivo. Un correo electrónico se enviará declarando que los cambios del contador están disponibles. Para cargar estos cambios, selecciona *File* (Archivo), *Accountant's Copy* (Copia del Contador), *Import Accountant's Changes from Web* (Importar Cambios del Contador desde la Red).

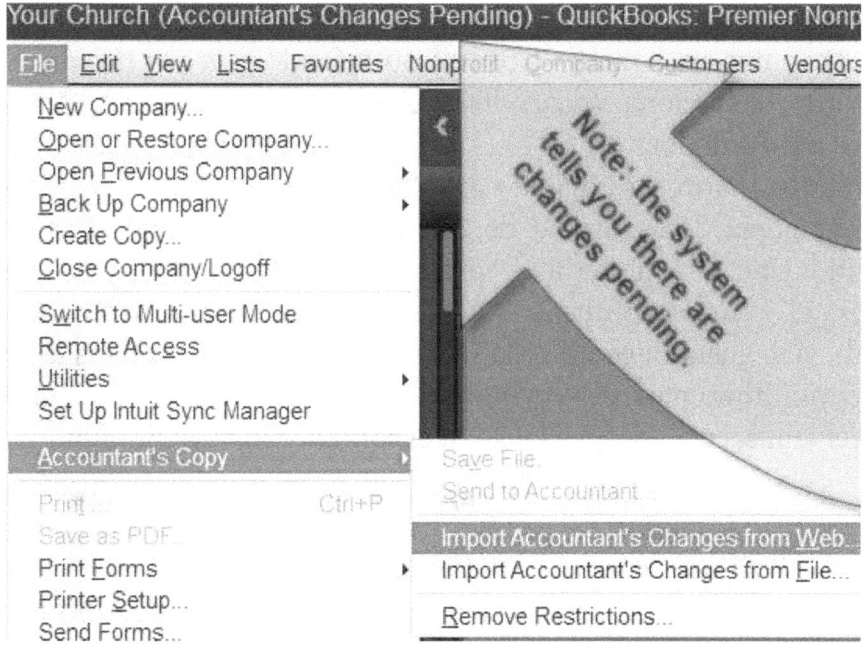

Nota: el sistema te dice que hay cambios pendientes.

Una pantalla con una lista de cambios aparecerá. Selecciona *Expand* (Ampliar) para ver los detalles en la cuenta.

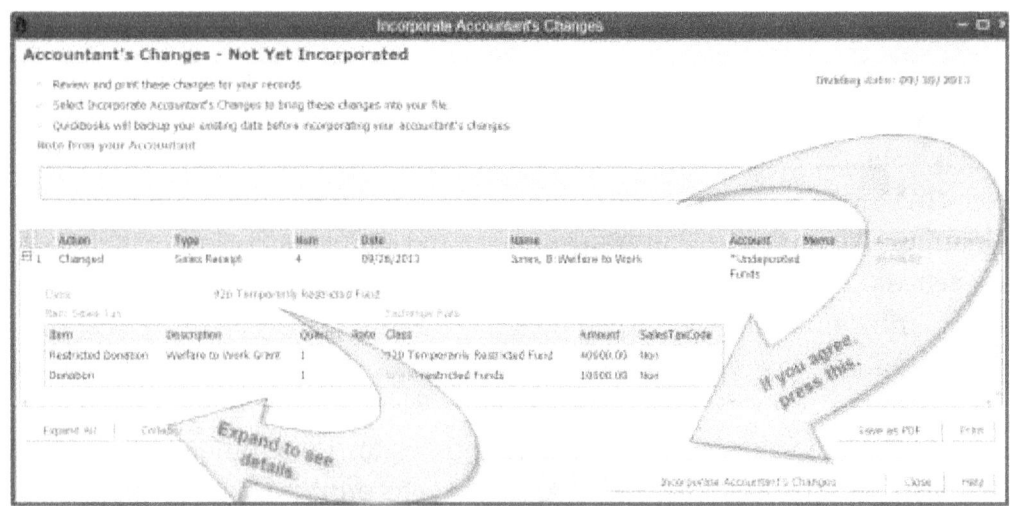

Ampliar para ver detalles   *Si estás de acuerdo, presiona esto.*

En este ejemplo, el contador notó el recibo de US$50.000 incluyendo US$10.000 de donaciones sin restricción. Cambió la entrada de recibo de ventas para mover US$10.000 a fondos sin restricción. Si estás de acuerdo, selecciona *Incorporate Accountant's Changes* (Incorporar Cambios del Contador).

Varios cuadros de diálogo aparecerán incluyendo un requisito para hacer una copia de seguridad de tu sistema antes de que el cambio sea registrado. Una vez que hayas hecho la copia de seguridad y aceptado los cambios, el sistema confirma que los cambios se hayan incorporado y pregunta si te gustaría cambiar la fecha de clausura. Si cambias la fecha de clausura al último mes, esto evita que cualquiera registre accidentalmente cualquier transacción después de que el contador lo haya mirado.

3. **Enviar una nota de agradecimiento desde la pantalla de recibos**

Aquí está una manera de enviar a un donante por correo electrónico una nota de agradecimiento directamente desde la pantalla de recibo de ventas. Toma un poco de tiempo diseñar y disponer la plantilla, pero una vez que lo haces, es fácil acceder a esta para futuras donaciones. Los pasos pueden ser un poco difíciles de seguir, así que ve a www.accountantbesideyou.com, y tendré un vídeo complementario para dirigirte a través del proceso.

Ve a **Customers** (clientes), *Enter Sales Receipts* (ingresa en Recibos de Ventas).

Usa esto para hacer una nueva plantilla.

De la pantalla de recibo de ventas, selecciona *Formatting, Manage Templates* (Formato, Manejo de Plantillas). Un cuadro de advertencia puede aparecer. Escoge *Make a Copy* (Hacer una Copia). De otra manera verás una pantalla con la lista de todas las plantillas. Subraya la que deseas copiar y seleccionar *Copy* (Copiar) en la esquina inferior izquierda y da clic en OK. La pantalla de abajo aparecerá.

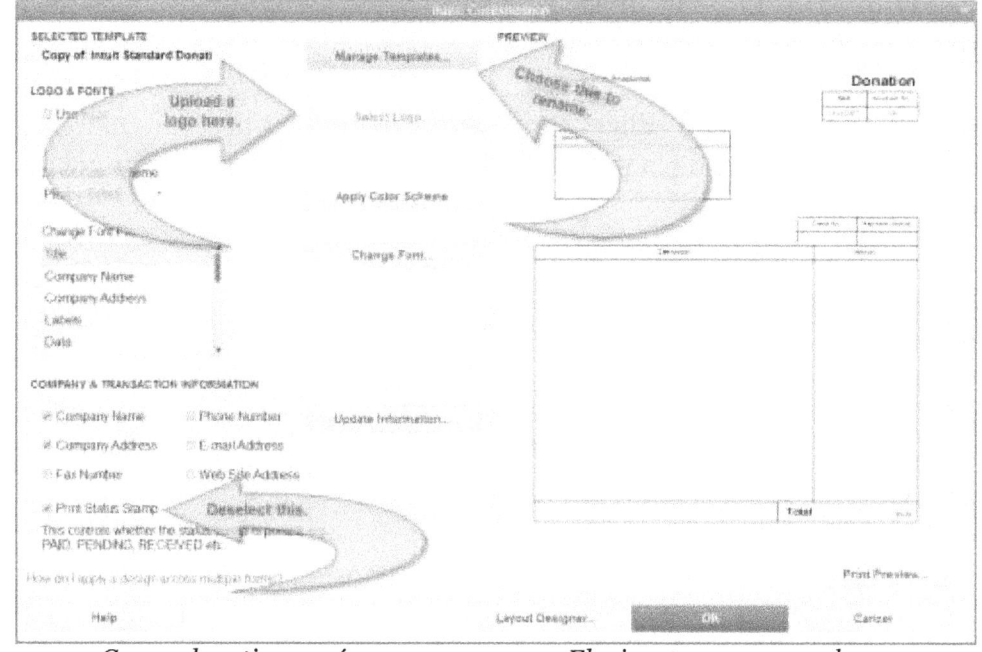

Cargar logotipo aquí.   *Elegir esto para renombrar.*
No seleccione esto.

La pantalla mostrará las ventas por omisión o el recibo de la donación. Bajo **LOGO & FONTS** (LOGOTIPO & FUENTES), puedes cargar el logotipo de tu iglesia para que sea mostrado en el recibo. **COMPANY AND TRANSACTION INFORMATION** (COMPAÑÍA E INFORMACIÓN DE LA TRANSACCIÓN) te deja seleccionar que información te gustaría que el recibo mostrara. No selecciones el **Print Status Stamp** (Sello de Estado de Impresión) ya que vamos a hacer de esto una nota de agradecimiento en vez de un recibo de ventas.

La plantilla necesita un nuevo nombre descriptivo. Selecciona *Manage Templates* (Manejo de Plantillas) para ver la pantalla siguiente.

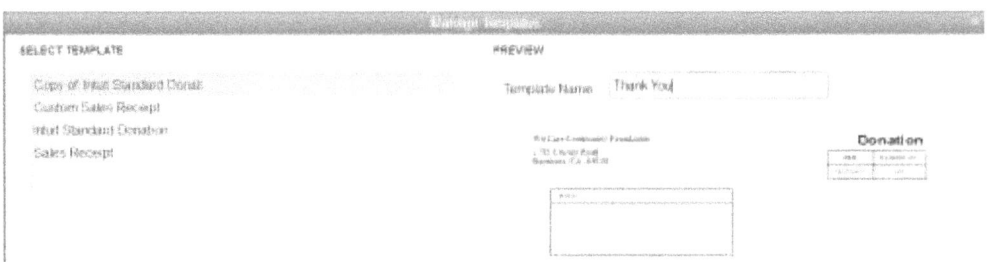

Selecciona *Copy of Intuit Standard Donation* (Copia de la Donación Estándar de Intuit) (o *Sales Receipt (Recibo de Ventas)* si no usas la edición No lucrativa). En la casilla siguiente a **Template Name** (Nombre de la Plantilla), ingresa un nuevo nombre. He usado *Thank You* (Gracias). Selecciona OK para guardar

Te dirigirás atrás a la pantalla **Basic Customization** (Personalización Básica). Elige *Additional Customization* (Personalización Adicional) en el fondo de la pantalla para cambiar las filas y columnas.

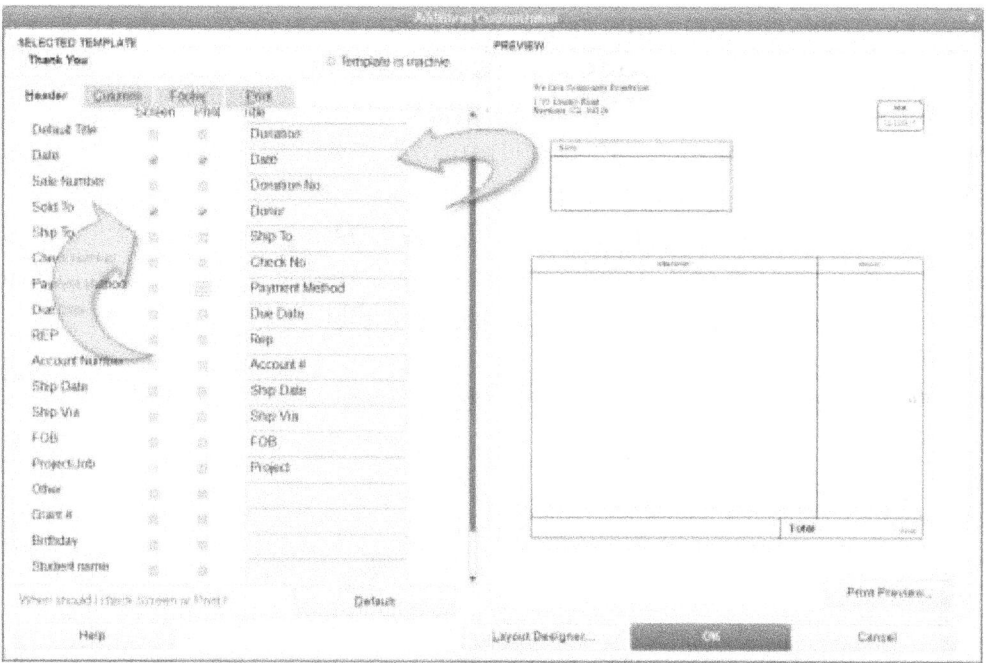

Bajo **Header** (Encabezado), puedes elegir lo que se mostrará en la pantalla contra lo que se revelará cuando imprimas. Para una nota de agradecimiento, sólo necesitas la fecha y el donante (selecciona **Sold To** (Vendido A)).

Ahora selecciona la etiqueta **Columns** (Columnas).

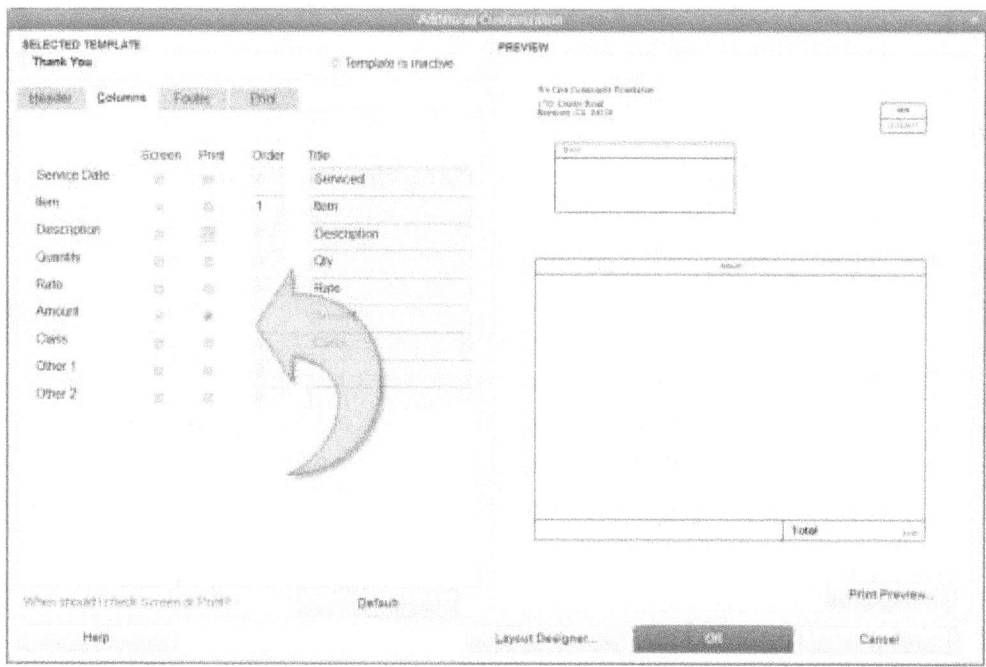

La única columna que necesitamos es *Amount* (Cantidad). Puedes borrar hasta la palabra **Amount** (Cantidad) de la caja. Selecciona la pantalla **Footer** (Pie de Página) y deselecciona todas las áreas. No te preocupes por la etiqueta **Print** (Imprimir). Ahora es el momento de cambiar el modo en que el recibo se ve.

Haremos esto seleccionando *Layout Designer* (Disposición del Diseñador). Hay una caja de advertencia irritante que aparece cada vez que cambias una opción, pero no te preocupes por ella.

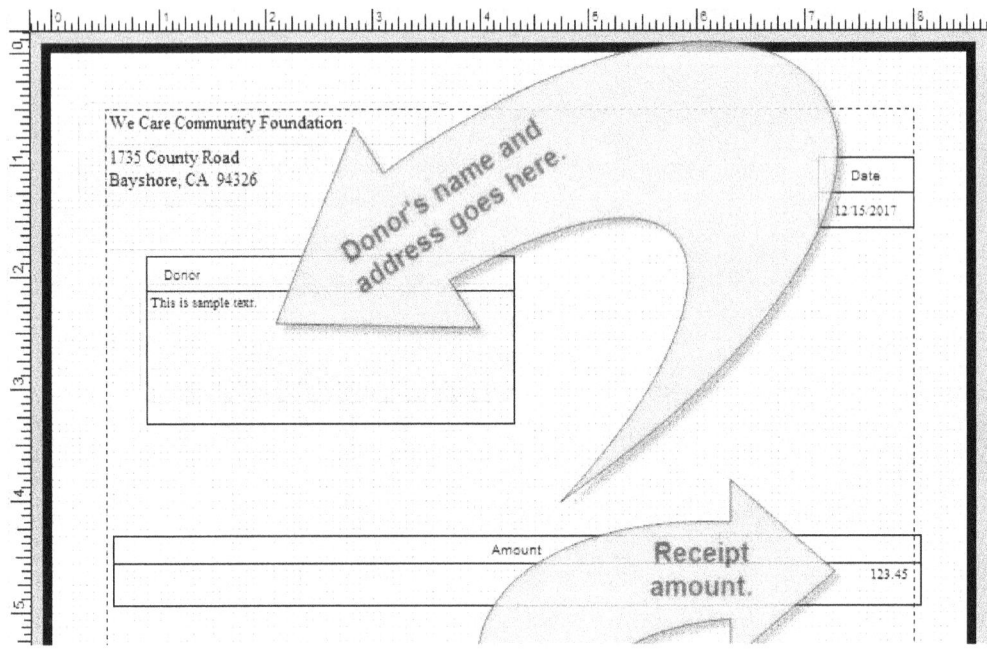

El nombre y dirección del donante van acá.   *Cantidad del recibo.*

Aquí es donde se hace un poco aburrido. Te tienes que deshacer de las cajas alrededor de la información, añadir algún texto que agradezca al donante y mover un poco las cosas.

> Observa que este reconocimiento no se verá tan profesional como si tuvieras un formato de procesamiento de textos regular. Nuestro objetivo es que quede tan bien como podamos.

Si haces doble clic en un campo, un cuadro de diálogo de **Properties** (Propiedades) aparecerá.

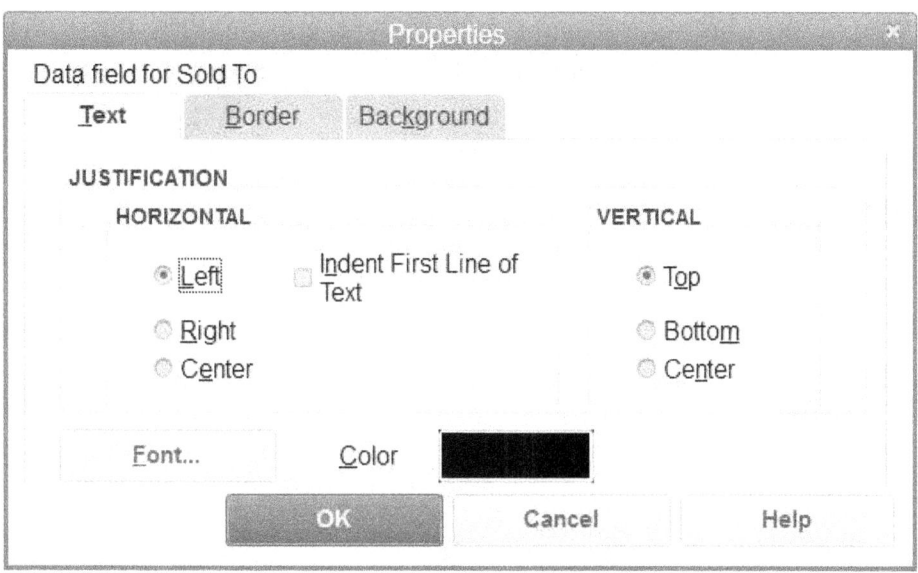

Dentro de esta caja, puedes justificar la letra y cambiar el tamaño de la fuente, estilo y color. Selecciona *Font* (Fuente) y cámbiala a *Times New Roman Tamaño 14*. Ahora selecciona *Border* (Borde).

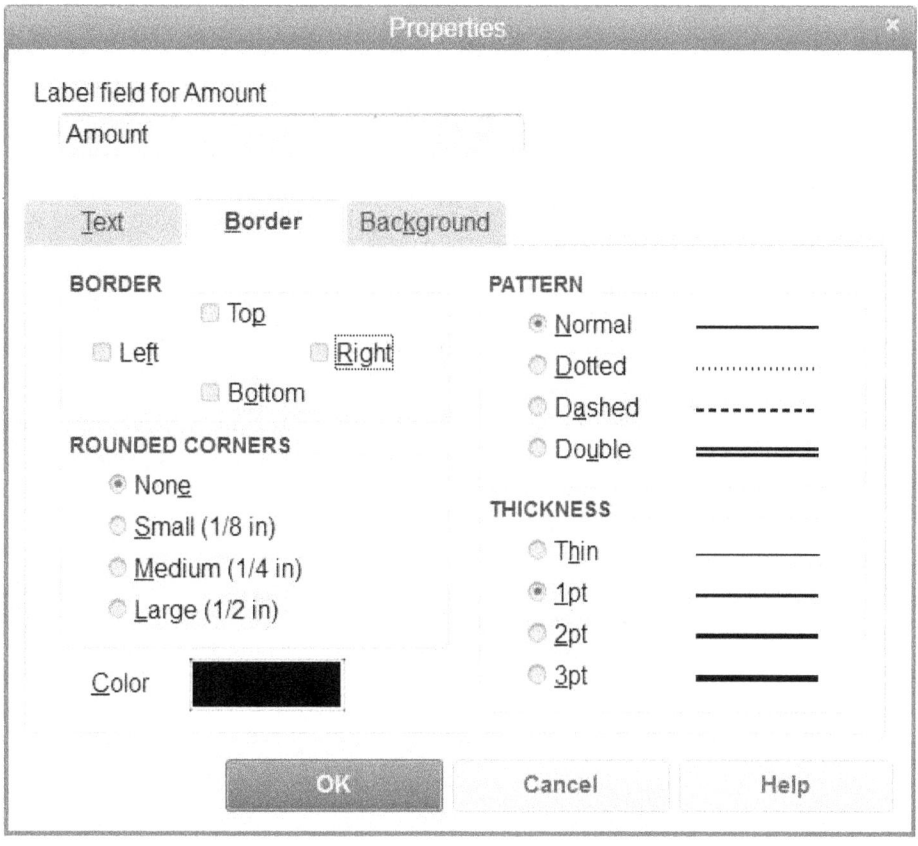

Aquí no querrás subrayar las siguientes casillas, a **Top** (Arriba), **Right** (Derecha), **Left** (Izquierda), y **Bottom** (Abajo) para quitar el borde. Selecciona OK para guardar. Estarás de vuelta a la **pantalla Layout Designer** (Disposición del Diseñador). Has doble clic en cada caja en la pantalla y quita los bordes usando el proceso de arriba.

En la parte superior de la pantalla, verás las opciones del menú de **Layout Designer** (Disposición del Diseñador).

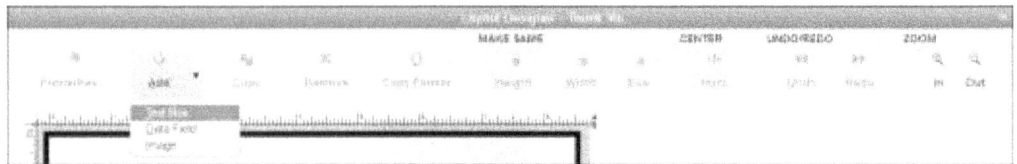

Selecciona *Add* (Agregar), *Text Box* (Cuadro de Texto) para añadir un nuevo cuadro de texto para incluir tu mensaje. Introduce el texto deseado en la parte superior de la caja interior y cambia las fuentes.

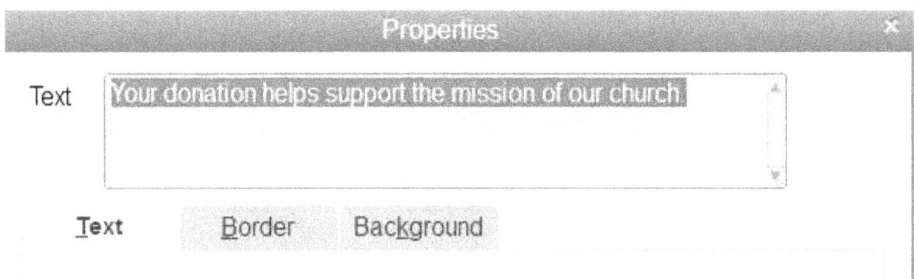

Si haces clic en alguna de las cajas en la pantalla, notarás el cambio de los bordes. Igual que al trabajar en una hoja de cálculo, puedes ampliar o contraer los tamaños de las cajas o trasladarlos. Es bastante difícil mostrar esto estáticamente, pero puedes experimentar para satisfacer tus necesidades.

En este ejemplo, hice la caja de cantidad más pequeña y la acerqué a un cuadro de texto.

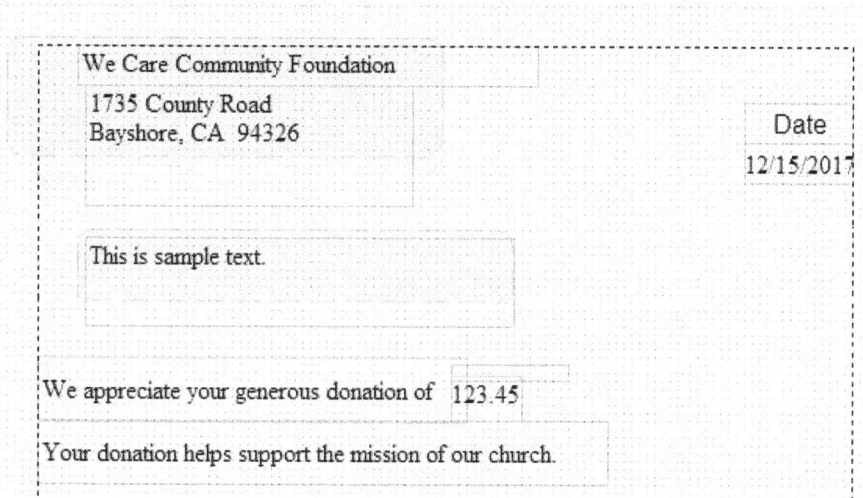

En el ejemplo siguiente, el Sr. Dunn envió una donación de US$1000. La ingresé en la pantalla de recibos de ventas con la plantilla **de Thank You** (Agradecimiento).

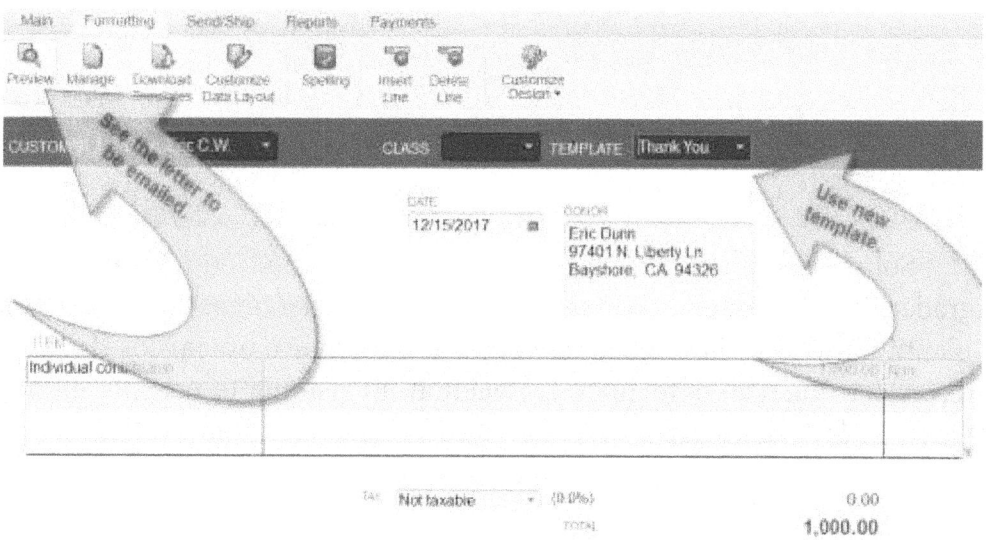

Ver la carta a ser enviada por correo electrónico   Usar nueva plantilla.

Selecciona *Preview* (Vista Previa) bajo *Formatting* (Formato) para ver lo siguiente.

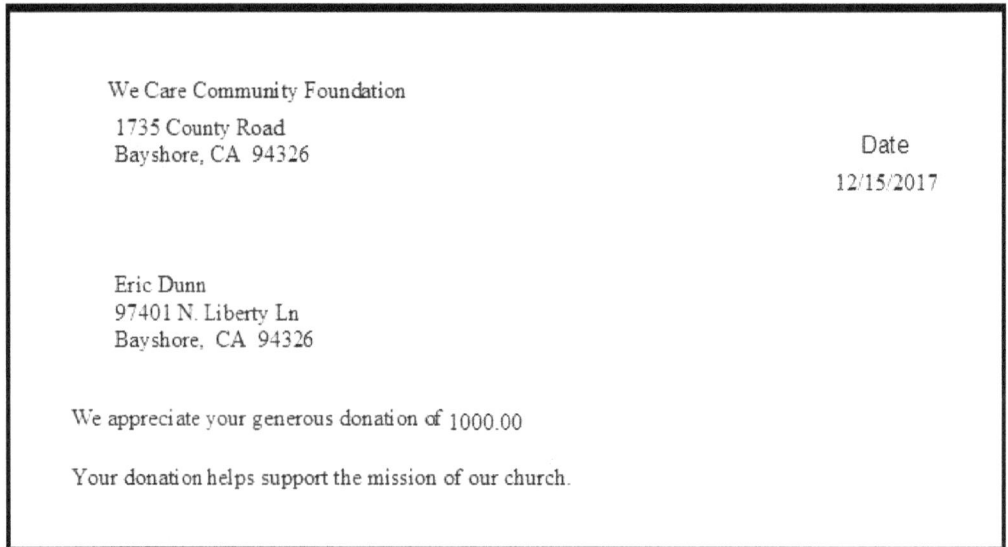

Como puedes ver, no es perfecta, pero la puedes enviar por correo electrónico fácilmente directamente al donante desde el menú principal de recibos de ventas.

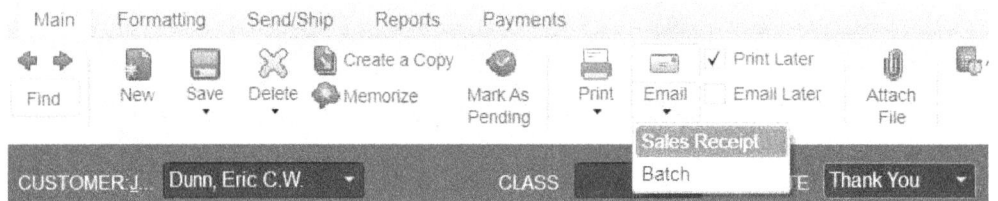

Sólo asegúrate de que la plantilla esté en **Thank You** (Agradecimiento) antes de enviarlo por correo electrónico. Puedes cambiar la plantilla otra vez en recibos de ventas e imprimir o enviar los datos por correo electrónico en el formato tradicional. El sistema te permite alternar entre todas las plantillas.

C.   ¿Y que hay de…?

   1.   **Informes que necesito para una auditoría**

Aunque cada auditoría es diferente, hay algunos informes básicos que tu auditor probablemente solicitará. Unos son financieros y los otros son directivos. En la planificación para tu auditoría, recomendaría que reúnas, imprimas o tengas en un archivo electrónico la siguiente información del último día del período revisado:

Actas del Consejo
Contratos, incluyendo de empleo, alquiler, seguros, etc.
Detalle de cuentas por cobrar (lista de cantidades debidas por donantes)
Detalle de cuentas por pagar (lista de cantidades debidas a proveedores)
Reportes de nómina del servicio exterior o archivos detallados.

Además, tu auditor pedirá varios informes muy detallados. Aquí es donde la sección **Accountant & Taxes** (Contador e Impuestos) del Centro de Informes entra en práctica. Estos informes incluyen el registro de auditoría para los cambios en transacciones, lista detallada de todas las entradas en las cuentas y la información necesaria para la preparación fiscal.

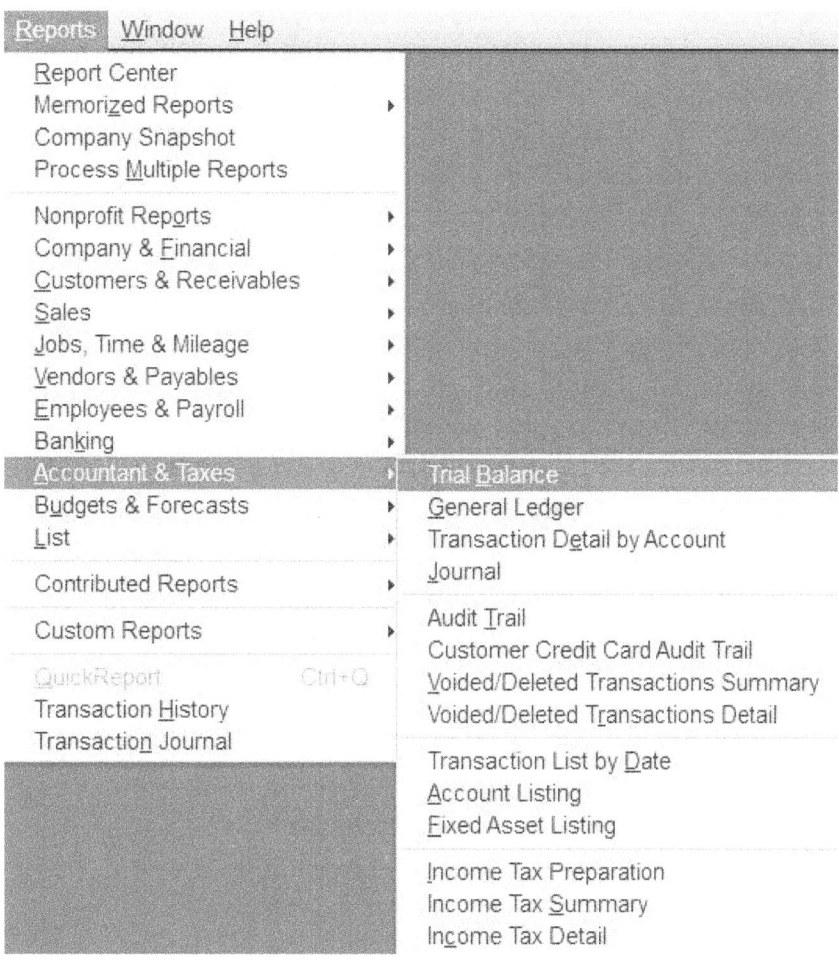

No explicaré lo que cada uno de estos informes incluye, pero los auditores los aman. Se pueden filtrar por rango o por tipo de cuenta y pueden ser exportados a una hoja de cálculo para que los contadores trabajen con ellos. Por lo tanto si no entiendes completamente que información necesitan de un informe, pídeles que se sienten a tu lado para hacer estos informes y personalizarlos.

> Una vez que tu y el auditor tengan los reportes necesarios, memorizalos para el próximo año y ahorra un montón de problemas.

2. Materia fiscal

No ofrezco ningún consejo fiscal. Aunque las organizaciones religiosas se consideren exentas de impuestos, pueden tener actividades que son gravables o, que al menos, tienen requisitos de reportaje. Descarga la Publicación 1828 del IRS (www.irs.gov/pub/irs-pdf/p1828.pdf) para un resumen de normas del IRS relacionadas con iglesias. También te da el tiempo requerido para la retención de registro y qué requisitos de reportaje hay para cada una de las actividades diferentes. Además, pregunta a tu contador local o abogado fiscal si tu iglesia tiene algunas actividades gravables.

Los estados también pueden tener requisitos fiscales diferentes, sobre todo con el impuesto sobre las ventas. Si vendes libros o ropa, puedes ser requerido para recoger y remitir estos impuestos. Algunos estados eximen a las iglesias y organizaciones sin ánimo de lucro de pagar impuestos sobre las ventas en compras o les reembolsan los impuestos pagados. Como cada estado es diferente, me temo que está fuera del alcance de este libro cubrirlos a todos ellos. Otra vez, revisa con tu contador local.

> Ya casi terminas. Revisa lo que hay de nuevo para el 2014 en el siguiente capítulo.

XVI. ¿Qué hay de nuevo para el 2014?

QuickBooks publica una nueva versión casi cada año. Algunos años los cambios son significativos y otros son más estéticos. Cubriré los cambios más sustanciales para el 2014, y así puedes decidir si quieres actualizarte.

La primera cosa que notarás es el esquema de colores. Ahora es azul en vez de negro, lo que muchos usuarios habían solicitado. Pero pasando a algo realmente importante aquí están algunas mejoras del sistema.

A. Nuevo rastreador de ingresos

En el menú del lado **My Shortcuts** (Mis Atajos), hay una opción para *Income Tracker* (Rastreador de Ingresos).

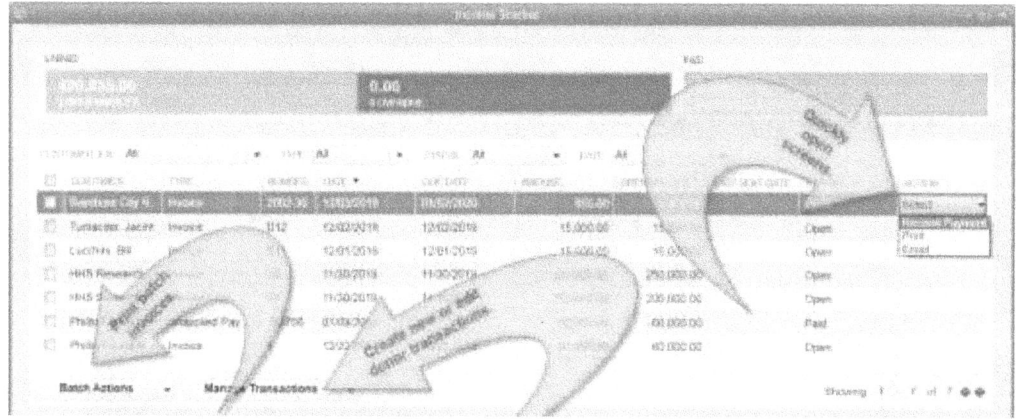

Imprimir lotes de facturas.   *Crear nuevo o editar transacciones de donantes Abrir pantallas rápidamente.*

El informe muestra todas las facturas abiertas y te deja seleccionar una fila para abrir rápidamente la opción **Receive Payment** (Recibir Pago) o una pantalla del correo electrónico. También te dejará imprimir o enviar tus facturas excepcionales por correo electrónico.

B. Registrar cheques rebotados

Esta es una de mis dos mejoras favoritas para el 2014. En vez de tener que hacer todos los pasos que hicimos en el capítulo 11 para registrar un cheque rebotado (sin fondos), simplemente comienza seleccionando la ventana *Receive Payments* (Recibir Pagos).

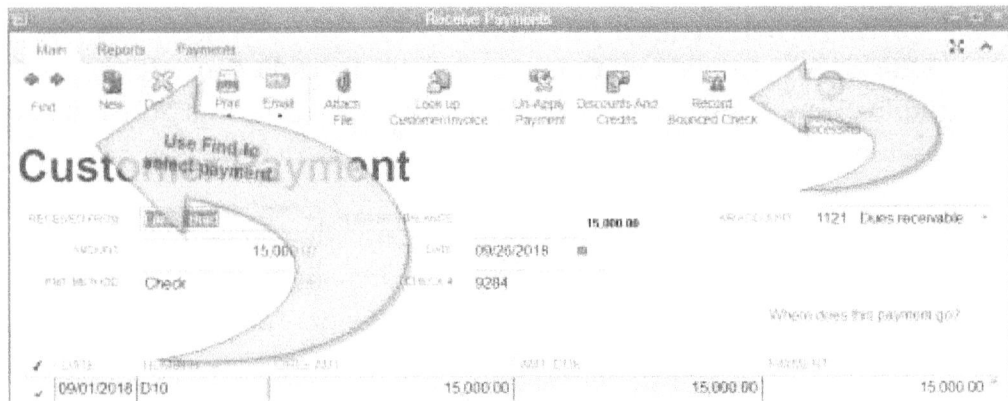

Usa Find para seleccionar el pago.

Usa las flechas de **Find** (Encontrar) para volver al cheque rebotado. Entonces selecciona Record *Bounced Check* (Registrar Cheque Rebotado).

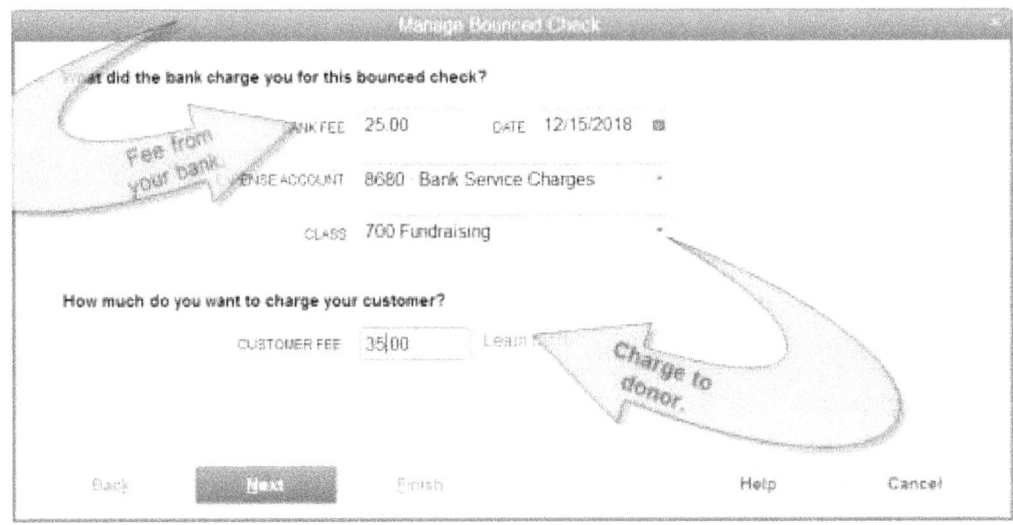

Tarifa de tu banco.   *Cargo al donante.*

Introduce la tarifa cobrada por el banco y la clase relacionada. También introduce los honorarios te gustaría acusar a tu donante por el manejo del cheque devuelto. Selecciona *Next* (Después).

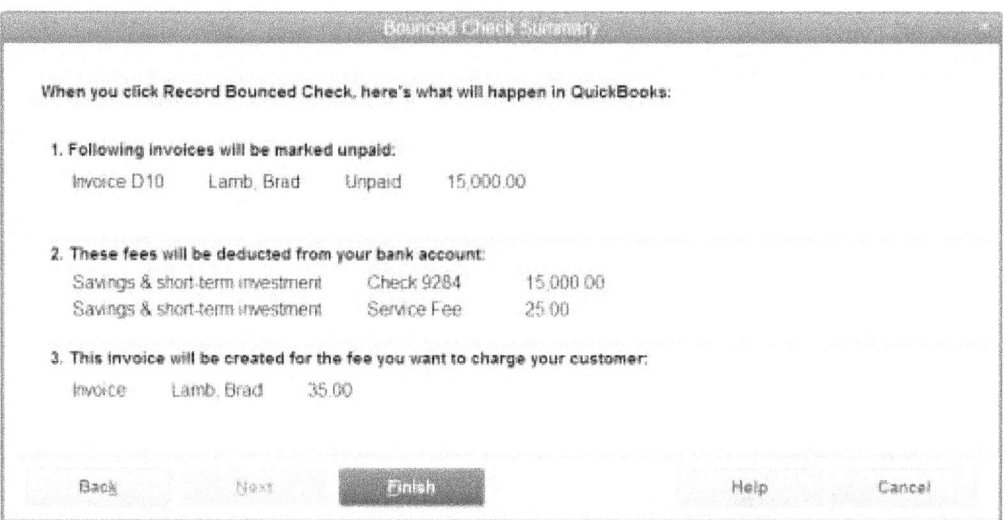

QuickBooks te muestra cómo va el registro de la transacción. Selecciona *Finish* (Finalizar).

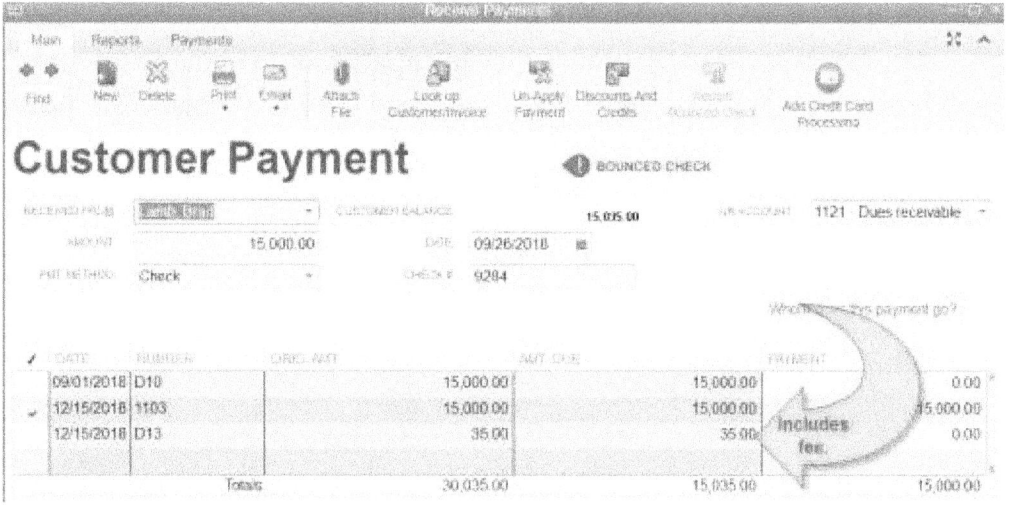

Incluye tarifa.

El pago del donante ahora destaca el hecho que un cheque ha rebotado y se ha registrado un cobro en una factura por la tarifa del cheque devuelto.

C. **Escalar el informe**

Esta es mi otra mejora favorita. Cuando imprimes un informe, a menudo las columnas no caben en una página. Ahora cuando seleccionas *Print Reports* (Imprimir Informes), puedes decidir si escalar el informe a un número definido de páginas a lo amplio o largo.

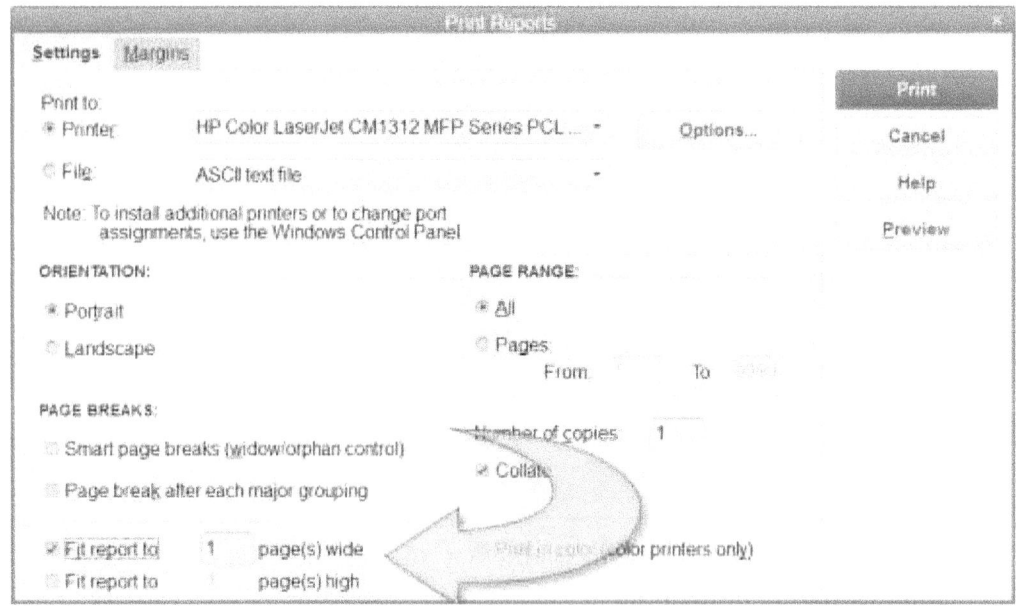

D. Copiar/pegar objetos en las líneas

Otra característica de mejora, es la capacidad de copiar artículos de una línea en una factura o cuenta a la siguiente línea. Esto será útil si estas cobrando ciertos artículos en una cuenta través de varios programas.

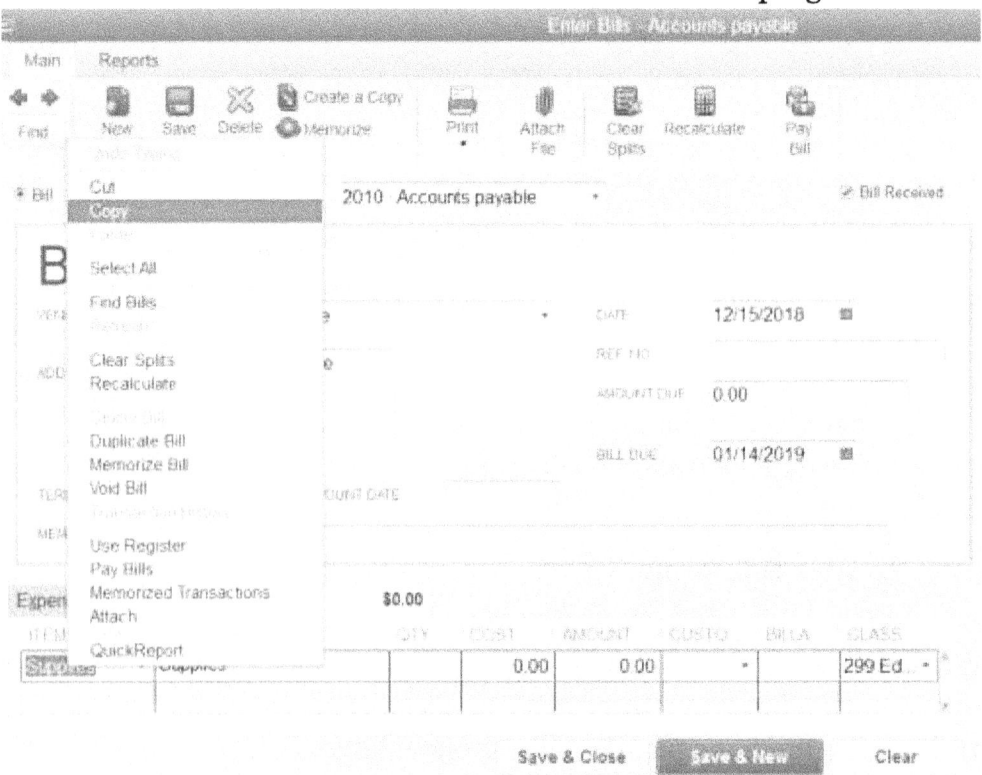

Después de escribir en el artículo, haz clic con el botón derecho del ratón en el nombre y elige Copy (Copiar).

Ve a la siguiente fila.

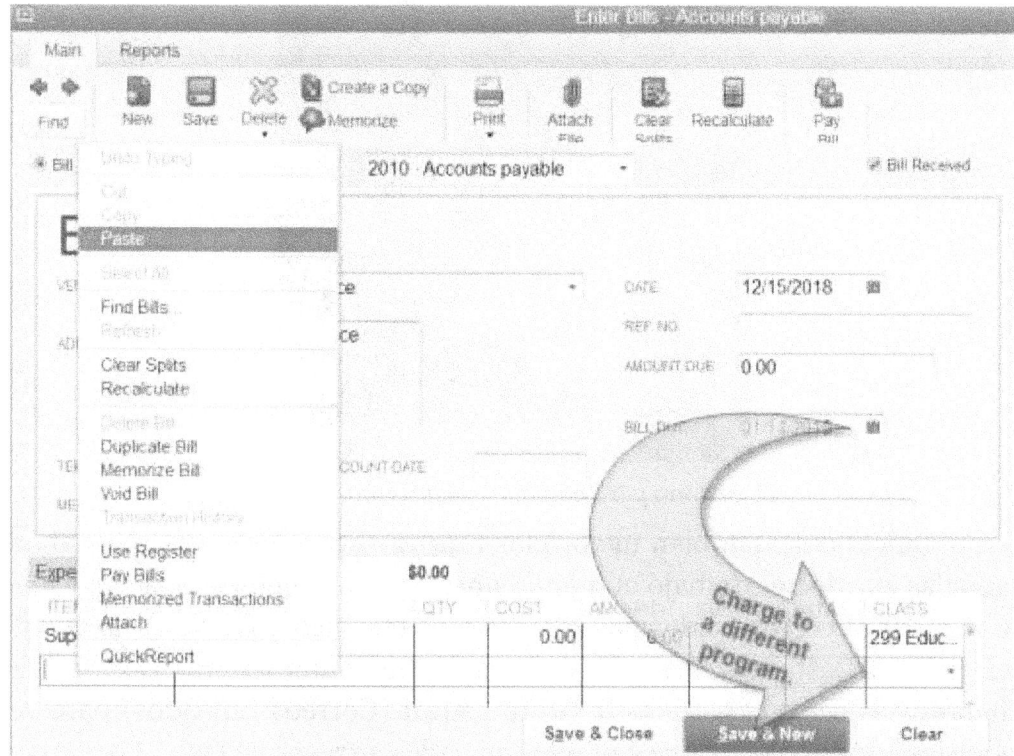

Cargar a un programa diferente.

Haz clic con el botón derecho del ratón otra vez y elige *Paste* (Pegar). Entonces ingresa en el programa al cual te gustaría cobrar el artículo y fija las cantidades entre los programas.

También hay mejoras para personalizar qué saldos de cuentas se muestran bajo **View Balances** (Ver Balances) en el menú izquierdo.

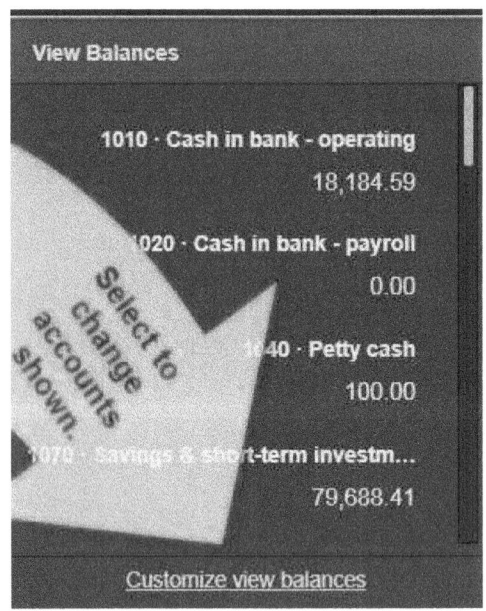

Selecciona para cambiar cuentas mostradas.

QuickBooks también mejoró las funciones bancarias en línea, ahora llamadas **Bank Feeds** bajo el menú bancario. Otra mejora es la capacidad de rastrear la correspondencia del correo electrónico a través de la cuenta del cliente. Destaca a un miembro en el Customer Center (Centro del Cliente) y selecciona la etiqueta **Sent Email** (Correos Enviados) para ver todos los correos electrónicos previos enviados a través de QuickBooks.

Hay otros cambios menores en la versión del 2014, como los iconos de recordatorio en la esquina superior izquierda de la barra del menú, los cuales son convenientes, pero no importantes para la contabilidad de la iglesia.

¡Lo hiciste!

¿No se siente estupendo darte cuenta de que puedes configurar QuickBooks para tu iglesia, ingresar transacciones, dirigir informes, preparar presupuestos y toda clase de otras tareas útiles? El sistema tiene mucha más funcionalidad de la que podía cubrir en este libro, así que experimenta, explora y diviértete con el. He disfrutado de ser Tu Contadora Aliada a través del proceso. Échale un vistazo a mi sitio web www.accountantbesideyou.com para más libros en la serie, descargas, ubicaciones del seminario y futuras actualizaciones de la edición de QuickBooks.

XVII. Apéndice
- Lista de Verificación para Antes de Comenzar
- Plan de Cuentas Propuesto
- Cómo Cargar el Plan de Cuentas
- Lista de Artículos de Ejemplo

A. Lista de verificación para antes de comenzar

Aquí está una lista de artículos que tendrás que establecer para configurar QuickBooks para tu iglesia.

Estableciendo el Archivo de la Iglesia

- ☐ Nombre oficial y dirección de la iglesia
- ☐ EIN Federal
- ☐ Primer mes del año contable (generalmente Enero)
- ☐ Nombre de formulario de impuestos de ingresos anuales de tu iglesia si es aplicable

Completando las Listas e Ingresando los Balances
Plan de Cuentas:

- ☐ Nombres, números y descripciones para el Plan de Cuentas
- ☐ Informes financieros del final del año previo
- ☐ Balances de comprobación desde la fecha de inicio en QuickBooks — balance por cuenta y fondo del auditor
- ☐ Lista de programas y subvenciones (para la Lista de Clase)
- ☐ Números de cuenta y datos del banco, tarjeta de crédito, préstamo y líneas de crédito, incluyendo una lista de depósitos excepcionales y cheques
- ☐ Valor de activos (incluyendo el costo original y la depreciación acumulada para los activos fijos si aplica la depreciación)

Información de Miembros y Subvenciones

- ☐ Nombres de miembros, direcciones, correo electrónico, etc.
- ☐ Documentos de la subvención
- ☐ Facturas excepcionales o promesas desde la transición de tu iglesia a la fecha de inicio en QuickBooks

Información del Proveedor

- ☐ Nombres de los proveedores, direcciones, otra información de contacto
- ☐ Lista de 1099 proveedores y sus Números de Identificación fiscal
- ☐ Lista de cuentas excepcionales desde la fecha de inicio en QuickBooks

Otra Información

- ☐ Nombres del empleado e información de contacto
- ☐ Nombres del voluntario y responsabilidades

B. Plan de cuentas propuesto

Cuenta	Tipo	Descripcion
1100 · Dinero en Efectivo y Valores	Bank	Renombrar con el nombre de tu bano
1110 · Cuenta Corriente	Bank	Renombrar con el nombre de tu bano
1120 · Cuenta de Inversiones	Bank	Renombrar conel nombre de tu cuenta de inversiones.
1130 · Efectivo y Valores Negocia	Bank	Dinero y valores negociables
1140 · Fondos para Gastos menores	Bank	Para de dinero en efectivo o tarjetas de regalo de la Iglesia
1300 · Cuentas por Cobrar	Accounts Receiva	otras cuentas por cobrar
1310 · Promesas por cobrar	Accounts Receiva	promesa de miembros no cobrados
1320 · Cuentas por Cobrar	Accounts Receivable	
1330 · Impuestos por Cobrar	Accounts Receiva	Impuestos sobre compras exentas
1200 · Fondos sin depositar	Other Current Ass	Fondos recibidos pero sin depositar en el Banco
1210 · Inventarios	Other Current Ass	Productos para venta que espera se conviertan en cash en el año
1400 · Activos Prepagados	Other Current Ass	Fondos usados para pagar servicios aticipadamente
1410 · Seguros prepagados	Other Current Ass	seguros automobil, edificio etc
1420 · Franqueo Prepagado	Other Current Asset	
1500 · Propiedad, Edificios y Equ	Fixed Asset	
1510 · Terreno	Fixed Asset	Terreno propiedad de la Iglesia (Direccion aqui
1520 · Edificios	Fixed Asset	Estructuras fisicas e instalaciones que hacen funcionar el edificio
1530 · Ordenadores	Fixed Asset	
1540 · Mobiliario y Equipo	Fixed Asset	Mobiliario y equipo con tiempo de vida útil excedido a un año
1550 · Vehículos	Fixed Asset	
1580 · Depreciación Acumulada	Fixed Asset	
1900 · Otros Activos	Other Asset	
1910 · Otros Activos-Cuenta provisiona	Other Asset	Cuenta provisional sino esta seguro de donde fijar la cuenta de activo.
2100 · Cuentas por Pagar	Accounts Payable	Dinero que se debe a otras personas, proveedores pagaderas en menos de un año.
2150 · Tarjetas de Credito	Accounts Payable	Utilizar una sub cuenta por cada tarjeta
2210 · Ingresos no Devengados	Other Current Liab	Promesas prepagadas
2300 · Obligaciones Acumuladas	Other Current Liability	
2400 · Obligaciones de la Nómina	Other Current Liab	Obligaciones de la Nomina sin pagar, cantidades retenidas o acumuladas pero sin pagar aun
24000 · Payroll Liabilities	Other Current Liab	Unpaid payroll liabilities. Amounts withheld or accrued, but not yet paid
2410 · Salarios por Pagar	Other Current Liab	Necesario sino no se usa un servicio esterior
2900 · Prestamos a lardo Plazo	Long Term Liability	Hipotecas, automobiles, etc
3000 · Activos Netos blance inicial	Equity	Cuenta del sistema debería estar en cero
3100 · Activos Netos sin Restric	Equity	Fondos generales
3300 · Activos Netos Restringidos	Equity	Otros fondos y atributos permanentemente restringidos

Cuenta	Tipo	Descripcion
4100 · Promesas/Ofrecimientos	Income	Donaciones normales
4110 · Donaciones Dominicales	Income	Ofrendas y regalos
4120 · Ingresos de Promesas	Income	Compromiso de promesas
4130 · Apoyo no Prometido	Income	Dinero recibido de miembros no prometido
4140 · Ofrecimientos EFT	Income	Fondos electronicos transferencia de donaciones
4150 · Fondos Especiales	Income	Usar los recursos especiales y para las operaciones de la Iglesia
4200 · Fondos Recaudados	Income	Diseña una subcuenta para cada recaudador de fondos significativos
4210 · Eventos Fondos 1	Income	Usar para rastrear ingresos de un recaudo anual de fondos
4211 · Evento 1 Ingresos	Income	
4215 · Evento 1 Gastos	Income	
4220 · Fondos de Evento 2	Income	
4221 · Evento 2 Ingresos	Income	
4225 · Evento 2 Gastos	Income	
4300 · Otros Ingresos Operativos	Income	Dinero o bienes recibidos para los servicios ofrecidos por la Iglesia
4310 · Donaciones Regalos Herenci	Income	
4320 · Matrimonios Funerales Comm	Income	
4330 · Flores	Income	
4380 · Contribuciones en especie	Income	
4390 · Otros Ingresos Diversos	Income	
4400 · Ingresos de Operación	Income	
4420 · Venta de libros y Folletos	Income	
4430 · Parcelas de Cementerio	Income	
4490 · Otros Ingresos	Income	
4500 · Renta de Inversiones	Income	Registra los dividendos y ganancias de las inversiones y las perdidas en las subcuentas.
4510 · Ingresos por Intereses	Income	Intereses por mercado monetario o cuentas banacarias
4520 · Ganancia/perdida por Inver	Income	Dinero ganado o perdido por los Dividendos o ventas actuales de acciones. De los estados de cuenta de corretaje
4530 · Perdida/Ganancia no realiz	Income	Cambio de los precios del mercado, los datos están en tus declaraciones de corretaje.
4800 · Activos Netos Liberados	Income	Para uso del contador solamente. Usado para reclasificar los dólares que ya no estan restringidos
5999 · Costos de Bienes Vendidios	Cost of Goods Sol	Costos de Articulos comprados y luego vendidos a clientes

Cuenta	Tipo	Descripcion
6000 Instalaciones y Servicios	Expense	Agua, electricidad, basura, y otros gastos de servicio básicos
6100 Instalaciones -Otros	Expense	
6105 Gastos de Alquiler	Expense	Gastos de alquileres de las Instalaciones
6110 Reparaciones	Expense	Reparaciones de las instalaciones de la Iglesi
6120 Mantenimiento	Expense	Productos de mantenimiento
6140 Seguors	Expense	Incluye todos los seguros excepto los relacionados con la nómina
6150 Seguridad	Expense	Gastos de control y monitore para la segurida de la propiedad
6160 Alojamiento	Expense	Gastos de alojamiento del pastor
6161 Reparaiones de alojamiento	Expense	Gastos de las reparaciones del alojamiento d pastor
6190 Reparaciones Diversas	Expense	
6300 Gatos Administrativos	Expense	
6310 Subministros de Oficina	Expense	Gastos de subministros para la oficina
6320 Franqueo y Reparto	Expense	Franqueo y servicios de entrega del correo
6330 Telefono	Expense	Servico de telefonía
6340 Impresiones y reproducción	Expense	
6350 Programas y Tecnología	Expense	Programs, sitio en la red y soporte técnico de ordenadores
6360 Publicidad y Promosiones	Expense	
6370 Convenciones y Conferencia	Expense	Gastos para asistir a conferencias y reunione
6372 Suscripciones y Cuotas	Expense	Suscripciones y cuotas sociales para organizaciones cívicas, de servicio, profesionales y comerciales.
6380 Honorarios Financieros	Expense	Cualquier gasto por servicios financieros, procesamiento de la nómina, descuentos de las tarjetas de credito etc.
6381 Servicios Bancarios	Expense	Tasas por servicios de cuentas bancarias, cheques sin fondos y otras comisiones bancarias.
6382 Honorarios Profesionales	Expense	Pagos por servicios profesionales, contabilidad, abogados etc.
6390 Administracione Diversas	Expense	
6400 Gastos de Nómina	Expense	Payroll expenses
6500 Beneficios de Empleados	Expense	
6560 Otros Gastos de Nómina	Expense	Otros impuestos sobre la nómina
6600 Gastos del Programas	Expense	
6610 Programa del Culto	Expense	Solo usar si el gasto no encaja en otra cuent
6620 Programas Juveniles	Expense	Solo usar si el gsto no encaja en otras cuentas
6630 Prog. Educacion de Adultos	Expense	Sólo usar si el gasto no encaja en otra cuent
6690 Gastos de Otros Programas	Expense	Usar para gastos deversos que no entran en otras categorias.
6700 Concesión Nacional de Igle	Expense	Gatos por cuotas, etc. que se pagan a una organización supervisión
6800 Bienes y Sevicios Donados	Expense	Usar la cuenta para compensar los bienes y servicios recibidos en vez de dinero

Cuenta	Tipo	Descripcion
6900 · Transferencia de Reservas	Expense	Registrar los pagos de transferncias para reservas aquí
5000 · Otros Ingresos no Operativ	Other Income	Ingresos recibidos no de las operaciones normales de la Iglesia
5010 · Regalos Específicos Restri	Other Income	Regalos específicos recibidos con objetivos designados no operacionales
5020 · Campaña de Recaudación	Other Income	
5030 · Donaciones de Fondos	Other Income	
5040 · Herncias Específicas	Other Income	
5080 · Activos Fijos o en Venta	Other Income	
5100 · Recaudación de Transferenc	Other Income	Usar esta cuenta para registrar donaciones recibidas para otras instituciones benéficas.
5800 · Reservar Depósito de Trans	Other Income	Depósito de dólares en la reserva
7100 · Donaciones a Otros	Other Expense	Usar para pagar las donaciones de transferencia a otras organizaciones
7200 · Reparaciones Extraordinari	Other Expense	Para reparaciones grandes fuera del funcionamiento normal
7500 · Gastos de Subvenciones	Other Expense	Sóolo para gastos inusuales requeridos expresamente por una subvención
7600 · Gastos por Intereses	Other Expense	Pagos de intereses por préstamos, balanes de tarjetas de crédito u otra deuda.
7700 · Gastos de Depreciación	Other Expense	Depreciación en activos fijos
8000 · Preguntar a mi contador	Other Expense	Transacciones a ser discutidas con el contador.

C. Cómo cargar un archivo del plan de cuentas

Si has adquirido el plan de cuentas de www.accountantbesideyou.com o necesitas cargar un archivo del plan de cuentas de otra fuente, te llevaré a través de los pasos.

En primer lugar, guarda el archivo descargado donde lo puedas encontrar. Me parece que el escritorio es un buen lugar para poner los archivos temporalmente. Sólo acuérdate de moverlos o eliminarlos cuando hayas terminado o cuando la pantalla de tu ordenador esté más que desordenada.

Selecciona *File* (Archivo), *Utilities* (Utilidades), *Import* (Importar), Archivos *IIF*.

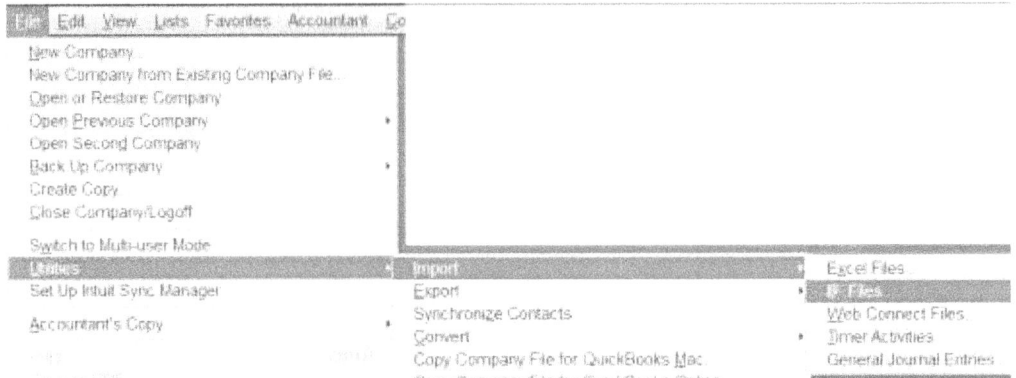

Verás una pantalla preguntando desde donde importar el archivo.

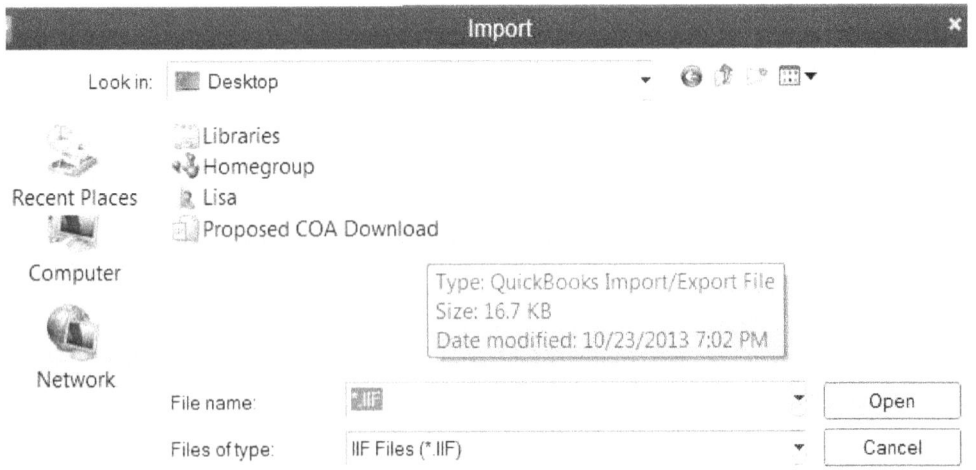

Selecciona la descarga del plan de cuentas y presiona *Open* (Abrir).

Y serás premiado con la siguiente información.

Si compraste un archivo de la compañía con datos básicos de la iglesia para empezar incluyendo el plan de cuentas, preferencias, y los artículos ya cargados, usa la función restaurar. Ve a *File* (Archivo), *Open or Restore Company* (Abrir o Restaurar Compañía).

Selecciona *Restore a backup copy* (Restaurar una copia de seguridad) en la pantalla de abajo.

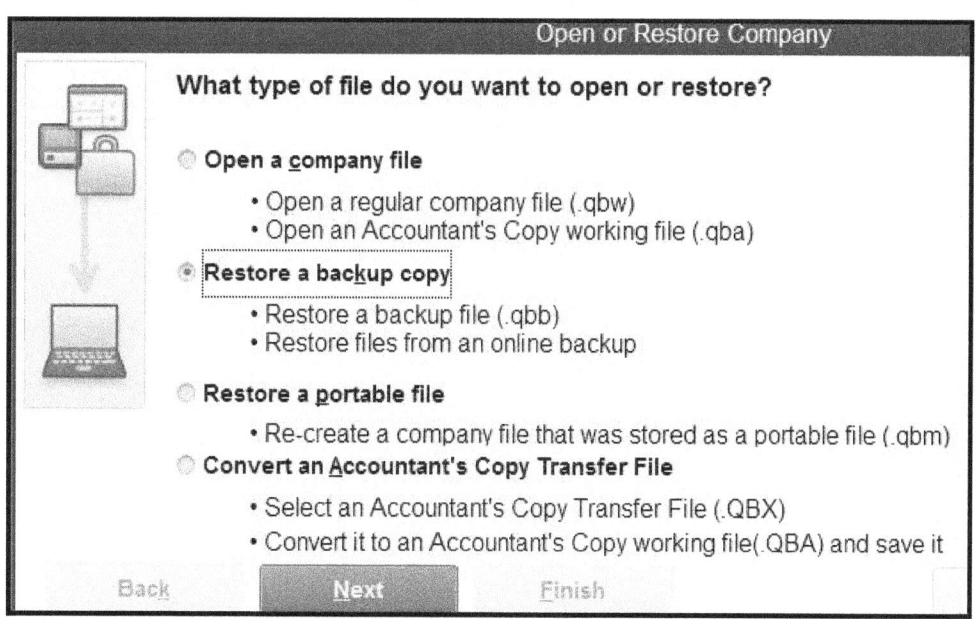

Después, te preguntará donde está almacenado el archivo.

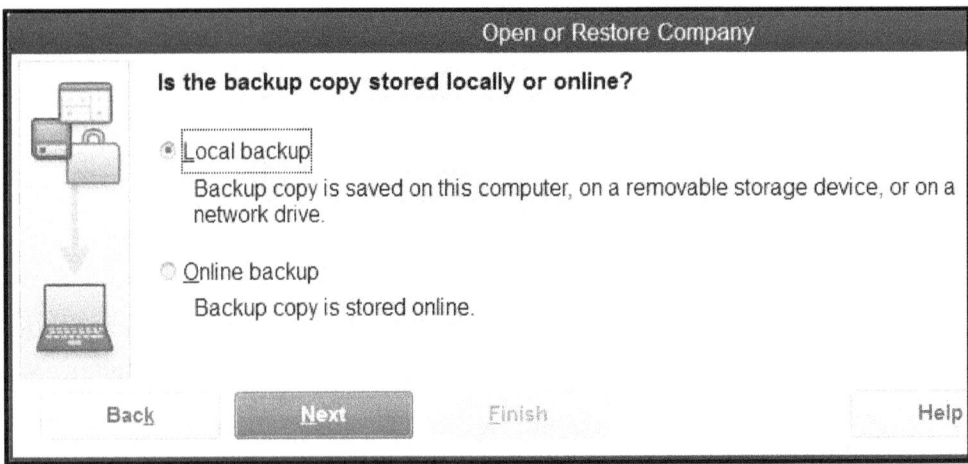

Después de designar local o en línea, haz clic *en Next* (Siguiente) para especificar el área donde el archivo está guardado en la pantalla abajo:

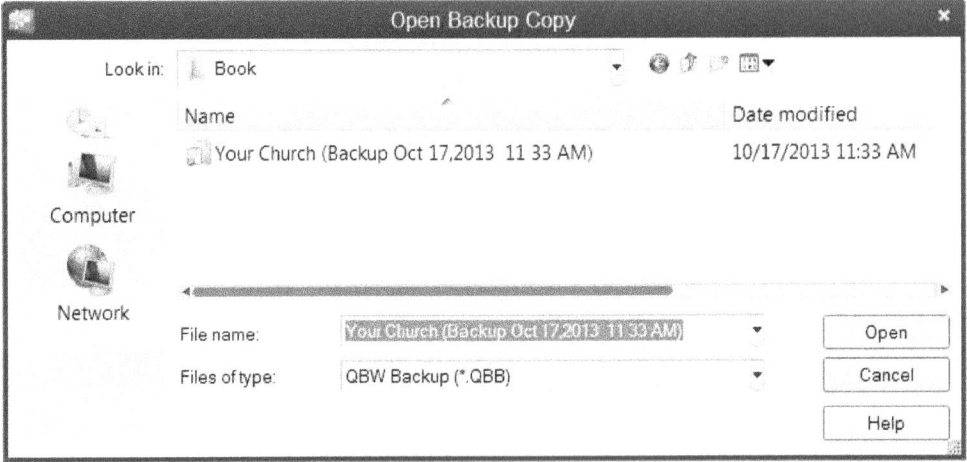

Elige *Open* (Abrir) y QuickBooks reflejará una comienzo básico para iglesias. Ahora puedes corregir el archivo de la compañía para tu iglesia en particular.

D. Lista básica de artículos: donaciones, gastos, & voluntarios

Artículo	Descripción	Tipo
Apoyo no Prometido	Dinero recibido de miembros no prometido	Service
Campaña de Recaudación	Contribución de campaña de recaudación	Service
Conmemorativas	Donaciones conmemorativas	Service
Donación	Compromisos de Promesas	Service
Donación Restringida	Donación temporalmente restringida	Service
Donaciones en Transferencia	Recibo de donaciones para otras organizaciones	Service
Electricidad	Gastos de electricidad	Service
Escuela Dominical	Tiempo del voluntario pasado para escuela dominical	Service
Flores del Altar	Donación de para flores para el altar	Service
Impuestos del Empleador	Impuestos sobre la nómina	Service
Nómina en Bruto	Pago de nómina antes de las deducciones	Service
Ofrecimiento de Promesas	Ofrecimiento de promesas	Service
Ofrenda Dominical	Donaciones recibidas durante el servicio	Service
Recaudación de fondos	Ingresos de recaudaciones de fondos — pueden tener subartículos	Service
Retenciones del Empleado	Retenciones de la nómina	Service
Terrenos	Horas del voluntario para el mantenimiento de los terrenos	Service
Concesiones Eléctricas	Concesión de la factura de la electricidad	Group
Nómina	Concesión de la nómina	Group

Índice

A
acceso selectivo 269, 270
accountantbesideyou.com 2, 8, 27, 41, 254, 274, 291
accountant's changes 273, 274
accountant's copy (ver: copia del contador)
accrual (ver: método del acumulado)
activo corriente 39, 50
activos a largo plazo 39
activos pre-pagados 39, 232
agregando proveedores 82
ampliar 201, 273
anular cheque de facture 181
anular un cheque 178
artículos
    añadir nuevo 107
    artículo de servicio 106, 107, 131, 169
    asignar gastos 108, 169
    donaciones de paso 131, 132
    en una donaciones 118
    horas de los voluntarios 105, 109
    tipos de artículos 105
    una factura 105, 149
artículos de activos fijos 109
asiento contable 28, 45, 53, 54, 61, 63, 65, 138, 232, 235, 238, 256, 257
asientos contables 4, 53, 61, 256, 269
asignación automática (ver: asignación de gastos)
asignación de gastos 108, 169
asignación del grupo 171
asignando campos de datos 93
auditoría 187, 216
    entradas de ajustes 238
    registro 178, 283
año fiscal 195, 241

B
backup (ver: seguridad)
balance de fondo 56, 228, 234
balance general 5, 6, 39, 53, 202, 230, 239
balance sheet (ver: balance general)
balances iniciales 45, 53, 54, 62, 126
banco
    balances iniciales 54
    cheques devueltos 176
    controles internos 173
    dispositivo de imágenes remotas 113
    honorarios 177
    línea 12, 31, 155, 177, 290
    reconciliación 185
    transferencias 173, 174
beneficiario 31, 141, 175
bills (ver: facturas)
botón collapse 230
budgets (ver: presupuestado)

C
calendario 11, 29, 86
campos personalizados 71, 74, 86, 88, 98, 108
cash basis (ver: método en efectivo)
centro de reportes 192, 200, 202
centro del cliente 12, 69
centro del proveedor 86, 144

chart of accounts (ver: plan de cuentas)
cheque devuelto 177, 200, 286, 287
cheques escritos a mano 159
clase temporalmente restringida 127
clase de fondo 56, 118
clases 27, 167, 202, 214
    clases vs. trabajos 55
    editando o eliminando clases 60
    ingresando 59
    lista de clase 58, 59, 60, 293
    nombrando las clases 57
    rastreo 28, 55
    subclase 57, 60, 63, 209
classes (ver: clases)
clientes
    agregando un nuevo miembro 69
    campos personalizados 75
    otra información 77
    tipo de cliente 67, 99
comité (ver: auditoría)
comprobación de final de año y mes 229
contabilidad del fondo 3, 44
contraseña 18, 114, 144, 239, 240, 241, 267, 268, 273
contraseña del administrador 241, 267, 273
contraseñas 143, 144, 154, 266, 267
controles contables internos 7, 111
controles internos de contabilidad

caso para 7
conciliaciones bancarias 173
    para pagar facturas 141
    para recibos 111
    procedimientos 8, 111, 141, 188
    reconocimientos del donante 241
copia del contador 270, 273
copiar/pegar 288
cosa para hacer 79, 80
créditos recibidos 163
CSV (la coma separo valores) 88, 100
cuenta corriente (ver: banco)
cuenta de reserva 262
cuentas (ver: plan de cuentas)
cuentas en línea 46, 143
cuentas por cobrar 38, 39, 44, 50, 53, 56, 124, 125, 177, 212, 227
customers (ver: clientes)

D
datos históricos 76, 215
depositó (ver: banco)
depósitos 36, 119, 123, 130, 134, 181, 182, 213
descarga
dinero efectivo no restringido 46
dinero efectivo sin restricción 45, 47, 136, 167, 236
dinero restringido temporalmente 55
donaciones
    donaciones en especie 256
    paso 131
    promesa 125, 138
    recibo de pagos 126

www.accountantbesideyou.com

recibos diversos 130
reconociendo 119, 241, 278
repetidas 72, 105
restringido por el donante 127
donación de paso 132
donor (ver: clientes)
download (ver: descarga)

E

ejercicio contable 22, 53, 62, 195, 210
email 71, 102, 119, 120, 200, 290
encabezado/pie de página 196, 237, 242
entrada de los balances iniciales 54
entradas de listas múltiples 97
envejecimiento 212
escalar el informe 287
esconder
    cuentas inactivas 52
    detalles 205
    remover cabecera 201
    transacciones 184
etiquetas 142, 212
expedir cheques 156, 159, 160, 165, 168, 175, 176, 178, 188
exportación de reportes 206
Express Start 22

F

facturas
    anula 178
    asignación 26, 94, 108, 169, 171, 172, 189, 216, 217, 228
    controles internos 141
    corrige 231
    créditos recibidos 163
    ingresar facturas 144
    memorizar 148
    menú de ingreso de facturas 152
    paga 28, 35, 149, 166, 215, 242, 245
    pagos en línea 72, 138, 143
    recurrentes 147
    vale facturas 141
fecha de cierre 28, 241
fecha divisoria 272
fin de año
    ajustes 5, 238
    clausura 229, 232, 239, 274
    lista de comprobación 228
    requisitos 245
firma electrónica para imprimir los cheques 154
flujo de caja 146, 212, 227
fondos no depositados 35, 133, 137, 176, 184, 231
fondos para gastos menores 188
fondos restringidos 55, 56, 62, 127, 235
fondos sin restricción 56, 58, 118, 274
fraude 7, 141

G

giros 160
gracias 276
guía 1, 8

H

hoja de tiempo 109
hojas de cálculo
horas de voluntario 268

I

iif (archivos de) 298
   imprimir
   cheques 159
   etiquetas 142
   formularios 142, 212
   registro del depósito 136
   reportes 195
   imprimir/e-file 1099 245
impuestos sobre las ventas 73, 77, 105, 284
información requerida 22
informes personalizados 46
ingresa correos electrónicos 78
ingresando miembros utilizando una hoja de calculo 98
ingresos (ver: donaciones)
ingresos ordinarios 206
inoperantes 206
internet 7, 15, 122
IRS
   formulario 1096 245
   formulario 1099- misc filing 248
   formulario w-2 253
   formulario w-3 254
   normas 241, 284
   thresholds 249

J

job (ver: trabajos)

L

limitaciones de quickbooks 1, 4, 46
límite en nombres 67

M

mejoras 285, 289
memoriza 148, 151, 167, 168, 171, 200
método del acumulación 140, 230
método en efectivo 140, 194

N

nombres 4, 57, 67, 69, 76, 83, 88, 96, 117, 157, 259
nota de agradecimiento (también ver el video) 274, 276
nota de agradecimiento (video) 274
notas 78, 81
nómina 50, 165, 168, 225, 254

O

opción de acumulación 194

P

pago 36, 105, 140, 152
pagos bancarios en línea 111, 155
pagos excesivos 28
pantalla principal 11, 12, 124
plan de cuentas
   añadiendo nuevas cuentas 41
   corrige la cuenta 50
   descarga del plan de cuentas 298
   diseño 40
   eliminando 48
   enumeración 40, 51, 188
   inactivas 52
   lista de cuentas 41, 47, 48, 293
   matriz 43, 44, 45, 47, 50, 52, 60
   menú 41
   nombramiento 40
   subcuenta 27, 43, 45, 47, 50

tipo de la cuenta 40, 43, 44, 50
plantillas 5, 275, 276, 282
pre-pagados 39, 50, 189, 229, 232
preferencias
    de cheques 29
    de contabilidad 27, 41, 47
    de cuentas 28
    de pagos 35
    de vista del escritorio 31
    diversas 32
    generales 32, 36
preguntar a mi contador 38
presupuestado
    ingresando 217
    por programa 218
    por subvención 214
    proceso 214
    pronósticos 213, 225
programas (ver: clases)
promesas 124, 126, 133, 212, 217
pronóstico 223, 225, 226
proveedores
proyector del flujo de caja 227

R

rastreador de ingresos 285
recaudadores de fondos 255
recibos de ventas (ver: donaciones)
reconocimientos del donante 241, 242
registro de cheques 177, 180, 181
reportes 270, 283
    ampliar o contraer 201
    declaración de actividades para 4, 191, 229
    declaración de posición financiera 4, 6, 191, 230, 239
    diseñar y exportar reportes personalizados 191
    escalar 287
    informes personalizados para hacer seguimiento 46
    informes útiles 202
    tipos de reportes 191, 201, 202
reportes personalizados 191
representantes de ventas 102
reservar deposito de transfencia 262
reservar pago de transferencia 262
responsabilidad a largo plazo 40
responsabilidad corriente 40, 50
restaurando los datos 19
RID (dispositivo de imágenes remotas) 113, 132, 134, 135, 182

S

seguridad 13
    automáticamente 18
    local 15
    programar copias de seguridad futuras 17
    restaurando 19
sincronización 88, 89, 92, 94
    columna por columna 102
    convirtiendo datos 100
    errores potenciales 101
    exportación de reportes 206
    miembros y proveedores que entran 93
subvenciones 5, 54, 76, 105, 202, 206

T

tarjeta de crédito 40, 72, 118, 138, 153, 160, 234
tarjetas de regalo 189
timesheet 109, 257, 261, 262
trabajo (ver: subvenciones)
    entrada 76
    presupuesto 202
    recibo de fondos restringidos 127
    vs clases 55
transferir 173, 174, 263

U
usuarios múltiples 266

V
vaciar/anular 178, 181
vehículos (donaciones del) 256
vendors (ver: proveedores)
versión No Lucrativa de QuickBooks 202
versión Premier de QuickBooks 213
versión Pro de QuickBooks 221, 225
vista previa 244, 252, 253, 281
void (ver: vaciar/anular)
voluntario 109, 113, 258, 260, 261, 268, 293

W
worksheet (ver: hojas de cálculo)
write checks (ver: expedir cheques)

www.accountantbesideyou.com

www.ingramcontent.com/pod-product-compliance
Lightning Source LLC
Chambersburg PA
CBHW080332170426
43194CB00014B/2534